企业刑事法律风险防控指南

GUIDELINES ON CRIMINAL RISK PREVENTION FOR ENTERPRISES

段启俊　潘志勇　陈丽凤　李奕洲　杨亚利　著

法律出版社 LAW PRESS · CHINA

PREFACE 序

马长生[*]

段启俊教授（现律所主任），曾在湖南大学法学院任教多年，可谓是成就不俗。我为启俊同志在事业上的不断进取、不断发展感到由衷的高兴！前不久，他为主撰写的实务书稿《企业刑事法律风险防控指南》在“杀青”后请我审稿，我有幸成为本书的第一位读者。我花了大约两个月的时间对书稿进行了审读，总体感觉非常不错，真正做到了理论联系实际，而且以企业存在的刑事法律风险问题为导向，特别有针对性。当然，我也提出了一些细节方面的修改意见和建议。启俊教授认真地作了修改完善。临近出版时，启俊教授又诚邀我为本书作序。我欣然应允。

在我看来，本书具有以下几个特点：

第一，体系完整，结构合理。

本书分理论篇和实践篇进行阐述。理论篇依次从绪论、企业刑事法律风险防控的必要性与可行性、外国企业刑事法律风险防控的借鉴、我国企业刑事法律风险防控机制的构建、企业各环节刑事法律风险的防控、各种不同性质的企业刑事法律风险的防控等方面进行了深度分析。实践篇则选取了部分典型案例剖析与部分企业刑事

* 湖南省刑法学研究会名誉会长，湖南师范大学原正校级督导员，教授，湖南省法学会原副会长，首届中国法学优秀成果奖获得者，享受国务院政府特殊津贴专家。

法律风险防范现状调查报告、专家讲座、高峰论坛讲稿选录等方面奉献给读者满满的干货。因而，在我看来，本书兼顾理论与实务，体系较为完整，而且逻辑结构上是层层递进的，拿捏得恰到好处。

第二，坚持问题导向，实务性、针对性都很强。

一切理论的最根本价值在于研究和解决实际问题，党中央治国理政新观念、新思想、新战略需要阐释，一系列重大而紧迫的问题需要破解，哲学社会科学工作者必须面向生活、面向现实，才能实现自身价值。作为法学研究人员，当然必须研究我国经济建设中各种各样的涉法问题，为保护和促进我国现代化经济建设而发挥法律人应有的作用。当前，我国的企业已经进入发展关键期、改革攻坚期、矛盾凸显期，许多问题互相交织、叠加呈现。这就特别需要法律人坚持习近平总书记所强调的“问题导向”，针对企业发展中显现的涉法问题，在理论与实际的结合上，进行实务破解的研究。正是基于此，本书将大量篇幅用在了实践篇上。对企业在实践中出现的形形色色的刑事法律风险进行了有针对性的解剖分析，然后针对这些风险提出了防控建议。这其中，不乏对典型案例的深度剖析，不乏对企业深度调查研究后形成的调查报告，不乏对企业进行刑事法律风险防控的演讲实录，因而，其实务性强、针对性强的特点非常突出。

第三，适用范围广，可供多方面人员研究参考。

刑事法律风险对每一个企业而言都是所有风险中最大的风险之一。所有的企业都要有较强的刑事法律风险防范意识。但从现实情况来看，很多企业的刑事法律风险防范意识还比较差甚至很差，现在到了该好好地补上这一课的时候了。本书的出版发行恰逢其时，对广大企业、企业家、企业法务工作者而言，无疑是一个“福音”，也可以说是企业、企业家“逢凶化吉”的“绝世秘籍”。广大企业、企业家、企业法务工作者值得拥有它，并以此作为企业依法治理与防控刑事法律风险的操作指引。

就广大律师而言，要想为企业提供好法律服务，帮助企业预防和减少刑事法律风险是法律服务内涵中的应有之义。为了减少在为企业防控刑事法律风险中的盲目性与失误，进而赢得企业的信赖，那么，借鉴专业人士的成功经验与做法，不失为律师走向成功的捷径。所以，为企业服务的律师朋友，本书值得您一读。

对于从事刑事司法实务的同志们来讲，本书对企业刑事法律风险的全面揭示与防控建议，也可以成为大家案头不可多得的参考资料。

对于从事刑事法理论研究、刑事司法实务研究或者从事企业研究的理论工作者而言，本书作为一部专门研究企业刑事法律风险及其防控的著作，无疑会成为您继续深化研究该类问题的重要的参考文献。

基于此，我乐意向大家推荐这本书，并向启俊教授的研究团队所取得的这一研究成果表示衷心的祝贺!

是为序。

2020 年 2 月 28 日于海南文昌湘海城

CONTENTS

目·录

第一章
CHAPTER 01

企业刑事法律风险防控的必要性与可行性

一、企业刑事法律风险防控概述

（一）相关概念

1. 企业

企业本质上是一个经济概念，《现代汉语词典》[①] 将企业表述为"从事生产、运输、贸易等经济活动的部门，如工厂、矿山、铁路、公司等"。现代经济学理论认为，企业本质上是一种资源配置的机制，能够实现整个社会经济资源的优化配置，降低整个社会的交易成本。上述概念其实都属于广义上的"企业"。本书所探讨的企业，亦为广义上的企业，我们理解为以营利为目的，运用土地、劳动力、资本、技术等生产要素运营生产、流通、服务等经济活动，向市场提供商品或服务，实行自主经营、自负盈亏、独立核算的、具有法人资格的经济组织。现代企业已经成为市场经济发展的主要支撑和社会、经济、技术进步的主要贡献者。

在此简单说明企业与公司的关系。企业与公司并不等同，但经常被混用，许多人不知道两者是不同的概念。公司，一般是以营利为目的，全部资本由股东出资，从事商业经营活动或某些目的而成立的组

① 中国社会科学院语言研究所词典编辑室编：《现代汉语词典》，商务印书馆 2016 年版。

织。我国规范公司行为的主要是《公司法》，其规定了公司的两种主要形式为股份有限公司和有限责任公司。公司的范围窄于企业，但凡公司均属于企业，企业未必都是公司，公司只是企业的一种组织形态。因此，本书所探讨的企业包括公司。刑法规定将公司与企业并列主要是为区别具有公司法人资格与不具有公司法人资格的企业，这两种企业在刑法意义的责任上有区别。但现实生活中人们已经习惯了企业包括公司的大概念。

随着生产力的多元化发展，在市场经济条件下企业形成了三类基本的组织形式，即独资企业、合伙制企业和公司制企业。独资企业是由某个人独立出资创办的，并由该个人承担经营风险，享有全部经营收益，承担无限连带责任。我国国有独资企业可以说是最大的独资企业。

合伙制企业，是指自然人、法人和其他组织在中国境内依法设立的经济组织体，包括普通合伙企业和有限合伙企业。普通合伙企业由 2 名以上普通合伙人组成，全部合伙人对合伙企业的债务承担无限连带责任。但是在普通合伙企业中又存在特殊的普通合伙，这是2006 年修订的我国《合伙企业法》特别新增的。特殊的普通合伙主要为专业服务机构所采用，如注册会计师事务所、律师事务所等。在这些专业人员执业过程中，如果某个或者某几个合伙人，因为故意或重大过失给合伙企业造成债务时，这些责任人要承担无限连带责任，而其他没有责任的合伙人，仅以在合伙企业中的出资为限来承担责任。有限合伙企业由一名以上普通合伙人和一名以上有限合伙人组成，其普通合伙人对合伙企业债务承担无限连带责任，有限合伙人以其认缴的出资额为限对合伙企业债务承担责任。有限合伙企业是介于合伙与有限责任公司之间的一种企业形式，但仍属合伙。

公司制企业即公司，是当前我国最普遍采用也是人们相对熟悉的企业组织形式。根据我国现行《公司法》的规定，其主要包括有限责任公司和股份有限公司两种形态。其中有限责任公司中的特殊形式是一人有限责任公司和国有独资公司。

2. 企业的刑事法律风险

在解读企业刑事犯罪法律风险的概念之前，我们首先应明确刑事法律风险的含义。刑事法律风险包括刑事犯罪法律风险和刑事被害法律风险，刑事犯罪法律风险是指行为人（包括单位和自然人）触犯刑事法律而承担不利的刑事法律后果与责任的可能性，刑事被害法律风险是指作为刑事案件的被害者承受伤害或者损失所面对的风险。其中，刑事犯罪法律风险单指行为人因自己的行为触犯刑事法律而承担不利的刑事法律后果与责任的风险。刑事被害法律风险单指被害方因他人的犯罪行为而承受伤害或者损失的风险。

因此，企业的刑事法律风险应当包括企业触犯刑事法和企业成为刑事被害人两种情形下的法律风险。可见，企业刑事法律风险既可源于企业触犯刑法关于企业的犯罪规定，也可因没有很好地防控来自外界的损害而被动招致。也就是说，一方面，刑事犯罪法律风险的引发者为企业，实际上需要由代表企业意志的企业工作人员实施。另一方面，刑事风险①的实际承受者可能是企业，也可能是企业主管、风险行为的主要实施者，还有可能企业及其相关责任人员都要承担责任。

3. 企业刑事法律风险防控

企业刑事法律风险防控，意指企业通过采取一系列思想上和行动上的举措，对企业存在的刑事法律风险进行防控，旨在实现有效防控刑事法律风险，规避刑事风险的发生，将风险的发生率控制到最低，或者将刑事风险可能带来的损害降至最低。如果可以将风险发生的可能变成不可能，无疑是企业最理想的风险防控状态。企业刑事法律风险的防控需要发挥企业的能动性，企业本身不能脱离发展的正轨而实施犯罪行为，也不要因为缺乏防控意识和必要的防控措施而导致自身成为刑事被害人。特别是刑事被害的风险，需要企业澄清认识，虽然因诸多客观因素的存在而不易于防控，但并非不可防控。

（二）企业刑事法律风险的特征

我们在此处简要分析企业刑事法律风险的总体特征。

1. 专业性

现代企业分工日益精细化，工作的专业性日益加强，导致企业刑事法律风险的来源或犯罪的手段和方式方法也日趋专业化。虽然企业也可能存在如盗窃、侵占等传统型犯罪的法律风险，但这些类型已经渐失主导地位，而越来越多地表现为专业人员的高智商、高技能犯罪。企业内、外部的法律风险都可能来自这些专业人员实施的犯罪，如知识产权、企业商业秘密、企业金融等方面的犯

① 如无特别说明，本书中出现的“刑事风险”均与“刑事法律风险”取同等意义。

罪。现代企业技术的密集和管理的精细虽然提高了对“犯罪技能”的要求，有利于减少法律风险的发生，但也导致法律风险的防控难度加大。

2. 关联性

关联性，是指刑事法律风险和其他风险紧密相关，不仅和自然风险、商业风险有一定联系，而且和民事、商事法律风险关系密切。因为，法律风险实质上是企业一切风险的最终表现形式，行为和事件的任何不利后果都要通过权利义务的产生、变更与终止表现出来，自然风险和商业风险都可能转化为法律风险，包括转化为严重的刑事法律风险。因此企业及其管理者应注意，凡事需有个度，越界的事情永远不要抱着侥幸心理去做。

3. 广泛性

企业刑事法律风险的广泛性表现为刑事风险分布的范围非常广泛，风险来源非常广泛，从企业成立到企业日常运营以至企业的终止等各个环节，都可能存在刑事法律风险。可以说，企业就是与风险相伴而存的，每个因子都可能导致法律风险的发生。风险的广泛性要求企业加强各环节的风险管控，企业中的每个人都需要参与到风险防控的程序中来。因为，唯有广泛的防控才能真正管控住广泛的风险。

4. 危害后果的严重性

现代企业法律风险一旦发生，可能导致的后果也远超传统型的风险。企业刑事法律风险相对于民商事法律风险来讲，尽管发生的可能性较小，但是一旦遭遇，危害后果最为严重，有时甚至会是不可弥补的灭顶之灾。企业实施的刑事犯罪的严重性一般远超自然人犯罪的严重性。这种严重性不仅表现在企业、个人和国家可能承受的打击和伤害会非常深刻与沉重，而且表现在危害后果可能波及的范围会非常广泛，导致出现一大片被害者，因此企业刑事犯罪并不是一种“无被害人的犯罪”。[①] 同时，危害后果的严重性还表现在，刑事法律风险一旦现实地发生，则存在非常大的救济问题。不仅难以救济，而且救济所需要投入的人力、物力也将是非常大的。

---

① 徐飚、周燕霞主编：《商战之盾——企业刑事风险及防范》，中国法制出版社 2012 年版，第 19 页。

5. 可防可控性

与自然风险、商业风险等其他风险不同，法律风险包括刑事法律风险都是可防可控的。这是因为法律风险的产生本就具有比较高的人为性，因而也是可以通过人力来防范和控制的。实际上，只要重视起来并致力于不断完善和健全风险防控系统，企业的刑事法律风险的可控性就会表现出来。而且企业在实践中会发现，刑事法律风险是很值得我们花一定的成本去防控的。

（三）企业刑事法律风险的分类

对企业刑事法律风险进行分类有助于我们正确认识风险。当然，不同分类标准会得出不同的结果。

1. 直接刑事法律风险与间接刑事法律风险

按照企业刑事法律风险是否由法律因素引起的标准分类，可将企业的刑事法律风险分为直接刑事法律风险与间接刑事法律风险。前者是指由法律因素引起的，或者因经营管理缺乏法律支持而带来的风险，如企业决策判断的过程中缺乏法务支持而导致的决策风险，企业管理体系中合同管理、知识产权管理、管理人法律意识欠缺而导致的管理风险，立法调整而导致的非经营风险。后者是指非由法律因素引起的而由其他因素或风险牵连引起的风险，如财务风险带来的刑事法律风险、企业经营失败可能引发的刑事责任。

2. 内部刑事法律风险与外部刑事法律风险

因企业风险因素的来源不同，可将企业的刑事法律风险分为内部刑事法律风险与外部刑事法律风险。所谓内部刑事法律风险，是指企业战略决策、内部管控、经营行为等企业自身因素引发的法律风险。企业股东、管理人员或普通员工严重违反国家法律法规、公司风险监管制度或劳动合同及其他协议都可能引发内部刑事风险。而外部刑事法律风险即指除本企业之外的其他企业、政府、事业单位等社会团体组织、个人等外部力量侵权、违约、行政违法、犯罪或违纪，故意或者过失侵害企业的合法权益，导致企业成为被害人的可能性。外部刑事风险就相当于针对企业实施的犯罪行为给企业带来的风险。

3. 企业设立中、运行时、经营中、终止时的刑事法律风险

按照企业刑事法律风险发生的环节或阶段来划分，可将其分为企业设立中、运行时、经营中、终止时的刑事法律风险。因为不同环节或阶段的刑事风险各有不同，所以按此标准划分企业刑事风险，有利于我们分析不同环节或阶段风

险的特征，并根据这些特征来有针对性地制定防范和控制这些风险的策略。比如，企业设立过程中的刑事风险，一般包括虚报注册资本的风险，虚假出资、抽逃出资的风险；运行过程中的风险包括产品质量方面、知识产权方面、融资等方面的诸多风险，而这些不同环节或阶段的风险都是各有特征，因而需要对症下药。

二、企业刑事法律风险防控的必要性

的确，我国企业在提高经济效益，追求利润最大化方面煞费苦心，却常常忘了运用法律武器来保障自身的安全和长远发展。从我国企业对法律风险特别是刑事法律风险防范的认知与行动来看，还需在树立并强化企业及其管理人员的风险防范意识方面努力，并切实引进防范机制。而从忽视刑事法律风险防范的后果来看，企业防范刑事法律风险不仅是必要的，而且是亟须的。

（一）我国企业刑事法律风险及其防控的现状与问题

法律风险不同于一般性的商业风险，特别是刑事法律风险，它们其实是不可小视的，否则企业只会一败涂地。张远煌教授就向企业家们强烈呼吁：刑事风险防控涉及安全发展的底线，是企业经营中最重要、最紧迫的风险防控。① 然而，我国很多企业并没有认识到这一点。例如，中国人寿、华为、长虹等大型公司曾经因为缺乏风险防控意识、防控措施，遭受过重大挫折。② 事实上，相当一部分企业十分欠缺对自身刑事法律风险的认识，风险防范意识和防范知识更是薄弱。很多企业由于欠缺法律风险防范意识，不注重相关防范知识的学习和积累，导致不具备基本的风险防范能力。还有一些公司、企业的岗位人员出现严重的刑事问题，原因不在于企业规章制度的缺失或不完善，而在于公司、企业的治理结构、内控制度和风险防控方面存在漏洞。例如，“健力宝”原董事长张某因职务侵占和挪用公款被判刑10年，③ 同时也给“健力宝”带来了非常惨重的后果。很多企业刑事风险防控的现状是不容乐观的，必须认识到问题的严重性。

---

① 张远煌：《民营企业家犯罪研究成果及防控民营企业家刑事风险对策建议》，载《中国产经》2019年第7期。

② 姚钟炎、高立贵：《论公司法律风险防范体系的构建》，载《浙江能源》2006年第1期。

③ 邵清龙、陈笑尘：《原健力宝董事长张海终审判决十年徒刑》，载中国网：http：//sports. china. com. cn/txt/2008 -09/28/content_16549541. htm，最后访问日期：2015年6月4日。

一是企业刑事法律风险防范意识薄弱。有调查显示，我国500强企业的法律风险防范意识尚相当欠缺，风险控制意识也很薄弱，不得不让人担忧。而刑事风险更是被很多企业所忽视，或者因惧怕心理而被企业有意无意地“无视”。

二是企业刑事法律风险防控投入不足。由于法律风险防范意识的缺失，企业不关注风险防控，因而我国企业在法律风险防控的投入上也严重不足。据统计，美国企业平均支出的防控法律风险费用占企业收入的1%，[①] 但是我国企业呢？依据笔者就此问题所做的典型调查，我国企业对防控法律风险的投入是微不足道的。投入不足当然会严重影响企业的风险防控力度和强度。

三是企业的刑事法律风险防控制度和体系不完备。部分企业已经注意到了防范刑事法律风险的重要性和必要性，因而开始制定一些防控制度，还有部分企业已经建立起了防控体系，但仍不够完善。例如，中国移动企业内部的风险防控举措就参照美国萨班斯法案建立起内部控制矩阵，但仍存在缺乏对权力层的监督制约等问题，因而出现管理层一连串的贪污腐败现象。[②]

（二）忽视刑事法律风险防控的后果

任何企业都不能无视自身的处境，是如人不能没有自知之明同样的道理。刑事法律风险是客观存在的，且会因为企业是否正视它而有不同的结果，企业必须认识到这一点。否则，忽视这些风险将可能出现以下后果：

1. 企业或企业相关负责人被追究刑事责任

企业刑事法律风险一旦爆发，意味着一定会有企业或企业相关负责人要承担刑事责任，因为没有相应刑事上的义务和责任承担的危害行为也就不称其为刑事法律所禁止的行为了。刑事法律处罚的原则是以双重处罚为主，因而在大多数情况下企业和企业相关负责人都要被追究刑事责任。并且，刑事责任的必然性可以说是刑事后果最大的特征。

2. 企业遭破产或被并购或被强制解散

现实中，很多企业一旦触犯刑律，就很难再继续正常运营下去，因而免不了走上破产、并购或被强制解散的不归路。虽然并不是所有的企业必然会如此不幸，但是，企业在遭受巨额罚金、在企业负责人被判刑入狱或者企业承受致

---

① 汤新华、邓嵘：《我国民营经济法治保障研究》，载《经济研究参考》2015年第28期。

② 王超：《中国移动缘何频发腐败案》，载《中国青年报》2014年3月24日，第10版。

命侵害之后却没有得到应有的赔偿等情况下，都是极易导致企业消亡的。我国的企业平均寿命不过三四年，[①] 究其缘由，其中除了因为民商事方面的原因导致企业自然死亡之外，刑事方面的原因导致企业非正常死亡也是主要原因之一。

3. 企业商誉受损

企业商誉包括企业商业信用和声誉，是指社会公众对企业的经济能力、信用状况、商品声誉等给予的社会评价，即该企业在社会经济生活中信用、声誉的定位。企业商誉对企业的生存、发展有很大的影响，可以说，“成也商誉，败也商誉”。好的商誉可以帮助企业获得公众的信赖，从而获得更大的市场，促其事业飞速发展。而一旦企业商誉不佳，也会导致企业丧失公信力和市场萎缩。另外，要获得良好的企业商誉何其难也，要败坏企业商誉却又何其易。企业刑事法律风险的爆发，特别是如果企业涉及刑事犯罪，在公众心目中的形象就会一落千丈，对企业的商誉也会造成严重损伤，进而企业也会不可避免地走向衰落。

4. 企业商业机会丧失

企业商业机会关乎企业的市场，有时重要的商业机会甚至关乎企业的生存。但是一旦企业惹上刑事犯罪官司，就会引发企业商业信誉风暴，随之而来的连锁反应可能就是没有哪家企业愿意再与之合作、交易，商业机会也不会再来光顾。

5. 企业资产受损

此处的资产受损是针对除企业因破产、解散等非正常死亡之外的情形来说的。企业刑事法律风险的爆发肯定会导致企业资产受损，包括无形的资产和有形的资产。无形的资产损失主要表现为企业的商业信用和声誉下降、商誉机会的丧失，有形的资产损失则主要表现为企业因刑事犯罪被判处罚金和刑事附带民事的赔偿、企业因刑事被害不能获得赔偿遭受的损害。

6. 经营成本异常增加，股东权益受损

无论是企业刑事犯罪还是刑事被害，企业都可能遭受损害，既可能是有形的，也可能是无形的。特别是企业因刑事犯罪而招致损害，常常会引发企业的生存危机。即使企业能够继续经营，内虚外弱也是掩盖不了的。企业很可能需要比以前花费更多的成本，包括投入更多的人、财、物才能获得利润。而无疑，

---

① 《我国中小企业寿命仅3.7年高税赋挤压生存空间》，载《中国集体经济》2011年第1期。

这些会对股东的权益造成很大的损害。

（三）企业刑事法律风险防控的必要性

如果认识到企业刑事法律风险的危害和可能造成的损害，也就能认识到企业刑事法律风险防范的必要性。但是，除了为避免上述诸多刑事风险引发的危害后果，需要企业进行刑事法律风险防范工作之外，从正面效应来讲，企业要获得健康、长足的发展，要实现高效的管理，要提高企业的经营效益，让发展成果惠及企业的全体成员，也十分需要企业未雨绸缪，防患于未然，将刑事法律风险的发生概率降低。

首先，企业要实现健康、长足的发展，就必须做好刑事法律风险防范的工作。企业亦如人或其他生物一样，有自己的存续时间。健康是长寿的秘诀，对企业来说也是如此。有时候，人得一些小病痛小感冒，可能不会妨害甚至有益于身体的健康，就像企业的一些小商业风险，可能会起到刺激企业活力的作用，就不一定是有害的。但刑事法律风险的爆发是像人得大病、重病——而不是像一般的民商事法律风险——生一次就对生命造成一次重大损害，甚至会折寿。人要长寿就要预防疾病，特别是要防止一些致命性的大病、重病。企业要长寿，要健康、长足地发展，就要防止企业刑事法律风险，就如人要防范生大病的道理。

其次，企业要实现高效的管理，也有必要防范刑事法律风险。管理的重要性越来越被重视和强调，但是很多企业只是注重企业经营业绩方面的管理，而没有意识到企业风险管理的重要性。风险管理不仅是管理的重要内容，而且是其他事务的管理基础，是管理的基础工程。因为，管理其实就是管“人”，而不是管“事”，从本质上来说就是风险管理，风险管理的分支应该延伸到企业的各项工作和各个岗位。而刑事风险管理作为“最重”的管理工作，无疑也是决定管理有效或者无效的最重要因素。刑事风险管理的必要性应该在风险降临前得到强调，而不是等到问题出现之后。一旦刑事风险爆发，风险管理的巨大漏洞就会显现，但同时也会是宣告管理失败的时候。

最后，企业刑事法律风险防范的必要性还来自企业全体员工利益的需要。现代企业虽然以获得利润为天职，以利益最大化为追求，但也承担着一定的社会责任，特别是在提供就业机会和稳定社会秩序方面，企业的作用很大。企业员工不仅是打工的人，也是企业的一部分，企业的生死存亡也关乎员工的切身利益。正常运营、日新月异的企业对员工来说也会是归宿，既能获得生存与发展，也愿意为企业的发展付出；企业本身动荡不安、岌岌可危，员工也会没有安全感。而企业如果因刑事法律风险而破产、关闭，员工必然下岗、失业，又何谈员工的职业生计与发展。

三、企业刑事法律风险防控的可行性

企业意识到刑事风险的存在，同时也要知道刑事风险的可防可控性，并树立防范信心，相信只要企业发挥好能动性，调动人们的积极性，大部分刑事法律风险都可以消弭在尚未成形之际。实践亦证明，绝大多数的刑事法律风险应该而且也能够通过企业的战略重视和切实可行的措施来防范和控制好。大体来说，企业刑事法律风险防控的可行性来自于国内外环境的影响和企业自身环境的优势。

（一）从国际环境来看

国际环境是企业生存的大环境，特别是我国实施改革开放政策以后，企业总是要面对诸多外来风险的侵扰，其中不乏刑事风险的侵扰。在开放之初，很多企业因为不能适应市场的优胜劣汰规则，不能承受国内外风险的侵蚀而遭受毁灭性打击。但是国际环境对促进企业的发展也是显而易见的，从总体上来看，国际环境对企业的发展主要还是正面作用。

一方面，国际环境可以帮助企业尽早认识到刑事风险的存在，并提供给我国企业防控风险的宝贵经验。刑事风险是客观存在的，但是很多企业只有在外界的提醒下才能认识到这点。此外，国外不乏体制完善、管理高效、风险防控得当的企业，特别是一些长寿企业，可以成为我国企业学习的榜样，从这些企业身上可以学到很多企业运营和管理的方法。

另一方面，国际环境的挑战也可以增强企业的竞争力，帮助提升风险防控能力。温室的花朵经不起风吹雨打，只有经过必要磨炼的企业才能屹立于世界之林。从国外企业法律风险防范与控制的实践上来看，一些跨国企业就是因为构建起了有效的风险防控机制，才有效驾驭了企业组织结构复杂及跨国家、跨区域、跨行业等众多问题。

（二）从国内环境来看

企业总是要在一定的环境中生存，除了跨国型企业，我国企业主要面对的还是国内环境。国内环境对企业的影响既有有益的方面，也有负面的影响。但对企业的法律风险防控来说，国内环境对企业的影响主要是有益方面的。

第一，国内环境提供给企业风险防控所需的制度优势。国家很注重企业的制度规范，因为防范与化解企业法律风险不仅关系到企业的生死存亡，也关系到国家的经济发展与社会稳定，国家已把企业法律风险视为国家风险的一部分，所以国家有关企业的法律法规多有防范与化解企业法律风险的规定，企业可以“依法治企”。这些规定为企业提供了很好的制度环境，可以帮助企业化解刑事法律风险。

第二，国内环境提供给企业风险防控的市场环境。我国市场经济发展三十多年来，为了应对激烈的市场竞争，保障企业长远竞争力，很多企业在防范与化解企业法律风险方面一直在做有益的尝试。企业之间除了竞争，也可以通过相互交流和交易相互促进，相互借鉴各自的成功经验，获得更广阔的市场。

（三）从企业自身的发展来看

内因决定外因，无论国际环境还是国内环境的影响，都需要通过企业自身的努力才可能取得效果。而企业是否可以有效应对国内外环境的挑战，也需要企业发挥主观能动性，不断提高处理法律风险的能力。

一方面，我国企业在国内外市场的优胜劣汰竞争机制下，风险防控的意识逐渐觉醒。这是第一步，而对企业来说，树立法律风险防范意识至关重要。在我国，企业风险意识大多是在经历过严重风险事故之后才觉醒的，比如企业或者企业管理者的刑事犯罪曝光。但不管怎样，当代企业已经基本拥有了这种意识，因而在我国构建风险防控体系具有可行性。而随着企业防控风险意识的进一步觉醒，刑事法律风险防范也会进一步得到重视，企业也会更多地投入刑事法律风险的防范工作中来，从而不断提升防控能力。

另一方面，企业可以通过自身的实践探索提高风险防控能力。无论是企业外部法律风险的出现，还是内部法律风险的存在，大多都是由于企业治理结构的缺失或者不够健全，体制没有建立或者不够完善，企业内部人员行为严重失控造成的。这些来自企业自身的问题也相对容易解决，只要企业发挥主观能动性，以积极的心态正面应对，则刑事风险的防范是完全能做好的。企业要从战略的高度，通过点线面相结合，即按照职权查找风险点，按照风险设定预防线，按照权力界定控制面，构建企业刑事法律风险防范体系。①

---

① 卞传山：《做好企业刑事法律风险防控点线面》，载《法人》2018 年第 11 期。

第二章
CHAPTER 02

外国企业刑事法律风险防控的借鉴

我国企业关注法律风险的时间尚短，刑事法律风险的防范工作开展得更晚。相比境外一些国家的企业来说，起步较晚是客观事实，而且企业家对于境内外刑事法律风险意识的薄弱与漠视，加之预防制度的缺失，使很多看似不错的企业和成功的企业家们可能忽然出现巨大的法律危机。这种危机不仅来自境内的《刑法》规定，而且某些中国的境外上市公司可能也面临来自境外的法律风险。因此，我们有必要适当地了解外国刑事法律的基本规定，确保不因自身的盲目而触犯法律的底线，同时也要借鉴国外在刑事法律风险防控方面的先进经验，为企业保驾护航。为此，本章简要介绍几个典型国家的企业刑事责任理论以及风险防控的主要做法。

一、外国企业刑事法律风险防控概述

（一）美国企业的刑事法律风险防控

在美国，企业的刑事法律风险一直是政府和学者们十分关注的法律议题，有些学者主张把企业可能触犯的刑事犯罪称为“business crime”，我国学者一般翻译为“经济犯罪”，其主要罪名包括税收诈欺、取财诈欺、银行诈欺、保险诈欺、破产诈欺、侵害消费者利益、违反《反垄断法》的犯罪，侵害投资者利益的犯罪，侵害雇员利益包括侵害雇员健康与安全的犯罪，以及危害公共卫生与安全的犯罪、非法污染环境的犯罪和食品药品方面的犯罪等。

无论在哪个国家，很多刑事法律风险一旦爆发，对整个社会都会产生影响。例如，在2001年发生于美国的安然财务造假案中，不但众多投资者的利益受到损害，举世闻名的安然公司也成了历史。

美国对于企业刑事法律风险防控的主要手段之一是鼓励并注重加强企业自律，其中影响较大的理论是企业适法计划（corporate compliance programs）的提出。企业适法计划，是指“企业为预防、发现违法行为而主动实施的内部机制，基本的构成要素包括正式的行为规则指引、高管负责制度以及检举制度”。① 据美国学者的考证，美国要求企业自律的政策可以追溯至20世纪30年代对证券行业进行规制之时，但是首次明确规定企业适法计划并形成对企业刑事责任影响的立法性文件是20世纪80年代美国量刑委员会制定的《美国联邦量刑指南》（United States Sentencing Guidelines），之后美国的《组织犯罪量刑指南》（Organization Sentencing Guidelines）明确将适法计划的制定与有效实施作为企业犯罪案件中的减轻情节，以提高企业进行自我犯罪预防与调查的积极性。根据《组织犯罪量刑指南》列举了企业适法计划应该包含的七大关键要素，以实现联邦法院对企业犯罪量刑的从轻或减轻效果：

第一，企业必须建立与之规模相适应，被合理地认为可以减少犯罪行为的守法标准与程序，如行为守则等；

第二，企业必须任命高层人员并赋予其恰当的资源、权限以监督适法计划的实施；

第三，企业必须采取合理的努力和措施限制具有实质性权力的职员开展不法活动；

第四，企业必须采取合理的步骤将适法计划通过培训等方式有效地告知所有的成员；

第五，企业必须贯彻该适法计划，并通过监督体制与审计制度保证该计划得到遵守；

第六，企业必须通过适当的惩罚机制，贯彻各项标准、惩罚成员的不当行为；

---

① Philip A. Wellner（2005），Effective Compliance Programs and Corporate Criminal Prosecutions，*Cardozo Law Review*，Vol. 27，No. 1，p. 497.

第七，在发现犯罪行为后，企业必须已经采取了所有合理的措施对特定犯罪行为做出回应，防止类似犯罪行为的再次发生，包括对其适法计划进行修改，而且必须就相关犯罪行为向执法机关进行通报。①

根据前述量刑指南的要求，那些实施了刑事犯罪的企业如果事前制定了合理有效的适法计划和标准，并配合政府部门的一切调查活动，其因为该刑事犯罪而受到联邦处罚罚金的数额可能最高减少95%。相反，如果企业被认定为默认、鼓励或者掩盖刑事犯罪活动，且该企业不配合政府调查也拒绝承担刑法责任时，其联邦罚金的数额可能在原罚金基础上增加至4倍。如此的立法引导产生的效果是，一个涉嫌刑事犯罪的企业，其受到处罚的罚金数额可能取决于其是否具有良好有效的企业适法计划。正如一位证券法领域的权威人士所言，一个企业的法律顾问如果没有制订或推行好一个良好的企业适法计划，其将可能面临“职业过失”的法律责任。由此可见，企业适法计划对于美国企业以及法律行业的重要性非同一般。

（二）德国和日本等国的企业刑事法律风险防控

作为大陆法系代表的德国和日本对企业刑事法律风险问题的研究也是颇有建树的。德国和日本学者将企业面临的刑事法律囊括在经济刑法的范畴。根据日本宫泽浩一教授的《经济犯罪与宣传报道犯罪》和神山敏雄教授的《德国经济刑法制度的变迁》以及一些日本和德国的经济刑法学著作和资料，经济犯罪归纳起来大体有3种：（1）以犯罪主体为出发点：即企业主（生意人）在自己业务活动中所实施的犯罪。因其主体的社会地位较高，就被称作“白领犯罪”。又因在自己的业务活动中实施，故又被称为“职业犯罪”。（2）以犯罪目的为标准：即是以获取非法经济利益而实施的犯罪，它不仅包括破坏经济秩序的犯罪，而且还包括许多传统的财产犯罪，如盗窃、抢夺、诈骗等。（3）以犯罪行为方式和侵害客体为标准：即利用经济交易许可的活动方式而违反经济管理法规，破坏经济秩序的图利行为。② 1981年召开的欧洲共同体高级领导会议认为，经济犯罪的范围应包括以下16种：（1）联合企业的犯罪；（2）跨国公司的犯罪；（3）以欺骗方法获取国家或国际组织贷款及其挪用的；（4）计算机犯罪；

---

① Molly E. Joseph (1997 -1998), *Organizational Sentencing*, *Criminal Law Review*, pp. 1027 -1030.

② 顾肖荣：《中日经济犯罪概念和范围的演进》，载《东方法学》2008年第1期。

（5）设立徒有虚名的公司；（6）账目不清或以不正当手段借款的；（7）诈骗公司资本的；（8）企业违反有关劳动卫生与安全规则的；（9）对债权人进行诈骗的；（10）侵害消费者利益的犯罪；（11）搞非法竞争或做虚假广告的；（12）公司的租税犯罪；（13）关税犯罪；（14）汇率犯罪；（15）股份交易或金融犯罪；（16）环境犯罪。上述定义很好地总结了德国、日本等大陆法系国家企业所面临的刑事法律风险。也就是说，德国、日本等国的企业刑事法律风险的防控手段主要是对于前述经济犯罪的防控。

大陆法系国家对于企业犯罪的防控主要体现在法律顾问制度的设计上。欧洲国家的企业多数采用了总法律顾问制度来预防和减少企业的刑事犯罪。这些总法律顾问几乎参与了公司运营的各个方面，并且与公司的最高决策层直接接触，综观企业全局，因此能更好、更全面地把握企业的法律风险。此外，建立了总法律顾问制度的公司，法务部门一般都具有独立的权力否定业务部门的部分高风险行为，因此也对企业法律风险的防控起到了一定作用。

二、外国企业刑事法律风险防控的特征

（一）欧洲模式：总法律顾问制度为核心

欧洲的大型企业一般设有专门的法律事务机构，如法国汤姆逊多媒体公司、欧洲航空航天防务集团、法国空中客车飞机公司、法国电力公司、法国铁路公司等，其组织模式可以分为集中、分散和混合三种。集中模式主要是指企业实行集中化的法律服务，总法律顾问全面负责法律事务工作，法国空中客车飞机公司就采用此种模式；分散模式主要是指企业在每一个业务领域都有法律顾问，直接受分管业务的副总裁领导，而不是由总法律顾问协调，法国石化行业的TECNIP公司就采用此种模式；混合模式主要指企业既设有总法律顾问，又在各个业务部门配备专业法律顾问的模式，专业法律顾问一般只负责合规性审查。①

欧洲的总法律顾问制度与传统的企业法律顾问的不同之处主要表现在：第一，企业内部法律顾问由过去主要负责合同法、公司法、劳动法等诉讼业务逐步介入企业经营管理的全过程；第二，企业法律事务部门由原来的企业财务或

① 《欧洲企业总法律顾问制度的现状与启示录》，载中华硕博网：http：//lw. china－b. com/kjsj/lwzx_117065_3. html，最后访问日期：2016 年 1 月 12 日。

综合部门内的一个机构而逐步发展成为一个独立的部门，并且明确总法律顾问直接向总裁和董事会报告工作；第三，企业法律事务工作综合性日益加强，法律顾问人员规模明显增加。

欧洲大公司中，总法律顾问有的是公司副总裁，有的是董事，但不管其处在哪一职位，都必须确保他的专业意见有效地传递到决策层。企业总法律顾问的影响力主要产生于其在公司中的职位等级，以及其在各种不同管理机构（董事会、战略委员会等）的参与及渗透程度。为确保其独立性和高效性，欧洲企业总法律顾问通常直接向公司首脑人物（总经理或董事长）进行汇报。总法律顾问在企业经营决策中担负着重要职能，对公司体制、业务、预算等重大法律事项的筹划、决策发挥着不可替代的作用，对企业法律风险防范与控制负有重大责任。同时，总法律顾问要负责建立适当的组织机构，并监督公司各机构（委员会、股东会等）日常事务及对法律的遵守情况，协助管理层进行公司内部的权力委托。从企业最高管理层开始，促使每一级别管理层都能了解各自的法律责任，并注意在有关业务部门发生问题时，避免最高管理层承担全部责任。

（二）英美模式：企业适法计划模式

在英美等国的刑事法律风险控制领域，鼓励企业自律模式是一大趋势，其典型代表是企业适法计划的推广。如前所述，该制度起源于美国，现在许多国家都在立法中规定了企业适法计划，而且是否存在有效的企业适法计划已经成为英美等国判断企业刑事责任的质与量的重要因素。

很多学者对企业适法计划的积极意义与作用表示了充分肯定，他们坚信进行自律和自我保证遵守社会规范是必须的。严肃的内部适法计划有助于鼓励职工向权力机关说出真相，报告他们认为可能已经过界的行为，从而防止企业铸就更大的错误或者直到面临无法挽回的刑事责任时才进行事后救济。所以在英美等国家，企业接受监督自己行为的义务在稳步增强。如在澳大利亚，判例明确表明："是否存在有效的适法计划，原则应该纳入量刑的考虑范围。如果存在有效的适法计划而发生了犯罪，则减轻刑罚可能是适当的。相反地，未能实施适法计划则应该成为加重处罚的裁量因素。"① 英国 2010 年的《贿赂罪法》

---

① Jonathan Clough and Carmel Mulhern（2002），*The Prosecution of Corporations*，Oxford University Press，p. 188.

（Bribery Act 2010）也是作出了明确的规定。该法第 7 条第 1 款规定，如果与商业组织相关的个人，出于以下目的实施了贿赂行为，则该商业组织应该承担刑事责任：（1）为该商业组织获取或保持业务之目的；（2）为该商业组织获得或保持某项利益之目的。第 2 款进而规定，如果该商业组织能够证明，在其内部存在适当的旨在预防特定行为人实施上述行为的程序，则构成合法辩护。又如意大利在 2001 年颁布了《第 231 号法令》，规定在企业员工实施犯罪的场合，也可以追究企业本身的刑事责任。但是如果被追诉的企业积极有效地实施预防犯罪的合理措施，可以免除责任。在这一法令的推动之下，意大利的企业纷纷开始制定、实施企业适法计划。意大利内部审计协会（Italian Internal Auditor Association）2006 年 4 月公开的一项针对上述《第 231 号法令》研究结果显示，在接受调查的 72 家企业中，82% 的企业已经制订并正在实施企业适法计划，91% 的企业已经或正在根据《第 231 号法令》制订特殊的行为监督计划。①

在实施的效果方面，企业适法计划对于企业法律风险的预防作用也是十分积极的。一个例子是生产航空装置的卫神科技公司（Vision Tech.）在与通用电气合并之际，发现自己公司内部可能存在违反《海外反腐败法》（Foreign Corrupt Practices Act，FCPA）的行为。随后，卫神公司迅速通知美国司法部与证券交易委员会，并披露了其 2001～2004 年在泰国、菲律宾、中国的营业记录。这些记录显示，卫神公司的国外代理商和经销商曾经告知卫神公司的一名高级销售主管卫神公司存在向外国官员的可疑支付，但该主管并没有采取相应的措施也没有通知卫神公司的其他高级经理人，该公司随后表示自愿接受美国司法部与证券交易委员会总计 130 万美元的罚金制裁。另一个例子是发生在 2005 年，位于美国的德普诊断产品有限公司（Diagnostic Products Corporation，DPC）主动向美国司法部提交报告，披露其中国子公司天津德普诊断产品有限公司从 1991 年到 2002 年，向中国国有医院医生行贿 162.3 万美元的现金，用来换取这些医疗机构购买 DPC 公司的产品，从中获利 200 万美元的违反《海外反腐败法》的行为，并表示接受司法部的制裁。以上两个例子表明，在有效执行了企业适法计划的公司中，其在面临刑事法律风险时，具有相对有效的事前监督效果并

---

① Framcesca Chiara Beviliacqua（2006），Corporate Compliance Programs under Italian Law.

在一定程度上防止了后果变得更为严重，并减少了企业面临破产或巨额赔偿或罚金的风险。

三、未来企业风险防控趋势

（一）法律机构形态：集中的法律机构模式是趋势

鉴于目前企业规模的扩大化以及企业类型复杂化的趋势，建立或者雇用一个集中的法律机构为之服务应是现代企业发展的趋势。此处所指的集中，强调的是一种纵向控制和管理，主要有两种：一种是高度集中、纵向贯通的法律管理模式，主要适用于业务相对集中、不同业务间关联度大、实行总分公司体制或有众多全资子公司的大公司。这种模式是公司总部法律部全面负责公司的法律事务，公司所属子公司、分公司法律机构由总部统一设立，法律人员由总部委派，地区公司法律部直接向总部报告工作并对其负责，而不对地区公司总经理负责。另一种是纵横结合的集中模式，主要适用于具有独立法人资格的子公司构成的较为松散的企业集团，其经营风险比较分散，业务涉及不同文化背景和不同业务特点的多个行业。这种模式下公司总部和地区公司各自设立独立的法律部，地区公司法律部对地区公司总裁负责，同时对公司总部负责。实行纵横结合体制模式的，仍然强调纵向的控制和管理。地区公司总法律顾问的待遇及法律预算由地区公司总裁与总部共同决定，但总法律顾问具体人选须由总部最终决定。总部还确定各地区公司法律工作年度目标，并对地区公司总法律顾问的工作情况进行监督、考核。对于涉及企业集团重大利益或战略利益、可能产生重大影响的法律事务以及证券、金融、保险、劳动、环境保护、知识产权、税收和重大诉讼等事项，总部实行垂直管理。①

（二）法律工作重点：专业化法律工作细分

随着中国法律制度的完善，企业的法律工作呈现愈加细分化的趋势。行业法规以及行业法律政策的细致化，决定了企业需要具有相关行业背景的、懂得企业业务内容和需求的法律人才为之服务。比如技术型企业需要更多具有工科背景以及对知识产权领域法律比较熟悉的法律顾问为之服务，以避免该企业的

---

① 马役军：《关于完善国有企业总法律顾问制度的几点建议》，载人民网：http：//finance.people.com.cn/GB/8215/37566/3911164.html，最后访问日期：2020 年 6 月 12 日。

知识产权的侵权而导致企业可能面临的民事和刑事法律责任；如上市公司、金融领域的企业需要更多的具有金融法律背景知识以及具有《证券法》、上市公司合规等知识储备的法律顾问为之服务，以避免该类型企业可能面临的内幕交易罪、破坏金融秩序等方面的法律风险，比如出口贸易公司需要多重语言背景以及熟知进口国的相关法律法规的复合型法律人才为之服务，以规避该类型企业在进口国可能面临的侵权等方面的法律风险。

因此，不同行业的企业，在运营过程中应该根据需要聘请相关领域的法律人员或者中介机构作为其合规顾问。根据公司业务决定法律工作的内容不仅是出于预防风险的目的，而且是企业在将来如果真的面临民事或者刑事责任的免责事由——因为企业已经尽到了其应有注意义务，专业的法律人员或者法律机构已经给出了指导意见。根据专业人士的意见而进行的违法行为，可能可以作为没有主观违法故意的免责理由之一进行抗辩。

（三）健全管理制度，细化分工，联合纵横

良好的企业管理制度是企业的保护伞，没有优良健全的企业管理制度，企业的发展之路将坎坷难行。正如前述美国所倡导的“企业适法计划”一样，企业建立一定的风险防控管理制度，明确各层级管理人员的职责分工以及权限范围，并且互相监督和制衡，形成各部门与公司的法务部门联合纵横的配合模式，不仅能够为企业创造一个守法、懂法的文化氛围，而且增强了企业运营的安全性，大大降低企业所面临的法律风险，为公司的发展壮大铺出一条康庄大道。

四、我国企业可借鉴之处

在“风险社会”语境下，刑事法律风险是企业和企业家所面临的最为严峻的风险之一。法律滞后与市场创新需求、观念异化与时代进步、制度缺失与责任分配之间的冲突，是企业面临的刑事法律风险加大的现实困境。本章节探讨了大陆法系和英美法系国家的企业所面临的刑事法律风险以及相应的风险防控手段，虽然某些手段和立法背景是根植于个别国家的司法体制之下的，但在全球经济一体化，各地区交流合作日益频繁的大背景下，前述所提及的几种防控方式，对我国企业的发展还是极具借鉴意义的。

（一）机制：加强总法律顾问建设及人才培养

企业的刑事法律风险防控，首先可以从机制的建设着手，建立以总法律顾问为代表的，有总法律顾问、法律事务机构、法律顾问所构成的企业法律顾问组织系统，形成总法律顾问能够参与企业高层的重大决策的顾问机制，从宏观上保证企业决策的合法性，降低企业违法的可能性。与此同时，企业也应当加强法律顾问人才的培养，尤其是针对其业务领域的法律人才的培养，使企业的法务人员既懂得法律、也熟悉业务，培养出一批本行业内具有法律知识与业务综合素质的精英法律顾问，为企业的决策提供更综合性的法律意见。

（二）制订企业内部适法计划

借鉴英美等国的经验，聘请专业的法律机构或法律顾问为企业的运行各方面进行“把脉”，制订内部适法计划，可以包括但不限于以下内容：建立与企业规模相适应的减少犯罪行为的守法标准与程序，如行为守则等；任命高层人员监督适法计划的实施；将适法计划通过员工培训等方式有效地告知所有的企业成员；制定适当的惩罚机制，贯彻各项标准；制定程序指引，旨在指导企业或员工在发现犯罪行为后，如何根据该适法计划采取所有合理的措施对特定犯罪行为做出回应，防止类似犯罪行为的再次发生等。

（三）加强企业总部与分支机构的纵向管控

借鉴欧洲和美国的总法律顾问模式，加强企业总部与分支机构的纵向管控。在业务相对集中、不同业务间关联度大、实行总分公司体制或有众多全资子公司的大公司实行高度集中、纵向贯通的模式，实现公司总部法律部全面负责公司的法律事务。在由独立法人资格的子公司构成的较为松散的企业集团中，实行另一种纵横结合的集中模式，实现公司总部和地区公司各自设立独立的法律部，地区公司法律部对地区公司总裁负责，同时对公司总部负责的模式，地区公司总法律顾问的待遇及法律预算由地区公司总裁与总部共同决定，但总法律顾问具体人选须由总部最终决定管控制度，以形成高效一体的综合管控机制。

第三章
CHAPTER 03

我国企业刑事法律风险防控机制的构建

在概览我国企业开展刑事法律风险防控工作的情况，并了解一些外国企业的风险防控策略之后，我们应该对本国企业可以借鉴的和需要改进的地方进行分析。作者认为，首要的是企业的制度层面，必须构建起一套有益于企业刑事法律风险防控的机制。

一、企业刑事法律风险防控机制概述

（一）企业刑事法律风险防控机制的概念

“机制”一词最早出自于希腊文，原指机器的构造和动作原理，后来发展应用到社会学领域，即转意为一个工作系统内部各组织或部分之间相互作用的过程和方式。机制的建立，一靠体制，二靠制度。前者主要指系统内部组织职能和岗位职责配置与调整的方法和手段；后者包括国家和地方的法律、法规以及规章制度、司法解释。而这二者中，制度的完善是前提性和保障性的。但制度需要应用于实践，需要通过一定的方法和手段即“机制”使之灵活运用起来才能发挥其优势。现代企业刑事法律风险防控体系应当与企业自身的管理体系相融合，通过制度建立起对企业各级领导和工作人员的行为进行指引和约束的运行机制，从而实现对企业刑事法律风险的有效防控。

规避、防范和控制现代企业的刑事法律风险需要一个系统的工程。

既需要企业完善相关刑事法律风险管理规定，也需要配置相应的职能监督、权力制约机制，亦即要建立一套刑事法律风险防控机制。因此，企业刑事法律风险防控机制，可以理解为，企业为达到刑事风险防控目的而构建的，有关企业组织进行刑事法律风险分析、评估、防范和控制等一系列活动的体系。

（二）企业刑事法律风险防控机制的特征

1. 系统性

机制并不是一天形成的，而是经过多次实践检验行之有效的一整套方式与方法。机制需要将大量的实践经验提炼、加工，使之系统化、理论化，才能上升为理论。企业刑事法律风险防控机制自然也具有机制的这些基本属性。并且，因其是一系列相关联的小系统构成的大系统，只有各个小系统有条不紊，环环相扣，才能组成大系统。因此，机制对系统的规律性要求更高。

2. 战略性

企业刑事法律风险防控机制的战略性不仅指机制构建是刑事风险防控战略性的要求，而且指该机制本身也具有战略性。战略性是从企业刑事法律风险防控机制的高度来说的，就是防控机制要立足于宏观角度，从企业长远的、根本性的利益出发，深刻地、彻底地摆脱传统的短见，改变只顾眼前利益的做法。

3. 全局性

首先，企业刑事法律风险防控机制本身是依靠多种方式、方法联动起作用的，需要全面的行动，树立全局观。比如，防控机制要囊括全部的企业刑事法律风险点，做好全局性的防控工作。其次，企业刑事法律风险防控机制还包含外部因素的作用方式和外部因素对事物变化的影响。这体现了区分内、外的全局性。而企业刑事法律风险防控机制，更是从内部、外部等各方面来全面防控企业刑事法律风险的系统。

4. 根本性

根本性，是指事物变化的内在原因及其规律。根本性要求企业刑事法律风险防控机制的构建要抓住重点，抓根本性的问题，并要实现风险点的根本性解决。根本性与全局性正好是马克思辩证唯物主义中矛盾论的应用。因为，虽然强调全面构建和实施企业刑事法律风险防控机制，但因人的能力局限性，在实践中还需要区分重点，抓住本质问题来实施。否则，只会陷入无边的困境中，反而不利于风险防控。

5. 前瞻性

前瞻性，是指企业要对自身的风险进行前瞻性的认识，并前瞻性地铺开风险防控机制。刑事法律风险并不如其他风险，刑事风险防范一旦失效，后果不堪设想，因此必须做好事前的风险防范，把刑事风险消弭在发生之前。所以，企业刑事法律风险防控机制要真正发挥作用，就必须具有前瞻性，未雨绸缪，才能实现有效的刑事风险防控。

6. 整合性

整合性，是指企业刑事法律风险防控机制的构建需要整合所有的有利资源，防控机制要运转起来需要调动各方面的力量参与其中。刑事法律风险必须做好事前防范，而不是挑战风险、引诱其发生，再寻求事后的补救措施。因此，必须整合企业全部的正面因素，致力于全面性的防控，才能实现有效的机制运转。

二、企业刑事法律风险防控机制的作用与构建条件

（一）作用

第一，企业刑事法律风险防控机制的显著作用是能最大限度地保障企业资产、资本的合法增值与安全运作。企业的安全对企业的正常运营至关重要。企业刑事法律风险防控机制，立足于从事前防御角度防控刑事法律风险的发生，而非事后补救。事前防控的最大好处是能从法律上有效保障企业的安全，最大限度地保护企业的市值。也可以说防控机制的最大优势就是能保护企业在正常的轨道上运行，实现利润的安全着陆。无疑，如果企业刑事法律风险防控机制可以发挥作用，就可以为企业筑起一座安全的“防护墙”，而这不是其他措施或手段能轻易做到的。

第二，企业刑事法律风险防控机制的构建能够有效地避免企业陷入刑事诉讼的泥潭。刑事法律风险一旦爆发，无论是作为行为人还是被害人，对企业来说都不是好事情。即使作为被害人，虽然通过刑事诉讼程序可以为企业主持公道，附带民事诉讼可以帮助企业挽回一些损失，但现实中还未有被害企业在被害后能够完全挽回损失的。更不用说，如果企业作为被告人，即使最后企业没有被定罪判刑，也会被诉讼程序折腾，其损失将会是不可估量的。而且，企业一旦卷入刑事诉讼的漩涡，其市值就会大打折扣。因此，企业需要避免趟刑事

诉讼的浑水，而企业刑事法律风险防控机制可以帮助企业化解该风险。

第三，企业刑事法律风险防控机制可以帮助企业避免“木桶”效应和多米诺牌效应。这是预防公司出现重大、连锁危机的重要举措之一。木桶效应是指用一个木桶来装水，如果组成木桶的木板参差不齐，它能盛下的水的容量不是由这个木桶中最长的木板来决定的，而是由这个木桶中最短的木板决定的，所以它又被称为“短板效应”。企业刑事法律风险就是企业的短板，对其风险防范的好坏程度决定了企业的效益。多米诺牌效应则是指在一个相互联系的系统中，一个很小的初始能量就可能产生一连串的连锁反应，人们常用于比喻一系列的连锁反应，即“牵一发而动全身”。企业刑事法律风险的爆发，肯定会引发一连串的不良反应，也就是引起多米诺牌效应。而防范机制的构建就能有效避免企业的“木桶”效应和多米诺牌效应。

第四，企业刑事法律防控机制的作用还在于创造并保护企业的长远价值，促进股东权益的最大化。企业如果构建起刑事风险防范机制，不仅可以避免诸多不利后果，而且从长远来看，更重要的是能为企业带来长久的好处和利益。我们可以推知，刑事风险防范机制能为企业保驾护航，让企业走得更稳健更长远，也就能创造更多的价值和积累更多的财富。进而推知，企业的长远价值得以稳定维护，股东权益就可以实现最大化和长久化。但这些无形优势只有构建起切实有效的防范机制并经过时间和历史的长久考验之后才会展现出来，关键是企业要坚持构建和实践刑事法律风险防控机制不松懈、不放弃。

第五，企业刑事法律防控机制的优势也在于能够增强企业的竞争力，帮助企业赢得更多的市场。很多企业就是觉得刑事风险防控的代价太高，进行防控会分散企业的人力、物力而不予重视。这是错误的认识。一个企业要想增强竞争力，不仅要通过开拓市场，也要通过企业的有效管理，通过企业的“软实力”。良好的法律风险防控机制，不会因为机制运行本身需要花费较大的成本而削弱企业的市场竞争力，仅而可以增强企业的竞争力，使企业赢得竞争优势，创造更多的商机，因而也是企业“软实力”的重要体现。而如果只一味强调市场开拓，而不重视企业的管理和风险防范，只会南辕北辙，离预期的目标越来越远。

第六，企业刑事法律防范机制的优势还表现在可以维护企业的创业精神、公共形象与声誉，从而创造更多的正面效应和效益。“防患于未然”的效果常常被人忽视，它避免了危害结果的出现，人们反而没有意识到其伟大之处。未雨绸缪式的管理最显眼的成功之处是防范危害结果的出现，但更难能可贵的是它还能创造诸多的正面效益和效应。因而有效运作的现代法律风险防控机制，也是不仅可以帮助企业避免法律风险，还可以为企业创造正面效应。因为，防控机制可以带给企业的良好涉讼记录，能为企业带来良好的声誉，树立良好的公共形象。这些都会在无形之中为企业创造正面效应。

（二）内部构建条件

企业刑事法律风险防控机制其实是一套理想的防控刑事风险的攻略，但要构建起该体系可不是那么容易的，需要具备“天时、地利、人和”各方面有利因素和条件。但对企业来说，只有在创造“人和”条件上下功夫。幸而我们处于一个开明和开放的时代，正如上文已述的，国内外环境是有利于企业自主创造的，因而我们也只需要努力创造“人和”条件。

1. 需要多学科知识的人才

企业本身是一个复杂体，各部门、各岗位的工作人员分工合作，共同为企业的正常运行做贡献，但各企业又各有自己的专业特色，要想管理好企业的人和事，既需要具有一定专业背景的人才，也需要综合性素质比较高的管理者。同理，企业刑事法律风险防控本身既需要一些专业性人才，这些人才是文、理、工各行各业的专业人士；也需要能够统揽全局的领导者，他的学识和经验能够带领企业及其人才构建起这一防范机制。多学科知识人才的加入，才使企业的刑事法律风险防控机制得以实现。

2. 需要高水平、法律实操经验丰富、优势互补的律师团队

现代企业已经逐步认识到律师的重要性，律师对企业的政策运行也是必不可少的人才储备。不仅很多企业聘请具备丰富的法律专门知识的律师作为本企业的法律顾问，及时为企业的重要决策把控风险；而且还有很多企业在企业内部专门成立顾问团，让其广泛、全面参与到企业的日常经营决策中来，有效实现了各类风险的防控。而高水平、法律实操经验丰富的、优势互补的律师团队更将是企业看好的，他们会在企业的刑事法律风险防范机制的构建上成就关键的人才条件，也会决定一个企业的风险防范效果。

3. 需要一套有效的执行机制

我们在此谈论的是能让企业刑事法律风险防控机制得到实践与执行的机制。

机制本身既包括制度，也包括能让制度付诸执行的方法。企业刑事法律风险防控机制也就既包括与之相关的诸多制度，还包括执行机制。因此，执行机制至关重要，没有一个有效的执行机制，一切都只是纸上文章，根本产生不了任何效果。有效的执行机制既是刑事法律风险防控机制本身的重要组成部分，也是机制得以构建的必要条件。因此，该执行机制应该包括企业管理刑事风险的各方面工作，从企业的日常运营到企业的内、外部管理，都需要强有力的执行机制贯穿其中。

4. 需要企业各部门各岗位的有效配合

企业各部门各岗位的工作人员既是企业刑事法律风险防控机制的承载对象，也是该机制构建的有效条件。若不是企业各部门各岗位的根本需要，企业刑事法律风险防控机制就只会是缘木求鱼，也没有任何意义；没有企业各部门各岗位的积极参与和有效配合，企业刑事法律风险防控机制就无法构建和有效运行，也发挥不了作用。因此，只有企业各部门各岗位有效配合，调动他们的积极性，集思广益，众志成城，才可能实现真正的风险防控大网。而群众的智慧和力量是无穷的，如果企业各部门各岗位都能参与进来，踊跃创造条件，企业刑事法律风险防控机制也会是最强大的。

5. 需要借鉴国际上的成功经验和教训

国外企业的成功经验和教训对我国企业来说也是宝贵的，我国年轻企业要想少走弯路，保持自身的安全与持续成长，就必须借鉴国际上的成功经验。当前国际交流的日益频繁，为企业借鉴国外经验增加了机会。一些老牌企业经久不衰的诀窍是什么，需要我国企业去学习、揣摩。当然，我国企业在借鉴国际上的企业成功经验和教训来实施刑事风险防控工作的过程中，还需要结合本国企业的实际情况，有所用有所不用，并要让适合的经验本土化，使真正可以在本土扎根的人类文明成果发挥其应有的作用。

6. 需要适合中国企业的中国式智慧

中国企业处于本国的市场环境中，更多地受国内人文风情各方面的熏陶，更大程度上是受国内市场、法律、政策等的约束，具有不同于国外企业的诸多特性，因而更需要结合中国企业的实际情况来探寻最适合本国企业的刑事法律风险防范机制。中国式智慧虽然也要借鉴国外的成功经验和教训，但更需要根据国内市场运行规则、法律规范等自然规律、人为法则来挖掘。这种智慧的拥有不仅要求对国内外企业的经营之道非常熟悉，对企业的刑事法律风险有深刻的认识，对本企业的刑事法律风险防控情况非常了解，更需要做一名有心人，在日常的企业工作中发现最适合本企业的刑事法律风险防控方法和策略。

三、企业刑事法律风险防控机制的理念与原则

一方面，企业刑事法律风险防控机制是由一系列的小系统组成的，人事、财务、管理、运营等各类风险防范体系既各有自己的管辖范围，又有机结合，共同为创造有效的机制做贡献。另一方面，企业刑事法律风险防控机制在运行过程中必须树立依法治企的理念，并遵循一定的原则，遵照法律法规的规定来执行，在企业的日常经营和运行中全面铺开工作。

（一）理念：依法治企

1999 年，“依法治国，建设社会主义法治国家”被写入《宪法》。依法治国理念与方针实施以来，确实取得了举世瞩目的成就。而依法治国理念不是写在纸上的文章，要真正把它作为我们的行动指南，就要在国家治理的各方面得到体现。依法治国对企业的要求即是依法治企。依法治企是企业依法决策、依法经营管理、依法维护合法权益的重要组织保障和制度保障。依法治企的实质就是要用法律手段维护企业的正当合法权益。

依法治企既是对企业的基本要求，也暗含着丰富的道理，是企业做好刑事法律风险防范工作必须坚持的理念。企业如果能够做到依法治企，也必定能够化解绝大部分的风险，不仅是民商事的，也包括刑事的。对企业来说，依法治企既能为企业保驾护航，使企业维持正常的运营秩序，达到企业最好的状态；也会为企业创造物质的和精神的财富与价值。依法治企之所以重要，不仅因为其是每个处在现代市场经济环境中的企业必须要坚持的理念，而且因为当前很多企业还没有做到，很多企业失败在了刑事风险的控制上。但是，要如何将依法治企的理念深入我们的实际行动中，也是困惑着很多企业的难点。依法治企的理念本身不止是理念，也包含了许多我们下文将探讨的操作规则。

（二）原则

1. 注重事前预防

事前预防，是指在企业刑事法律风险发生之前，根据企业的特点和市场、

社会环境等各方面因素，分析企业的风险点所在，评估风险的大小，制定有针对性的风险预防措施，消除风险发生的可能性。企业刑事法律风险防控机制既然称为防范机制，就是明示要尽量将风险消弭在未然之际，注重事前的预防。因此，注重事前预防应该成为我们构建和运用这一机制的原则，这样才能将风险防范的重心前移，将更多的精力投入事前的预防中。但要真正坚持这一原则，只有企业及其管理者确实认识到并肯定事前预防的重要性才能做到。企业刑事法律风险防控机制的事前预防是要在企业的日常经营管理全过程中来全面铺开这一机制的工作，因而也是一项基础性工程，它的效果就是避免出现刑事事故，它的作用并不显山露水，所以常常被忽视。事实上，事前防范就是提高企业自身对重病、大病的免疫能力，所谓“防重于治”，故需要企业特别注重。

2. 做好过程控制

在企业刑事法律风险防控机制中，过程控制是事前预防的延伸。过程控制依然应该以降低法律风险的发生率为目标，一般是指在企业的日常经营管理中，发现法律风险即将成形显露，或者风险正在发生的过程中，通过启动刑事风险防控机制，控制其实际发生，或避免其产生危害后果。但是，能够展开过程控制的时段常常非常短，且该机会具有隐蔽性，因此过程控制的难度比事前预防的要大，而且控制风险发生的成本也会相对多一些。但法律风险的过程控制仍然也是企业法律风险防范与管理工作的关键因素，实现企业法律风险的有效控制，对建立健全企业法律风险防控体系具有重要意义。

3. 有效事后补救

亡羊补牢，未为晚也。有效的亡羊补牢，可能对事情的补救仍有显著效果。企业刑事法律风险防控不强调事后补救，因为事后补救是在刑事法律风险已经发生之后，损害事实已经不可避免，但也不完全排除事后补救的作用。因而事后补救仍然具有重要性。首先，有效的事后补救致力于最后的事态挽回，尽量将损失减至最低。相比于放任危害后果的发生，导致后果无限扩大、严重化来说，事后补救无疑是有益的，也会获得相应的效果。其次，有效的事后补救是一种积极的态度，表现出悔改的态度，其恶性会在事后补救中得到一定程度的化解，可以获得被害人的谅解，在法律适用和审判过程中也会成为从轻、减轻处罚的情节。事后补救如果及时，没有造成显著的损害后果，则可以减轻以致免除处罚。所以，企业刑事法律风险防控机制仍然肯定要实施事后补救，将事后补救措施也纳入机制的范畴。并且事后补救越早越好，要积极主动开展补救工作，最大限度地避免或挽回企业的经济损失。

四、构建企业刑事法律风险防控机制的宏观策略

某个机制的构建一般都需要宏观上的策略和微观上的具体措施。欠缺宏观上的策略，机制可能就只是没有方向、劳而无功的盲目行动，很难构建起大的目标体系。而没有具体措施的机制，也可能只是空中楼阁或者美好愿景，根本无从发挥机制的作用。企业刑事法律风险防控机制的构建，也需要宏观和微观的双层面行动。

（一）树立刑事法律风险防控意识，提高法律素养

法律风险防控意识在前文已经阐述过其重要性，在此重申，乃因企业刑事法律风险防控机制的构建也需要企业及其管理者、全体工作人员都具有风险防控意识。特别是刑事法律风险防控意识，常常被大部分人忽视。虽然很多人知道刑事法律风险远比民商事风险严重，但又因自身刑事法律知识和法律素养不够而无从谈起。因此，如果要构建企业刑事法律风险防控机制，动员企业全体人员的积极性，进行刑事法律方面的普法工作，帮助全体员工树立起刑事法律风险防控意识，提高法律素养，仍然是亟须开展的先行工作。当然，意识层面的问题不是一蹴而就的，而是一项长期的系统工程。但是，只要企业不放弃信心，坚持唤醒意识的行动，通过各种途径让员工参与到该机制中来，相信成效也会是看得见的。

（二）建立健全企业法律事务工作机构和法律顾问制度

企业法律事务工作机构和法律顾问制度在国外企业有广泛的市场，很多企业聘请总法律顾问，全面负责企业法律事务，直接参与企业重大决策，提出独立、真实、可靠的法律意见，直接对企业总裁或董事长负责。① 但国内企业很多仍然对此重视和投入不够。虽然我国很多企业已经渐渐明白常驻法律事务机构和法律顾问对企业的重要性，但还是没有多少企业真正行动起来。有一些企业出于资金的考虑，会聘请一位有名气的律师来做企业的法律顾问，但经常就是

---

① 孙昌军编著：《现代企业法律风险防范指导》，湖南人民出版社 2010 年版，第 5 页。

该律师单枪匹马，有事时公司知会一下，律师并没有全身心地投入企业的法律风险防控中去，实际上也没有形成真正意义上的法律顾问制度。

我们所讲的企业法律事务工作机构和法律顾问制度是参照外国企业的做法来构建的，能够常驻企业进行法律事务的工作，参与企业的日常经营与管理工作，全面致力于完成企业的刑事法律风险防控机制构建，在企业的日常工作中全面把控风险，实现企业与法律顾问的无缝对接。非常驻型法律顾问制度也许在微、小型企业问题不大，但对中、大型企业，市场和环境已经在要求其必须建立自己的法律事务工作机构，建立起完备的法律顾问制度。否则，企业就是在置自身的安危于不顾，要想实现企业的长寿也只是无稽之谈。

（三）完善管理制度，规范化管理

法律事务的管理也是企业的管理之一，依法治企，就是要将企业的管理制度法律化，依法进行管理。实际上，现代企业的管理基本已经纳入法律的全面的管控范围，企业如果不规范经营和管理，就会受到法律的制裁。法律保护合法经营与管理，取缔违法经营与管理，已经被看作是天经地义的。因此，企业必须配合这一现状，完善管理制度并严格执行，让本企业的管理规范化、合法化。完善的管理制度当然包括了对企业刑事法律风险的管理和控制。虽然，很多人认为只要企业在日常的经营管理中遵纪守法，合法合理地开展盈利性工作，企业应该不会触犯刑事法律。但是，刑事违法并非离我们很远。现状要求企业在日常的管理中必须强调刑事风险的存在，而不是忽视它，或者有意回避它。管理制度中加进刑事风险防控制度，并严格规范化执行，无疑是大有必要的。

五、构建企业刑事法律风险防控机制的具体制度

要构建起行之有效的企业刑事法律风险防控体系和机制，还需要许多具体的制度、规则和措施来支撑体系的每一步架构。但具体制度和措施又有很多，在此作者简单介绍几种制度，企业可以根据自身的实际情况和企业所处的发展阶段来选择运用。

（一）建立健全企业法律意见先行制度

企业法律意见先行制度，是指企业在进行日常的经营管理中需要做重大决策的时候，首先听取企业法律顾问和法律事务工作者的法律意见，充分了解该决策的合法性、合规性，以及企业实施该决策的时候可能面临的法律风险。法

律意见先行制度，在一些小企业看来还是很陌生的，但在我国部分大、中型企业中已经建立起来。合法合规性审查，“不仅要求企业建立一套严密、细化、可行、有效的内部管理制度，更重要的是要求企业将静态的管理制度转化为动态的日常监管活动。”① 然而，很多企业实际上又没有严格执行该制度，只是将其作为门面或者程序性的规范。因此总体上来看，这项制度对我国企业来说仍是需要建立健全的重要规范，是构建企业刑事法律风险防控机制所必须的重要制度。

法律意见先行制度既包含实体上的规则，也包含程序性的规定。实体上，要求企业法律顾问或法律事务工作者在实际（而不是形式性的）参与企业的重大决策过程中，根据现实情况，从法律风险防控的角度出具法律意见书。该法律意见书主要是对该决策的法律意义进行分析和评估，从法律的角度对企业是否可以实施该决策做出判断。程序上，主要就是要求企业决策者在做出是否实施该决策之前听取法律意见，而不是事后的或者表面上的听取。程序上还隐含的一点是法律顾问或法律工作者必须参与到企业的决策程序中去，享有决策参与和表决权。很多企业并不能做到这一点，他们不愿意让具有丰富法律背景的法律工作者参与企业的重要决策，也就无从谈起实施法律意见先行制度。企业必须明白，法律是为企业保驾护航的，法律共同体的工作者作为法律的施行者、实践者，必须拥有企业重要决策的参与和法律表决权，才能让法律发挥保护企业的作用。

（二）建立健全企业重大决策法律论证制度

企业重大决策法律论证制度，是指为确保企业重大决策的科学、合法、透明，并有效防范决策形成和实施过程中可能存在的各种法律风险，要求企业在进行重大决策、安排重大投资项目及其他重大决策事项实施前，都要组织科学的、必要的法律论证，由法律论证结果来决定是否实施该决策。重大决策法律论证比法律意见先行更加专业、更高层次，后者的适用对象相对宽泛，前者则只针对企业特别性重大决策开展。当然，何为企业的重大决策，是企业需要明确的。重大决策一般包括企业发展战略、破产、改制、兼并重组、资产调整、

① 彭洪毅：《防范企业刑事风险重在提升思维能力》，载《企业家日报》2019 年 11 月 7 日，第 3 版。

产权转让等方面的重大决策；也包括企业年度投资计划，融资、担保项目，期权、期货等金融衍生业务，重要设备和技术引进，采购大宗物资和购买服务，重大工程建设项目，以及其他重大项目安排事项。

重大决策法律论证一般需要围绕下列事项展开：重大经营决策事项的合法性、法律可行性；重大经营决策事项设定的权利、义务与责任；重大经营决策事项需履行的法律程序；重大经营决策事项潜在的法律风险；防范与化解法律风险的措施等。同时，法律论证制度还包含论证的程序，以及针对需要论证的重大决策实施的具体程序。发生重大经营决策法律事项时，应当事前将重大经营决策的背景资料交由公司法律事务部门或法律顾问进行专门论证，具体承办部门向公司或公司咨询委员会提出审查和论证申请，并提交决策内容送审稿、提供相关文件；然后确定专家咨询论证委员会成员，组织对送审稿进行合法性审查和可行性论证；召开咨询论证会或通过网络、电话、书面形式，听取专家咨询论证的意见和建议，形成审查报告；具体承办部门根据咨询论证委员会审查意见进一步修改、完善决策内容。有时可能形成的修改决策还需要提交咨询论证委员会第二轮审查，并再次提出修改意见，最终根据专家咨询论证委成员的意见，形成最终的决策建议。

（三）建立健全企业刑事法律风险提示制度

企业刑事法律风险提示制度，是指预先分析企业在设立、生产经营、融资、财务管理等各环节和各阶段中可能存在的各种刑事法律风险，以事先提示企业及其相关部门在从事这些活动和做出行动时注意避免的制度。该风险提示制度也是企业提前预防刑事风险的很好体现。要执行企业刑事法律风险提示制度，一是要求构建完备的企业刑事法律风险数据库，根据企业的行业和组织特性，将所有的刑事风险分类纳入。二是风险提示制度本身的被动性、前置性和前瞻性，要求企业及其管理者发挥自觉性和积极主动性，将数据库切实运用起来。一旦完善地建立起该项制度，则企业及其管理者在行为前可以请求提示或者自我查看，按照提示实施的结果行为将大大降低刑事风险的发生。

事实上，一些企业的法律事务部门根据本企业的特性，已经建立起了法律风险数据库，但其数据库一般只是包含有民商事法律风险，因为很多企业还未认识到刑事风险的重要性和高发率，还较少有企业将刑事法律风险纳入该数据库。这些企业只需要在数据库里增进关于刑事方面的风险提示即可。但对很多企业来说，法律风险数据库还需要花大力气去构建。另外，企业在启动该风险提示制度的程序上也还需要完善。如果企业只是把风险提示制度作为门面，则只会背离初衷。更为重要的是，在企业的日常经营管理中养成习惯，随时提前将自己的可能行为纳入风险数据库进行检验，可为的才为，当为的才为。如果存有疑问，应当咨询企业法律顾问。

（四）建立健全企业刑事法律风险预警制度

企业刑事法律风险预警制度是指企业法律事务部门在风险评议、咨询或日常检查工作中认为公司的经营管理或者某部门、某岗位存在较大刑事法律风险的，可以向企业的相关负责人提出预警申请，经批准后向其发出刑事风险预警通知书的系列措施。风险预警机制一般运行于刑事风险发生之前，已经接近于风险发生的前端，因此需要企业相关部门快速作出反应。如果属于部门内的事务或部门所属人员的处理事项，可以直接予以预警。如果第一次接受预警的部门或人员没有切实改正，即使预警的事项没有发生，给予第二次预警的部门人员，应给予其警告以上处分。同时，无论部门内外，对于给予预警的案件与事务，应做好记录并加强相应的监督。

企业刑事风险的预警情形可能包括：在对企业刑事风险进行评议时发现可能存在的重大风险事项、制度审查过程中发现的或制度执行中存在的重大风险隐患、公司实际业务活动过程中暴露的重大风险事项、涉及公司的诉讼或仲裁过程中暴露的重大风险事项。由于预警制度本身具有一定的专业性，因此要建立健全该制度也具有一定的难度。企业刑事法律风险预警制度建立健全的难度不仅在于企业刑事法律事务的管理人员可能不够专业和权威，以至于不能使被预警人信服和遵照执行；而且对于企业本身的相关被预警部门或人员接受预警的能力，他们可能不能很好地理解和严格执行。因此刑事风险预警制度的执行需要一定的强制性，特别是在预警事项比较紧急的情况下。如果相关部门和人员置预警于不顾，则当然应该给予相应的处罚。

（五）建立健全企业刑事法律风险评估报告制度

企业刑事法律风险评估报告制度，是指通过全面调查和梳理企业日常经营所涉的诸多法律事项，对企业相应的刑事风险做出专业性评估，然后根据企业年度安排制定出刑事法律风险防范重点，并根据具体需要提出风险防控预案。可见该制度包含了程序性和实体性的信息，具有指导性。但是企业在制作刑事风险评估报告之前，必须做尽量全面的信息搜集，对本企业所处的内部、外部环境有一个比较全面的了解。如果企业在制作报告之前只是闭门造车，则只会脱离实际，也没有实际的指导意义。除了定期性和特殊时期的刑事风险评估报告之外，一般企业可根据该年度的预算和规划来制定年度刑事风险评估报告。

该制度实施过程中最重要的是信息搜集工作，信息搜集的全面性和可靠性是决定刑事风险评估报告正确性与精确度的因素。企业在实施刑事风险评估报告制度的时候，首先就是要搜集相关信息。信息内容可以包括：国内外与本企业相关的政治、法律环境；影响企业生产经营的新法律法规和政策；员工触犯刑律的可能性；本企业对外签订的重大协议和有关贸易合同；本企业已经发生的违法犯罪案件的情况，等等。而如果是针对年度风险报告，则信息内容还应包括企业治理结构，企业合同、知识产权、人力资源风险防范体系，企业重大项目风险防控体系，企业法律风险预警机制，企业法律风险救济机制等。因此，企业在运用刑事风险评估报告制度时需要注意信息搜集的针对性。

（六）建立健全企业刑事法律风险监管制度

广义上的企业刑事法律风险监管制度就是企业刑事法律风险防控制度的同义语，但本书只使用其狭义，即将企业刑事法律风险监管制度理解为风险监管主体从刑事法的角度对企业在设立、运行和日常经营管理行为进行的法律约束和监督。也就是说，该制度通过健全制度、理顺流程、规范程序加以约束，对刑事风险的事前预防、事中控制和事后补救作出明确规定，实现对企业法律风险全程的动态监控。因此，企业刑事法律风险监管制度也是一项常用性的管理制度，并需要与其他制度相结合、相配套运用，以发挥出其理想的效果。

要建立企业刑事法律风险监管制度，首先，要求具备的组织条件是，要在企业内部建立风险监管委员会或类似部门。风险监管委员会或类似部门是企业的常设部门，分担企业的法律事务监管职能，深入参与企业的日常经营管理程序。其次，要求风险监管具备主动性和积极性。风险监管不应该像上述的风险提示、风险评估报告或者重大决策法律论证那样，往往只是被动启动这些制度和程序，而是应该主动去完成自己的职责，发挥监督管理的作用。所以需要风险监管的部门和人员严格忠于职守，全程参与企业的各项环节，从法律的视角主动地、严格地检验企业行为的正当性。

（七）建立健全企业刑事法律风险控制制度

从广义上来，风险控制应该也包括事前的预防控制、事前事中的监督管理控制、风险爆发后的事后挽救。但从狭义上来理解，企业刑事法律风险控制制度只包含企业刑事法律风险已经露出端倪后的事中法律控制和刑事风险发生后的事后补救措施。事前的防范是最有效的，但事中的控制和事后的补救有时又难免需要，特别是在我国，很多企业还没有意识到事前防范，更多地只能求助于事中和事后的风险控制。我们不提倡事后的风险控制制度，但为了刑事风险防范机制的全面性，在此亦作出说明。

首先，刑事法律风险的敏感性和可怕性，常常导致很多企业在发现刑事风险的降临后只是采取“捂”的方式，能掩盖罪行就尽量掩盖，哪怕拖延一点时间也好。殊不知，这种消极拖延的方式只会导致刑事风险的后果更为严重，给企业造成更大的伤害。企业必须正视，“纸是包不住火的”，越早对风险采取措施越好。风险防控专家都会强调，事中风险控制也是越早越好，积极应对才能控制风险。因此，发现刑事风险尽早求助于法律事务部门和走正规的法律解决渠道。与之配套的是企业必须建立顺畅的刑事风险请示渠道和刑事风险应急通道。前者是企业内部人员发现刑事风险发生后的反映方式，应该畅通并有利于尽快启动后者应急程序。

其次，刑事风险发生后的事后补救措施不应该只是完全交由法律事务部门和法律顾问，企业内部相关人员不仅要做好配合协调工作，而且要积极采取行动来尽量减少危害后果的发生和损失。有效的事后补救措施如果采取得当，可以减少至少20%的损失，可见其作用还是很明显的。因为，大部分人的思维是，刑事案件既然已经发生，危害性就无可逃避，但是如果采取比如积极寻求被害人谅解、经济补偿、悔罪性表示，则能获得一些受害人的谅解。因此，事后补救措施也应该作为一项具体的风险控制制度得到认可。

最后，需要提醒的是，风险控制的行为主体不仅包括公司内部的风险监督管理部门（有些公司称风险控制部门）、公司行政主管部门及其他组织和个人，而且更要寄希望于实施犯罪行为的行为人。因为，一般行为人对自己实施的行为最先知道也最清楚情况。因此，要感化、教育行为人，促使其尽早悔罪，主动或者协助挽救危害后果的发生。

第四章
CHAPTER 04

企业成立环节刑事法律风险的防控指南

一、企业成立环节刑事法律风险防控概述

（一）企业成立的概念

企业成立就像人出生一样，是企业能成为企业的必经过程。企业成立也是企业已经取得法人资格的一种事实状态，是经过组织设立、申请设立登记、经登记机关审核发给执照等程序及行为之后达到的法律上的结果。人们常常将企业成立与企业设立两个概念相混淆，以致造成对企业成立的误解，不能正确理解两者的性质和法律效果。企业设立不同于企业成立，企业设立是指企业发起人依照法定的条件和程序，为取得法人资格而必须采取的法律行为。可见，企业设立的实质是一种包含法律程序性要求的法律行为，而企业成立的实质则是企业设立后的理想结果和状态。我们在此区别开企业设立和企业成立的意义在于让企业明白，其要合法成立，就需要把好企业设立这一程序关，避免企业带有原罪。

（二）企业成立所需程序

我们在此对企业的成立所要求的程序稍作解说，以为下文展开企业成立环节的刑事法律风险防范做准备。由上文可知，企业的成立是一种法律上的结果，要达到该结果需要经历企业设立这一程序。因为企业的种类比较多，而公司是最主要的企业组织形式，我们不妨以公

司为主要对象，围绕公司的设立程序进行阐述，并对其他企业形式的设立程序作补充说明。

根据我国《公司法》的规定，公司的设立程序因公司设立的方式不同而有所不同。公司设立的方式基本为两种：发起设立和募集设立。发起设立是指公司全部股份或首期发行的股份由发起人自行认购而设立公司。募集设立则是指发起人只认购公司股份或首期发行股份的一部分，其余部分对外募集而设立公司。发起设立的方式在程序上较为简便，而募集设立的程序依法受到严格限制。例如，以募集方式设立公司公开发行股票的，还需提交国务院证券监督管理机构的核准文件。有限责任公司只能采取发起设立的方式，由全体股东出资设立。股份有限公司既可以采取募集设立的方式，也可以采用发起设立的方式。

公司设立的一般程序是：首先，要进行公司名称预先核准。由全体股东或者全体发起人指定的代表或者共同委托的代理人向公司登记机关申请公司名称预先核准。其次，公司设立人应当向其所在地工商行政管理机关提出申请，按照规定提交相关文件。如果其经营范围中有属于法律、行政法规规定在登记前须经批准的项目，该项经营业务应当依法经过批准，并在登记时提交批准文件。设立有限责任公司应由全体股东指定的代表或共同委托的代理人作为申请人；设立国有独资公司应由国家授权投资机构或国家授权的部门作为申请人；设立股份有限公司应由董事会作为申请人。最后，公司登记机关对公司法人进行资格确认，通过登记、公示程序实现。

经过上述步骤后，公司一般就完成了设立的程序，可以达到公司成立的目的。但是注意，公司营业执照签发日期才是法定的公司正式成立的日期。在公司依法完成设立登记程序后，登记机关会给予公司颁发《企业法人营业执照》等证件，自2015年开始企业登记制度改革后实行“五证合一”或“三证合一”。公司凭《企业法人营业执照》可刻制印章，开立银行账户，申请纳税登记，开展正常的经营活动。

其他形式的企业设立程序与公司的设立程序存在相同之处。比如，都需要向相应的登记机关提交相关文件，申请设立登记。不同的是，合伙人首先应当订立合伙协议或者合伙契约，其性质与公司章程相同。其次，依照《合伙企业法》的规定，合伙企业的申请登记时间相对较短，申请人提交的登记申请材料齐全、符合法定形式，企业登记机关能够当场登记的，应予当场登记，发给营业执照。不能当场登记颁发执照，也应当自受理申请之日起30日内，作出是否登记的决定。

（三）企业成立环节的刑事法律风险

风险总是无处不在，只是在企业成立、终止环节的某些细节上更容易引发刑事法律风险。企业成立环节的刑事法律风险主要表现为可能触犯我国现行刑法中规定的虚报注册资本罪和虚假出资、抽逃出资罪。前者是指个人或者单位在申请公司登记的过程中，使用虚假证明文件或者采取其他欺诈手段，虚报注册资本，欺骗公司登记主管部门，取得公司登记，虚报注册资本数额巨大、后果严重或者有其他严重情节的行为。虚假出资、抽逃出资罪规定在我国《刑法》第159条，是指公司发起人、股东违反公司法的规定未交付货币、实物或者未转移财产权，或者在公司成立后又抽逃其出资，数额巨大、后果严重或者有其他严重情节的行为。从刑法及其司法解释的规定来看，两罪是在公司成立环节可能导致的，或者是与公司成立相关的犯罪（指抽逃出资罪）。而除了公司，企业的其他组织形式在成立环节是否也可能出现该两罪，由于刑法没有进行规定，也没有对两罪中所称的公司进行扩大性解释，所以根据罪刑法定原则，其他形式的企业合伙人、投资人不存在触犯此二罪的可能性。

需要特别注意的是，自2014年3月1日起施行的新公司法对认缴登记制的有限责任公司和发起设立的股份有限公司取消了法定最低注册资本的限制，在登记时也不再需要登记实收资本，不需出具验资机构的验资证明，缴足出资的期限没有限制，出资方式和货币出资占比也没有限制，诸多修改导致实际上已经取消了对认缴登记制的公司在注册资本、出资额等事项上的刑事规制。《关于〈全国人民代表大会常务委员会关于《中华人民共和国刑法》、《中华人民共和国刑事诉讼法》有关规定的解释（草案）〉的说明》中“明确对金融机构、具有准金融机构性质的企业、募集设立的股份有限公司、直销企业、对外劳务合作企业、劳务派遣企业等法律、行政法规和国务院另有规定的公司，仍然实行注册资本实缴登记制”，因此这些公司仍然可能成为虚报注册资本罪和虚假出资、抽逃出资罪的主体，亦可能具有引发二罪的风险。

二、企业成立环节刑事法律风险防控现状

由于我国法律没有规定对除公司以外的其他形式的企业在成立阶段的违法

行为以刑法上的规制，且最新的《公司法》也取消了对于注册资本认缴制的公司注册资本和出资方面的限制，不需进行实缴注册资本登记的企业即使发生虚报注册资本和虚假出资、抽逃出资的行为也不会被刑事规制，因此只有依法仍然实行实缴登记制的公司及其发起人和股东才需要防范该类刑事法律风险。相比新《公司法》出台之前，2014 年 3 月 1 日后企业登记成立的环境变得宽松，占企业大部分的认缴登记制公司已经没有虚报注册资本和虚假出资、抽逃出资的刑事风险。但实缴登记制的金融机构、具有准金融机构性质的企业、募集设立的股份有限公司等企业仍然是矛头的指向。实缴登记制的企业在新《公司法》出台之前就存在成立环节的刑事风险，而且因为公司成立前期组织不健全，管理和监督机制缺乏，事务繁杂，成立环节的刑事法律风险是比较容易被忽视的。因此，从现实情况来看，实缴登记制的企业在成立环节的刑事风险防控状况有待改善。

三、企业成立环节刑事法律风险防控中存在的问题与原因

企业成立环节是企业开始生命历程的必经程序，由于企业对这些过程中需要注意的事项和完成的工作不甚了解或疏于实施，麻痹大意，从而很多问题似乎难以避免。虽然刑事法律风险只是最严重、最极端情况下才可能发生的，但在当前的形势下这类风险的发生概率不小。

（一）企业组织混乱，监督管理不到位

很多企业不管是在成立之初，还是在进入终止环节之时，都存在组织混乱、缺乏有效的监督管理的问题，并且这些问题常常成为企业出现刑事风险的原因。在成立的环节，一般只是企业发起人或者股东在操盘企业成立的具体事宜，企业的资金、人员各方面条件还没有配备齐全。如果没有法务或者律师的介入与帮忙，成立所需的工作就难以做到位。而一些公司的发起人或股东如果本身守法经营观念淡薄，就可能在公司成立阶段失足触碰法网。

（二）企业刑事风险防范意识欠缺

企业风险防范意识是做好风险防范工作必备的心理态度，也是关键因素。很多企业就是因为欠缺风险防范意识，而陷入无穷无尽的违法、犯罪因果报应式恶性循环中。企业刑事法律风险防范意识欠缺，一是由于不懂法，不能自觉遵守法律的约束，也就不能得到法律的保护；二是由于社会、市场环境所致，

社会法律体系没有很好地建立起来，法律氛围不够浓厚，风险防范意识没有得到激发。而正是由于企业刑事法律风险防范意识欠缺，才会在企业成立阶段出现这样那样的违法犯罪行为。企业如果不能很好地树立起刑事风险防范意识，就会胆大妄为，深陷自己设的局而不知。其实只要公司发起人或者股东具备刑事风险防范意识，很多悲剧就不会发生，企业完全可以健康地“出生”，正常地“成长”。

（三）企业刑事风险防范能力不足

刑事法律风险防范意识是基础性工作，很多现代企业已经逐渐意识到了风险防范的重要性。但光有意识还不完全可行。有些企业虽然具有一定的防范意识，但自身刑事法律风险防范能力不足，且不求助于法律顾问或者专业律师。如果企业没有专门的法律支持，单靠粗浅的意识和热情也是防范不了所有的刑事风险的。一是企业可能并不能发现埋藏在自身周围的全部刑事法律风险。很多时候，风险只有等到爆发时才让人看清其面目，因而只有前瞻性的眼光才能预先知道风险所在。二是企业即使在风险临近出现的节点时发现了刑事法律风险，也可能没有足够的能力防范和控制这些风险。有人就曾坦陈，明明知道这样做是不对的，预感到事态的严重性，但就是已经回不了头，控制不了继续发展的势头，只能眼睁睁看着危害结果的发生。这就是企业刑事风险防范能力不足的表现之一，也是导致企业刑事法律风险防范出现问题的原因之一。

四、企业成立环节刑事法律风险防控的具体举措

（一）企业成立环节的刑事风险提示

1. 虚报注册资本罪的主体与行为

根据我国《刑法》和《公司法》及其司法解释的相关规定，2014 年 3 月 1 日新《公司法》施行后，虚报注册资本罪的行为主体仅限于实行注册资本实缴登记制的公司中申请公司登记的单位或者个人。具体来说，在公司设立过程中，募集设立的股份有限公司承担申请公司登记职能的董事会，有可能触犯刑法规范的虚报注册资本罪。

首先，虚报注册资本行为最容易在企业设立时实施，现实中不乏公司虚报注册资本。《公司法》修订后，可能出现实缴登记制的公司发起人不满足于只注册自有资金范围内的资本而多报，或者在没有达到法定最低注册资本的情况下

虚报注册资本。虚报注册资本罪的行为方式一是没有实缴任何注册资本，二是多报注册资本。虚报注册资本行为者所使用的手段多是使用虚假证明文件或者其他欺诈手段。其他欺诈手段是除使用虚假证明文件以外的虚报注册资本的手段，如虚构股东姓名。

另外，在公司成立后变更注册资本时，也可能出现虚报注册资本的行为，引发刑事风险。变更登记的虚报行为主要表现在：在变更登记时使用虚假证明文件或者其他欺诈手段向公司登记主管部门谎称注册资本增加，而实际上公司的注册资本并没有得到增加；或者不当减少实有资本使其低于法定最低限额。通过这些行为方式，行为人意在达到虚报注册资本的目的。

2. 虚假出资、抽逃出资的主体与行为

根据我国《刑法》和《公司法》的相关规定，虚假出资、抽逃出资犯罪的主体只能由实行注册资本实缴登记制的公司发起人构成。公司发起人是指股份有限公司的设立筹建人员，既可能是自然人，也可能是单位。因此，要提醒实缴登记制的公司发起人避免虚假出资和抽逃出资。

该罪在客观方面必须实施了违反我国《公司法》相关规定，未交付货币、实物或者未转移财产权，虚假出资，或者在公司成立后又抽逃出资的行为。所谓违反《公司法》的规定，主要表现在违反《公司法》第 28 条、第 83 条、第 84 条、第 93 条的规定，这些条款对实缴登记制的公司发起人的真实出资义务和不得在出资后抽逃其出资进行了规定，要求他们依法严格履行自己的出资义务。如果行为人违反这些规定，恶意实施虚假出资或抽逃出资的行为，达到立案标准的就可能被追诉。

从《公司法》第 27 条、第 83 条的规定来分析，可以得出实缴登记制的公司发起人虚假出资的行为可以有以下几种情形：第一种，发起人以货币出资的，结果并未将货币全部存入或者未足额存入公司在银行的账户。第二种，发起人以实物出资的，未将实物全部或者部分转移所有权，交付给公司。第三种，发起人以非货币财产出资的，未按法律规定的手续转移财产所有权给新设立的公司。此外，发起人如果在实物、知识产权、土地使用权等出资财物的评估过程中，故意高估该价格，然后以高估的作价出资，也是虚假出资的行为表现，可能会被追究虚假出资罪的责任。

抽逃出资的方式和情形也可以多种多样，比如发起人在没有资本的情况下，通过向他人借款或向银行贷款来取得资金作为出资，在公司成立后即将资金抽回偿还借贷，实际上出资人本身根本没有出资能力。又如，行为人在公司设立时虽然依法缴纳了出资，但考虑公司经营风险，在公司成立后又改变主意将已投入的出资抽回。所以，必须警惕这些虚假出资和抽逃出资的行为。

（二）企业设立环节的刑事风险预警

通过对某犯罪的主体及其行为进行刑事风险提示，我们获得有关犯罪行为的基本认识，提示该犯罪的高危主体提高警惕，不要出现我们所提示的行为。一旦出现提示中的行为，对行为人就需要进行预警了。我们所预警的这条线不能逾越，因为“预警”就是行为结果的分析，以及立案标准、重罪标准的分析。其中特别是追诉标准所给予的警示，是给我们拉起罪与非罪的界限。在追诉标准下打擦边球还可能逃脱法律的制裁，一旦达到追诉标准，被立案追诉的可能性就大大提高。而有些犯罪还有重罪与轻罪的不同界定，因此我们还要对设定了重罪标准的某罪名进行特别预警，以警告行为人避免出现过激行为。

1. 虚报注册资本罪

（1）结果

新《公司法》的修改要求《刑法》也做相应调整。按照现行有效的《公司法》和《刑法》的规定，虚报注册资本仍然属于结果犯，实施虚报注册资本犯罪行为的结果是实缴登记制的企业取得了公司设立登记或变更登记。而此结果的出现是罪与非罪的第一项考核指标，因为虚报注册资本罪要求“取得公司登记”这一结果。如果行为人实施了使用虚假证明文件或其他欺诈手段，向公司登记主管部门虚报注册资本的行为，但最终被主管部门识破，并没有让其取得公司登记，则不会给予刑事制裁，一般依照行政法律法规的规定给予行政处罚即可。

（2）追诉标准

按照现行《公司法》和《刑法》的规定，虚报注册资本罪也有情节上的界限，要求注册资本必须达到数额巨大、后果严重或者具有其他严重情节，行为人才会最终触犯该罪。但何为“数额巨大、后果严重或者具有其他严重情节”，我们还需要从虚报注册资本罪的追诉标准来看。根据最高人民检察院和公安部2010年5月7日联合发布的最高人民检察院、公安部《关于公安机关管辖的刑事案件立案追诉标准的规定（二）》① （以下简称《追诉标准（二）》），虚报注册资本罪的立案标准是：

（1）超过法定出资期限，实缴注册资本不足法定注册资本最低限额，有限责任公司虚报数额在30万元以上并占其应缴出资数额60%以上的，股份有限公司虚报数额在300万元以上并占其应缴出资数额30%以上的；

（2）超过法定出资期限，实缴注册资本达到法定注册资本最低限额，但仍虚报注册资本，有限责任公司虚报数额在100万元以上并占其应缴出资数额60%以上的，股份有限公司虚报数额在1000万元以上并占其应缴出资数额30%以上的；

（3）造成投资者或者其他债权人直接经济损失累计数额在10万元以上的；

（4）虽未达到上述数额标准，但具有下列情形之一的：

①两年内因虚报注册资本受过行政处罚二次以上，又虚报注册资本的；

②向公司登记主管人员行贿的；

③为进行违法活动而注册的。

（5）其他后果严重或者有其他严重情节的情形。

其中“虽未达到上述数额标准”的理解，根据《追诉标准（二）》第88条的规定，是指接近上述数额标准且已达到该数额的80%以上的。

我们将犯罪的追诉标准列出来，不是为了方便阅读者钻法律的空子，而是为提醒潜在的行为人注意，不要逾越追诉标准的界限，否则即可能踏入刑事规制的范畴。同时，也提醒已经实施了犯罪行为的人，早日回头是岸，虽然行为人之前实施了虚报注册资本的行为，但如果努力避免危害后果和情节的出现，则还可能挽救自己的犯罪危机。

2. 虚假出资、抽逃出资罪

虚假出资、抽逃出资罪的定罪也要考虑情节和后果的问题。行为人实施了虚假出资、抽逃出资的行为后，还同时要求虚假的出资或者抽逃的出资必须达到数额巨大、后果严重或者有其他严重情节，才可能被追究刑事责任。根据

① 该《追诉标准（二）》自印发之日（2010年5月7日）起施行。2001年4月18日最高人民检察院、公安部印发的《关于经济犯罪案件追诉标准的规定》（公发〔2001〕11号）和2008年3月5日最高人民检察院、公安部印发的《关于经济犯罪案件追诉标准的补充规定》（高检会〔2008〕2号）同时废止。

《追诉标准（二）》第4条的规定，公司发起人、股东违反公司法的规定未交付货币、实物或者未转移财产权，虚假出资，或者在公司成立后又抽逃其出资，涉嫌下列情形之一的，应予立案追诉：

（1）超过法定出资期限，有限责任公司股东虚假出资数额在30万元以上并占其应缴出资数额60%以上的，股份有限公司发起人、股东虚假出资数额在300万元以上并占其应缴出资数额30%以上的；

（2）有限责任公司股东抽逃出资数额在30万元以上并占其实缴出资数额60%以上的，股份有限公司发起人、股东抽逃出资数额在300万元以上并占其实缴出资数额30%以上的；

（3）造成公司、股东、债权人的直接经济损失累计数额在10万元以上的；

（4）虽未达到上述数额标准，但具有下列情形之一的：

①致使公司资不抵债或者无法正常经营的；

②公司发起人、股东合谋虚假出资、抽逃出资的；

③两年内因虚假出资、抽逃出资受过行政处罚二次以上，又虚假出资、抽逃出资的；

④利用虚假出资、抽逃出资所得资金进行违法活动的。

（5）其他后果严重或者有其他严重情节的情形。

但是，在公司法已实质变更虚报注册资本罪和虚假出资、抽逃出资罪，《刑法》必须对该二罪做修正的情况下，《追诉标准（二）》可能也会对该二罪的追诉标准做对应的调整。

（三）企业设立环节的刑事风险监管和自我防范

企业刑事法律风险的提示和预警主要作用是提示和告诫具有潜在犯罪可能性或者具有犯罪客观条件的主体，具有被动性。提示和预警是否能起到一定的效果，完全依靠接受者是否能够自觉和主动防控。就像刑罚的威慑作用是有限的，我们借刑罚的威慑作用而发的警示作用也会是有限的。在威慑面前，更多的还是依靠行为主体的自觉主动和自我防范，寻求安全。而如果这些主体并不主动，或者反而故意去碰犯罪的高压线，则更多地只能寄希望于行为人外部力量的监督和管理了。当然，我们在此谈论实行刑事法律风险监管，前提是，我们都认可风险监管的必要性。阳光是最好的防腐剂。有效的监管才能有效防范各方面的刑事风险。

企业设立环节的刑事法律风险监管主体主要是对企业具有监管职能的行政主管部门，最直接的当然是公司登记管理机关的机关，比如工商行政管理机关和法院。其次，广大群众、媒体以及企业内部的工作人员，也有监督权，如果发现企业及相关人员在企业成立过程中存在违法犯罪行为，则可以举报、检举、揭发。需要说明的是，我们本书中所言的刑事风险监管，很多可能是在行为人已经开始实施犯罪相关行为过程中的监管，也就是一种事中控制了，但亦不妨放在监管部分来分析。

1. 设立环节

（1）是否满足法定设立条件

第一，企业设立环节首先是审查其设立方式是否符合法律规定。《公司法》修改后，实行实缴注册资本登记制的企业在设立环节主要是可能触犯虚报注册资本罪和虚假出资、抽逃出资罪，因此一定要注意审查这些公司的设立方式是否合法。但是，金融机构、具有准金融机构性质的企业、募集设立的股份有限公司、直销企业、对外劳务合作企业、劳务派遣企业等法律、行政法规、国务院另有规定的公司的设立方式和设立条件又各有不同，需要根据各类企业的不同性质和各部门规章对该类企业的规定来审查。比如，根据我国人力资源和社会保障部2013年6月第19号《劳务派遣行政许可实施办法》第6条，经营劳务派遣业务，应当向所在地有许可管辖权的人力资源社会保障行政部门（以下简称许可机关）依法申请行政许可。其第7条，申请经营劳务派遣业务应当具备下列条件：

①注册资本不得少于人民币200万元；

②有与开展业务相适应的固定的经营场所和设施；

③有符合法律、行政法规规定的劳务派遣管理制度；

④法律、行政法规规定的其他条件。

第二，审查出资额或者募集的股本是否低于公司法定资本最低限额。比如，设置全国性银行，应具有20亿元人民币以上的实收货币资本金；设置区域性银行，应具有10亿元人民币以上的实收货币资本金。如果实缴登记制的公司发起人认购、募集的股本数额或者股东出资额低于最低限额，真实情况肯定无法获得公司登记主管机关的同意登记。即使取得登记，也一定是通过非法途径取得的。此时，虚报注册资本的风险就要拉响警报了。

第三，是否符合各类企业的其他设立要求。金融机构、具有准金融机构性质的企业、募集设立的股份有限公司、直销企业、对外劳务合作企业、劳务派遣企业等法律、行政法规、国务院另有规定的公司本身因各自的特殊性而设立要求各有不同，各类企业必须注意按照规范性文件对自身的要求来审查。比如，申请设立金融机构，法定代表人和董事长、副董事长、行长、副行长、总经理、副总经理、主任、副主任（以下简称主要负责人）必须符合中国人民银行规定的任职资格。同时其从业人员中应有60%以上从事过金融业务工作或属于大中专院校金融专业毕业生。

（2）公司登记是否按照法定程序和步骤操作

金融机构、具有准金融机构性质的企业、募集设立的股份有限公司、直销企业等还必须按照法定程序和步骤来进行登记。以募集设立的股份有限公司为例，其登记程序基本包括：

第一步，递交《公司名称预先核准申请书》及相关材料。

第二步，通过名称核准后领取《公司名称预先核准通知书》和《公司设立登记申请书》等表格，准备材料。

在递交申请材料之前必须做好几点，比如到经工商局确认的入资银行开立入资专户，股东和发起人等的出资必须存入专户；办理入资手续和入资存款证明。如果公司经营范围涉及前置许可的，则需办理相关审批手续。如果股东以非货币形式出资的，还应办理资产评估手续及财产转移手续。股份有限公司如果涉及国有股权的，则需上报国有资产监督管理部门或者财政主管部门审批。

第三步，递交公司登记申请书、公司章程等申请材料。股份有限公司递交的材料相对较多，比如还需提交创立大会的会议记录、发起人的自然人身份证明或者法人资格证明。材料齐全，符合法定形式的，即可提交申请。材料不齐全的，需要补齐后再提交。

第四步，申请通过后领取《准予设立登记通知书》，然后按照通知书上确定的日期到工商局领取营业执照。

公司登记申请人必须保证申请登记所提供的材料齐全、客观真实，因此既要准备齐全的材料，也要尽量保证这些材料的真实可靠性。因为，我国公司登记已经实行形式审查原则，也就是公司登记主管部门只对公司登记的申请材料实行形式上的审查，只审查材料是否齐全、格式是否正确和材料表面上的真实性，而不保证材料所反映情况实质上的真实性。因此，材料真实的责任基本在申请人，而不在登记主管部门。申请人对申请材料负责也就是对自己负责。

实际上，设立环节的虚报注册资本犯罪的刑事风险爆发高峰就在向登记主管部门申请登记的过程中。因为如前所述，虚报注册资本犯罪的认定需要有欺骗公司登记主管部门的行为和取得公司登记的行为结果，所以，要预防该犯罪，不仅要提醒企业登记申请人不要提交虚假的材料欺骗公司登记主管部门，而且需要相关核查人员依法履行自己的职责，认真审查相关材料。一旦发现材料不真实，坚决不予审核通过。

总之，公司设立环节的刑事法律风险的防范需要公司股东、发起人、登记申请人、登记管理机构等内、外部力量的多方参与，构筑起风险防范网。

2. 出资环节

出资其实只是公司设立环节中的一个步骤，但是十分关键，因为设立环节中的虚假出资的刑事风险就隐含在出资问题中，而虚报注册资本的刑事风险其实也与出资有关。但新《公司法》已经对公司的最低注册资本、首次出资的时间和限额都没有做限制，因此只有实行实缴登记制的企业在出资环节需要注意把握自身的刑事风险。公司登记申请人要承担审查职责，及时督促股东和发起人履行出资义务。其次是登记管理机构也要进行基本的审核，发现欺骗行为不予以登记。《公司法》对公司的出资时间没有限制，但是对募集设立的股份有限公司，在发起人认购的股份缴足前，不得向他人募集股份。

此外，股东和发起人的出资方式应当合法，并依法和依约办理相关手续。我国公司法规定了股东可以以货币或者以实物、知识产权、土地使用权等出资，只是非货币的财产必须是可以用货币估价和依法转让的。需要办理的手续主要是将货币财产存入银行入资专户，对非货币财产进行资产评估后办理财产权的转移手续。此外，《公司法》已经取消“全体股东的货币出资金额不得少于公司注册资本的百分之三十”的限制。这里的刑事风险常常表现在对非货币财产进行估价时，财产权人和评估机构出于不正当目的而故意进行高估或者低估作价。因此，对非货币财产的资产评估必须交由正规的评估机构进行评估，杜绝高估或低估行为。

（四）企业设立环节的刑事风险控制

企业设立环节的刑事法律风险控制主要是在犯罪行为出现后的事中和事后

的风险控制。我们首先列出企业设立环节可能触犯的犯罪每个罪名的法定刑罚，提示行为人如果被追究刑事责任将面临什么样的刑罚处罚。然后分析应该如何控制这些刑事风险。我们这里所言的控制，主要是为减轻犯罪行为的后果危害性，以期减轻或者免除行为人可能需要承担的刑罚。但是，我们列举的是《刑法》修正前的规定，而且根据最新规定可知，只有实缴登记制的特殊类型企业适用下述规定。

1. 法定刑

【虚报注册资本罪】《刑法》第 158 条，“申请公司登记使用虚假证明文件或者采取其他欺诈手段虚报注册资本，欺骗公司登记主管部门，取得公司登记，虚报注册资本数额巨大、后果严重或者有其他严重情节的，处三年以下有期徒刑或者拘役，并处或者单处虚报注册资本金额百分之一以上百分之五以下罚金。

单位犯前款罪的，对单位判处罚金，并对其直接负责的主管人员和其他直接责任人员，处三年以下有期徒刑或者拘役”。

【虚假出资、抽逃出资罪】《刑法》第 159 条，“公司发起人、股东违反公司法的规定未交付货币、实物或者未转移财产权，虚假出资，或者在公司成立后又抽逃其出资，数额巨大、后果严重或者有其他严重情节的，处五年以下有期徒刑或者拘役，并处或者单处虚假出资金额或者抽逃出资金额百分之二以上百分之十以下罚金。

单位犯前款罪的，对单位判处罚金，并对其直接负责的主管人员和其他直接责任人员，处五年以下有期徒刑或者拘役”。

2. 具体各罪的风险控制

第一个是虚报注册资本罪。虚报注册资本罪的行为人在实施使用虚假证明文件或者其他欺诈手段取得公司登记的过程中，如果被公司登记机关发现破绽，从而不予以登记，虽然可能给予行政处罚，也能避免最严重的刑事风险的发生。但如果最后这些负有实缴登记义务的企业取得了公司登记，则公司风险监管部门要根据犯罪行为和结果的严重程度，作出移交司法机关处理或者请求行政主管部门处理的决定。当然还需要行为人尽早悔罪，想办法避免危害后果的实际发生。行为人应该尽早补缴其认缴的注册资本。通过事后的补救，如果能够减轻或避免危害后果的发生，则也可能获得从轻或减轻处罚。

第二个是虚假出资、抽逃出资罪。虚假出资、抽逃出资罪的行为人违背了我国公司法及其相关法律法规的规定，实施了虚假出资或抽逃出资的相关行为，导致出现公司资不抵债或无法正常经营等严重后果。虚假出资、抽逃出资的行为主体如果及时补缴其应缴或抽逃的出资，则无论是否会得到司法机关或行政机关的认可和宽大处理，但至少对被害人，特别是公司来讲，就已经是很好的结果了。

第五章
CHAPTER 05

企业生产、销售环节刑事法律风险的防控指南

企业合法成立后即进入运营环节，运营是企业存续的阶段，企业运营过程中的刑事法律风险会体现在企业经营和管理的各个环节和各个方面。企业经营中的刑事法律风险又可表现在生产、销售、市场流通、进出口、投资融资等不同环节，企业管理中的刑事法律风险则主要表现在企业财务、会计、劳动人事等方面。因此，接下来我们将以较长篇幅来分析这些企业运营过程中的刑事法律风险。

我们将首先分析企业生产、销售这一最初的经营环节中的刑事法律风险及其防控。从我国《刑法》及相关部门法的规定可以看出，企业生产、销售环节是企业运营过程中的刑事法律风险高发、频发环节，本章我们重点分析如何防控企业生产、销售环节的刑事法律风险。

一、企业生产、销售环节刑事法律风险概述

我们这里所言的生产是企业创造产品、商品或者提供服务的一切活动的总称，销售是通过某种渠道将生产的出产物以某种交易方式流通到需求方的系列活动的总称。市场中生存的企业都以利润最大化为追求目标，正因为生产、销售环节是利润产生、增值的过程，所以在利益驱使下极容易发生违规违法乃至触犯刑律的行为，导致最严重的危险出现。我们归纳《刑法》相关规定，总结企业生产、销售环节主

要可能存在以下几种刑事风险。

（一）生产、销售伪劣产品的风险

我们此处所讲的生产、销售伪劣产品的犯罪风险单指触犯生产、销售伪劣产品罪的风险。此罪是指生产者、销售者在产品中掺杂、掺假，以假充真，以次充好或者以不合格产品冒充合格产品，销售金额达5万元以上的行为。生产、销售两个行为实施其一就可构成本罪。但必须行为人故意为之，且其实施的生产、销售伪劣产品犯罪行为首先侵犯了国家对产品质量的管理制度，扰乱了国家对产品质量的监督管理秩序。但如果企业生产、销售的伪劣产品流通进入使用者手中，极可能造成危害人们身心健康，甚至危及生命的严重后果，最终受害者将是广大无辜的群众。因此，国家对该种犯罪行为予以严厉打击，以保障国民的安全与健康。行为人的行为哪怕没有现实危害，都可能会引起刑事风险的爆发。

另外有三点需要说明。第一，因“产品”的概念比较宽泛，而生产、销售伪劣产品罪并没有限定伪劣产品所指的范围，除了假药、劣药、不符合标准的医用器材、不符合安全标准的食品、有毒有害食品、不符合卫生标准的化妆品等已经在特定罪名中特别规定的产品之外，其他的伪劣产品就都可归为刑法上的“伪劣产品”，行为人进行生产或销售，就都可能会触犯生产、销售伪劣产品罪。可见生产、销售伪劣产品罪是个兜底性罪名，具有比较宽泛的规制作用。

第二，因为生产、销售伪劣产品罪的入罪标准低于生产、销售不符合标准的医用器材、伪劣农药、化肥、种子等特定产品犯罪的入罪标准，所以，即使生产、销售已列入刑法规制范围的那些特定产品未达到该特定罪名的定罪标准，不能以该特定产品对应的罪名认定，但只要产品的销售金额在5万元以上的，或者销售金额虽未达到5万元以上，但货值达到15万元以上的，就可能认定为生产、销售伪劣产品罪。

例如，2011年8月至11月，袁某、李某雇用李某某和徐某（另案处理）等人，在临沭县3个村庄假冒济宁市某化工厂、辽宁省某农化公司的名义生产农药。2011年12月5日，临沭警方在某村制药现场查扣农药2920箱，经鉴定，这批农药为不合格产品，案值金额204,400元。后法院审理认为李某、袁某、吴某的行为均构成生产、销售伪劣产品罪。被告人李某某受雇为犯罪人生产不合格农药，其行为亦构成生产伪劣产品罪。[1] 本案中因在生产过程中查获农药，而没有流入市场到使用者手中，没有导致现实的农业生产遭受较大的损失，不能以生产伪劣农药罪定罪。但是，因生产的不合格农药案值金额204,400元，已经达到生产、销售伪劣产品罪的立案标准，因此法院认定为生产、销售伪劣产品罪。

第三，因兜底性罪名生产、销售伪劣产品罪和生产、销售特定产品犯罪的罪名之间存在法条竞合关系，而法律规定对该法条竞合关系的处理原则实行的是重法优于轻法的特殊规则。也就是说，如果生产、销售某列入刑法规制范围的特定产品，既构成该特定犯罪，又构成一般生产、销售伪劣产品犯罪，形成现实的犯罪竞合，则此时看适用何罪名处罚较重，按照处罚较重的犯罪罪名来定罪处罚。

（二）生产、销售伪劣医药产品的风险

从我国《刑法》的规定可知，伪劣医药产品，本身是一种特定的伪劣产品，包括假药、劣药以及不符合标准的医用器材，对应的罪名包括生产、销售假药罪，生产、销售劣药罪，生产、销售不符合标准的医用器材罪。

生产、销售假药罪，是指生产者、销售者违反国家药品管理法规，故意生产、销售假药，足以严重危害人体健康的行为。从该罪的定义我们可看出，生产、销售假药罪是危险犯，只要行为人实施的生产、销售假药足以严重危害人体健康，就可能导致该罪的风险爆发。但是，何为假药，需要根据我国《药品管理法》的规定来认定，该规定将假药列为八种情形，实际上包括普通假药和按假药处理的药品、非药品。《药品管理法》第98条规定如下：

禁止生产（包括配制，下同）、销售、使用假药、劣药。

有下列情形之一的，为假药：

（1）药品所含成分与国家药品标准规定的成分不符；

（2）以非药品冒充药品或者以他种药品冒充此种药品；

（3）变质的药品；

（4）所标明的适应症或者功能主治超出规定范围的。

生产、销售劣药罪，则是指违反国家药品管理法规生产、销售劣药，对人

---

① 金龙、兴成：《三人合伙跨省制售伪劣农药　发财梦破获刑罚》，载光明网：http：//court.gmw.cn/html/article/201402/28/152058.shtml，最后访问日期：2020年6月13日。

体健康造成严重危害的行为。本罪犯罪客体是复杂客体，既包括国家对药品的管理制度，又包括公民的健康权利。生产、销售劣药罪必须行为人故意实施，包括直接故意和间接故意，过失生产、销售行为不会引发本罪风险。相对于生产、销售假药罪，本罪不是行为犯而是结果犯。如果没有实际造成严重危害人体健康后果的，则行为人不构成本罪。根据我国《药品管理法》第98条的规定，有下列情形之一的药品，为劣药：

（1）药品成分的含量不符合国家药品标准；

（2）被污染的药品；

（3）未标明有效期或者更改有效期的；

（4）未注明或者更改生产批号的药品；

（5）超过有效期的药品；

（6）擅自添加防腐剂、辅料的药品；

（7）其他不符合药品标准规定的。

但是，我国《药品管理法》① 将按假药处理的药品、非药品纳入假药范围，却并没有将按劣药处理的药品也归为劣药范围，导致在司法实践中存在争议。

生产、销售不符合标准的医用器材罪，是指违反国家产品质量管理法规，生产不符合保障人体健康的国家标准、行业标准的医疗器械、医用卫生材料，或者销售明知是不符合国家标准、行业标准的医疗器械、医用卫生材料，对人体健康造成严重危害的行为。本罪的行为人也必须是故意实施，且为结果犯，需要生产、销售不符合标准的医疗器械、医用卫生材料对人体健康造成了严重危害结果的才可能引发本罪的刑事风险。本罪侵犯的客体是复杂客体，不仅侵犯了国家对生产、销售医疗器械、医用卫生材料的产品质量的监督管理制度，而且侵害了公民的健康权利。

不符合保障人体健康的国家标准、行业标准的医疗器械具体所指，可根据国务院2017年修订的《医疗器械监督管理条例》来确定。根据该规定，医疗器械，是指单独或者组合使用于人体的仪器、设备、器具、材料或者其他物品，包括所需要的软件；其用于人体体表及体内的作用不是用药理学、免疫学或者代谢的手段获得，但是可能有这些手段参与并起一定的辅助作用；其使用旨在

① 我国《药品管理法》已于2019年12月1日修订。

达到下列预期目的：（1）对疾病的预防、诊断、治疗、监护、缓解；（2）对损伤或者残疾的诊断、治疗、监护、缓解、补偿；（3）对解剖或者生理过程的研究、替代、调节；（4）妊娠控制。

至于医用卫生材料及敷料产品的监督管理，根据2001年发布的《关于医用卫生材料及敷料类产品监督管理的通知》，也都应按医疗器械进行监管，技术要求应与医疗器械一样执行《医疗器械监督管理条例》及其相关标准。而“不符合标准”，是指按照《医疗器械标准管理办法》的规定应执行的国家标准、行业标准和注册产品标准。如果有国家标准，则医疗器械和医用卫生材料应该符合国家标准；没有国家标准的，应符合行业标准；国家标准和行业标准都没有的，可将注册产品标准视为“保障人体健康的行业标准”。

（三）生产、销售不符合安全标准或者有毒有害食品的风险

食品，是指各种供人食用或者饮用的成品和原料，实际上还包括按照传统既是食品又是药品的物品。生产、销售不符合安全标准或者有毒有害的食品风险主要可能触犯生产、销售不符合安全标准的食品罪和生产、销售有毒有害食品罪。

生产、销售不符合安全标准的食品罪前身为生产、销售不符合卫生标准的食品罪，经最高人民法院、最高人民检察院《关于执行〈中华人民共和国刑法〉确定罪名的补充规定（五）》更改而来。该罪是指违反国家食品卫生管理法规，生产或者销售不符合安全标准的食品，足以造成严重食物中毒事故或者其他严重食源性疾患，危害人体健康的行为。本罪是危险犯，行为人实施生产、销售不符合安全标准的食品的行为后，客观上足以造成严重食物中毒事故或者其他严重食源性疾患的，即可能构成本罪。这类犯罪的客体是双重的，一方面严重破坏了市场经济秩序，侵犯了国家的食品卫生管理制度；另一方面严重损害了消费者的健康权利，甚至危及人身安全。

按照我国《食品安全法》第34条的规定，所谓不符合安全标准的食品是指：（1）用非食品原料生产的食品或者添加食品添加剂以外的化学物质和其他可能危害人体健康物质的食品，或者用回收食品作为原料生产的食品；（2）致病性微生物，农药残留、兽药残留、生物毒素、重金属等污染物质以及其他危害人体健康的物质含量超过食品安全标准限量的食品、食品添加剂、食品相关产品；（3）用超过保质期的食品原料、食品添加剂生产的食品、食品添加剂；

（4）超范围、超限量使用食品添加剂的食品；（5）营养成分不符合食品安全标准的专供婴幼儿和其他特定人群的主辅食品；（6）腐败变质、油脂酸败、霉变生虫、污秽不洁、混有异物、掺假掺杂或者感官性状异常的食品、食品添加剂；（7）病死、毒死或者死因不明的禽、畜、兽、水产动物肉类及其制品；（8）未按规定进行检疫或者检疫不合格的肉类，或者未经检验或者检验不合格的肉类制品；（9）被包装材料、容器、运输工具等污染的食品、食品添加剂；（10）标注虚假生产日期、保质期或者超过保质期的食品、食品添加剂；（11）无标签的预包装食品、食品添加剂；（12）国家为防病等特殊需要明令禁止生产经营的食品；（13）其他不符合法律、法规或者食品安全标准的食品、食品添加剂、食品相关产品。

生产、销售有毒有害食品罪，是指生产者、销售者违反国家食品卫生管理法规，故意在生产、销售的食品中掺入有毒、有害的非食品原料的，或者销售明知掺有有毒、有害的非食品原料的食品的行为。这里所谓违反国家食品卫生管理法规，是指违反《食品安全法》《禁止食品加药卫生管理办法》《保健食品管理办法》等规定。所谓“有毒的物质”，是指进入人体后能与人体内的一些物质发生化学变化，从而对人体的组织和生理机能造成破坏的物质。所谓“有害的物质”，是指被摄入人体后对人体的组织、机能产生影响、损害的物质。“非食品原料”，是指不能作为食品原料的物质，实践中使用最普遍的是各种食品添加剂。

我国《食品安全法》第34条明确规定禁止生产经营上列食品，如果违反规定生产、销售的，就可能引发生产、销售不符合安全标准的食品罪和生产、销售有毒有害食品罪的刑事风险。

（四）生产、销售不符合安全标准的产品风险

生产、销售不符合安全标准的产品风险主要是在工业产品领域，生产、销售电器、压力容器、易燃易爆等产品可能直接危及人体健康和人身、财产安全而引发的刑事风险，直接体现即是生产、销售不符合安全标准的产品罪。该罪是指生产不符合保障人身、财产安全的国家标准、行业标准的电器、压力容器、易燃易爆产品或者其他不符合保障人身、财产安全的国家标准、行业标准的产品，或者销售明知是以上不符合保障人身、财产安全的国家标准、行业标准的产品，造成严重后果的行为。本罪是故意犯罪，行为人是一种放任危害结果发

生的心态；且为结果犯，要求生产、销售上述不符合标准的产品的行为造成严重后果才可构成本罪。本罪不仅侵犯了国家对生产、销售电器、压力容器、易燃易爆产品等的安全监督管理制度，而且对公民的健康权和生命权构成了威胁或危害。

生产、销售不符合保障人身、财产安全的国家标准、行业标准的电器、压力容器、易燃易爆产品或者其他不符合保障人身、财产安全的国家标准、行业标准的产品，此处的“产品”的理解，实践中一般认为具体包括以下四类：第一类是电器，包括各种电信、电力器材和家用电器，如电视机、电冰箱、电暖器、电饭煲、洗衣机、空调等；第二类是压力容器，即能够产生或者承受、储存高压物品的坚固器具，如氧气瓶、高压锅、锅炉等；第三类是易燃易爆产品，易于引起燃烧或者爆炸的产品，如煤气灶、煤气罐、炸药、雷管以及各种烟花爆竹等；第四类是其他产品，除上述电器、压力容器、易燃易爆产品之外的其他与人身、财产安全相关的产品，如啤酒瓶、电梯、交通设施、游乐设施等。①

（五）生产、销售伪劣农药、兽药、化肥、种子的风险

生产、销售伪劣农药、兽药、化肥、种子的风险主要是在农药、兽药、化肥、种子等农业生产资料的生产和销售环节，生产者和销售者可能采取掺杂、掺假，以假充真，以次充好和以不合格产品冒充合格产品的方式，如果导致生产遭受严重损失，即可能引发生产、销售伪劣农药、兽药、化肥、种子罪的刑事风险。该罪是指生产假农药、假兽药、假化肥，销售明知是假的或者失去使用效能的农药、兽药、化肥、种子，或者生产者、销售者以不合格的农药、兽药、化肥、种子冒充合格的农药、兽药、化肥、种子，使生产遭受较大损失的行为。该罪要求行为人出于故意，且为结果犯，其犯罪行为不仅侵犯了国家对农用生产资料的监督管理制度，而且严重破坏了农业生产。

本罪的理解主要还有伪劣农药、兽药、化肥、种子的定义和具体所指问题。农药，是指用于防治药、虫、草和其他有害生物以及调节植物生长发育的农用化学药虫剂、杀菌剂、除草剂等。而伪劣农药就是指假农药和劣质农药。假农药是指以非农药冒充农药或者以此种农药冒充他种农药，或者所含有效成分的

---

① 江礼华主编：《中小企业经济犯罪原因、认定及其对策》，中国人民公安大学出版社 2006 年版，第 201 页。

种类、名称与产品标签或者说明书上注明的农药有效成分的种类、名称不符。劣质农药则是指不符合农药产品质量标准的、失去使用效能的或混有导致药害等有效成分的农药。

兽药，是指用于预防、治疗、诊断畜禽等动物疾病或者调节生理机能的物质（含药物饲料添加剂），主要包括血清制品、疫苗、诊断制品、微生态制品、中药材、中成药、化学药品、抗生素、生化药品、放射性药品及外用杀虫剂、消毒剂等。根据国务院2004年颁行的《兽药管理条例》（已被修订）第47条的规定，有下列情形之一的，为假兽药：

（1）以非兽药冒充兽药或者以他种兽药冒充此种兽药的；

（2）兽药所含成分的种类、名称与兽药国家标准不符合的。

有下列情形之一的，按照假兽药处理：

（1）国务院兽医行政管理部门规定禁止使用的；

（2）依照本条例规定应当经审查批准而未经审查批准即生产、进口的，或者依照本条例规定应当经抽查检验、审查核对而未经抽查检验、审查核对即销售、进口的；

（3）变质的；

（4）被污染的；

（5）所标明的适应症或者功能主治超出规定范围的。

其第48条规定，有下列情形之一的，为劣兽药：

（1）成分含量不符合兽药国家标准或者不标明有效成分的；

（2）不标明或者更改有效期或者超过有效期的；

（3）不标明或者更改产品批号的；

（4）其他不符合兽药国家标准，但不属于假兽药的。

化肥，是指经化学或者机械加工制成的各种化学原料，为农业、林业生产提供植物所需的营养成分或者兼可改善土壤性质、提高土壤肥力的一类物质。假化肥就是以非化肥冒充化肥或者以此种化肥冒充他种化肥，或者所含有效成分的种类、名称与产品标签或者说明书上标明的有效成分不相符的。

种子，是指农作物和林木的种植材料或者繁殖材料，包括籽粒、果实、根茎、苗芽叶等。根据全国人大常委会2015年新修订、2016年1月颁行的《种子法》第49条的规定，下列种子为假种子：

（1）以非种子冒充种子或者以此种品种种子冒充其他品种种子的；

（2）种子种类、品种与标签标注的内容不符或者没有标签的。

下列种子为劣种子：

（1）质量低于国家规定标准的；

（2）质量低于标签标注指标的；

（3）带有国家规定的检疫性有害生物的。

（六）生产、销售不符合卫生标准的化妆品风险

生产、销售不符合卫生标准的化妆品风险，主要是在生产、销售用于人体表面部位的化学工业产品环节，生产者、销售者可能触犯生产、销售不符合卫生标准的化妆品罪。该罪是指生产不符合卫生标准的化妆品，或者销售明知是不符合卫生标准的化妆品，造成严重后果的行为。该罪不仅会侵犯国家对化妆品的卫生监督管理秩序，而且会侵犯公民的健康权。本罪的认定要求行为人出于故意，放任危害后果的发生，而且要求造成严重后果，如因其违法行为导致毁人容貌或者致人产生肉体较大痛苦等严重的后果。

根据国家质检总局2007年发布的《化妆品标识管理规定》第3条，化妆品是指以涂抹、喷、洒或者其他类似方法，施于人体（皮肤、毛发、指趾甲、口唇齿等），以达到清洁、保养、美化、修饰和改变外观，或者修正人体气味，保持良好状态为目的的产品。根据我国《化妆品卫生标准》的规定，化妆品的一般要求是：

（1）化妆品必须外观良好，不得有异臭；

（2）化妆品不得对皮肤和黏膜产生刺激和损伤作用；

（3）化妆品必须无感染性，使用安全。

此外，《化妆品卫生标准》还对化妆品的原料、包装材料、标签以及化妆品产品的微生物学质量和有毒有害物质的含量规定了具体要求。生产者、销售者生产、销售的化妆品必须符合该卫生标准，否则容易引发本罪的风险。

另外，需要注意的是，如果企业因为没有相应的法律法规制度作为参考，或者某特定行业没有相关的标准可供执行，而出现产品质量问题，导致严重危害人体健康或足以造成严重危害人体健康的危险，虽然可能不会引发生产、销售不符合标准的医用器材罪，生产、销售不符合安全标准的食品罪，生产、销售不符合安全标准的产品罪，生产、销售不符合卫生标准的化妆品罪等需要违

反相应标准的犯罪风险，但是仍然可能引发生产、销售伪劣产品罪，而不是说该种情况下行为人就完全不会被追究刑事责任。当然，从规范的角度来说，国家有责任完善相关的法律法规和规章制度，并制定相应的国家标准或行业标准，以供企业明晰地参照执行。

二、企业生产、销售环节刑事法律风险防控现状

正常的生产、销售秩序是以生产、销售为主业的企业生存之道。而产品质量管理是保证生产、销售秩序正常运转的必须、重要手段。对那些危及人体健康和人身、财产安全的产品和影响国计民生的重要工业产品，如人用药品、医用器材、食品、电器、压力容器、易燃易爆产品、农药、兽药、化肥、种子、化妆品等，国家相关部门不但规定了特定的质量标准，还专门制定了监督管理的办法。违反产品质量管理法律、法规，一般是违反《产品质量法》《标准化法》《计量法》《工业产品质量责任条例》以及有关省、自治区、直辖市制定的关于产品质量的地方性法规、规章、有关行业标准规则等。如果生产者、管理者违反了这些法律法规，所生产和销售的产品质量不符合规定的标准，则可能引发生产、销售某类特定伪劣产品的刑事风险。即使生产、销售金额没有达到5万元的标准，仍可能引发生产、销售伪劣产品的刑事风险。

（一）食品生产、销售环节

民以食为天，食品安全关系到百姓的身体健康乃至生命安全。食品生产与流通是国家产品质量管理的重中之重，生产者、销售者、质量监管部门都必须严把质量关，最大可能地避免危害人们身体健康的情况出现。然而，食品安全事件一直不断发生，特别是近十年食品安全问题与事件一直不绝于耳，从2003年的阜阳“大头娃娃”奶粉事件起，“陈化粮”事件、“苏丹红”事件，湖北武汉等地的“人造蜂蜜”事件、“三鹿”三聚氰胺毒奶粉事件、人造“新鲜红枣”事件、“假葡萄酒”事件等食品安全事件不曾断绝。即使在国家针对性出台国务院《关于加强食品等产品安全监督管理的特别规定》（2007年）近四年、实施《食品安全法》（2009年6月颁布、2015年修订）两年后的2011年仍相继曝出“染色馒头事件”“宜昌毒生姜事件”“毒豆芽事件”“瘦肉精火腿肠事件”等有关食品安全的严重性事件，而三聚氰胺超标奶粉多次幽灵重现，使用“地沟油”加工食品、使用双氧水或硫磺加工漂白食品、水产品养殖添加激素或抗生素等

恶招屡禁不止。

而随着食品安全事件的爆发，企业及其相关负责人的刑事法律风险同时爆发。比如，2008 年闹得沸沸扬扬的由三鹿集团引起的中国奶制品污染事件中，三鹿集团前董事长田某某被判处无期徒刑，三鹿集团高层管理人员王某某、杭某某、吴某某则分别被判有期徒刑 15 年、8 年及 5 年。三鹿集团作为单位被告，犯了生产、销售伪劣产品罪，被判处罚金人民币 4937 余万元。涉嫌制造和销售含三聚氰胺的奶农张某某、高某某及耿某某三人被判处死刑，薛某某无期徒刑，张某某有期徒刑 15 年，耿某某有期徒刑 8 年，萧某有期徒刑 5 年。可见由食品生产、销售环节而引发的刑事法律风险是非常严重的。

食品安全问题与食品生产和销售环节的工作是否完善密切相关。我们虽然有食品安全法及其实施条例、餐饮服务食品安全监督管理办法、重大活动餐饮服务食品安全监督管理规范等法律法规及部门和地方的规章制度，但与食品相关的刑事风险比如生产、销售不符合安全标准的食品罪和生产、销售有毒有害食品罪的刑事风险依然大量存在。除了食品生产，销售、流通是生产的产品到达使用者和需求者手中的环节，是生产与生活相衔接的桥梁。产品质量的监督管理也需要在销售环节把关。食品流通许可证是从事食品销售的企业和个人必须办理的，但现实中存在不少无牌无证销售食品的情况。虽然国家工商行政管理总局颁布了《流通环节食品安全监督管理办法》（已于 2015 年失效），要求食品经营者建立健全食品安全管理制度，采取有效管理措施保证流通环节的食品安全，但流通环节仍然是爆发食品安全事件的高发环节。

（二）医药产品生产、销售环节

医药安全涉及医药产品的生产、销售、流通以及使用的多个环节，医药产品的生产、销售环节是很多从事医药生产、销售的企业出问题的地方。“医药产品安全”经常与“食品安全”一起出现在人们的茶余饭后，的确从国家到百姓个人都在高度关注药品安全问题。近年来，国内爆发了“鱼腥草事件”“欣弗事件”“佰易事件”等，暴露了假药、劣药在市场上泛滥、保健品误导、抗菌药物滥用等诸多药品安全问题。据报道，工业皮革下脚料，在河北、江西制成工业明胶，却被厂家买来代替食用明胶，作为原料制成药用胶囊，再卖给药企。央视《每周质量报告》调查说，含工业明胶的药用胶囊铬含量超标（铬是一种毒性很大的重金属，会损伤肝、肾等器官）。[1] 在2014年人民网推出的“两会热点调查”中，“食品药品安全”问题排在热点问题第三位。[2] 医药产品问题不仅给人们用药安全构成隐患或者造成现实的危害，而且导致很多企业深受造假伪劣之害，并导致社会诚信的缺失。一旦人们对自身安全的信心丧失，社会诚信也会变得不可期。随着人们的呼声日益高涨，虽然国家从立法到加强监管，国家相关部门也有不少实际举措；但是，药品安全问题仍然远未在深层次上解决，医药产品的安全保障问题仍然任重而道远。

（三）工业产品生产、销售环节

工业产品的问题在食品和药品安全问题的掩盖下显得不是很严重，还有部分问题是随着食品安全问题一起暴露的，也得以少受指责。实际上，电器、压力容器、易燃易爆等工业产品都可能成为直接危及人体健康、人身安全和财产安全的罪魁祸首。不合格的电器在使用过程中容易发生触电事故，存在质量问题的压力容器容易发生爆炸或泄漏容器内物质，伪劣的易燃易爆品容易发生爆炸或者引起火灾事故，都是很大的危险源。虽然像电器、压力容器、易燃易爆品引发的安全事件只是小概率事件，出现事故、特别是恶性事故的可能性小；但小概率后面是巨大的绝对值。比如，据统计，我国每年由家用电器造成的触电死亡人数超过1000人，因家用电器引发火灾造成的经济损失巨大。而发生这些事故的原因不乏电器产品质量问题。如有的家电产品结构设计不符合国家标准，或者因没有相关的标准规范而导致出现质量问题。虽然工业产品的生产、销售环节的刑事法律风险相对也较少发生，但是其现实存在的危害性仍然不容忽视。

（四）农业生产资料生产、销售环节

农业生产资料是保障现代农业生产成果所必须使用的工具，其产品质量的好坏影响着农业生产和农民收入的高低。因此，农业生产资料的生产者、销售者应当对所生产、销售的产品质量负责。如果生产、销售质量不合格的农业生产资料，就可能引发相关的刑事、行政责任。特别是农药、兽药、化肥、种子

① 孙自鸣：《工业皮革废料成药用胶囊原料》，载《都市快报》2012年第B02版。

② 赵艳红、刘雪莲：《网友关注食品安全：每天为吃担忧　收入再多也不幸福》，载中国新闻网：http：//www.chinanews.com/sh/2014/02-22/5870130.shtml，最后访问时间：2016年4月2日。

等关键性产品，一旦伪劣的农药、兽药、化肥、种子流入使用者手中，会导致生产遭受巨大的损失，则可能导致相关企业陷入生产、销售伪劣农药、兽药、化肥、种子罪的刑事风险。

网络曝光的生产、销售伪劣农业生产资料的大事件不多，但亦不乏相关的案例。比如，2009 年 4 月 27 日，被告人段某从某除草剂公司购买了某品牌玉米田专用除草剂 50 箱，共计 4000 包。在明知市场上尚无蒜田专用除草剂的情况下，为牟取利益，段某将所购用于玉米田专用除草剂外包装拆去，剩下无包装、无标签的“白包”粉剂，作为蒜田除草剂进行销售。蒜农使用该“白包”粉剂后，蒜田遭受严重损害，数百亩蒜田的蒜苗枯死甚至绝收，直接损失数 10 万元。后对段某以销售伪劣农药罪进行追责。实际上，农药、兽药、化肥、种子等农业生产资料的生产、销售都有相关的标准进行规范，但现实中仍然会有一些生产者、销售者为谋取利润而不惜铤而走险。且因质量监管等相关部门监管不力，导致一些不法分子更加肆无忌惮。

三、企业生产、销售环节刑事法律风险防控中存在的问题及原因

（一）产品安全难以保障

企业生产、销售环节的刑事法律风险多发，特别是食品、医药产品的生产、销售，近十几年来一直是备受关注和诟病的。包括食品安全在内的产品安全事件一次次爆发，频频为产品安全问题拉响警报。事实上，要保证人们舌尖上的安全、居家生活的安全、工作环境的安全，不仅从事产品生产、销售的企业有责任保障广大消费者的安全，而且需要产品质量监管部门加大执法力度，保障产品生产、销售在人们可信可控的范围内正常运营。因此，企业的社会责任和政府的监管力度都成为拷问的对象。

产品安全已成疾患，产品安全问题就像愚公移山，必须从每一块小石头搬起，不能指望一夜之间可以完成。① 如果说农产品质量安全问题源于种植者手中，那么产品的质量安全首先就寄托在生产者、销售者身上。然而，一些从事产品生产、销售的企业并不以安全为最大的责任，而完全以追求利益最大化为

---

① 北京报道：《解决产品安全问题犹如愚公移山》，载 http：//www. 21cbh. com/HTML/2007 -12 -12/HTML_2HG6V117RSHL. html，最后访问日期：2015 年 9 月 20 日。

动力和目标，又能谈何保障产品安全？特别是像食品安全问题，近年来一直接连不断地出现，致使人们对食品安全的信心早已消耗殆尽。同时，在产品安全领域，保障人们的产品使用安全也是监管部门应尽的职责。“毒奶粉”卷土重来①的事实表明，对食品安全的严格监管并没有如社会期待的那样得以重建。相关监管工作不“给力”，消费者的任何期待都将是“浮云”。而这些企业不顾人们的安全，其实也是置自己的安危于水深火热之中，一旦出现严重的产品安全事故，无疑会追究这些产品背后的生产者、销售者的责任，刑事法律风险都可能难以避免。

（二）谁之过

总结起来，企业生产、销售环节之所以存在产品安全问题，原因不乏以下几点：

第一，当前社会伦理与道德水准有待提高，社会风气还需净化。在追求物质的社会大背景下，企业以物质追求为导向，生产者、销售者为追求自身的利益不惜违法犯罪。

第二，针对企业生产、销售产品安全的规范不完善，即使有规定也存在对生产者、销售者的监管不到位的问题。监管不力也会导致恶性事态泛滥，一些无良商者就会蜂拥而上钻法律执行和监管不严的空子。

第三，小的方面来说，市场缺乏相关的执行标准也是一方面。比如，紫砂煲行业之所以乱象重重，很大原因在于行业标准缺失。到底紫砂含量多少的泥料制作成的电饭煲能称为紫砂煲，目前没有相应的标准来检测区分。现实要求尽快制定紫砂容器电炊具的国家标准或行业标准。又如，医疗器械、医用卫生材料和敷料产品缺乏统一的技术标准，亦要求国家制定并在全国范围内推行统一的技术标准。如果可以由行业制订标准来管理医疗器械和医用卫生材料及敷料产品，则也可以制定行业标准。关键是不能没有标准可供执行。

上述导致产品安全成为问题的原因也可以解读为企业在产品生产、销售环节存在法律风险防控问题的原因。正是因为企业自身为追求高利润而无视因生产、销售伪劣产品可能面临的法律风险，自身不正当的侥幸心理在作怪，为追

① 《毒奶粉卷土重来　三聚氰胺幽灵再现》，载 http：//news. 39. net/a/2010712/1385867. html，最后访问日期：2015 年 9 月 21 日。

求更高利润的心理指使其不择手段，陷自己于不仁不义的境地，所以也必遭法律的惩处。也正是因为相关法律法规规章和制度不完善，相关质量监管部门履职不到位，才导致企业产品法律风险泛滥。所以说，产品安全在企业生产、销售环节之所以容易出现这样那样的刑事风险，既与企业自身风险防范意识和防范工作缺失有关，当然也与产品质量监管部门的监管力度有关。

四、企业生产、销售环节刑事法律风险防控的具体举措

（一）企业生产、销售环节的刑事法律风险提示

1. 生产、销售伪劣产品罪

（1）主体

生产、销售伪劣产品罪的犯罪主体是生产者、销售者，既可以是自然人，也可以是单位。从事生产、销售的企业如果漠视产品质量，则有可能引发本罪的犯罪风险。而且，包括生产、销售伪劣产品罪在内的生产、销售伪劣商品犯罪都规定了单位犯罪，需要对单位判处罚金，并对其直接负责的主管人员和其他直接责任人员，依照各条的规定处罚。也就是说，对单位的处罚是双罚制，单位和直接责任人都要受罚。

另外，企业即使并未参与实施具体的生产、销售伪劣产品的行为，但如果知道或应当知道他人在实施生产、销售伪劣产品的行为，而为其提供贷款、资金、发票、证明、许可证件，或者提供生产经营场所或者运输、仓储、保管、邮寄等便利条件，或者提供制假生产技术，则可能为本罪的共犯。因此，企业应当注意防范本罪风险，严格管控本单位的产品质量，同时不要为他人生产、销售伪劣产品提供便利条件。

（2）行为

生产、销售伪劣产品罪在客观方面要求生产者、销售者违反国家的产品质量管理法律法规，实施或帮助生产、销售伪劣产品的行为。直接的生产、销售伪劣产品行为方式主要有以下四种：

第一种是在产品中掺杂、掺假，行为人在产品的生产、销售过程中掺入杂物、异物或假的物质，致使产品质量不符合国家法律法规或者产品明示的质量标准所规定的质量要求，降低、失去其应有的使用性能。

第二种是以假充真，行为人以伪造的、不具有某种使用性能的产品冒充真

产品，如皮鞋生产企业将猪皮鞋冒充牛皮鞋。但是，在司法实践中出现过的某企业伪造产地、伪造或者冒用其他公司、企业的名称、地址，则不属于“以假充真”的情形。

第三种是以次充好，即以低等级、低档次的次品、差的产品冒充高等级、高档次的正品、优质产品，或者以残次、废旧零配件组合、拼装后冒充正品或者新产品。具体又包括以同种品质较差的合格产品冒充品质较好的合格产品，和以同种品质较差的不合格产品冒充品质较好的不合格产品。

第四种是以不合格产品冒充合格产品，指以不符合产品质量要求和标准的产品假冒符合产品质量标准的同种产品。其中“不合格产品”是指不符合我国《产品质量法》相关规定对产品质量要求的产品。标准包括国家标准、行业标准、地方标准、企业标准。国家标准和行业标准是强制性标准，地方标准只在本区域内具有强制执行性，行业标准只是推荐性标准。

同时，根据法律规定的精神，上述四种行为是选择行为，行为人只要实施上述四种行为之一，就可能构成生产、销售伪劣产品罪。但行为人如果同时具有上述两种行为或两种以上行为，也只视为一个生产、销售伪劣产品罪，不实行数罪并罚。另外，行为人要达到生产、销售伪劣产品的目的，既可以是通过自己主动实施具体的生产、销售行为，也可以通过他人借助他人的生产行为来实现。

2. 生产、销售假药，生产、销售劣药罪等

（1）主体

生产、销售伪劣医药产品下三种犯罪的行为主体都是假药、劣药或者不符合标准的医用器材的生产者、销售者，可能是自然人，也可能为单位。生产者即药品的制造、加工、采集、收集者，销售者即药品的有偿提供者。但是，这里的单位不需要是具有从事医疗产品生产经营资格的企业法人，而只要是经合法登记的企业实施了生产、销售假药、劣药或者不符合标准的医用器材，就可能引发相应的刑事责任。

一般情况下，该三种犯罪的主体都只可能是生产者、销售者，但需要注意的是，特殊情形下的特殊企业或机构，其购买、使用行为也可能引发犯罪风险。因为，根据最高人民法院、最高人民检察院《关于办理生产、销售伪劣商品刑事案件具体应用法律若干问题的解释》的规定，医疗机构，知道或者应当知道

是不符合保障人体健康的国家标准、行业标准的医疗器械、医用卫生材料而购买、使用，对人体健康造成严重危害的情况下，也可能成为犯罪主体。

（2）行为

其一，生产、销售假药罪，生产、销售劣药罪，生产、销售不符合标准的医用器材罪三种生产、销售伪劣医药产品的犯罪都属于故意犯罪，且一般是以营利为目的。但是，生产者、销售者是否出于营利目的并不影响本罪的成立。行为人的主观故意主要表现为有意制造假药、劣药或不符合标准的医用器材，认识到假药足以危害人体健康而对此持希望或放任的态度；但是销售者必须具有明知或应当知道是伪劣医药产品而售卖的心理状态，对不知道是伪劣医药产品而销售的则不构成该三种销售类犯罪。

其二，该三种犯罪在行为形式上都是作为，只有存在生产或销售行为才会引发犯罪风险，但生产、销售和二次生产、销售都可能引发该类犯罪风险。而生产、销售伪劣医药产品本质上也属于生产、销售伪劣商品的范畴，在行为方式上也主要表现为在医药产品中掺杂、掺假，以假充真，以次充好或者以不合格产品冒充合格产品。该三罪的客体是复杂客体，即既侵犯了国家对药品的管理制度，又侵犯了不特定多数人的身体健康和生命权。

三罪的行为对象是假药、劣药、不符合标准的医用器材。关于假药、劣药和不符合标准的医用器材的界定，我们在前文已述。

3. 生产、销售不符合安全标准的食品罪，生产、销售有毒有害食品罪

（1）主体

生产、销售伪劣、有毒、有害食品罪下两个罪名：生产、销售不符合安全标准的食品罪和生产、销售有毒有害食品罪，行为主体都是伪劣、有毒、有害食品的生产者、销售者，既可能是个人，也可能是单位，既包括合法经营者，也包括非法经营者。食品安全之所以成为时下热点话题，不得不说与这些食品的生产者、销售者的猖獗有关。

（2）行为

生产、销售不符合安全标准的食品，在广义上也属于生产、销售伪劣产品，因此其行为方式也主要表现为在食品中掺杂、掺假，以假充真，以次充好或者以不合格产品冒充合格产品。但是，生产、销售有毒、有害食品罪的行为方式有不同，它主要表现为在生产、销售的食品中掺入有毒、有害的非食品原料或

者销售明知是掺有有毒、有害非食品原料的食品。当然，由于是选择性罪名，只要实施了上述生产或销售任一种行为，都可能引发生产、销售有毒、有害食品罪的风险。

生产、销售不符合安全标准的食品罪，生产、销售有毒、有害食品罪在主观方面都表现为故意，过失不构成本罪，但必须是间接故意，而不能是直接故意。也就是说故意的表现只能是：行为人明知其生产、销售的食品不符合卫生标准并可能造成严重食物中毒事故或者其他严重食源疾患的结果，而放任这种结果发生的心理态度。如果行为人积极追求上述危害结果的发生，则可能构成其他更为严重性质的犯罪，如故意杀人罪、故意投放危险物质罪。此外，该二罪中的行为人一般出于非法牟利的目的，但该二罪的定性不以非法牟利目的为主观要件。所以，不论出于何种目的或动机，均不影响该二罪的成立。

本罪侵犯的客体是复杂客体，侵犯了国家对食品卫生的监督管理制度以及不特定多数人的身体健康权利。二罪的行为对象是有毒食品、有害食品和不符合安全标准的食品。关于有毒食品、有害食品和不符合安全标准的食品的界定，我们在前文已述。

4. 生产、销售不符合安全标准的产品罪

（1）主体

根据《刑法》的规定，生产、销售不符合安全标准的产品罪中之“产品”，包括电器、压力容器、易燃易爆产品等可能危及人体健康和人身、财产安全的工业产品，因此本罪的行为主体一般只能是生产、销售该类产品的生产者和销售者。这里的生产者、销售者的范围和生产、销售其他类伪劣产品犯罪的生产者、销售者的范围是一样的，既包括自然人，也包括单位。如果企业触犯本罪，则企业及其对生产、销售直接负责的主管人员和其他直接责任人员也会受到刑事处罚。

（2）行为

生产者、销售者在生产、销售不符合安全标准的电器、压力容器、易燃易爆产品等工业产品过程中，也主要是通过掺杂、掺假，以假充真，以次充好或者以不合格产品冒充合格产品等行为方式。但在主观上首先要求行为人是故意实施上述犯罪行为，如对所生产的电器、压力容器等产品是否符合标准采取放任的态度，或者明知所生产的产品不符合保障人身、财产安全的有关标准而仍然继续生产的，或者明知所销售的产品不符合标准而仍然予以出售。如果行为人出于过失，如因某一疏忽行为或者过于自信导致出现了不合格产品，或者销售了并非明知是不符合安全标准的产品，因在主观上缺乏故意而不构成本罪。其次是生产、销售不符合安全标准的产品罪的犯罪目的，一般来说只能是为了牟利，但不以行为人是否具有牟利目的为定性的主观要件。

必须指出的是，生产、销售不符合安全标准的工业产品造成严重后果不是本罪行为人的主观追求，也非犯罪目的，但行为人对可能发生的危害后果，基本上是处于放任的主观心态。假设行为人的主观目的是造成某种严重后果，则构成一种性质更为严重的犯罪。本罪的客体为双重客体，即国家对生产、销售电器、压力容器、易燃易爆产品等的安全监督管理制度和公民的健康权、生命权。本罪的行为对象是电器、压力容器、易燃易爆产品等工业产品，关于电器、压力容器、易燃易爆产品等工业产品的界定，我们在前文已述。

5. 生产、销售伪劣农药、兽药、化肥、种子罪

（1）主体

生产、销售伪劣农药、兽药、化肥、种子罪的行为主体一般只能是伪劣农药、兽药、化肥、种子的生产者、销售者。这里的生产者、销售者的范围包括自然人和单位。且对自然人和单位没有特殊要求，只要是达到刑事责任年龄，具有刑事责任能力的自然人就可，单位只需要是经合法登记的企业法人即可，而无论其是否有生产、销售农药、兽药、化肥、种子的资格。

实践中，生产、销售农药、兽药、化肥、种子的企业应当严把质量关，严格按照相关的法律法规来进行农药、兽药、化肥、种子等农业生产资料的生产和销售，切勿故意去触碰生产、销售伪劣农药、兽药、化肥、种子罪的底线，置自己于刑事风险笼罩之中。

（2）行为

生产、销售伪劣农药、兽药、化肥、种子罪的行为人也主要是通过掺杂、掺假，以假充真，以次充好或者以不合格产品冒充合格产品等行为方式实施。具体的行为比如，生产假农药、假兽药、假化肥，销售明知是假的或者失去使用效能的农药、兽药、化肥、种子，或者生产者、销售者以不合格的农药、兽药、化肥、种子冒充合格的农药、兽药、化肥、种子。同时，本罪的行为主观方面要求是出于故意。其故意的内容表现为三种形式：一是故意生产假农药、

假兽药、假化肥；二是明知是假的或失去使用效能的农药、兽药、化肥、种子而故意予以销售；三是故意以不合格的农药、兽药、化肥、种子冒充合格的农药、兽药、化肥、种子。如果是过失行为，如在不明知的情况下销售了假的或失去使用效能的农药、兽药、化肥、种子，则不能构成本罪。本罪的犯罪目的，大多都是为了牟取利益。注意罪状所要求的“使生产遭受重大的损失”，是本罪的后果，不是本罪的目的。

另外，本罪的行为客体是国家对农用生产资料的监督管理制度和农业生产。行为人一旦实施了该犯罪行为，就可能严重侵犯国家对农用生产资料的监督管理制度，并严重破坏农业生产，对农业危害很大。本罪的行为对象是农药、兽药、化肥、种子。

6. 生产、销售不符合卫生标准的化妆品罪

（1）主体

生产、销售不符合卫生标准的化妆品罪的行为主体一般只能是那些不符合卫生标准的化妆品的生产者、销售者。这里的生产者、销售者的范围既包括自然人，也包括单位。因此，从事化妆品生产、销售的企业需要提高警惕，严格按照有关化妆品质量管理的规定来生产、销售化妆品，避免出现因生产、销售不符合相关卫生标准的化妆品而成为犯罪主体。

（2）行为

生产、销售不符合卫生标准的化妆品罪的行为方式也主要是通过掺杂、掺假，以假充真，以次充好或者以不合格产品冒充合格产品等四种方式。本罪的主观方面只能由故意构成，即行为人故意生产不符合卫生标准的化妆品或者明知是不符合卫生标准的化妆品而故意销售。过失不构成本罪，本罪的犯罪目的多为牟利，但本罪并不以牟利目的为构成要件。

本罪的行为对象是化妆品，关于化妆品以及不符合卫生标准的化妆品等的界定，我们在前文已述。生产、销售不符合卫生标准的化妆品罪行为不仅严重侵犯了国家对化妆品的卫生监督管理制度，而且侵犯了他人的健康权利，因此犯罪客体是双重客体。化妆品都直接用于人体，如果其质量不符合卫生标准，不但起不到化妆品应有的作用，反而会影响或者损害人们的身心健康。因此，国家对化妆品的生产和销售实行非常严格的监督和管理，以保障化妆产品质量及功效。

（二）生产、销售伪劣医药产品犯罪的预警

我们前文所做的刑事法律风险提示只是为读者进行了主体和行为两个方面的提示，犯罪预警则是要从接近罪与非罪、是否会被立案追究刑事责任的角度来提醒潜在的行为人不要越过此界限，踏入刑法规制的范围。

1. 生产、销售伪劣产品罪的追诉标准

根据《刑法》第140条的规定及其相关司法解释可知，生产、销售伪劣产品，只有出现销售金额达到5万元以上，或者货值金额15万元以上等情形时，才可能引发本罪的刑事风险。因此生产、销售伪劣产品罪是结果犯，销售金额5万元是构成生产、销售伪劣产品罪在客观上的要求。根据2008年最高人民检察院、公安部《关于公安机关管辖的刑事案件立案追诉标准的规定（一）》（以下简称《追诉标准（一）》）生产者、销售者在产品中掺杂、掺假，以假充真，以次充好或者以不合格产品冒充合格产品，涉嫌下列情形之一的，应予立案追诉：

（1）伪劣产品销售金额5万元以上的；

（2）伪劣产品尚未销售，货值金额15万元以上的；

（3）伪劣产品销售金额不满5万元，但将已销售金额乘以3倍后，与尚未销售的伪劣产品货值金额合计15万元以上的。

但是何为“销售金额”“货值金额”，根据最高人民法院、最高人民检察院《关于办理生产、销售伪劣商品刑事案件具体应用法律若干问题的解释》第2条的规定和《追诉标准（一）》第16条的规定，《刑法》第140条、第149条规定的“销售金额”，是指生产者、销售者出售伪劣产品后所得和应得的全部违法收入。其中，“所得”是生产者、销售者出售伪劣产品后已经获得的实际收入，“应得”是依据其买卖合同的约定所应该获得的收入。而且，此处的收入是不扣除成本、税收等的毛收入。“货值金额”，以违法生产、销售的伪劣产品的标价计算；没有标价的，按照同类合格产品的市场中间价格计算；货值金额难以确定的，按照原国家计划委员会（现已更名为国家发展和改革委员会）、最高人民法院、最高人民检察院、公安部1997年4月22日联合发布的《扣押、追缴、没收物品估价管理办法》的规定，委托指定的估价机构确定。而且，多次实施生产、销售伪劣产品行为，未经处理的，伪劣产品的销售金额或者货值金额累计计算。

2. 生产、销售假药、劣药、不符合标准的医用器材等罪的定罪和重罪标准

假药、劣药和不符合标准的医用器材都是医用产品，但生产、销售假药、劣药和不符合标准的医用器材三者的社会危害性不同，因此三者对应的犯罪认定标准不同。生产、销售假药罪是行为犯，只要行为人生产、销售的假药足以严重危害人体健康，就可定罪。若药品本身不危害人体健康，当然不能认定为构成本罪，若药品本身可能会对人体健康产生严重危害，当然应认定为生产、销售假药罪。而生产、销售劣药罪是实害犯或说结果犯，只有生产、销售的劣药对人体健康造成了严重危害后果，生产者、销售者才可能构成该罪。而生产、销售不符合标准的医用器材罪也是行为犯，只要行为人生产、销售的不符合标准的医疗器械、医用卫生材料足以严重危害人体健康，就可定罪。

（1）生产、销售假药罪的追诉标准和重罪标准

从上文可知，生产、销售假药罪是行为犯，只要行为人生产、销售的假药足以严重危害人体健康，就可对生产者、销售者进行追诉。因此，该罪的立案标准即是生产、销售的假药足以严重危害人体健康。具体可根据《追诉标准（一）》第17条，生产（包括配制）、销售假药，涉嫌下列情形之一，应对行为人予以立案追诉：

①含有超标准的有毒有害物质的；

②不含所标明的有效成份，可能贻误诊治的；

③所标明的适应症或者功能主治超出规定范围，可能造成贻误诊治的；

④缺乏所标明的急救必需的有效成分的；

⑤其他足以严重危害人体健康或者对人体健康造成严重危害的情形。

另外，本罪有三个量刑档，也就是有两个重罪标准。第一个重罪标准是“对人体健康造成严重危害”，第二个重罪标准是“对人体健康造成特别严重危害”。但这两个重罪标准具体所指，还需要根据《关于办理生产、销售伪劣商品刑事案件具体应用法律若干问题的解释》来认定。该解释第3条规定，生产、销售的假药被使用后，造成轻伤、重伤或者其他严重后果的，应认定为“对人体健康造成严重危害”。生产、销售的假药被使用后，致人严重后果的，应认定为“对人体健康造成严重危害”。生产、销售的假药被使用后，致人严重残疾、3人以上重伤、10人以上轻伤或者造成其他特别严重后果的，应认定为“对人体健康造成特别严重危害”，在“十年以上有期徒刑、无期徒刑或者死刑，并处

罚金”的幅度内量刑。

（2）生产、销售劣药罪的追诉标准

上文我们已经分析，生产、销售劣药罪是结果犯，因此只有生产、销售的劣药已经对人体健康造成实质性的严重危害，才能对行为人进行立案追诉。具体来讲，可根据《追诉标准（一）》的规定来确定具体的追诉标准。其第18条规定了生产（包括配制）、销售劣药，涉嫌下列情形之一，应予立案追诉：

①造成人员轻伤、重伤或者死亡的；

②其他对人体健康造成严重危害的情形。

（3）生产、销售不符合标准的医用器材罪的定罪和重罪标准

从前文我们亦知，生产、销售不符合标准的医用器材罪也是行为犯，只要生产、销售的不符合保障人体健康标准的医疗器械、医用卫生材料达到足以对人体健康造成严重危害的危险程度就可引发本罪的销售风险。也就是说，该罪的立案标准是“足以对人体健康造成严重危害”。但是何为“足以对人体健康造成严重危害”，因为该罪原是结果犯，是2002年12月经我国《刑法修正案（四）》才修正为行为犯的；而《关于办理生产、销售伪劣商品刑事案件具体应用法律若干问题的解释》是2001年4月公布的，因此只能参照《追诉标准（一）》的规定来认定。《追诉标准（一）》第21条规定行为人实施该罪行为涉嫌下列情形之一，应予立案追诉：

①进入人体的医疗器械的材料中含有超过标准的有毒有害物质的；

②进入人体的医疗器械的有效性指标不符合标准要求，导致治疗、替代、调节、补偿功能部分或者全部丧失，可能造成贻误诊治或者人体严重损伤的；

③用于诊断、监护、治疗的有源医疗器械的安全指标不符合强制性标准要求，可能对人体构成伤害或者潜在危害的；

④用于诊断、监护、治疗的有源医疗器械的主要性能指标不合格，可能造成贻误诊治或者人体严重损伤的；

⑤未经批准，擅自增加功能或者适用范围，可能造成贻误诊治或者人体严重损伤的；

⑥其他足以严重危害人体健康或者对人体健康造成严重危害的情形。

除了立案标准，该罪还有两个重罪标准，“对人体健康造成严重危害”和“后果特别严重”，但并没有相关的解释来更加明确具体。然而从字面上来看，

5. 生产、销售伪劣农药、兽药、化肥、种子罪的立案和重罪标准

生产、销售伪劣农药、兽药、化肥、种子罪是结果犯，也就是生产的假农药、假兽药、假化肥，或者销售的明知是假的或者失去使用效能的农药、兽药、化肥、种子，或者生产者、销售者以不合格的农药、兽药、化肥、种子冒充合格的农药、兽药、化肥、种子，只有在导致生产遭受较大损失的情况下才能认定为本罪。因此本罪的立案标准是“导致生产遭受较大损失”。但该标准还需要具体解释。根据《追诉标准（一）》第23条的规定，涉嫌下列情形之一，应予立案追诉：

（1）使生产遭受损失2万元以上的；

（2）其他使生产遭受较大损失的情形。

此外，生产、销售伪劣农药、兽药、化肥、种子罪还有两个重罪标准，“使生产遭受重大损失”和“使生产遭受特别重大损失”。该两个标准的具体认定可参考《关于办理生产、销售伪劣商品刑事案件具体应用法律若干问题的解释》，其中“重大损失”，一般以10万元为起点；“特别重大损失”，一般以50万元为起点。

6. 生产、销售不符合卫生标准的化妆品罪的立案标准

生产、销售不符合卫生标准的化妆品罪也是结果犯，一般只有在生产的不符合卫生标准的化妆品，或者销售的明知是不符合卫生标准的化妆品，造成严重后果的情形下才能认定为本罪。因此，“造成严重后果”可以说是本罪的立案标准。根据《追诉标准（一）》，生产不符合卫生标准的化妆品，或者销售明知是不符合卫生标准的化妆品，涉嫌下列情形之一，应予立案追诉：

（1）造成他人容貌毁损或者皮肤严重损伤的；

（2）造成他人器官组织损伤导致严重功能障碍的；

（3）致使他人精神失常或者自杀、自残造成重伤、死亡的；

（4）其他造成严重后果的情形。

（三）生产、销售伪劣医药产品犯罪的监管和自我防范

1. 食品、医药品生产、销售环节

食品、医药品关系广大群众的人身安全和人体健康，因此食品、医药品生产者、销售者的责任是非常重大的。食品、医药品生产者、销售者如果不能坚持“安全第一”的原则，以保障食品、医药品安全为己任，就可能脱离食品、

医药品安全生产、销售的正常轨道，甚至引发生产、销售伪劣食品、假药品的刑事风险。对于当前依然严峻的食品、医药品安全状况，如何防范和监管其中的风险，主要需要注意如下几点：

一是需要继续完善食品、医药品生产、销售环节的法律法规及其实施细则，制定食品安全标准。尽快制定切实可行的法律法规，为开展食品、医药品安全整治行动提供法律依据；进行法律、法规、安全管理体系、食品、医药品安全社会信用体系的研究与建立，加强区域横向范围的立法，用规范有序的法律法规体系来调整食品、医药品的安全生产、销售行为。而食品、医药品安全标准能够保障食品安全检验检测有标准可依，解决当前因无标准而无法界定违法与合法界限的问题。

二是要加强执法力度，强化执法效果，形成长远有效的约束机制。食品药品监督管理机构要定期和不定期地开展专项打击行动，并联合政府其他有关部门对可疑或群众举报企业进行检查。同时，各部门要狠抓食品、医药品生产（加工）源头监管，加大食品、医药品质量安全专项整治工作力度，特别是针对重点打击制售假冒伪劣食品、药品的违法行为。

三是要形成全民监督食品、药品安全的社会氛围。加大食品、药品安全责任的宣传力度，向食品、药品生产、制造企业定期宣传相关的法律法规，并通过互联网、电视、电影、报纸、广播等平台向大众宣传相关食品药品方面的知识，在全社会范围内营造监督食品药品的良好氛围；食品、药品监督管理部门应选择群众比较关注的、有代表性的食品、药品，定期向社会公布这些产品的安全状况。

四是食品、药品生产、销售企业自身也要加大对违法犯罪活动的防范和监管。企业自身的防范和监督能够最有效地减少和降低食品、药品生产、销售风险。食品、药品生产企业要树立和提高品牌意识和自我约束的意识，抱着对消费者健康负责的心态，诚信经营，严格把控食品、药品质量关，杜绝故意制造、生产、销售伪劣食品、药品的行为出现。

五是形成上、下各级参与的食品、药品安全监管体系。比如，对食品、药品安全检测与监督抽查结果、消费者投诉举报以及突发食品、药品安全事件的起因、危害程度和影响进行综合分析评价，以建立食品、药品安全评价指数，进而形成统一、权威、科学的食品、药品安全风险评估和预警指标体系。政府各部门之间要加快食品安全信息通报网络建设。又如，加强横向联系，建立地方和部门之间的食品安全信息联络员制度，及时沟通，资源共享，以便使部门间信息保持交流畅通。

2. 工、农业其他产品的生产、销售环节

电器、压力容器、易燃易爆产品等工业产品，伪劣农药、兽药、化肥、种子等农业生产资料，以及化妆品等工、农业其他产品的生产、销售同样是与人类生产、生活密切相关的重要产品，这些产品质量的优劣直接关系到人们的生活质量、人身安全和人体健康。因此，这些产品的生产者、销售者所担负的质量责任仍然是不可推卸的。但是，从当前的形势来看，很多企业并没有认识到自身责任的重大，而是视人们的健康和安全如儿戏，因此也常常导致刑事风险的发生。所以，对这些产品的生产、销售企业必须加强监管，特别是企业自身必须加强监管。

对作为生产、销售行为主体的企业来说，意识和行为同样重要。生产者、销售者只有树立依法经营的意识，强化质量为本的经营理念，在生产、销售环节严把质量关，才能从思想源头上防范刑事法律风险。同时，生产者、销售者必须依法掌握自己所生产、销售的产品质量标准和要求，使所生产、销售的产品符合国家标准、行业标准或者其他质量要求。并且，企业要从生产、出品、采购、运输、仓储、销售等各个环节来加强对产品质量的检验检测，防范和控制产品问题。

（1）采购环节

采购包括成品的采购和生产原材料的采购，且采购的原材料质量之优劣，直接关系到产品质量的优劣。要控制和防范生产、销售伪劣产品犯罪的风险，企业就需要在采购环节建立进货检查验收制度。首先，采购人员要按照国家有关规定和质量标准采购产品和原材料。其次，采购的产品或者原材料入库前都必须经过检验人员的检查验收，发现质量问题及时上报处理，排除不符合质量标准要求的产品或原材料购进入库。

（2）仓储保管环节

仓储是保障产品质量的重要环节，入库后的原材料和产品只有在合宜的仓储保管环境中才能保证其质量和安全。因此，企业应当具备保证原材料或产品质量的仓储条件、仓储设施和仓储场所。同时，还应当根据货品的特性，必要时应当采取冷藏、防冻、防潮等防护措施，确保产品和原材料在仓储过程中不损坏、不变质。规范层面就需要建立仓储保管制度，并严格执行。

（3）生产环节

首先企业应当制定保证产品质量的规章制度，严格按照国家关于产品质量方面的法律、法规、政策和产品质量标准来组织生产。生产型企业要具备和持续满足保证产品质量安全的环境条件和卫生标准，具备保证产品质量安全的生产设备、工艺装备和相关的辅助设备，具有与产品质量安全相适应的原料处理、加工、包装和检验等厂房或者场所。如果生产需要特殊设备和场所的产品，应当符合有关法律法规和技术规范的条件。还要定期对直接从事特殊产品的生产人员进行健康检查。企业自身对生产质量把关要实行自检、互检和总检的三检制。一旦检出质量问题产品，应当及时汇报，切不可为了眼前小利而故意隐瞒不报，出现像2008年“三鹿奶粉”事件那样的情况只会导致更严重的后果。

（4）出品环节

出品环节是生产企业在产出成品后到投放市场之前的中间过程，此环节要求生产企业对产品质量进行最后一次把关，确保即将进入销售和市场的产品不存在质量问题。因此，生产企业应当按照国家有关规定和产品质量标准进行检验，标记合格或者不合格。只有质量合格的产品才能投放市场，不合格的产品不得进入市场，未经检验合格的产品也不得进入市场。而且对一些用途特殊的产品，在投放市场之前还必须进行产品卫生与安全性评价。

（5）销售环节

销售环节是生产的产品流通进入市场的过程，在此过程中，销售企业要对产品质量进行把关，企业要避免销售不符合质量标准的产品。同时，产品销售后还需要跟进售后服务和质量调查工作，认真对待和处理客户的质量投诉事件。需要实行产品召回制度的产品，则要坚持实行并完善召回制度。

（四）企业生产、销售环节的刑事风险控制

企业生产、销售环节的刑事风险控制是在生产、销售企业的刑事法律风险爆发初期为减轻危害后果，获得从轻、减轻或者免除处罚而采取的行动。

1. 法定刑

【生产、销售伪劣产品罪】《刑法》第140条：“生产者、销售者在产品中掺杂、掺假，以假充真，以次充好或者以不合格产品冒充合格产品，销售金额五

万元以上不满二十万元的，处二年以下有期徒刑或者拘役，并处或者单处销售金额百分之五十以上二倍以下罚金；销售金额二十万元以上不满五十万元的，处二年以上七年以下有期徒刑，并处销售金额百分之五十以上二倍以下罚金；销售金额五十万元以上不满二百万元的，处七年以上有期徒刑，并处销售金额百分之五十以上二倍以下罚金；销售金额二百万元以上的，处十五年有期徒刑或者无期徒刑，并处销售金额百分之五十以上二倍以下罚金或者没收财产。”

【生产、销售假药罪】《刑法》第 141 条：“生产、销售假药的，处三年以下有期徒刑或者拘役，并处罚金；对人体健康造成严重危害或者有其他严重情节的，处三年以上十年以下有期徒刑，并处罚金；致人死亡或者有其他特别严重情节的，处十年以上有期徒刑、无期徒刑或者死刑，并处罚金或者没收财产。”

【生产、销售劣药罪】《刑法》第 142 条：“生产、销售劣药，对人体健康造成严重危害的，处三年以上十年以下有期徒刑，并处销售金额百分之五十以上二倍以下罚金；后果特别严重的，处十年以上有期徒刑或者无期徒刑，并处销售金额百分之五十以上二倍以下罚金或者没收财产。”

【生产、销售不符合安全标准的食品罪】《刑法》第 143 条：“生产、销售不符合食品安全标准的食品，足以造成严重食物中毒事故或者其他严重食源性疾病的，处三年以下有期徒刑或者拘役，并处罚金；对人体健康造成严重危害或者有其他严重情节的，处三年以上七年以下有期徒刑，并处罚金；后果特别严重的，处七年以上有期徒刑或者无期徒刑，并处罚金或者没收财产。”

【生产、销售有毒、有害食品罪】《刑法》第 144 条：“在生产、销售的食品中掺入有毒、有害的非食品原料的，或者销售明知掺有有毒、有害的非食品原料的食品的，处五年以下有期徒刑，并处罚金；对人体健康造成严重危害或者有其他严重情节的，处五年以上十年以下有期徒刑，并处罚金；致人死亡或者有其他特别严重情节的，依照本法第一百四十一条的规定处罚。”

【生产、销售不符合标准的医用器材罪】《刑法》第 145 条：“生产不符合保障人体健康的国家标准、行业标准的医疗器械、医用卫生材料，或者销售明知是不符合保障人体健康的国家标准、行业标准的医疗器械、医用卫生材料，足以严重危害人体健康的，处三年以下有期徒刑或者拘役，并处销售金额百分之五十以上二倍以下罚金；对人体健康造成严重危害的，处三年以上十年以下有期徒刑，并处销售金额百分之五十以上二倍以下罚金；后果特别严重的，处十年以上有期徒刑或者无期徒刑，并处销售金额百分之五十以上二倍以下罚金或者没收财产。”

【生产、销售不符合安全标准的产品罪】《刑法》第146条：“生产不符合保障人身、财产安全的国家标准、行业标准的电器、压力容器、易燃易爆产品或者其他不符合保障人身、财产安全的国家标准、行业标准的产品，或者销售明知是以上不符合保障人身、财产安全的国家标准、行业标准的产品，造成严重后果的，处五年以下有期徒刑，并处销售金额百分之五十以上二倍以下罚金；后果特别严重的，处五年以上有期徒刑，并处销售金额百分之五十以上二倍以下罚金。”

【生产、销售伪劣农药、兽药、化肥、种子罪】《刑法》第147条：“生产假农药、假兽药、假化肥，销售明知是假的或者失去使用效能的农药、兽药、化肥、种子，或者生产者、销售者以不合格的农药、兽药、化肥、种子冒充合格的农药、兽药、化肥、种子，使生产遭受较大损失的，处三年以下有期徒刑或者拘役，并处或者单处销售金额百分之五十以上二倍以下罚金；使生产遭受重大损失的，处三年以上七年以下有期徒刑，并处销售金额百分之五十以上二倍以下罚金；使生产遭受特别重大损失的，处七年以上有期徒刑或者无期徒刑，并处销售金额百分之五十以上二倍以下罚金或者没收财产。”

【生产、销售不符合卫生标准的化妆品罪】《刑法》第148条：“生产不符合卫生标准的化妆品，或者销售明知是不符合卫生标准的化妆品，造成严重后果的，处三年以下有期徒刑或者拘役，并处或者单处销售金额百分之五十以上二倍以下罚金。”

2. 具体各罪的刑事风险控制

生产、销售伪劣商品各具体犯罪是从事产品生产、销售的企业容易触犯的，而且很多企业在生产、销售伪劣产品的时候即使内部发现问题也经常采取“捂”的办法，企图瞒天过海，以为只要躲过外人的眼睛就可以规避这类刑事法律风险。然而，事实证明这种侥幸的心理只会导致危害后果更加严重，事态越来越无法控制，企业及其相关责任人也将面临更加严厉的惩罚。相关案例如2008年中国奶制品污染事件。因此，企业在发现风险爆发的时候一定要以正确的态度对待，此时最好咨询法律顾问等法律专业人士，以引导企业及其负责人做出正确的选择。食品安全重于天，企业及其相关负责人必须以正确的价值观为导向，才能避免在十字路口面临选择时迷失方向。

可能导致危害后果发生的行为已经做出，生产、销售伪劣产品犯罪已经引发，但此时仍然可以通过控制、减少危害后果的发生，控制危害后果的扩大，来尽量避免更严重的情况出现。生产、销售伪劣商品是国家严厉打击的违法犯罪行为，但对生产者、销售者的自我纠正行为亦比较认可，如果生产者、销售者能够通过自身的努力减少危害后果，控制事态扩大化，则也会得到行政和司法的宽容。其中如生产、销售劣药罪，生产、销售不符合标准的医用器材罪，生产、销售伪劣农药、兽药、化肥、种子罪等犯罪，都要求生产、销售的这些特定商品造成了严重的危害后果才能据以定罪量刑。因此，从事生产或销售的企业应该正面对待已经发生的危害行为，应该披露的事实及时披露，实行召回制度的企业应尽快召回进入流通环节的伪劣产品，需要销毁的伪劣产品尽快销毁，需要补偿的受害方及时补偿。通过如上述的一些现实行动，一般情况下都能为企业获得多一点的宽容，即使法律制裁也能获得从宽处罚，有利于企业刑事法律风险的事后控制。

第六章
CHAPTER 06

市场交易环节企业刑事法律风险的防控指南

一、市场交易环节企业刑事法律风险概述

企业作为市场的主体，是市场的重要组成部分，企业的产品也必须通过市场流通体现产品价值，从而实现企业的价值。市场流通环节企业既可能实施损害商业信誉、商品声誉的犯罪，也可能实施虚假广告犯罪，还可能实施合同诈骗罪。实际上，企业与市场的关系有多复杂，企业在市场交易环节的刑事法律风险就有多庞杂。从合同到交易环节，最后还有非法经营的有关犯罪，都可以在市场交易环节体现出来。

（一）市场交易环节企业最常见的犯罪

企业在市场交易环节最容易因交易方式违法和手段不当引发有关犯罪，这些手段可以是明示的，如威胁、暴力、胁迫等手段；也可以是隐蔽的，如诈骗、引诱等手段。因这些不当的手段企业可能引发如下几种犯罪。

第一个是合同诈骗罪。该罪是以非法占有为目的，在签订、履行经济合同过程中，采取虚构事实或者隐瞒真相等欺骗手段，骗取对方当事人的财物，数额较大的行为。合同诈骗罪与诈骗罪最大的区别即是前罪发生在签订、履行经济合同过程中。依照我国《刑法》的规定，因诈骗罪为自然人犯罪，企业不会触犯诈骗罪，但有可能触犯合

同诈骗罪。

第二个是组织、领导传销活动罪，此罪系《刑法修正案（七）》通过将非法经营罪所包含的传销犯罪行为分裂而来，《刑法》明文规定该罪是指以推销商品、提供服务等经营活动为名，要求参加者以缴纳费用或者购买商品、服务等方式获得加入资格，并按照一定顺序组成层级，直接或者间接以发展人员的数量作为计酬或者返利依据，引诱、胁迫参加者继续发展他人参加，骗取财物，扰乱经济社会秩序的传销活动行为。该罪的产生背景即是当前愈演愈烈的传销活动严重扰乱了市场经济秩序和社会管理秩序。

第三个是非法经营罪。该罪是指违反国家规定，从事除传销以外的非法经营活动，扰乱市场秩序的行为。虽然《刑法》第225条列举了三种行为方式，但“其他严重扰乱市场秩序的非法经营行为”的存在即可以将其他很多种行为囊括在内，因此该罪明显具有兜底性质。也正因为非法经营罪的兜底性质，司法机关在使用该罪时曾经多遭诟病，当前仍然是使用频率比较高的扰乱市场秩序类犯罪罪名。该罪的行为过程中必然伴有欺骗、胁迫、诈骗、暴力等行为方式，会侵犯多种社会关系。企业被定非法经营罪的案例并不少见。

第四个是强迫交易罪。该罪是指以暴力、威胁手段强买强卖商品，强迫他人提供服务或者强迫他人接受服务，强迫他人参与或者退出投标、拍卖的，强迫他人转让或者收购公司、企业的股份、债券或者其他资产的，强迫他人参与或者退出特定的经营活动，情节严重的行为。强迫交易罪的最大特征即是暴力或以暴力相威胁，强迫他人接受或提供商品或服务，严重影响市场正常交易。

（二）破坏市场正当竞争关系的犯罪

由于市场的有限性，市场交易环节的市场竞争随之产生，而几乎同时会产生破坏市场正当竞争关系的犯罪。国家对破坏市场正当竞争关系的行为予以刑法规制，规定了包括损害商业信誉、商品声誉罪和虚假广告罪、串通投标罪在内的有关犯罪。

损害商业信誉、商品声誉罪，通俗地形容就是违反不正当竞争管理法规，通过捏造并散布虚伪事实的方式，损害他人的商业信誉、商品声誉的行为。其中商业信誉是社会公众对某一经营者的经济能力、信用状况等方面给予的社会评价，即该经营者在经济生活中信用、名誉的地位；商品声誉是社会公众对某一经营者的商品性能、品质所给予的社会评价，即该商品在经济生活中的地位。商业信誉和商品声誉都是企业重要的无形资产，是能够为企业带来客户和利润的有用资源。企业损害商业信誉、商品声誉也是一种破坏市场正当竞争关系的行为。因此，刑法将严重的损害商业信誉、商品声誉行为纳入刑法规制。

虚假广告罪是广告主、广告经营者、广告发布者违反国家规定，利用广告对商品或服务做虚假宣传的行为。违反国家规定主要是行为人违反我国《广告法》《反不正当竞争法》等法律法规，广告即指《广告法》《反不正当竞争法》中所指的商业性广告。广告事关企业的产品宣传与推广、企业形象的树立与市场地位及影响，因此企业有条件时均会利用广告的作用。但虚假广告不仅误导消费者，而且会破坏市场正常的竞争关系。严重的虚假广告行为入罪的目的即在于打击此类不正当竞争行为，避免对消费者权益的损害。

串通投标罪是投标者相互串通投标报价，损害招标人或者其他投标人利益，或者投标者与招标者串通投标，损害国家、集体、公民的合法权益，情节严重的行为。招标、投标是一种通过广泛的市场竞争获得最优资源配置的市场交易方式，其遵循优胜劣汰的机制，本身要求坚持公开、公平、公正和诚实信用的原则。企业如果通过串通投标的不正当手段排斥他人的正当竞争，就会使招标、投标活动丧失其原有功能，损害国家利益、社会公共利益和其他投标当事人的合法权益。因此，为维护市场公平竞争秩序，就必须打击此类串通投标的不正当竞争行为。

（三）与市场交易有关的其他犯罪

这里我们首先介绍有关倒卖犯罪，这也是与市场交易有关的犯罪。将倒卖某物规定为犯罪的风潮曾经在我国某个特殊时期非常严重，比如投机倒把罪，就是典型的倒买倒卖行为犯罪。倒卖行为归入犯罪的限缩得益于市场经济体制的确立，随着投机倒把罪及其条例的取消，市场经济已经慢慢接受了更多的倒买倒卖行为，当前只将严重的倒卖伪造的有价票证、车票、船票和土地使用权的行为归入犯罪，涉及三个罪名。

第一个是伪造、倒卖伪造的有价票证罪。该罪是指伪造或者倒卖伪造的车票、船票、邮票或者其他有价票证，数额较大的行为。这里的票证不仅包括车票、船票、邮票，而且包括其他有价票证，如根据最高人民检察院《关于非法制作、出售、使用IC电话卡行为如何适用法律问题的答复》，非法制作或者出售非法制作的IC电话卡，数额较大的，以伪造、倒卖伪造的有价票证罪追究刑事责任。可见IC电话卡也属于有价票证的范畴。但是，该罪打击的行为不可肆意扩大，要求有价票证的解释不可太过扩大。

第二个是倒卖车票、船票罪，该罪是指倒卖车票、船票，情节严重的行为。其中车票是指旅客凭其乘坐各种陆上从事旅客运输的公共交通工具的有价票证，如火车票、公共汽车票、长途汽车票等。坐席、卧铺签字号及订购车票凭证亦属本条所称车票性质。船票则是指凭其乘坐水上从事旅客交通运输的公共交通工具的有价票证。我们必须注意到，上述伪造、倒卖伪造的有价票证罪的倒卖对象是伪造的车票、船票，而本罪的犯罪对象是真实的车票、船票。①

第三个是非法转让、倒卖土地使用权罪。该罪是指以牟利为目的，违反土地管理法规，非法转让、倒卖土地使用权，情节严重的行为。土地使用权本身依法是可以转让的，但以牟利为目的而非法转让或倒卖，肯定会对国家土地管理制度和市场经济秩序造成破坏，因此需要将该种行为入罪。而此罪的行为主体中亦包括企业。

二、市场交易环节企业刑事法律风险防控现状

（一）企业触犯合同诈骗罪和非法经营罪的风险依然突出

企业在交易环节经常因合同、非法经营等原因出问题。合同诈骗犯罪和非法经营犯罪是最多见的。现代企业间的交易合作一般都会签订合同，特别是在买卖、购销合同中，一旦一方不能履行合同义务，就可能被认为存在合同欺诈，后果严重的就会被受害方以合同诈骗向公安机关报案。而企业非法经营主要是因为无照经营。无照经营，轻则行政处罚，多次被查就可能以非法经营罪追究刑事责任。近5年来因各地工商登记制度改革后放宽市场准入条件，这类案件虽呈逐年下降趋势，但无照经营的案件仍占比较大，问题比较突出。非法经营可以说是很多企业的隐患。但是，由于非法经营罪所具有的“口袋罪”特性，也有人指出，实践中有大量扩张使用的范例，近年来，一些无证经销柴油、煤

---

① 随着科技的发展，纸质车票、船票、机票将会停止使用，因而届时倒卖车票、船票罪将会成为历史。

炭、粮食甚至小产权房都被判处非法经营罪。王某某无证收购玉米一审被判非法经营罪一案即是其中一例。①

此外，企业也有触犯组织、领导传销活动罪和强迫交易罪的风险。随着传销案件的增多，虽然从传销案件查处的主体类型看，主要为个人，但也可见企业的身影。从传销的形式看，“拉人头、收取入门费”是传销的主要形式，一些组织为招揽人员，就借企业的名头或成立企业专门做传销。强迫交易的案件也时有发生，比如美发店采用“聚众围堵”等方式强迫购买会员卡，获利较多，相关责任人员被以强迫交易罪追究责任；② 胡某等暴力威胁顾客强买不合格产品，冲突致人轻伤，被判强迫交易罪。③ 但从案例情况来看，虽然一些案例显示行为人是作为公司的职员为公司的利益而实施相关强迫交易的行为，但一般多认定为自然人犯罪，追究个人责任。

（二）企业破坏市场正当竞争关系引发刑事风险的情况

市场交易环节，市场主体之间的竞争关系是天然的，在优胜劣汰的竞争格局中终会导致一些市场主体出局，保留更具实力的主体继续前行。公平公正的竞争是推动市场发展的必要因素。企业作为市场主体，本应为市场的有序竞争贡献力量。但是，一些企业不能接受残酷的竞争后果，不惜采取破坏正当竞争关系的手段，以使自己能够在竞争中获胜，维护不正当的市场交易关系。于是，损害商业信誉、商品声誉的行为就不少见了，而虚假广告、虚假宣传的行为更为突出。且随着网络科技的发展，网络交易日趋频繁，网络交易的违法行为也不断增多，尤其不正当竞争和广告违法行为占比较大。我们可以通过一组数据来加深认识，根据中国经济网的报道：2013 年全国工商机关共查处虚假广告和宣传类案件 3. 15 万件，同比增长 19. 3%，占扰乱市场竞争秩序案件总数的 3%。共查处各类网络商品交易违法行为案件 1. 12 万件，占扰乱市场竞争秩序案件总数的 1. 1%。从案件类型看，不正当竞争案件、广告违法案件分别占 28. 6%、

---

① 魏婧宇、达日罕：《王力军收购玉米被判非法经营罪一案再审改判无罪》，原载于《新华社》，转载自新华网：http：//www. xinhuanet. com/legal/2017 -02/17/c_1120484291. htm，最后访问时间：2017 年 6 月 8 日。

② 韩佩霞：《强迫交易罪案例 理发店强制办卡》，载法律快车网：http：//www. lawtime. cn/article/lll589063594157oo173608，最后访问日期：2017 年 6 月 9 日。

③ 《强迫顾客交易被判强迫交易罪》，载中顾法律网：http：//news. 9ask. cn/flal/xsal/xfal/201405/1772194. shtml，最后访问日期：2017 年 8 月 3 日。

24.6%，两类案件占比过半数。[①] 而企业在虚假广告和虚假宣传案件中占主体地位。

（三）企业防控市场交易环节犯罪风险的情况

市场交易环节，既有企业容易触犯的虚假广告罪、合同诈骗罪，也有企业一般不会触及的倒卖车票、船票罪，非法转让、倒卖土地使用权罪。事实上，现代企业的管理者日趋年轻化，年轻的管理者大多是具有一定知识背景和管理经验的人，也不缺乏企业法律风险防控意识和基本的法律常识，一般也知道正常的市场交易秩序和竞争关系对企业来说是非常必要的。但是，在激烈的市场竞争环境中和企业获取利润维持生存的压力下，很多企业还是会出现损害其他企业的商业信誉、商品声誉的情况，而虚假广告和虚假宣传的行为更是很多企业在“不经意”间实施的。还有诸如非法经营罪、强迫交易罪，也是很多企业需要加强防范的。总体来看，扰乱市场秩序各罪相对庞杂，企业要注意的方面也就比较多，对缺少法务支持的企业来说就会是很大的挑战。

三、市场交易环节企业刑事风险防控中存在的问题与原因

（一）企业对自身的刑事风险认识不足

从曝光的很多案件身上我们都可以找到这样的共性：企业刑事法律风险的爆发多数是因为企业对自身潜藏的刑事风险缺乏认识。一些企业并不是知法犯法，而是因不懂法才陷入犯罪的旋涡。但缺乏违法性认识并不能成为阻却犯罪认定的事由。风险认识不足多归咎于企业的主观能动性不够，没有认识到刑事风险的危害性和防范的重要性。但是，导致的刑事风险认识不足还有一个客观方面的原因，即刑法规定的不明确。比如，部分兜底性罪名本身具有不够明确的缺点，更容易导致企业因认识不足而陷入误区，甚至实施违法犯罪行为后仍不自知，如非法经营犯罪。然而，企业能做的只有提高风险防范意识，引进专门的法律事务管理者或者聘请专业的法律顾问，增强企业的刑事风险防范能力。

（二）法律规定的扩张性难以掌控

由于法律语言的限缩性，法律规定似乎难以囊括现实中的诸多犯罪种类，

---

① 陈郁：《2013 年工商机关查处扰乱市场竞争秩序案 100 多万件》，载中国经济网：http：//www.ce.cn/xwzx/gnsz/gdxw/201402/28/t20140228_2392103.shtml，最后访问日期：2017 年 8 月 3 日。

于是出现很多兜底性的罪名。而正是这些兜底性罪名会让企业防不胜防。也许在一些企业眼里，法律的限制真的太多，动不动就可能被哪种犯罪套住。比如非法经营罪，在“其他严重扰乱市场管理秩序的非法经营行为”的规定下，如果要严格审查某企业，是不难找出问题的。该罪的威力就如专门针对自然人的寻衅滋事罪。在严打时期，非法经营罪常被用来打击那些不配合的行为主体，该罪的扩张性充分体现了扰乱市场秩序罪的扩张性。刑法的扩张性一方面会导致刑法规制犯罪的边界扩大化，在严打时期就可将模糊地带的行为都纳入进来；另一方面也会增加法的不确定性。但刑法的适用最忌讳不明确，法无明文规定不为罪是保护行为人免受刑事非难的重要原则。但在具体司法实践中仍然存在罪与非罪界限模糊的情况，对行为人来说，行为后果的不确定性就可能是巨大的灾难。

（三）企业盲目追求利益的结果

市场是非常广阔的，市场交易环节的犯罪与被害行为也是与群众的日常生活紧密联系的，比如曾几何时非法经营盗版光碟非常猖獗，虚假宣传和虚假广告屡禁不止，很多地方可见传销组织在活动。组织、领导传销活动罪之所以从非法经营罪中分离出来单独成罪，就是因为其时的传销活动非常猖獗，国家行政力量的打压不见效，才上升到更严厉的刑事规制范畴。在黑市上混的也不乏企业或者借企业名义的，因为企业的组织性更能拉拢“客户”。可想而知，这些企业完全背离企业守法经营、诚信为本的理念，肯定也不能生存长久。还有一些企业本性尚好，是遵守市场管理秩序合法经营的，但在利益的驱使下逐渐丧失了基本的常识，追求利润日趋盲目，不惜违背市场正当竞争原则，破坏竞争关系；或者恃强凌弱，暴力威胁，强买强卖。如此种种，都反映了企业在市场竞争环境中的扭曲面貌，在追求利益最大化的目标下忘记了企业作为市场交易主体维护公平稳定的市场秩序的重要性和必要性。

（四）企业引发法律风险的后果

很多企业并不是没有认识到法律风险的存在，而是在挑战商业风险的过程中因一些不当的行为或者越过了商业风险的界限而引发了法律风险。还有一些企业虽然也认识到了自己的行为可能涉嫌违法甚至犯罪，但又认为自己能够逃脱法律的制裁，控制自身的法律风险。企业为获得更大的发展空间有时确需挑战商业风险，但商业风险很多会演变成法律风险，而且商业风险归根结底还是一种法律风险，这点是企业及其管理者必须认识到的。而那些对法律的惩罚抱有侥幸心理的企业很多终会受到应有的制裁。比如，众所周知曾经三度登上胡润和福布斯富豪榜榜首的国美电器董事长黄光裕终因触犯非法经营罪，内幕交易、泄露内幕信息罪和单位行贿罪，2010 年被终审判决有期徒刑 14 年，并处罚金人民币 6 亿元，没收个人财产人民币 2 亿元。

四、市场交易环节企业刑事风险防控的具体举措

（一）市场交易环节企业刑事风险提示

1. 主体

（1）一般主体

根据我国《刑法》的规定，市场交易环节可能出现的损害商业信誉、商品声誉罪，合同诈骗罪，非法经营罪，强迫交易罪，伪造、倒卖伪造的有价票证罪，倒卖车票、船票罪，非法转让、倒卖土地使用权罪，其行为主体是一般主体，但包括单位和个人，且单位一般是市场主体，如企业。

（2）特殊主体

除了上述几种一般主体的犯罪种类，下述几种犯罪的行为主体是特殊主体。

首先是虚假广告罪的主体只能是广告主、广告经营者、广告发布者三种主体。但广告主、广告经营者、广告发布者既可能是单位，也可能是个人，且三种主体可能是同一行为人。广告主是为推销商品或提供服务，自行或委托他人设计、制作、发布广告的单位或个人；广告经营者是受广告主委托提供广告设计、制作、代理服务的单位或个人。广告发布者是为广告主或者广告主委托的广告经营者发布广告的单位或个人。除上述三种特殊主体外的其他单位或个人不会成为本罪的主体。

其次是串通投标罪，该罪的行为主体也具有一定的特殊性：必须是招标、投标活动中的招标人或投标人，一般是单位，企业占主导。招标人的特殊性缘于招投标活动的特殊性，不是所有的一般市场主体都会进行招标，一般只是在发包工程、采购原材料、器材、机器设备等比较重要的经济活动中才会采用招标方式。招标人是需要采购商品、货物或服务的一方，投标人则由不特定的多个卖主或承包人、服务提供者组成。但是，随着经济的发展，招标、投标活动日趋平常化，招标人、投标人也具有“一般化”趋势。

最后是组织、领导传销活动罪的主体，本罪的行为主体必须是传销活动中的领导者、组织者以及多次介绍、诱骗、胁迫他人加入传销组织的积极参与者。但是，这些人本身没有特殊化，凡达到法定刑事责任年龄、具有刑事责任能力的自然人均可能成为组织者、领导者和积极参与者，也都能成为本罪的主体。传销组织中领导者一般是指在传销启动时实施了确定传销形式、采购商品、制定规则、发展下线和组织分工等宣传行为的人，和在传销实施中积极参与传销各方面的管理工作的人，不限定于最初的发起人，在传销组织中起骨干作用的高级管理人员也应当认定为领导者。组织者则只包括企业的合伙人或公司股东，除此之外的人不应当作为组织者加以处理。

2. 企业破坏竞争关系的犯罪行为表现

首先是损害商业信誉、商品声誉罪，其行为表现为捏造并散布虚假事实，损害他人的商业信誉、商品声誉。其中捏造是指凭空编造，散布是指以各种方式在公众中宣传、扩散捏造的虚假事实。具体来说，捏造并散布的行为表现形式有以下五种：一是通过发布对比性广告、声明性广告，散发公开信或召开新闻发布会等形式；二是组织人员以客户或消费者的名义向市场监管部门、消费者协会或新闻单位等虚假投诉；三是在业务洽谈等公开场合故意向竞争对手的客户或消费者散布；四是捏造侵权事实并通过诉讼向社会公众散布；五是在商品包装或说明书上，贬低和诋毁他人生产、销售的同类商品。该罪中“捏造”和“散布”是两个必要的行为，行为目的是损害他人的商业信誉和商品声誉，因此捏造和散布的内容必须是有关他人商业信誉或商品声誉的信息。

其次是虚假广告罪，其行为表现为行为人违反国家规定，利用广告对商品或服务做虚假宣传。现实中虚假广告的行为方式非常多种，既可以通过电影、电视、广播、报纸、刊物等媒体向社会宣传；也可以采取树立广告牌、横挂广告横幅，树立广告立体图案，书写广告语，散布广告传单等方式。行为过程一般是广告主伪造虚假广告内容，提供不真实、不合法、没有效力的能够确认广告内容真实性的证明，唆使广告经营者作虚假设计、制作，指使广告发布者作虚假发布或以高价发插刊广告等。广告经营者明知他人要求制作、设计的广告内容虚假仍然制作、设计，或不查验有关证明文件、核实广告内容。广告发布者违反有关规定，不认真核实内容的真实性或明知内容虚假仍决意发布。此时广告主、广告经营者、发布者都需对虚假广告行为负责。

最后是串通投标罪，其行为表现在：或为投标人相互串通投标报价，损害招标人或者其他投标人利益。例如，投标人之间相互通气，就投标报价形成书面或口头的协议，约定一致抬高或压低投标报价等；或者就报价互相通报信息，以期避免相互竞争，牟取不正当的利益。行为也可以表现为投标人与招标人互相串通投标，损害国家、集体或其他招标人的利益。例如，投标人与招标人私下串通，在开标前根据招标低价确定投标报价或中间价格。

3. 合同诈骗罪等的行为表现

合同诈骗罪的行为表现为在签订、履行合同过程中，采取虚构事实或者隐瞒真相等欺骗手段，骗取对方当事人的财物。具体有下列五种形式：

（1）以虚构单位或者冒用他人的名义签订合同的；

（2）以伪造、变造、作废的票据或者其他虚假的产权证明作担保的；

（3）没有实际履行能力，以先履行小额合同或者部分履行合同的方法，诱骗对方当事人继续签订和履行合同的；

（4）收受对方当事人给付的货物、货款、预付款或者担保财产后逃匿的；

（5）以其他方法骗取对方当事人财物的。

组织、领导传销活动罪的行为表现为借用推销商品、提供服务等经营活动的名义，通过引诱、胁迫、威胁或暴力逼迫参加者以缴纳费用或者购买商品、服务等方式获得加入资格，并按照一定顺序组成层级，直接或者间接以发展人员的数量作为计酬或者返利依据，引诱、胁迫、威胁或暴力逼迫参加者继续发展他人参加，骗取财物。这是从行为总过程和结果来评价的，具体的传销行为是非常多样的，而且日趋隐蔽难辨，如网络传销行为和方式。

非法经营罪的行为表现即违反国家规定，从事非法经营活动，扰乱市场秩序。具体包括以下五类行为：

（1）未经许可经营专营、专卖物品或其他限制买卖的物品；

（2）买卖进出口许可证、进出口原产地证明以及其他法律、行政法规规定的经营许可证或者批准文件；

（3）在国家规定场所以外买卖外汇；

（4）未经国家有关主管部门批准，非法经营证券、期货或者保险业务；

（5）其他非法经营活动，如非法经营出版物，非法经营电信业务。

强迫交易罪的行为主要表现为：

（1）强买强卖商品；

（2）强迫他人提供服务或者强迫他人接受服务；

（3）强迫他人参与或者退出投标、拍卖；

（4）强迫他人转让或者收购公司、企业的股份、债券或者其他资产；

（5）强迫他人参与或者退出特定的经营活动。

4. 伪造、倒卖伪造的有价票证罪等犯罪的行为表现

伪造、倒卖伪造的有价票证罪的行为表现为伪造或者倒卖伪造的车票、船票、邮票或者其他有价票证，也就是仿造国家制作的各种有价票证的形状、图案、面值和颜色等，制作假票证企图以假充真，或者倒卖他人伪造的有价票证，从中牟利。另外还包括非法制作或者出售非法制作的IC电话卡的行为。且有价票证的扩大解释会帮助此罪囊括更多的伪造或倒卖行为。

倒卖车票、船票罪的行为表现为以牟取非法利益为目的，购买真实的车票、船票后加价卖出，从中获取利益。

非法转让、倒卖土地使用权罪的行为表现为违反土地管理法规，非法转让、倒卖土地使用权，如将土地使用权非法出卖给他人，或者为了出卖而向他人收买、租借土地使用权。

（二）市场交易环节企业刑事风险的预警

1. 企业破坏竞争关系犯罪的后果与立案标准

损害商业信誉、商品声誉罪属于结果犯，要求给他人造成重大损失或者有其他严重情节时才予以定罪。但定罪情节中“重大损失或者有其他严重情节”的理解，还需结合该罪的立案标准来看。根据《追诉标准（二）》第74条的规定，该罪立案标准为：

（1）给他人造成直接经济损失数额在50万元以上的。

（2）虽未达到上述数额标准，但具有下列情形之一的：

①利用互联网或者其他媒体公开损害他人商业信誉、商品声誉的；

②造成公司、企业等单位停业、停产6个月以上，或者破产的。

（3）其他给他人造成重大损失或者有其他严重情节的情形。

2. 虚假广告罪的后果与立案标准

虚假广告罪属于情节犯，所以其定罪要求行为必须具有“情节严重”的后果，而何为“情节严重”，可以结合该罪的立案标准来看（《追诉标准（二）》

第75条）：（1）违法所得数额在10万元以上的；（2）给单个消费者造成直接经济损失数额在5万元以上的，或者给多个消费者造成直接经济损失数额累计在20万元以上的；（3）假借预防、控制突发事件的名义，利用广告作虚假宣传，致使多人上当受骗，违法所得数额在3万元以上的；（4）虽未达到上述数额标准，但两年内因利用广告作虚假宣传，受过行政处罚二次以上，又利用广告作虚假宣传的；（5）造成人身伤残的；（6）其他情节严重的情形。

串通投标罪也是情节犯，行为后果“情节严重”才能认定该罪。根据《追诉标准（二）》第76条规定，该罪的立案标准为：（1）损害招标人、投标人或者国家、集体、公民的合法利益，造成直接经济损失数额在50万元以上的；（2）违法所得数额在10万元以上的；（3）中标项目金额在200万元以上的；（4）采取威胁、欺骗或者贿赂等非法手段的；（5）虽未达到上述数额标准，但两年内因串通投标，受过行政处罚二次以上，又串通投标的；（6）其他情节严重的情形。

3. 合同诈骗等罪的后果和立案标准

根据我国《刑法》的规定，合同诈骗罪的认定需要有“骗取对方当事人财物，数额较大”的行为后果。此外该罪还有两个重罪情节，即“数额巨大或者有其他严重情节”和“数额特别巨大或者有其他特别严重情节”。但是这三个情节的具体所指，尚需相应的司法解释予以完善。根据《追诉标准（二）》第77条的规定，该罪的立案标准为：骗取对方当事人财物，数额在2万元以上。

从《刑法》的规定来看，组织、领导传销活动罪似乎是行为犯，因此只要企业实施了组织、领导传销活动的行为，就可能被认定为触犯该罪。但是，该罪的立案标准为：涉嫌组织、领导的传销活动人员在30人以上且层级在三级以上的，对组织者、领导者，应予立案追诉。因此，该罪的定罪其实也是有一定情节限制的。而且，该罪还有一定重罪情节，即“情节严重”，加重处罚。

从法理上来分析，非法经营罪的扩张性要求该罪的认定应当有情节和行为后果上的限制。的确，刑法对该罪有“情节严重”的规定。而且，该罪还有一个重罪情节，即“情节特别严重”。但是，该罪的复杂性也造成了该罪的立案标准是所有犯罪中最复杂的，根据《追诉标准（二）》第79条的规定，非法经营罪的立案标准为：

（1）违反国家有关盐业管理规定，非法生产、储运、销售食盐，扰乱市场秩序，具有下列情形之一的：①非法经营食盐数量在20吨以上的；②曾因非法经营食盐行为受过二次以上行政处罚又非法经营食盐，数量在10吨以上的。

（2）违反国家烟草专卖管理法律法规，未经烟草专卖行政主管部门许可，无烟草专卖生产企业许可证、烟草专卖批发企业许可证、特种烟草专卖经营企业许可证、烟草专卖零售许可证等许可证明，非法经营烟草专卖品，具有下列情形之一的：①非法经营数额在5万元以上，或者违法所得数额在2万元以上的；②非法经营卷烟20万支以上的；③曾因非法经营烟草专卖品3年内受过二次以上行政处罚，又非法经营烟草专卖品且数额在3万元以上的。

（3）未经国家有关主管部门批准，非法经营证券、期货、保险业务，或者非法从事资金支付结算业务，具有下列情形之一的：①非法经营证券、期货、保险业务，数额在30万元以上的；②非法从事资金支付结算业务，数额在200万元以上的；③违反国家规定，使用销售点终端机（POS机）等方法，以虚构交易、虚开价格、现金退货等方式向信用卡持卡人直接支付现金，数额在100万元以上的，或者造成金融机构资金20万元以上逾期未还的，或者造成金融机构经济损失十万元以上的；④违法所得数额在5万元以上的。

（4）非法经营外汇，具有下列情形之一的：①在外汇指定银行和中国外汇交易中心及其分中心以外买卖外汇，数额在20万美元以上的，或者违法所得数额在5万元以上的；②公司、企业或者其他单位违反有关外贸代理业务的规定，采用非法手段，或者明知是伪造、变造的凭证、商业单据，为他人向外汇指定银行骗购外汇，数额在500万美元以上或者违法所得数额在50万元以上的；③居间介绍骗购外汇，数额在100万美元以上或者违法所得数额在10万元以上的。

（5）出版、印刷、复制、发行严重危害社会秩序和扰乱市场秩序的非法出版物，具有下列情形之一的：①个人非法经营数额在5万元以上的，单位非法经营数额在15万元以上的；②个人违法所得数额在2万元以上的，单位违法所得数额在5万元以上的；③个人非法经营报纸5000份或者期刊5000本或者图书2000册或者音像制品、电子出版物500张（盒）以上的，单位非法经营报纸15,000份或者期刊15,000本或者图书5000册或者音像制品、电子出版物1500张（盒）以上的；④虽未达到上述数额标准，但具有下列情形之一的：（a）两年内因出版、印刷、复制、发行非法出版物受过行政处罚二次以上的，又出版、印刷、复制、发行非法出版物的；（b）因出版、印刷、复制、发行非法出版物造成恶劣社会影响或者其他严重后果的。

（6）非法从事出版物的出版、印刷、复制、发行业务，严重扰乱市场秩序，具有下列情形之一的：①个人非法经营数额在15万元以上的，单位非法经营数额在50万元以上的；②个人违法所得数额在5万元以上的，单位违法所得数额在15万元以上的；③个人非法经营报纸15,000份或者期刊15,000本或者图书5000册或者音像制品、电子出版物1500张（盒）以上的，单位非法经营报纸5万份或者期刊5万本或者图书15,000册或者音像制品、电子出版物5000张（盒）以上的；④虽未达到上述数额标准，两年内因非法从事出版物的出版、印刷、复制、发行业务受过行政处罚二次以上的，又非法从事出版物的出版、印刷、复制、发行业务的。

（7）采取租用国际专线、私设转接设备或者其他方法，擅自经营国际电信业务或者涉港澳台电信业务进行营利活动，扰乱电信市场管理秩序，具有下列情形之一的：①经营去话业务数额在100万元以上的；②经营来话业务造成电信资费损失数额在100万元以上的；③虽未达到上述数额标准，但具有下列情形之一的：（a）两年内因非法经营国际电信业务或者涉港澳台电信业务行为受过行政处罚二次以上，又非法经营国际电信业务或者涉港澳台电信业务的；（b）因非法经营国际电信业务或者涉港澳台电信业务行为造成其他严重后果的。

（8）从事其他非法经营活动，具有下列情形之一的：①个人非法经营数额在5万元以上，或者违法所得数额在1万元以上的；②单位非法经营数额在50万元以上，或者违法所得数额在10万元以上的；③虽未达到上述数额标准，但两年内因同种非法经营行为受过二次以上行政处罚，又进行同种非法经营行为的；④其他情节严重的情形。

强迫交易罪的认定也有情节上的要求，只有达到“情节严重”的后果才能认定构成此罪。根据《追诉标准（一）》第28条的规定，强迫交易罪的立案追诉标准为：（1）造成被害人轻微伤或者其他严重后果的；（2）造成直接经济损失2000元以上的；（3）强迫交易三次以上或者强迫3人以上交易的；（4）强迫交易数额1万元以上，或者违法所得数额2000元以上的；（5）强迫他人购买伪劣商品数额5000元以上，或者违法所得数额1000元以上的；（6）其他情节严重的情形。

4. 伪造、倒卖伪造的有价票证等罪的后果与立案标准

伪造、倒卖伪造的有价票证罪属于数额犯，要求“数额较大”，才能认定行为构成犯罪。且该罪还有“数额巨大”的重罪情节。此罪的立案标准为：（1）车票、船票票面数额累计2000元以上，或者数量累计50张以上；（2）邮票票面数额累计5000元以上，或者数量累计1000枚以上；（3）其他有价票证价额累计5000元以上，或者数量累计100张以上；（4）非法获利累计1000元以上；（5）其他数额较大的情形。

倒卖车票、船票罪属于情节犯，“情节严重”的则予以定罪处刑。该罪的立案标准为：（1）票面数额累计5000元以上的；（2）非法获利累计2000元以上的；（3）其他情节严重的情形。

非法转让、倒卖土地使用权罪也属于情节犯，只有相应的犯罪行为后果达到“情节严重”的程度才能认定构成该罪。此外，该罪还有一个重罪情节：情节特别严重。该罪的立案标准为：（1）非法转让、倒卖基本农田5亩以上的；（2）非法转让、倒卖基本农田以外的耕地10亩以上的；（3）非法转让、倒卖其他土地20亩以上的；（4）违法所得数额在50万元以上的；（5）虽未达到上述数额标准，但因非法转让、倒卖土地使用权受过行政处罚，又非法转让、倒卖土地的；（6）其他情节严重的情形。

（三）市场交易环节企业刑事风险监管

1. 提高企业自身风险监管能力

市场交易环节涉及企业的诸多方面的活动，企业要在日常经营中提高警惕，特别是在企业广告宣传、参与招投标活动、业务合同谈判与签订等过程中，既要注意监督和管理企业及其工作人员的行为，又要注意观察对方的行动，避免企业自身成为受害方。同时应当注意，对一些性质模糊的行为如何选择，特别是在灰色地带有利可图的时候，如果企业不能很好地把握个中要害，仍然可能被一些暗箭射伤。有些企业自认为自己的赚钱之道是合法的，或看到别的企业都这么做就认为是安全的。殊不知，刑法的规制具有客观性，不是依某个人的意志而转移的。即使某行为已经成为一种比较普遍的现象，刑法的规制没有效果，在刑法修改之前，这种行为仍然属于犯罪行为。比如投机倒把罪，曾经整惨了一批企业和商人，但也直到1997年新《刑法》修改时，才在人们的一片批评声中予以废除。好在我们本章分析的犯罪均为故意犯罪，企业只要坚守诚信、

守法经营的原则，维护市场交易的正常秩序，则基本上可以避免违法犯罪。

2. 重点防范非法经营等罪

实践中最常见的是企业，特别是一些经营活动具有性质界定不清晰特征的企业，最需要防范的就是非法经营罪。非法经营罪一直是最让企业头痛的犯罪风险。而当前最活跃的网络销售经营模式，也频繁成为工商行政部门查处违法犯罪的对象。因非法经营罪的扩张性，很多看似不属于非法经营的行为，或者一些尚未进入法律规制范围的灰色地带的行为，在严重后果出现时却可能被认定为非法经营的行为。企业应按照营业执照上的营业范围来进行生产经营，最好不要超出范围经营，而无照经营更是企业大忌。如果需要经营某新兴业务，则最好事先咨询企业的上级主管部门。

其次是虚假广告罪。广告是企业营销的重要手段和媒介，但广告本身的复杂性在告诉企业等使用者它是有风险的，花巨额广告费却导致违法犯罪的案例也屡见不鲜。企业做广告之所以不安全，主要还是因为企业认识偏见，认为人们都习惯了看虚假广告，绝对真实的广告一般达不到宣传的效果，添油加醋被认为是必要的广告手法。但企业必须注意，虚假广告、虚假宣传是违法甚至是犯罪的，只有广告添彩适度，才能不至于因广告问题陷入法律风险。企业必须把握好这个“度”。尤其还要注意的是网络广告宣传的方式，近几年网络虚假宣传已然成为虚假广告的前沿阵地。而且网络的传播速度和广度惊人，一旦涉及虚假广告，后果可能会是企业无法预料的。企业必须提高警惕，在利用网络进行宣传时也要按照广告法律法规的要求进行操作。

再次当属组织、领导传销活动罪了。该罪在从非法经营罪中分离出来之前，就常属非法经营罪中的高发行为。组织、领导传销活动罪是我国经济与社会转型时期特殊的高发行为，在市场竞争日趋白热化的背景下，企业为从夹缝中获得生存发展的空间，不惜铤而走险。另外，企业最需要警惕的是一些与互联网相关的活动，有时表面看似合法，实则违法。最典型的如 2012 年曝光的、曾广受争议的江西精彩生活投资发展有限公司唐某某董事长等人组织、领导传销活动案①，该公司通过其旗下的电子商务平台“太平洋直购官方网”搭建企业与消

---

① 胡锦武、涂超华：《网络传销发展会员 680 余万人　江西“精彩生活”公司 6 名高管被判刑》，载新华网：http：//news. xinhuanet. com/legal/2013 -08/30/c_117161061. htm，最后访问日期：2017 年 8 月 20 日。

费者的消费虚拟利润（PV）上升渠道（BMC）和“诚信消费保证金”吸金数10亿元，专家论证时一些权威刑法学家都认为不是刑法意义上的传销行为，但唐某某等领导者和组织者最终还是被以组织、领导传销活动罪判决。因此，企业必须时刻注意审视自己的行为是否已经越过了违法犯罪的界限，只有在确保安全的情况下才能作为。即使自己的行为本身是有争议的，也不可轻易挑战司法和行政的权威。

（四）市场交易环节企业刑事风险的控制

1. 法定刑

【损害商业信誉、商品声誉罪】《刑法》第221条：“捏造并散布虚伪事实，损害他人的商业信誉、商品声誉，给他人造成重大损失或者有其他严重情节的，处二年以下有期徒刑或者拘役，并处或者单处罚金。”

【虚假广告罪】《刑法》第222条：“广告主、广告经营者、广告发布者违反国家规定，利用广告对商品或者服务作虚假宣传，情节严重的，处二年以下有期徒刑或者拘役，并处或者单处罚金。”

【串通投标罪】《刑法》第223条：“投标人相互串通投标报价，损害招标人或者其他投标人利益，情节严重的，处三年以下有期徒刑或者拘役，并处或者单处罚金。投标人与招标人串通投标，损害国家、集体、公民的合法利益的，依照前款的规定处罚。”

【合同诈骗罪；组织、领导传销活动罪】《刑法》第224条：“有下列情形之一，以非法占有为目的，在签订、履行合同过程中，骗取对方当事人财物，数额较大的，处三年以下有期徒刑或者拘役，并处或者单处罚金；数额巨大或者有其他严重情节的，处三年以上十年以下有期徒刑，并处罚金；数额特别巨大或者有其他特别严重情节的，处十年以上有期徒刑或者无期徒刑，并处罚金或者没收财产：（一）以虚构的单位或者冒用他人名义签订合同的；（二）以伪造、变造、作废的票据或者其他虚假的产权证明作担保的；（三）没有实际履行能力，以先履行小额合同或者部分履行合同的方法，诱骗对方当事人继续签订和履行合同的；（四）收受对方当事人给付的货物、货款、预付款或者担保财产后逃匿的；（五）以其他方法骗取对方当事人财物的。组织、领导以推销商品、提供服务等经营活动为名，要求参加者以缴纳费用或者购买商品、服务等方式获得加入资格，并按照一定顺序组成层级，直接或者间接以发展人员的数量作为计酬或者返利依据，引诱、胁迫参加者继续发展他人参加，骗取财物，扰乱经济社会秩序的传销活动的，处五年以下有期徒刑或者拘役，并处罚金；情节严重的，处五年以上有期徒刑，并处罚金。”

【非法经营罪】《刑法》第225条：“违反国家规定，有下列非法经营行为之一，扰乱市场秩序，情节严重的，处五年以下有期徒刑或者拘役，并处或者单处违法所得一倍以上五倍以下罚金；情节特别严重的，处五年以上有期徒刑，并处违法所得一倍以上五倍以下罚金或者没收财产：（一）未经许可经营法律、行政法规规定的专营、专卖物品或者其他限制买卖的物品的；（二）买卖进出口许可证、进出口原产地证明以及其他法律、行政法规规定的经营许可证或者批准文件的；（三）未经国家有关主管部门批准非法经营证券、期货、保险业务的，或者非法从事资金支付结算业务的；（四）其他严重扰乱市场秩序的非法经营行为。”

【强迫交易罪】《刑法》第226条：“以暴力、威胁手段，实施下列行为之一，情节严重的，处三年以下有期徒刑或者拘役，并处或者单处罚金；情节特别严重的，处三年以上七年以下有期徒刑，并处罚金：（一）强买强卖商品的；（二）强迫他人提供或者接受服务的；（三）强迫他人参与或者退出投标、拍卖的；（四）强迫他人转让或者收购公司、企业的股份、债券或者其他资产的；（五）强迫他人参与或者退出特定的经营活动的。”

【伪造、倒卖伪造的有价票证罪；倒卖车票、船票罪】《刑法》第227条：“伪造或者倒卖伪造的车票、船票、邮票或者其他有价票证，数额较大的，处二年以下有期徒刑、拘役或者管制，并处或者单处票证价额一倍以上五倍以下罚金；数额巨大的，处二年以上七年以下有期徒刑，并处票证价额一倍以上五倍以下罚金。倒卖车票、船票，情节严重的，处三年以下有期徒刑、拘役或者管制，并处或者单处票证价额一倍以上五倍以下罚金。”

【非法转让、倒卖土地使用权罪】《刑法》第228条：“以牟利为目的，违反土地管理法规，非法转让、倒卖土地使用权，情节严重的，处三年以下有期徒刑或者拘役，并处或者单处非法转让、倒卖土地使用权价额百分之五以上百分之二十以下罚金；情节特别严重的，处三年以上七年以下有期徒刑，并处非法转让、倒卖土地使用权价额百分之五以上百分之二十以下罚金。”

2. 具体各罪的风险控制

首先，扰乱市场秩序罪中各犯罪都是数额犯或情节犯，也就为企业在爆发犯罪风险的初期控制行为影响扩大化、严重化提供了动力。如果企业作为行为人在被追究某项犯罪的过程中，能够自我悔罪，主动减少危害后果的严重程度，则可以帮助企业获得从轻或减轻处罚。如损害商业信誉、商品声誉罪的定罪情节为“给他人造成重大损失或者有其他严重情节”，如果企业能够减少给受害者造成的损失，避免严重后果扩大，则在定罪量刑时一般可以获得从轻处罚。

其次，对于一些本身因受害者或其他利益相关人向司法行政机关报案而爆发的犯罪风险，企业如果能够及时处理与报案者的关系，寻求调解、和解的解决办法，对受害者给予必要的抚慰措施，促使报案者撤回报案请求，则大多能够帮助企业化解犯罪危机。比如合同诈骗罪的曝光，多数都是合同受害方在追讨无果、失去联系的无奈情况下才报案，而他们报案的目的很多还是希望通过公安机关的追查逼迫诈骗方出来和解。在这种背景下，行为人如果能够继续履行合同义务，或者尽力弥补损失，则一般也能够获得受害者的谅解。

最后，对于爆发率较高的非法经营罪，企业如果因此罪被要求承担责任，则一方面还是要尽量减少行为所造成的危害后果。因为该罪有情节上的限制，区分情节是否严重主要从经营数额、违法所得来看。一般来说，如果企业经营数额不大，违法所得数额较少，情节轻微危害不大，则只要作为一般的行政违法行为处理即可。另一方面，企业应努力寻求法律规定的模棱两可地带作为辩护的空间。虽然行政机关认为此罪“好用”，但非法经营罪的规制范围不断扩大并不是绝对正义的，学界对非法经营罪的范围扩大一直是有争议的，司法界对之认定也比较慎重。

第七章
CHAPTER 07

进、出口环节企业刑事法律风险的防控指南

随着我国与境外他国和地区的国际和区际贸易增多，企业进、出口环节的刑事法律风险也相对集中而突出。企业进、出口环节主要因企业进、出口产品的差异而存在多种细化的刑事法律风险，导致企业进、出口环节的犯罪罪名也比较多。这些罪名几乎囊括了所有进、出口产品或者项目，因此实际上从事任何进、出口的企业都可能成为单位进、出口犯罪的潜在行为人。因此，进、出口企业需要在了解犯罪相关知识和实践经验的基础上做好风险防范工作。

一、企业进、出口环节刑事法律风险防控概述

企业进、出口环节的刑事法律风险包括走私罪，走私假币罪，走私武器、弹药罪，走私核材料罪，走私文物罪，走私贵重金属罪，走私珍贵动物、珍贵动物制品罪等犯罪，涉及十六个单位犯罪罪名。其中十二个是走私类犯罪，也是企业进、出口环节高发的犯罪类型，是进、出口企业需要重点防范的刑事法律风险。

（一）走私武器、弹药罪，走私核材料罪，走私文物罪等风险概述

我国《刑法》第151条规定了走私武器、弹药罪、走私核材料罪、走私假币罪、走私文物罪、走私贵重金属罪、走私珍贵动物、珍贵动物制品罪、走私国家禁止进出口的货物、物品罪七种犯罪。这些犯罪

都是违反海关法等法规，逃避海关监管，破坏国家进出口管理秩序的行为。而且企业作为单位也可能因实施这些犯罪行为而引发相应的刑事风险。

1. 走私武器、弹药罪

走私武器、弹药罪，是指违反海关管理相关法规、[①] 逃避海关和边境监管，非法携带、运输、邮寄武器、弹药进出国、边境的行为。其中武器及弹药，是指各种具有直接杀伤力、破坏力的器械、装置或其他物品。1993 年海关总署发布的《中华人民共和国禁止进出境物品表》和《中华人民共和国限制进出境物品表》（以下简称《禁止进出境物品表》《限制进出境物品表》）列明了禁止进境、出境物品和限制进境、出境物品。其中，武器及弹药既包括各种军用武器、弹药和爆炸物，如手枪、步枪、冲锋枪、机枪等常规武器，核武器、化学武器、细菌武器等现代化武器，枪弹、炮弹、炸弹、地雷、手榴弹等弹药；又包括各种类似军用武器的枪支、弹药和爆炸物，如射击运动用的枪支，狩猎用的散弹枪及其子弹等，但不包括管制刀具和仿真手枪。然而，在报关时，可能被认定为武器、弹药的物品范围大于上述关于武器、弹药所列举的范围，比如，各种弹药的弹头、弹壳也可能成为走私弹药罪的走私对象。

2. 走私核材料罪

走私核材料罪，则是违反海关和边境管理法规、逃避海关和边境监管，非法从事运输、携带、邮寄国家禁止、限制进出口的核材料，破坏国家对外贸易管制的行为。其中，核材料是指可以用来制造核武器的各种材料和核燃料，核武器是利用原子核反应所放出的能量起杀伤破坏作用的武器，有原子弹、氢弹等。核燃料一般是指铀 235、钚 239 等容易发生裂变的同位素。核材料是一种用来在原子反应堆中进行核聚变，同时产生原子能的放射性物质，属于违禁品，其本身具有放射性，极易对人体造成损害，因此国家禁止这些物品自由流通。走私如上所述的核材料和核燃料，就可能引发走私核材料罪的风险。

3. 走私假币罪

走私假币罪，是指违反海关法规，逃避海关和边境监督管理，非法运输、携带、邮寄伪造的货币进出国、边境的行为。货币是可在国内市场流通、兑换的人民币，境外货币也属于该罪的犯罪对象。伪造的货币是依照真货币的图案、

---

① 本应包括违反边境管理法规，但我国尚未出台全国性边境管理法规。

形状、颜色、面额和质地制造的假货币，包括伪造的任何国家或者地区的货币，常以可自由兑换币为伪造的对象。伪造的货币是假货币，变造的货币则不属于假货币，走私变造的货币不宜以本罪论处。企业作为单位走私伪造货币，同样可能引发走私假币罪的刑事风险。

4. 走私文物罪

走私文物罪，是指违反海关法规和文物保护法规，逃避海关和边境监管，运输、携带、邮寄国家禁止出口的文物出国、边境的行为。这里需要界定文物的概念和范围。文物，一般认为是指人类在历史发展过程中遗留下来的遗物、遗迹。

我国《文物保护法》规定的文物范围比较广，但我国《刑法》第151条规定的“国家禁止出口的文物”范围较窄，仅指国家馆藏的一、二、三级珍贵文物和国家禁止出口的其他文物。根据我国《禁止进出境物品表》的规定，国家馆藏的一、二、三级文物，即珍贵文物，禁止出口；此外，对于其他因出口会有损于国家荣誉，有碍于民族团结，或者在政治上有不良影响的文物，亦禁止出口。而对于除珍贵文物和国家规定禁止出口的其他文物以外的一般文物，可以在文物商店出售的文物以及民间个人收藏的文物，则不属于走私文物犯罪的对象。

5. 走私贵重金属罪

走私贵重金属罪，是违反海关管理法规、逃避海关和边境监管，非法运输、携带、邮寄国家禁止出口的贵重金属出国（边）境的行为。其中贵重金属是指黄金、白银以及国家禁止出口的其他贵重金属及其制品。其他贵重金属，在这里是指除黄金、白银之外的但与金、银同等重要的诸如铂、铱、锇、钌、铑、钛、钯等为国家禁止出口的贵重金属。但是贵重金属，不仅指其自然本身，而且还包括含有上述贵重金属成分的各种制品、工艺品等。因此，行为人走私黄金、白银以及铂、铱、锇等其他贵重金属的，即可能引发走私贵重金属罪的刑事风险。

6. 走私珍贵动物、珍贵动物制品罪

走私珍贵动物、珍贵动物制品罪，是指违反海关管理法规、逃避海关和边境监管，非法携带、运输、邮寄珍贵动物、珍贵动物制品进出国（边）境的行为。珍贵动物是指我国特产的珍贵稀有动物以及虽然不属于我国特产，但在世界上已被列为珍贵濒危种类的野生动物。珍贵动物的“制品”，是指珍贵野生动物的皮、毛、骨等制成品。《国家重点保护野生动物名录》中国家一、二级保护野生动物，列入《濒危野生动植物种国际贸易公约》附录一、附录二中野生动物以及驯养繁殖的上述物种，都属于珍贵动物。属于我国珍贵稀有野生动物的主要有大熊猫、金丝猴、白唇鹿、扬子鳄等一百多种动物；属于珍贵濒危种类的野生动物主要有丹顶鹤、白鹤、天鹅、野骆驼等。此外，全国人大常委会2005年12月《关于〈中华人民共和国刑法〉有关文物的规定适用于具有科学价值的古脊椎动物化石、古人类化石的解释》，将古脊椎动物化石、古人类化石纳入刑法关于文物的保护范畴。企业作为单位走私这些珍贵动物及其制品的，就可能引发走私珍贵动物、珍贵动物制品罪的刑事风险。

7. 走私国家禁止进出口的货物、物品罪

走私国家禁止进出口的货物、物品罪是违反海关管理法规、逃避海关和边境监管，非法携带、运输、邮寄珍稀植物及其制品等国家禁止进出口的其他货物、物品的行为。该罪名是原走私珍稀植物、珍稀植物制品罪经《刑法修正案（七）》修改而来的，旨在规制走私包括珍稀植物及其制品在内的国家禁止进出口的其他货物、物品的行为。其中“珍稀植物”是指国家重点保护的原生、天然生长的珍贵植物和原生、天然生长并具有重要经济、科学研究、文化价值的濒危、稀有植物。至于珍稀植物制品，则是指将珍稀植物加工而来的制成品。根据国务院1984年发布的《珍贵濒危保护植物名录》和1996年发布的《野生植物保护条例》，珍稀植物，分为国家一级保护野生植物和国家二级保护野生植物。国家一级保护植物8种，二级保护植物143种。三级保护植物203种，亦列入珍贵濒危保护植物名录。

除珍稀植物及其制品外，该罪还将国家禁止进出口的其他货物、物品纳入规制范围，具有一定的兜底性。国家禁止进出口的货物、物品，主要有：对国家政治、经济、文化、道德有害或内容涉及国家秘密的印刷品、手稿、图片、胶卷、音像制品、软件等物品；烈性毒药、带有危险性病菌、害虫及其他有害生物的动植物及其制品；有碍人畜健康，来自疫区或者其他能传播疾病的仪器、药品等；按规定允许携带之外的人民币；濒危和珍贵植物（含标本）及种子和繁殖材料；侵犯知识产权的货物、物品；国家禁止进出口的一般性动物及其产品；等等。因此，企业走私上述珍稀植物及其制品以及其他国家禁止进出口的货物、物品，可能引发该罪的风险。

（二）走私淫秽物品罪，走私废物罪，走私普通货物、物品罪的犯罪风险

1. 走私淫秽物品罪

本罪是指以牟利或者传播为目的，违反海关管理法律法规、逃避海关和边境监管，非法运输、携带、邮寄淫秽的影片、录像带、录音带、图片、书刊或者其他淫秽物品进出国、边境的行为。根据1985年国务院发布的《关于查禁淫秽物品的规定》（已失效），其中淫秽物品是指具体描绘性行为或者露骨宣扬色情淫荡形象的淫秽性的影片、电视片、幻灯片、照片、图画、书籍、报刊、录像带、录音带、抄本上印有这类图照的玩具、用品以及淫药、淫具。但夹杂淫秽内容的有艺术价值的文艺作品，表现人体美的美术作品，有关人体生理、医学知识和其他自然科学作品，不属于淫秽物品的范围。但是，如果涉及走私淫秽影片、录像带、录音带、图片、书刊事由的，一般都可能被认定为触犯了走私淫秽物品罪。

2. 走私废物罪

走私废物罪，是指违反海关管理法规和国家关于固体废物、液态废物、气态废物管理的规定，逃避海关和边境监管，将境外固体废物、液态废物、气态废物运输进境，情节严重的行为。该罪中的行为对象之“废物”，特指固体废物、液态废物和气态废物。走私这些废物进境，主要是会对我境内环境造成污染，我国《固体废物污染环境防治法》第24条规定，禁止中国境外的固体废物进境倾倒、堆放、处置。因此，单位走私废物即可能引发走私废物罪的刑事风险。

3. 走私普通货物、物品罪

走私普通货物、物品罪，是指违反海关管理法规，逃避海关和边境监管，非法运输、携带、邮寄国家禁止进、出口的除武器、弹药、核材料、假币、珍贵动物及其制品、珍稀植物及其制品等国家禁止进出口的货物、物品、淫秽物品、毒品以及国家禁止出口的文物、金银和其他贵重金属以外的货物、物品进出境，偷逃应缴纳关税金额较大的行为。走私的普通货物、物品，主要包括：国家限制进出口的货物、物品，即国家对其进出口实行配额或者许可证管理的货物、物品，如烟、酒、汽车、摩托车、电视机、电冰箱、计算器、个人电脑、外币及有价证券、通信保密机、无线电收发报机、贵重中药材及其成药等；国家不禁止、不限制进出口但应缴纳关税的货物、物品，如服装、精矿、海蜇、

淡水鱼、虾、土特产品等出口物品；陶瓷、塑料、化妆品、玻璃制品、造纸原料等进口物品。企业走私上述普通货物、物品的，当偷逃应缴税额较大时，就可能引发本罪的风险。

（三）企业走私、贩卖、运输、制造毒品罪的犯罪风险

我国《刑法》第三章第七节“走私、贩卖、运输、制造毒品罪”节下有十一个法律条文，规定了十二个罪名，但其中与企业进出口环节直接相关的犯罪只有走私、贩卖、运输、制造毒品罪和走私制毒物品罪。因此我们在此仅分析企业触犯这两个罪名的风险。

1. 走私、贩卖、运输、制造毒品罪

走私、贩卖、运输、制造毒品罪，是指明知是毒品而故意实施走私、贩卖、运输、制造的行为。该罪是选择性罪名，只要实施走私、贩卖、运输、制造行为之一，就可能构罪。根据我国《刑法》第357条的规定，其中毒品是指鸦片、海洛因、甲基苯丙胺（冰毒）、吗啡、大麻、可卡因以及国务院规定严格管制的其他能够使人形成瘾癖的麻醉药品和精神药品。2005年国务院发布并于2013年和2016年两次修订的《麻醉药品和精神药品管理条例》第3条规定，麻醉药品和精神药品是指列入麻醉药品目录、精神药品目录（以下简称目录）的药品和其他物质。精神药品分为第一类精神药品和第二类精神药品。麻醉药品在连续使用后易产生身体依赖性，能形成瘾癖，包括阿片类、可卡因类、大麻类、合成麻醉药品类以及卫生部指定的其他易成瘾癖的药品、药用原植物及其制剂，如鸦片、海洛因、吗啡、可卡因、杜冷丁等。精神药品是指直接作用于中枢神经系统，使之兴奋，连续使用能产生依赖的药品，如甲基苯丙胺（去氧麻黄素）、安纳咖、安眠酮等。我国药品管理法等对麻醉药品和精神药品的供应、运输、生产等有严格规定，单位违反上述法律规定实施走私、贩卖、运输、制造毒品的行为，都可能引发该行为的刑事风险。

2. 走私制毒物品罪

走私制毒物品罪，是指违反国家规定，非法运输、携带醋酸酐、乙醚、三氯甲烷或者其他用于制造毒品的原料或者配剂进出境的行为。违反国家规定是指违反1988年国家卫生部、对外经济贸易部、公安部、海关总署发布的《关于对三种特殊化学品实行出口准许证管理的通知》等制毒物品管制法律法规和我国1989年加入的联合国《禁止非法贩运麻醉药品和精神药物公约》。制毒物品

是指国家统一管制的醋酸酐、乙醚、三氯甲烷或者其他用于制造毒品的原料或配剂。这些用于制造毒品的原料或者配剂，既是医药和工农业生产的原料，又是制造毒品不可缺少的物品，国家规定对其进出口管理实行国家统一归口管理，严禁任何单位和个人非法运输、携带制毒化学物品进出国（边）境。因此，如果企业涉及走私制毒物品，就必然面临着该罪的刑事风险。

（四）企业进出口环节其他犯罪风险

1. 擅自进口固体废物罪

擅自进口固体废物罪，是指未经国务院有关主管部门许可，擅自进口固体废物用作原料，造成重大环境污染事故，致使公私财产遭受重大损失或者严重人体健康的行为。固体废物的范围，需要根据由国务院环境保护主管部门会同国务院对外经济贸易主管部门制定、调整并公布可以用作原料进口的固体废物的目录来确定。根据《固体废物污染环境防治法》的规定，国家禁止进口不能用作原料的废物，限制进口可以用作原料的固体废物。因此，未列入该目录的固体废物禁止进口，确有必要进口列入上述规定目录中的固体废物用作原料的，须经国务院环境保护行政主管部门会同国务院对外经济贸易主管部门审查许可，方可进口。因此，企业如果在不符合条件的情况下未经有关部门许可就擅自进口固体废弃物，则可能有触犯该罪的风险。

2. 妨害国境卫生检疫罪

妨害国境卫生检疫罪，表现为违反国境卫生检疫规定，引起检疫传染病传播或者存在引起检疫传染病传播的严重危险。检疫传染病，是指鼠疫、霍乱、黄热病、艾滋病以及国务院确定和公布的其他传染病。我国 2007 年 12 月公布的《国境卫生检疫法》规定，在我国的国际通航的海港、机场以及陆地边境和国界江河的口岸，设立国境卫生检疫机关，对入境、出境的人员、交通工具、运输设备以及可能传播检疫传染病的行李、货物、邮包等物品，都应当接受检疫，这是保护我国国民的生命财产安全的必要措施。如果单位不遵守国境卫生检疫规定，哪怕只是引起检疫传染病传播的危险，都可能引发该罪的风险。

3. 逃避商检罪

逃避商检罪，则是违反进出口商品检验法的规定，逃避商品检验，将必须经商检机构检验的进口商品未报经检验而擅自销售、使用，或者将必须经商检机构检验的出口商品未报经检验合格而擅自出口，情节严重的行为。其中必须经商检机构检验的进出口商品，需要根据进出口商品检验的商品种类表和其他法律、行政法规的规定确定。如果企业实施逃避商检的行为，同样可能触犯逃避商检罪的刑事风险。

4. 骗取出境证件罪

骗取出境证件罪，是指行为人以劳务输出、经贸往来或者其他名义，弄虚作假，骗取护照、签证等出境证件，为组织他人偷越国、边境使用的行为。本罪中的出境证件是指护照、签证及其他出境证件和证明等。本罪侵犯了国家对出境证件的管理制度和管理秩序，因此限定了骗取出境证件的目的是为组织他人偷越国、边境使用。企业作为单位主体如果实施骗取出境证件的行为，情节严重的也可能引发骗取出境证件罪的刑事风险。

二、企业进、出口环节刑事法律风险防控现状

（一）企业走私犯罪的刑事风险防控情况

近十年来，走私犯罪案件一直呈高发态势。比如，2017 年全国海关立案侦办 3260 起走私犯罪案件，同比增长 24.2%，创历史新高。① 走私涉及面、走私物品种类、走私活动区域等都越来越广。虽然实践中自然人触犯这些走私罪的案例更常见，但亦不乏企业单位触犯走私犯罪的案件，而且案值越大，由单位实施的概率越大。据统计，在案值 2 万元以上不满 5 万元的案件中，约 10% 是单位实施的；案值 5 万元以上不满 30 万元的案件中，约 30% 是单位实施的；案值 30 万元以上不满 100 万元的案件中，约 50% 是单位实施的；案值 100 万元以上不满 1000 万元的案件中，约 70% 是单位实施的；案值 1000 万元以上的案件中，约 80% 是单位实施的。②

走私犯罪日趋集团化、国际化，国家打击走私犯罪也需常抓不懈。我国《刑法》第三章“破坏社会主义市场经济秩序罪”专设一节对走私罪进行了规定，且各罪名都规定了单位犯罪，企业是这些犯罪的潜在行为人。并且企业作

---

① 刘红霞：《海关 2017 年侦办走私犯罪案创历史新高》，载新华网：http：//www. xinhuanet. com/legal/2018 -01/24/c_1122308654. htm，最后访问日期：2018 年 2 月 2 日。

② 转引自杜业涛：《论市场经济条件下我国走私犯罪及预防与控制对策》，载法律教育网：http：// www. chinalawedu. com/news/21605/10900/113/2003/10/zh9586373734113013002171051 _ 96130. htm，最后访问日期：2018 年 2 月 2 日。

为一个团体性组织，具有实施大规模走私犯罪活动的优势，因而经常涉案金额大，走私活动时间长，且常涉及国际走私、国际团伙作案。让人震惊的是竟然有一些大型、具一定市场声望的企业也涉足走私，如2008年曝光的亚洲规模最大的羽毛羽绒加工企业——浙江柳桥羽毛有限公司及其董事长因走私羽绒而获走私普通货物罪。[①] 很多涉及走私犯罪而被曝光的企业负责人都自曝，一做就收不了手，一旦陷入违法犯罪漩涡，就完全忘记自身刑事法律风险也正在随着欲望的膨胀而膨胀。

企业走私犯罪所涉及的物品种类也越来越广，几乎囊括生产资料、生活资料、文化产品、文物、毒品等各个种类，因而可能触犯的犯罪风险也不限某一种或几种，而是几乎涉及走私毒品罪、走私文物罪、走私贵重金属罪、走私淫秽物品罪等所有风险类型。但企业走私多为谋取利益，因而在各类走私犯罪中，企业多是走私那些收益高的物品。一些企业多次走私得手后更加猖獗，走私作案手法也多样化，通关走私，绕关走私，后续走私以及间接走私，都是走私的“高招”。走私犯罪虽要求主观上为故意，但现实中仍存在因企业自身法律意识淡薄和法律知识缺乏而行为不当，引发走私犯罪风险的情况。比如，在来料加工贸易过程中，因对成品和边角料处置不当而引发走私普通货物、物品罪。在利益驱使下，很多企业已经不注重法律的规范和保护作用。

(二) 企业进、出口环节其他刑事风险的防控情况

企业进、出口环节除了可能涉及违反海关法规，逃避海关监管的相关走私犯罪之外，还可能因违反进出口商品检验法、卫生检疫法等规定，逃避商品检验、卫生检验等，从而引发逃避商检罪、妨害国境卫生检疫罪等刑事风险。虽然相对走私类犯罪，企业触犯这些其他类犯罪的概率比较小，但从实践情况来看，因企业不够重视而导致本应可以避免的刑事风险没能够避免，企业防控这些其他类犯罪的情况反而不是很乐观。比如逃避商检罪的刑事风险。企业违反监管法规，逃避商品检验和卫生检疫，故意实施擅自进口废物的犯罪行为，大多数还是因为利益的驱使。比如骗取出境证件罪，一些企业仅为收取办证费，竟不顾其中的法律风险。正是因为企业本身抱着侥幸心理，盲目追求利润最大

---

① 张翼：《明星企业蜕变为走私大鳄的警示》，载光明网：http：//www. gmw. cn/01gmrb/2008 -01/17/content_723731. htm，最后访问日期：2018年2月2日。

化，不惜践踏法律的尊严，才会出现本不应该出现的诸多风险。

三、企业进、出口环节刑事法律风险防控中存在的问题及原因

（一）我国企业进、出口环节犯罪风险防控不力

我国有不少企业的主营业务即是产品进、出口相关业务，也有不少企业是兼营进、出口相关业务。全球金融危机爆发后，我国很多企业的进、出口业务受到不利影响。在市场萎缩和竞争白热化的背景下，一些企业不能选择平稳过渡，反而进入了依靠实施走私等违法犯罪业务来维持利润和企业存续的不良发展状态。近年来的企业走私犯罪已经呈现行业性特征，企业利用国家对部分出口商品实施的调控政策，采取伪报品名、低报价格等方式，偷逃关税，骗取出口退税、地方财政补贴，并逃避许可证件管理，这些行为几乎成为行业内的潜规则。其中尤以加工贸易企业走私现象最为普遍，这些企业经常采用倒卖保税料件、保税指标的方式，然后通过假出口等形式核销。此外，企业也常常为将残次品、不合格商品逃避商品检验进、出境。在不正当利益的促使下企业不惜铤而走险，明知自己的走私、逃避商检等行为可能导致企业犯罪，仍然不注意防控其中的刑事风险。审视近年来海上走私活动的猖獗就可见一斑。近年来查处的走私案件激增，大案、要案频发，就是企业防控进出口环节刑事风险不力的后果。

（二）进出口企业的生存与盈利现实困境

近年来国内企业不注重防控进出口环节的刑事法律风险与企业当前的生存与发展困境有关。进、出口业务远没有几年之前那么好做是客观事实，特别是自金融危机爆发以来，全球经济萎缩、衰退，国际贸易保护主义抬头，也恶化了我国企业的外部经营环境。在投资大幅下降，出口大幅下滑的背景下，企业生存和发展的空间缩小，竞争越来越激烈，企业违法走私诱因增多。特别是一些以进出口业务为主营的企业，自曝“被逼”走上犯罪之路的缘由就是当前企业的生存危机。还有一些企业虽然维持生存不成问题，但为追求高回报也选择通过违法犯罪方式获取利润。比如，金融危机爆发后国家出台了一系列调整外贸结构的调控政策，并且调整了部分商品的出口退税率，却导致一些涉及政策调整的行业、商品成了走私企业有机可乘的“高危地带”。

（三）国家狙击进出口环节企业犯罪的困难

当前企业在进出口环节实施违法犯罪活动仍然比较频繁，企业被追究进出口环节的走私等犯罪的刑事责任案件数量没有减少，也与国家打击走私犯罪、逃避商检、逃避卫生检疫等犯罪活动的力度有关，与国家狙击这些犯罪活动的方式方法和力度有关。虽然国家打击进出口环节的刑事犯罪力度越大，发现、查处的犯罪案件也会越多，企业爆发进出口环节的刑事法律风险也就越大；但客观上国家加大对犯罪的打击力度仍然是有利于减少企业的犯罪风险的。犯罪黑数是客观存在的，但不代表犯罪黑数越大，行为人的刑事法律风险就越小。国家提高打击相关犯罪的力度一定程度上可以遏制该领域的犯罪恶劣趋势，很多潜在的犯罪者受到震慑会注意避免触碰地雷，客观上有利于企业防范刑事风险。但国家有效狙击进、出口环节的企业犯罪，又的确不仅仅是靠加强对某类犯罪活动的打击力度就能达到的。实际上，虽然国家加强了对进出口环节的犯罪管理与打击，但仍然存在很多客观的困难无法破解。比如，现代企业走私活动多采用隐蔽的手段，运用一些高科技智能化手段，发现走私犯罪的难度加大；且在我国进出口业务量非常大、海关管理人手相对紧张的情况下，监管力量明显不足，监管力度也就不能达到预期目标。还有，即使抓获了走私行为人，但司法实践中客观存在犯罪认定难的问题。走私行为的特性对证据的要求很高，且在当前法律规范不够完善的情况下，常常导致在认定走私犯罪时适用法律困难。现实中的犯罪打击困难也就不利于狙击企业犯罪的风险。

四、企业进、出口环节刑事法律风险防控的具体举措

（一）企业进、出口环节的刑事风险提示

1. 走私罪的行为主体

我国《刑法》第 151 条规定的走私武器、弹药罪，走私核材料罪，走私假币罪，走私文物罪，走私贵重金属罪，走私珍贵动物、珍贵动物制品罪，走私国家禁止进出口的货物、物品罪，以及《刑法》第 152 条规定的走私淫秽物品罪、走私废物罪，其犯罪主体既可以是自然人，也可以是单位。具有独立法人主体资格的企业作为单位可为该罪的行为主体。且单位犯这些走私罪的，均实行双罚制，对单位判处罚金，并对其直接负责的主管人员和其他直接责任人员依照自然人犯本罪的处罚规则进行处罚。

《刑法》第153条规定的走私普通货物、物品罪的主体也包括自然人和单位，但在单位犯罪时，对其直接负责的主管人员和其他直接责任人员的处罚规则不同于《刑法》第151条和第152条的规定，不是按照自然人犯罪的处罚规则进行处罚，而是专门规定了具体的量刑规则。

此外，实践中经常将本属自然人的走私犯罪混淆为单位犯罪来认定。单位实施的走私武器、弹药罪是单位内部的成员为了单位的利益按单位决策机构或者主要负责人的旨意以单位的名义实施的走私武器、弹药行为。如果不是为了单位的利益，而是中饱私囊，或者不是经过单位决策机构决策或者主要负责人批准、同意或认可，而是盗用、冒用单位的名义进行的，就不是单位犯罪，而是自然人犯罪，应当按自然人走私武器、弹药罪论处。

2. 走私罪的行为表现

走私罪下各犯罪具有一些共同的特征，如均是违反海关管理法规，逃避海关监管，实施了非法携带、运输、邮寄该犯罪所规制的犯罪对象的行为。但各罪又都具有一些自有的特征，因此我们对罪名分别加以简单论述，以提醒潜在行为人注意避免出现如下所述的一些不当行为。

（1）走私武器、弹药罪

该罪的行为要件包括违反海关管理法规，逃避海关监管，实施非法携带、运输、邮寄武器、弹药进出国、边境的行为。违反海关管理法规是指违反我国《海关法》及其他有关法律、法规。非法携带、运输、邮寄武器、弹药的具体行为表现如采用各种方法躲避海关的监督、检查，将武器、弹药通过国、边境：有的绕过关口，在没有海关或边卡检查站的地方，非法携带、运输武器、弹药进出境；有的虽通过关口，但企图以隐匿、伪装、假报等手段，欺骗海关，蒙混过关；有的则是采用藏匿、伪报等方法，以逃过邮检和海关的查验，非法邮寄武器、弹药进出国、边境，等等。这些行为都是逃避海关监管，走私武器、弹药的典型行为。

（2）走私核材料罪

走私核材料罪的行为要件包括违反海关法规，逃避海关和边境监管，以伪报、藏匿、冒充、欺骗或其他方式故意非法运输、携带、邮寄核材料进出国、边境。走私罪规制的都是违反海关法规，逃避海关和边境监管，非法运输、携带、邮寄的行为。运输的方式包括陆运、水运、空运等，携带就是随身带进或带出国、边境，邮寄的方式则也包括各种平邮、快递方式，非常多样。走私核材料罪也是一个国际罪名，国际上恐怖分子和黑社会集团走私核材料犯罪已不鲜见，多采用运输、邮寄的走私方式。

（3）走私假币罪

走私假币罪的行为要件是违反海关法规，逃避海关和边境监管，以伪报、藏匿、冒充、欺骗等方式故意非法运输、携带、邮寄伪造的货币进出国、边境。行为人明知国家一再严厉禁止将伪造的货币进出国、边境，一经海关查获，必然会予以没收。为将假币弄进或弄出国、边境，行为人经常需要采取非常隐蔽的走私方式，比如采取伪报的方式，在表面上接受海关监管进行申报，但伪报进出境的物品名称、数量、种类等，企图将假币蒙混进出境。行为人还经常采取藏匿的方式，将假币藏匿在允许进出境的物品里面，意欲蒙混过关。

（4）走私文物罪

走私文物罪的行为表现为违反海关法规，逃避海关和边境监管，以伪报、藏匿、冒充、欺骗等方式故意非法运输、携带、邮寄国家禁止出口的文物出国、边境。逃避海关监管是在未设海关的国、边境上运输、携带货物、物品进出，或者虽然经过海关，但以伪报、藏匿、欺骗等方式蒙混海关检查人员，偷运、偷带、偷寄货物、物品过关。该罪行为方式只包括出口。另外，根据 1991 年通过的《关于修改文物保护法的决定》可知，在境内将收藏的国家禁止出口的文物私自出售或赠送给外国人，也属于走私文物的行为方式。

（5）走私贵重金属罪

走私贵重金属罪的行为表现为故意非法运输、携带、邮寄黄金、白银或其他贵重金属出国、边境。该罪的行为也不包括进口，考虑进口贵重金属对我国不具有社会危害性。该罪也常需采取隐蔽的行为方式，甚至可能出现武装掩护走私的情形，走私人或其雇用的人员携带武器保护走私。企业如果采取武装掩护走私的方式，可能招致从重处罚。

（6）走私珍贵动物、珍贵动物制品罪

走私珍贵动物、珍贵动物制品罪的行为要件为违反海关法规，逃避海关监管，非法携带、运输、邮寄珍贵动物、珍贵动物制品进出国（边）境。该罪主观上要求故意，且要求行为人明知或应当知道自己或其雇用的人所携带、运输、邮寄过境的是珍贵动物或珍贵动物制品。如果主观上没有故意，或者客观上所携带、运输、邮寄过境的并不是珍贵动物或珍贵动物制品，则不应以本罪论处。

（7）走私国家禁止进出口的货物、物品罪

该罪的行为表现是实施了运输、携带、邮寄珍稀植物及其制品等国家禁止进出口的其他货物、物品的行为。具体行为与其他走私犯罪基本相同，且也存在发生共犯行为的可能性。根据《刑法》第156条的规定，与直接实施走私国家禁止进出口的货物、物品的行为人通谋，为其提供贷款、资金、账号、发票、证明，或者为其提供运输、保管、邮寄或其他方便的，应以走私珍贵动物、珍贵动物制品罪的共犯论处。

（8）走私淫秽物品罪

该罪行为上表现为违反海关法规、逃避海关监管，非法运输、携带、邮寄淫秽的影片、录像带、录音带、图片、书刊或者其他淫秽物品的行为。该罪且属故意犯罪，并须以牟利或者传播为目的，具体来说行为人走私淫秽物品是为了出卖、出租、放映或通过其他方式而获取钱财或者其他非法利益；或是意图在社会上进行扩散。但行为人牟利或者传播的目的是否实现，不影响本罪的成立。

（9）走私废物罪

该罪的行为表现包括逃避海关监管，将境外的、国家禁止或限制进口的固体废物、液态废物、气态废物运输进境，和以原料利用为名，进口不能用作原料的固体废物、液态废物、气态废物的行为。另外，因将境外的固体废物、液态废物、气态废物运输至境内用作原料必须经国务院有关部门批准，如果将国家限制进口可用作原料的废物未经批准，或者虽经许可，但超过许可数量进口国家限制进口的可用作原料的废物，且逃避海关监管运输进境，同样构成走私废物罪。

（10）走私普通货物、物品罪

该罪作为兜底罪名，相对比较复杂，行为表现有几种情形，一是为逃避海关监管，非法运输、携带、邮寄除武器枪弹、毒品等违禁品以外的其他货物、物品进出境，偷逃应缴纳关税额较大；二是未经海关许可并且未补缴关税擅自出售保税货物、特定减免税货物、捐赠进口货物和物品，以及假借捐赠名义进口货物、物品；三是实施直接向走私人非法收购走私进口的一般货物、物品，或者没有合法证明在内海、领海运输、收购、贩卖国家限制进出口的货物、物品等以外的其他违禁品，或者伪造、买卖海关单证及进出口许可证用于走私一般货物、物品等间接走私普通货物、物品行为。

3. 走私、贩卖、运输、制造毒品罪的主体与行为

走私、贩卖、运输、制造毒品罪一节中牵涉进出口环节的是走私、贩卖、运输、制造毒品罪和走私制毒物品罪。该二罪的行为主体均为一般主体，包括自然人和单位。其中单位包括企业，具有独立法人主体资格的企业可为该罪的行为主体。单位犯这些罪的，均实行双罚制，对单位判处罚金，并对其直接负责的主管人员和其他直接责任人员依照自然人犯本罪的处罚规则进行处罚。

《刑法》第347条规定的走私、贩卖、运输、制造毒品罪是选择性罪名，行为表现上包括走私、贩卖、运输、制造四种行为方式。走私是非法运输、携带、邮寄毒品进出国（边）境，贩卖是有偿转让毒品或者以贩卖为目的而非法收购毒品，运输是采用携带、邮寄、利用他人或者使用交通工具等方法在我国领域内将毒品从此地转移到彼地，制造是使用毒品原植物制作成毒品。牵涉企业进、出口环节的犯罪行为主要是走私毒品的行为。

走私制毒物品罪的行为表现为逃避海关监管，非法运输、携带醋酸酐、乙醚、三氯甲烷或者其他用于制造毒品的原料或者配剂进出境。

4. 企业进出口环节其他犯罪的主体与行为表现

（1）主体

除上述涉及走私类犯罪外，企业进、出口环节还涉及其他四种犯罪：擅自进口固体废物罪、妨害国境卫生检疫罪、逃避商检罪、骗取出境证件罪。该四种犯罪的行为主体均可为自然人和单位，企业可以成为单位犯罪主体。企业作为单位触犯该四罪中的任何一个犯罪，企业和企业负责人及其直接责任人员均会受到处罚，除企业被判处罚金外，企业负责人和直接责任人也将面临与自然人犯该罪一样的刑罚。因此，从事进、出口贸易的企业及其相关责任人员必须注意防范这些风险。

（2）行为表现

擅自进口固体废物罪的行为表现为未经国务院环境保护行政主管部门与国务院对外经济贸易主管部门的审查许可，擅自进口固体废物用作原料。擅自进口固体废物的方法一般比较隐蔽，比如，在不符合申请进口废物的情况下，为

蒙混过关，伪造、变造国家环境保护局对申请固体废物进口的企业颁发的《进口废物批准书》；或者企业虽然先前有批准书，但已逾期，也不向国家环境保护局补办进口废物经营审批手续，却继续从事进口废物经营活动。

妨害国境卫生检疫罪的行为主要就是违反国境卫生检疫规定，在入境、出境时采取逃避、蒙混等手段，逃避出境、入境时的卫生检查和必要的卫生处理，或者其他违反应当接受国境卫生检疫义务的行为。比如，不接受国境卫生检疫机关对人身或者物品的医学检查，或者入境、出境的集装箱、货物、废旧物等物品的承运人、代理人或者货主，入境、出境的微生物、人体组织、生物制品、血液及其制品等特殊物品的携带人、托运人或者邮递人未向卫生检疫机关申报检疫，逃避检疫。

逃避商检罪的具体行为可表现为：对应当进行检验的进口商品，未报经检验而擅自在境内销售或使用；对应当进行检验的出口商品，未报经检验合格后就擅自出口的；经过商检机构的抽查检验，认为是不合格的商品而擅自出口。但是，本罪的行为对象有特定的范围，即所销售、使用或出口的商品必须是法律、法规规定的应当经过检验的商品。

骗取出境证件罪的行为表现为行为人隐瞒真相，以劳务输出、经贸往来或者出国考察、观光旅游等虚构的名义和欺骗手段，弄虚作假，从国家主管机关骗取护照、签证等出国、边境必需的出境证件和证明等，然后将骗取的出境证件证明交给组织他人偷越国（边）境的犯罪分子用于犯罪活动。本罪的行为实施目的限定于为组织他人偷越国（边）境而骗取出境证件。

（二）企业进、出口环节刑事风险预警

企业如果实施了上述与进、出口环节相关的犯罪行为，那么就要注意审视自己的行为后果有多严重，预警是否触动了立案标准这条可能引起国家有权机关追诉的警戒线了。

1. 走私武器、弹药各罪的行为后果与立案标准

（1）行为后果

从我国《刑法》第151条的规定可见，走私武器、弹药罪，走私核材料罪，走私假币罪，走私文物罪，走私贵重金属罪，走私珍贵动物、珍贵动物制品罪，走私国家禁止进出口的货物、物品罪等各罪都属于行为犯，只要实施了走私武器、弹药、核材料或者伪造的货币等行为，就会触犯该法条，且可能需要承受5

年或7年以上有期徒刑这类较重的刑罚。但刑法同时规定了情节较轻和情节特别严重两种减轻和加重处罚的情节和后果。各罪中的“情节较轻”和“情节特别严重”是不同的情形，2014年2月最高人民法院、最高人民检察院《关于办理走私刑事案件适用法律若干问题的解释》（以下简称《办理走私案件适用法律解释》）专门就走私各罪中的“情节”作出了司法解释。

（2）立案或定罪标准

根据《办理走私案件适用法律解释》第1条第2款的规定，走私武器、弹药罪的立案或追诉标准为：①走私以火药为动力发射枪弹的枪支一支，或者以压缩气体等非火药为动力发射枪弹的枪支5支以上不满10支的；②走私第一款第二项规定的弹药，数量在该项规定的最高数量以上不满最高数量5倍的；③走私各种口径在60毫米以下常规炮弹、手榴弹或者枪榴弹等分别或者合计达到5枚以上不满10枚，或者各种口径超过60毫米以上常规炮弹合计不满5枚的；④达到第一款第一、二、四项规定的数量标准，且属于犯罪集团的首要分子，使用特种车辆从事走私活动，或者走私的武器、弹药被用于实施犯罪等情形的。

根据《追诉标准（二）》第2条，走私假币罪的立案标准是：走私伪造的货币总面额在2000元以上或者币量在200张（枚）以上的，应予立案追诉。然而《办理走私案件适用法律解释》第6条明确，走私伪造的货币，数额在2000元以上不满2万元，或者数量在200张（枚）以上不满2000张（枚）的，可以认定为《刑法》第151条第1款规定的“情节较轻”。该较轻情节亦可作为走私假币罪的立案标准。

根据《办理走私案件适用法律解释》第8条第1款，走私文物罪的较轻情节是：走私国家禁止出口的三级文物二件以下的，属于走私文物罪“情节较轻”。根据此较轻情节，我们可以得出，走私国家禁止出口的三级文物1件或2件的，都可能被立案追诉。

走私珍贵动物、珍贵动物制品罪也未明确立案标准，只在《办理走私案件适用法律解释》第9条明确：走私国家一、二级保护动物未达到该解释附表中（一）规定的数量标准，或者走私珍贵动物制品数额不满20万元的，可以认定“情节较轻”。该较轻情节可以作为走私珍贵动物、珍贵动物制品罪的立案标准的参考。

《办理走私案件适用法律解释》第9条明确，走私国家禁止进出口的货物、物品，具有下列情形之一的，依照《刑法》第151条第3款的规定处5年以下有期徒刑或者拘役，并处或者单处罚金：①走私国家一级保护野生植物5株以上不满25株，国家二级保护野生植物10株以上不满50株，或者珍稀植物、珍稀植物制品数额在20万元以上不满100万元的；②走私重点保护古生物化石或者未命名的古生物化石不满10件，或者一般保护古生物化石10件以上不满50件的；③走私禁止进出口的有毒物质1吨以上不满5吨，或者数额在2万元以上不满10万元的；④走私来自境外疫区的动植物及其产品5吨以上不满25吨，或者数额在5万元以上不满25万元的；⑤走私木炭、硅砂等妨害环境、资源保护的货物、物品10吨以上不满50吨，或者数额在10万元以上不满50万元的；⑥走私旧机动车、切割车、旧机电产品或者其他禁止进出口的货物、物品20吨以上不满100吨，或者数额在20万元以上不满100万元的；⑦数量或者数额未达到本款第①项至第⑥项规定的标准，但属于犯罪集团的首要分子，使用特种车辆从事走私活动，造成环境严重污染，或者引起甲类传染病传播、重大动植物疫情等情形的。该规定可以作为走私国家禁止进出口的货物、物品罪的立案标准的参考。

但是，走私核材料罪、走私贵重金属罪未有相关司法解释或规范性文件可知或推知其立案标准或定罪标准。

2. 其他走私罪的行为后果和立案标准

其他走私罪包括走私淫秽物品罪、走私废物罪、走私普通货物、物品罪和走私、贩卖、运输、制造毒品罪与走私制毒物品罪。

（1）走私淫秽物品罪

根据我国《刑法》第152条的规定，行为人只要实施了走私淫秽的影片、录像带、录音带、图片、书刊或者其他淫秽物品的行为，就可能触犯走私淫秽物品罪。同时该条款还规定了情节较轻和情节严重两个减轻和加重处罚的情节，在《办理走私案件适用法律解释》第13条对其“情节较轻”和“情节较重”的情形作出了解释。

走私淫秽物品罪的立案或追诉标准可见《追诉标准（一）》第25条：①走私淫秽录像带、影碟50盘（张）以上的；②走私淫秽录音带、音碟100盘（张）以上的；③走私淫秽扑克、书刊、画册100副（册）以上的；④走私淫秽照片、画片500张以上的；⑤走私其他淫秽物品相当于上述数量的；⑥走私淫秽物品数量虽未达到本条第①项至第④项规定的标准，但分别达到其中两项以上标准的10%以上的。

（2）走私废物罪

走私废物罪是情节犯，《刑法》第152条规定走私废物的行为必须达到情节严重的后果，才能被认定为犯罪。《办理走私案件适用法律解释》第14条对走私废物罪的“情节严重”进行了解释，根据该解释我们可推知该罪的定罪标准为：走私国家禁止进口的非危险性固体废物、液态废物分别或者合计达到1吨以上的；走私国家禁止进口的非危险性固体废物、液态废物分别或者合计达到5吨以上的；走私国家限制进口的可用作原料的固体废物、液态废物分别或者合计达到20吨以上的；未达到上述数量标准，但属于犯罪集团的首要分子，使用特种车辆从事走私活动，或者造成环境严重污染等情形的。且走私国家限制进口的可用作原料的固体废物偷逃应缴税额在25万元以上也可能被追究刑事责任。

（3）走私普通货物、物品罪

从《刑法》第153条的规定来看，走私普通货物、物品罪也属于情节犯，定罪情节或说定罪标准一是“走私货物、物品偷逃应缴税额较大或者一年内曾因走私被给予二次行政处罚后又走私”，该罪还有“偷逃税额巨大或者其他严重情节”和“偷逃应缴税额特别巨大或者有其他特别严重情节”两个重罪情节。此外，根据《办理走私案件适用法律解释》第16条的规定：走私普通货物、物品，偷逃应缴税额在10万元以上不满50万元的，应当认定为《刑法》第153条第1款规定的“偷逃应缴税额较大”，该规定可作为该罪立案标准的参考。

（4）走私、贩卖、运输、制造毒品罪

从刑法的规定以及最高人民检察院、公安部《关于公安机关管辖的刑事案件立案追诉标准的规定（三）》（以下或简称《追诉标准（三）》）来看，走私、贩卖、运输、制造毒品罪不是结果犯，而是走私、贩卖、运输、制造毒品后无论数量多少，都可能会被追究刑事责任。可见该罪的入罪门槛非常低。换句话说，该罪的立案标准是行为人实施了走私、贩卖、运输、制造毒品的行为。且《刑法》第347条规定了四个量刑档，也就是该罪有四个重罪情节。

（5）走私制毒物品罪

走私制毒物品罪似乎属于行为犯，但该罪的立案标准还是体现了数量的要求，所以该罪实际上是结果犯。根据《追诉标准（三）》第5条的规定，该罪的立案标准为：1－苯基－2－丙酮5千克以上；麻黄碱、伪麻黄碱及其盐类和单方制剂5千克以上，麻黄浸膏、麻黄浸膏粉100千克以上；3，4－亚甲基二氧苯基－2－丙酮、去甲麻黄素（去甲麻黄碱）、甲基麻黄素（甲基麻黄碱）、羟亚胺及其盐类10千克以上；胡椒醛、黄樟素、黄樟油、异黄樟素、麦角酸、麦角胺、麦角新碱、苯乙酸20千克以上；N－乙酰邻氨基苯酸、邻氨基苯甲酸、哌啶150千克以上；醋酸酐、三氯甲烷200千克以上；乙醚、甲苯、丙酮、甲基乙基酮、高锰酸钾、硫酸、盐酸400千克以上；其他用于制造毒品的原料或者配剂相当数量的。同时，该罪还有一个“数量大”的重罪情节，而何为“数量大”，上述解释明确，超过上述四个数量标准的即是“数量大”。

3. 企业进出口环节其他犯罪的行为后果和立案标准

（1）擅自进口固体废物罪

擅自进口固体废物罪是结果犯，要求在行为人造成重大环境污染事故，致使公私财产遭受重大损失或者严重危害人体健康的情况下才能认定该罪。该罪的立案标准为如下几种情形：致使公私财产损失20万元以上；致使基本农田、防护林地、特种用途林地5亩以上，其他农用地10亩以上，其他土地20亩以上基本功能丧失或者遭受永久性破坏；致使森林或其他林木死亡50立方米以上，或幼树死亡2500株以上；致使1人以上死亡、3人以上重伤、10人以上轻伤，或者1人以上重伤并且5人以上轻伤；致使传染病发生、流行或者人员中毒达到《国家突发公共卫生事件应急预案》中突发公共卫生事件分级Ⅲ级以上情形，严重危害人体健康；其他致使公私财产遭受重大损失或者严重危害人体健康的情形。

（2）妨害国境卫生检疫罪

该罪既可以说是结果犯，发生引起检疫传染病传播的危害后果是一种情形；但在特殊情形下又属于危险犯，即在有传播检疫传染病严重危险的情形下也会被认定构成犯罪。因此，“引起检疫传染病传播或者有传播严重危险”可作为该罪的立案标准。至于何为“有传播严重危险”，目前尚未见权威解释。

（3）逃避商检罪

该罪要求“情节严重”的行为后果。情节严重一般是指造成重大经济损失，我们从该罪的立案追诉标准可以量化“情节严重”：给国家、单位或者个人造成直接经济损失数额在50万元以上的；逃避商检的进出口货物货值金额在300万元以上的；导致病疫流行、灾害事故的；多次逃避商检的；引起国际经济贸易纠纷，严重影响国家对外贸易关系，或者严重损害国家声誉的；其他情节严重的情形。

（4）骗取出境证件罪

骗取出境证件罪是行为犯，只要实施了为组织他人偷越国（边）境使用而骗取出境证件罪就可能被立案追究。公安部2000年发布的《关于妨害国（边）境管理犯罪案件立案标准及有关问题的通知》对此予以了明确，并对骗取出境证件案的重大案件和特别重大案件进行了细化说明。

（三）企业进出口环节的刑事风险监管

1. 加强企业的自我监管

我国加入世贸组织以后，越来越多的企业开始主营或兼营进、出口相关贸易。然而，进、出口贸易本身就潜藏着各种风险，不仅有商业风险，更有法律风险，包括严重的刑事法律风险。一些企业没有被商业风险打倒，却被法律风险摧毁了。因此必须提醒相关企业在进出口业务操作时提高风险防范和监管意识。企业的有效自我监管才能真正构建起法律风险防范的坚硐。对企业来说，自我监管简单来讲就是在日常的经营管理活动中注意风险内控，在合法的情境中作出有效的行为选择。

（1）遵循条件和程序规则

首先，从事国家允许或者限制的特殊进出口贸易必须符合一定的条件，表现在对企业和进出口货物的条件限制上。我国实行进、出口许可管理制度，企业必须申领进出口许可证。企业进出境的货物或物品必须是国家允许进出境的，或者是国家限制进出境的。企业应当首先自我审视本企业进、出境货物或物品是否符合条件。比如，企业申请进口废物必须符合两方面的条件：第一，申请进口废物用作原料利用的单位必须是依法成立的企业法人，有经贸主管部门签发的进出口许可证，并具有利用进口废物的能力和符合标准的污染防治设备；第二，申请进口的废物已列入《国家限制进口的可用作原料的废物目录》。

其次，企业必须按照一定的程序要求来操作业务。对需要获得国家审批才能进、出口的对象，企业一定要审批前置，在获得审批之后再操作进、出口业务。比如，符合申请进口废物的企业还需要向环境保护行政主管部门提交《进口废物申请书》和《进口废物作原料利用环境风险报告书》或者《进口废物作原料利用环境风险报告表》，环保部门可以做出批准进口或不予批准的决定。程序要求还表现在进、出口过程中，申报、配合查验、交税、放行提货等程序必须按步骤实施。①

（2）合适的地点和方式进、出境

企业将国家允许或限制但已获国家批准的货物或物品运输、携带或邮寄进出境，注意必须在设立海关的地点进行。如果未经国务院或其他有权机关批准，从未设立海关的地点运输、携带、邮寄国家禁止或者限制进出境的货物、物品或者依法应当缴纳税款的货物、物品进出境，则存在被认定为逃避海关监管的风险。

此外，处于保税区、出口加工区等海关特殊监管区域的货物或物品进出境虽然相对宽松，比如保税区能便利转口贸易，出口加工区也实行“境内关外”运作方式，都享有免证、免税、保税政策，但这些区域的货物、物品进出境仍然应当接受海关监管。企业不得采取藏匿、伪装、瞒报、伪报或者其他方式逃避海关监管，擅自将保税区、出口加工区等海关特殊监管区域内的海关监管货物、物品，运出区外，否则同样属于逃避海关监管的情形。

（3）如实报关

企业的货物或物品进出境时必须如实报关，不应该选择伪报、瞒报或藏匿的方式进行报关。报关的内容涉及货物或物品的品名、价格、数量、规格、贸易性质和原产地等，编造虚假内容伪报上述信息即属于伪报，通常使用伪造、变造的手册、单证、印章、账册、电子数据等方式达到伪报的目的。而如果隐瞒不报货物或物品的不良情况等重要信息就属于瞒报。甚而将货物或物品进行藏匿不报，都是企业无效自我监管的表现。

（4）如实纳税

税收是国家的血脉，对企业征收税赋是国家税收的主要来源之一。进出口贸易更属于国家重点监管的税收对象。除了非法走私一些国家禁止或限制进出境的货物或物品外，逃避关税也是很多企业犯下的原罪。逃税的方式会多种多

① 2017年7月27日，国务院办公厅印发了《禁止洋垃圾入境推进固体废物进口管理制度改革实施方案》，从2017年年底开始全面禁止从国外进口可回收性垃圾。

样，如少报多进、多报少出、假出口、串换料件、假单证、假结转等。此外，还有通过钻国家对特殊产业和产品的减免税优惠政策的空子来逃税，比如通过不正当手段骗取出口退税。企业必须明白，逃税是进出境贸易所忌，必须提高思想觉悟，如实交税，不逃避应当履行的纳税义务。符合减、免税的必须按照规定的程序申请和获得减、免税优惠。

（5）从事合法进出口贸易

企业进出口环节犯罪活动最严重的当属走私，除了走私国家允许或限制进出口的普通货物、物品外，主要还是走私国家禁止进、出境的货物、物品，如珍贵动物及其制品，珍稀植物及其制品、文物、毒品、淫秽物品等。走私毒品虽然猖獗，但走私国家禁止进出境的这些物品的行为向来是国家打击的重点。从事进、出口贸易的企业必须清醒地认识到，任何时候都应该在国家允许的范围内活动，贸易的对象必须合法。

2. 加强海关监管

一般认可：我国目前边界线长 22,000 多公里（有争议），是陆地边界线最长的国家；海岸线总长度 3.2 万公里，其中大陆海岸线 1.8 万公里，岛屿海岸线 1.4 万公里。如此长的边界线和海岸线，海关和边界管理本来难度也大，客观上给逃避海关监管、从事走私犯罪提供了便利。近年来虽然海关稽查的力度一直在加大，但走私犯罪的活跃也是众所周知的。依靠企业自身的自我监管只能针对诚信合法有良心的企业，对那些完全以追求利润最大化为原则、不惜牺牲国家和人民利益的黑心企业还是必须借助强大的国家机关的权威，加强海关监管，及时查处走私犯罪。

海关监管是广义的行为概念，包括对进出口的许可管理、商品检验、动植物检疫、文物管理、进出口废物管理以及知识产权海关保护等模块。海关监管采取备案、查验、放行、后续管理等方式对进出境运输工具、货物、物品的进出境活动实施监管，监管对象包括运输工具、货物和物品监管。海关监管对单边进口和单边出口贸易的一般贸易和加工贸易实行不同的方法。海关监管主要集中在申报、查验、缴税、放行、后续管理五个步骤。加工贸易实行保税监管制度，可以有效保障国家税收，但同时海关也可对加工贸易企业进行勘验、核查。

总之，海关监管已经形成一套比较严密的体系，在进出口贸易的卫生、安全监管和税收方面发挥着重要的作用。然而，当前走私犯罪和逃避检验检疫的行为仍然十分猖獗，也对海关监管的质量和效果提出了更高要求。不可否认，在伪报逃税、倒卖进料加工料件、成品、海上偷运、“三假”（“假设厂、假生产、假核销”或“假批文、假单证、假印章”）走私等活动都在严重挑战海关监管的力度。因此，必须继续加大海关监管力度，特别是还需要在加工贸易的保税进口料件核销监管、稽查隐蔽走私和逃税、毒品文物贵重金属走私等方面强化监管。

（四）企业进出口环节的刑事风险控制

1. 法定刑

【走私武器、弹药罪、走私核材料罪、走私假币罪；走私文物罪、走私贵重金属罪、走私珍贵动物罪、走私珍贵动物制品罪；走私国家禁止进出口的货物、物品罪】《刑法》第151条：“走私武器、弹药、核材料或者伪造的货币的，处七年以上有期徒刑，并处罚金或者没收财产；情节特别严重的，处无期徒刑或者死刑，并处没收财产；情节较轻的，处三年以上七年以下有期徒刑，并处罚金。

走私国家禁止出口的文物、黄金、白银和其他贵重金属或者国家禁止进出口的珍贵动物及其制品的，处五年以上十年以下有期徒刑，并处罚金；情节特别严重的，处十年以上有期徒刑或者无期徒刑，并处没收财产；情节较轻的，处五年以下有期徒刑，并处罚金。

走私珍稀植物及其制品等国家禁止进出口的其他货物、物品的，处五年以下有期徒刑或者拘役，并处或者单处罚金；情节严重的，处五年以上有期徒刑，并处罚金。

单位犯本条规定之罪的，对单位判处罚金，并对其直接负责的主管人员和其他直接责任人员，依照本条各款的规定处罚。”

【走私淫秽物品罪；走私废物罪】《刑法》第152条：“以牟利或者传播为目的，走私淫秽的影片、录像带、录音带、图片、书刊或者其他淫秽物品的，处三年以上十年以下有期徒刑，并处罚金；情节严重的，处十年以上有期徒刑或者无期徒刑，并处罚金或者没收财产；情节较轻的，处三年以下有期徒刑、拘役或者管制，并处罚金。

逃避海关监管将境外固体废物、液态废物和气态废物运输进境，情节严重的，处五年以下有期徒刑，并处或者单处罚金；情节特别严重的，处五年以上有期徒刑，并处罚金。

单位犯本条规定之罪的，对单位判处罚金，并对其直接负责的主管人员和其他直接责任人员，依照本条各款的规定处罚。”

【走私普通货物、物品罪】《刑法》第153条：“走私本法（指《刑法》）第一百五十一条、第一百五十二条、第三百四十七条规定以外的货物、物品的，根据情节轻重，分别依照下列规定处罚：

（1）走私货物、物品偷逃应缴税额较大或者一年内曾因走私被给予二次行政处罚后又走私的，处三年以下有期徒刑或者拘役，并处偷逃应缴税额一倍以上五倍以下罚金。

（2）走私货物、物品偷逃应缴税额巨大或者有其他严重情节的，处三年以上十年以下有期徒刑，并处偷逃应缴税额一倍以上五倍以下罚金。

（3）走私货物、物品偷逃应缴税额特别巨大或者有其他特别严重情节的，处十年以上有期徒刑或者无期徒刑，并处偷逃应缴税额一倍以上五倍以下罚金或者没收财产。

单位犯前款罪的，对单位判处罚金，并对其直接负责的主管人员和其他直接责任人员，处三年以下有期徒刑或者拘役；情节严重的，处三年以上十年以下有期徒刑；情节特别严重的，处十年以上有期徒刑。对多次走私未经处理的，按照累计走私货物、物品的偷逃应缴税额处罚。”

【走私、贩卖、运输、制造毒品罪】《刑法》第347条：“走私、贩卖、运输、制造毒品，无论数量多少，都应当追究刑事责任，予以刑事处罚。

走私、贩卖、运输、制造毒品，有下列情形之一的，处十五年有期徒刑、无期徒刑或者死刑，并处没收财产：

（一）走私、贩卖、运输、制造鸦片一千克以上、海洛因或者甲基苯丙胺五十克以上或者其他毒品数量大的；

（二）走私、贩卖、运输、制造毒品集团的首要分子；

（三）武装掩护走私、贩卖、运输、制造毒品的；

（四）以暴力抗拒检查、拘留、逮捕，情节严重的；

（五）参与有组织的国际贩毒活动的。

走私、贩卖、运输、制造鸦片二百克以上不满一千克、海洛因或者甲基苯丙胺十克以上不满五十克或者其他毒品数量较大的，处七年以上有期徒刑，并处罚金。

走私、贩卖、运输、制造鸦片不满二百克、海洛因或者甲基苯丙胺不满十克或者其他少量毒品的，处三年以下有期徒刑、拘役或者管制，并处罚金；情节严重的，处三年以上七年以下有期徒刑，并处罚金。

单位犯第二款、第三款、第四款罪的，对单位判处罚金，并对其直接负责的主管人员和其他直接责任人员，依照各该款的规定处罚。”

【擅自进口固体废物罪】《刑法》第339条：“未经国务院有关主管部门许可，擅自进口固体废物用作原料，造成重大环境污染事故，致使公私财产遭受重大损失或者严重危害人体健康的，处五年以下有期徒刑或者拘役，并处罚金；后果特别严重的，处五年以上十年以下有期徒刑，并处罚金。”

【妨害国境卫生检疫罪】《刑法》第332条：“违反国境卫生检疫规定，引起检疫传染病传播或者有传播严重危险的，处三年以下有期徒刑或者拘役，并处或者单处罚金。”

【逃避商检罪】《刑法》第230条：“违反进出口商品检验法的规定，逃避商品检验，将必须经商检机构检验的进口商品未报经检验而擅自销售、使用，或者将必须经商检机构检验的出口商品未报经检验合格而擅自出口，情节严重的，处三年以下有期徒刑或者拘役，并处或者单处罚金。”

【骗取出境证件罪】《刑法》第319条：“以劳务输出、经贸往来或者其他名义，弄虚作假，骗取护照、签证等出境证件，为组织他人偷越国（边）境使用的，处三年以下有期徒刑，并处罚金；情节严重的，处三年以上十年以下有期徒刑，并处罚金。

单位犯前款罪的，对单位判处罚金，并对其直接负责的主管人员和其他直接责任人员，依照前款的规定处罚。”

2. 各罪的风险控制

刑事风险控制是在刑事风险爆发、企业被追究刑事责任过程中的救火措施，亡羊补牢，是否晚矣，还得视具体情况而定。对从事进出口业务的企业来说，重要的是充分理解和运用海关法律法规以及刑法的规定，对照和审查自己的行为，保障自身的合法权益。如果确实违法，则尽量争取自己的行为按照一般违规行为接受处罚，如果企业行为在违规与刑事违法之间，则尽量利用现有规定争取检察院的不予起诉，如果不能则争取从轻、减轻、免予追究刑事责任。

（1）走私罪

《刑法》第151条规定的走私武器、弹药罪，走私核材料罪，走私假币罪，走私文物罪，走私贵重金属罪等罪，均为比较严重的犯罪行为，刑法规制比较严，这些犯罪虽然表面上属于行为犯，只要实施了相应的犯罪行为，就可能面临5年或7年的有期徒刑。以及《刑法》第152条规定的走私淫秽物品罪和走私废物罪，也看似是行为犯。但实际上，对任何犯罪对处罚都有情节方面的考量，所以，对犯罪嫌疑人无论是立案定罪还是裁量刑罚轻重，都有情节方面的考量。一般将走私犯罪归属于经济类犯罪，走私的涉案金额或数量的大小也就成了衡量走私犯罪社会危害性大小的一个客观标准。因此，从控制走私各罪的刑事法律风险来看，走私的数额必然是一个关键要素，在数额的认定上，应当依法据实，尽量挤去“水分”，减少数额，从而在司法机关定罪量刑时获得从轻处罚。

《刑法》第153条规定的走私普通货物、物品罪是典型的数额犯，偷逃应缴税额的大小是重要的定罪量刑之分水岭。因此，企业一旦陷入该罪，只能依法据实挤去数额上的“水分”，从而在国家有权机关监管过程中，如果确实违法，尽量争取将行为按照一般违规行为来处罚；如果行为的界限不明显，处在行政违规与刑事违法之间，则尽量争取不被起诉；如被起诉，则尽量争取从轻、减轻处罚或免予追究刑事责任。

（2）走私、贩卖、运输、制造毒品罪

走私、贩卖、运输、制造毒品罪是严重的行为犯，一旦实施了相应的毒品犯罪行为，不论数量多少都可能被追究刑事责任。但数量是处罚轻重的决定性因素，走私、贩卖、运输、制造的毒品数量越少，处罚会越轻。因此，企业如果触犯此罪，一定要依法据实挤去不实的“水分”，不要在涉案数额上造成对自己不利的不实认定。同时，对于仅仅非法持有毒品而确实未参与走私、贩卖、运输、制造毒品行为的，应当要争取尽量被认定为非法持有毒品罪，因此罪的刑罚相对较轻。此外，依照法律的规定对行为人可能造成不利后果的还有两点，一是对于多次走私、贩卖、运输、制造毒品，未经处理的，毒品数量累计计算；二是毒品的数量以查证属实的走私、贩卖、运输、制造毒品的数量计算，不以纯度折算。对行为人来说，这两点处罚规则其实有推脱司法责任的嫌疑。从该罪的风险控制角度来说，一是建议海关、公安等执法部门加大查处力度，尽早发现毒品犯罪事实，避免出现多次毒品犯罪未经处理的情形。二是完善相关法律及司法解释，“不以纯度折算”的数量计算方法存在诸多不合理之处，对犯罪行为人造成处罚不公，甚至可能牵涉生与死的差别，因此，“按纯度折算”才是大势所趋，也有利于控制该罪的刑事风险。

（3）进出口环节其他犯罪

擅自进口固体废物罪的后果严重性不在于未经国家有关部门许可，而在于造成重大环境污染事故，致使公私财产遭受重大损失或者严重危害人体健康的后果。因此企业为控制刑事风险，要采取措施尽量避免污染的扩大化，尽量减少财产的损失和对人体健康的危害。妨害国境卫生检疫罪也要求有“引起检疫传染病传播或者有传播严重危险”的后果，企业如果触犯此罪，就要在尽量阻断检疫传染病传播，避免传播危险成为现实危害等方面努力。逃避商检罪主要的问题是逃避商检机构的检验，因此如果及时承认错误，能够将合格商品提交商检机构进行检验，不合格商品妥善处理，则仍然可能从面临的刑事处罚降至行政处罚。所有的犯罪行为发生并被要求追究刑事责任后，如果最后能免除刑事处罚，哪怕需要接受行政处罚，都是很好的处理结果了。

第八章
CHAPTER 08

企业投融资环节刑事法律风险的防控指南

资本、资金对于企业的重要性犹如血液对于人的重要性。而企业投资收益和融资是企业获得资本、资金的重要渠道。投资主要是通过现金、实物、无形资产等方式或者股票、债券等证券方式向特定对象投入资金。此外，除玉米、大豆大宗交易之外的期货也已经更多地被认为是一种投资和投机手段，而不仅仅是一种贸易和销售方式。特别是金融期货、外汇期货、汇率期货等期货对象和方式的引进，期货市场亦如证券市场一样具有投资潜力。融资则是企业通过股票或者债券等资金筹措方式获得资金融通。随着我国企业与市场的发展、活跃，企业投融资活动也越来越多样化和频繁化。除了银行的借贷，信托、担保以及民间资本等，都是筹集资金的渠道，还有如基金、众筹等新兴的融资方式。然而，相应的投、融资市场风险趋于频发，企业投融资环节的刑事法律风险及其防控也日益成为我们必须关注的焦点。

一、企业投融资环节刑事法律风险防控概述

（一）一般投融资方式中的刑事法律风险

1. 擅自设立金融机构罪

我国的金融机构包括商业银行、证券交易所、期货交易所、证券公司、期货经纪公司、保险公司等。金融有关活动基本都需要通过银

行等金融机构来进行，这些金融机构起着筹集、融通资金、引导资金流向、提高资金使用效益和调节社会总需求的作用，是联结国民经济的纽带。设立金融机构，必须符合一定的条件，按照规定的程序提出申请。经审核批准，由中国人民银行或者有关分行发给《经营金融业务许可证》，始得营业。1995 年制定的《商业银行法》对商业银行及其分支机构的设立、分立合并及变更的条件、申报批准程序等方面都作了详细规定，同时该法第 79 条规定："未经中国人民银行批准，擅自设立商业银行，或者非法吸收公众存款、变相吸收公众存款的，依法追究刑事责任，并由中国人民银行予以取缔。"

与之对应，《刑法》第 174 条规定了擅自成立金融机构罪。但《刑法修正案》将刑法规定的"经人民银行批准"改为"经国家有关部门批准"，因为我国金融机构的批准权已发生变化，如证券交易所、期货交易所均已由中国证监会审批，保险公司由中国保险监督管理委员会审批。因此，擅自成立金融机构罪，是指未经国家有关部门批准，擅自设立商业银行、证券交易所、期货交易所、证券公司、期货经纪公司、保险公司或者其他金融机构的行为。该罪中的"金融机构"是广义上的金融机构，主要包括：银行、证券交易所、期货交易所、证券公司、期货经纪公司、保险公司、信托投资公司、融资租赁公司、农村信用合作社、城市信用合作社、企业集团财务公司、侨资、外资在我国境内设立的金融机构，等等。

2. 高利转贷罪

高利转贷罪，是指行为人出于牟利目的，套取金融机构信贷资金再以高利息借贷给他人，违法所得数额较大的行为。企业作为信贷主体从银行贷款再转贷给其他单位或个人，实际上是将融资转变为非法投资。我国法律不允许高利转贷，现实中的企业间高利借贷是不受法律保护的，且将面临罚款等行政处罚。而如果企业没有将贷款用于自身生产、经营等合法的用途，而是转贷他方，则会存在高利转贷的刑事风险。

3. 骗取贷款、票据承兑、金融票证罪

骗取贷款、票据承兑、金融票证罪，是指行为人以欺骗手段取得银行或者其他金融机构贷款、票据承兑、信用证、保函等，给银行或者其他金融机构造成重大损失或者有其他严重情节的行为。此罪乃我国《刑法修正案（六）》新增的罪名，企业在向银行及其他金融机构进行贷款融资过程中容易引发。与正常贷款相比，企业骗取贷款、票据承兑、金融票证等行为会导致银行或其他金融机构的资产处于相对不安全状态，不利于银行的风险防范，因此国家对该类行为予以刑事规制。企业需要注意防范来自贷款、票据承兑、金融票证等过程中的刑事风险。

4. 伪造、变造有关金融工具犯罪

金融工具是金融和财会上的概念，指在金融市场中可交易的金融资产，用来证明债务人与债权人的权利的书面证明。金融工具按流动性可分为信用货币和有价证券。信用货币如纸币和银行活期存款。有价证券包括存款凭证、商业票据、股票、债券等。刑法意义上的金融工具又有其特别意义，需要根据刑法罪名具体分析。刑法规定的伪造、变造有关金融工具的犯罪包括伪造、变造金融票证罪，伪造、变造国家有价证券罪和伪造、变造股票、公司、企业债券罪三个罪名。

伪造、变造金融票证罪是指采取伪造、变造的方法制造假金融票证或者篡改、变动真金融票证的行为。这里的金融票证包括汇票、本票、支票等票据，收款凭证、汇款凭证、银行存单等其他银行结算凭证，信用证或者附随的单据、文件，信用卡。这些票证都是金融规则中的概念，属于金融工具的范畴。但须注意，刑法规定的“信用卡”不是特指银行发行的、并给予持卡人一定信用额度、持卡人可在信用额度内先消费后还款的贷记卡，而是指由商业银行或者其他金融机构发行的具有消费支付、信用贷款、转账结算、存取现金等全部功能或者部分功能的电子支付卡，也就包括借记卡和我们日常所使用的信用卡。

伪造、变造国家有价证券罪，是指伪造、变造国库券或者国家发行的其他有价证券。其中国库券是国家为解决财政和建设资金不足问题而发行并由国家财政负责偿还本息的有价证券。国家发行的其他有价证券则是指特种国债或国债券、保值公债券、财政债券、国家投资债券等。

伪造、变造股票、公司、企业债券罪则是指仿照真实有效的股票、公司、企业债券制作假股票，公司、企业债券，或者篡改、变动真的股票、公司、企业债券。股票、债券也属于有价证券，但属于公司、企业发行的有价证券。

（二）证券、期货市场企业投融资的刑事风险

1. 擅自发行股票或者公司、企业债券罪①和欺诈发行股票、债券罪

擅自发行股票、公司、企业债券罪，是指未经或未得到国家相关主管部门的批准就无权发行股票或者公司、企业债券，数额巨大、后果严重或者有其他严重情节的行为。证券主要即包括股票和债券。股票是股份有限公司签发的证明股东所持股份的凭证，一般是公司设立时首次发行和成立后扩大规模而发行新股。公司、企业债券则是指公司、企业依照法定程序发行的，约定在一定期限内还本付息的有价证券。发行股票、公司、企业债券本是企业有效的融资手段，但因该活动牵涉到投资者的切身利益，国家予以严管。如果企业在未得到有关主管部门批准的情况下就擅自发行股票或债券，则存在触犯本罪的风险。

欺诈发行股票、债券罪，是指在招股说明书、认股书、公司、企业债券募集办法中隐瞒重要事实或者编造重大虚假内容，发行股票或者公司、企业债券，数额巨大、后果严重或者有其他严重情节的行为。该罪也发生在企业发行证券的环节。其中隐瞒重要事实或者编造重大虚假内容，一般是指发行股票、债券的企业之基本情况和发行的股票、债券本身的基本情况。本罪的行为手段比擅自发行股票、债券的行为手段更加恶劣，因此是更加需要管制的行为。股票、债券的发行人必须保证报送的发行申请文件真实、完整、无误，如果存在严重的欺诈事实，则可能引发欺诈发行股票、债券罪。

2. 违规披露、不披露重要信息罪

违规披露、不披露重要信息罪，是指依法负有信息披露义务的企业，向股东和社会公众提供虚假的或者隐瞒重要事实的财务会计报告，严重损害股东或者其他人利益的行为。当企业需要向股东和外界公布最新、真实的财务数据时，如果企业提供的是虚假或者隐瞒了企业负债情况、收益盈余情况、流动资金与资产来源及运用等重要事实的财务会计报告，或者应当披露的其他重要信息企业却不按照规定披露，则可能引发该罪的刑事风险。

3. 编造并传播证券、期货交易虚假信息罪

编造并传播证券、期货交易虚假信息罪，是指编造并且传播影响证券、期

① 说明：因刑法罪名分化区分公司和企业，本部分所涉罪名中的企业均采用了狭义上的概念，因此本部分出现公司和企业并立的地方即采用了狭义的企业概念，本书其他地方仍然使用广义上的企业概念。

货交易的虚假信息，扰乱证券、期货交易市场，造成严重后果的行为。该罪名原为编造并传播证券交易虚假信息罪，随着我国期货市场的发展才于1999年通过我国《刑法修正案（一）》修改为现名。《刑法修正案（一）》并将与期货交易有关的犯罪行为规制在内幕交易罪、操纵证券市场罪等罪名中。证券是多种经济权益凭证的统称，用来证明券票持有人享有的某种特定权益的法律凭证，我们这里所指的证券主要包括产权市场产品如股票，债权市场产品如债券，衍生市场产品如股票期货、期权、利率期货等。期货则主要是指以某种大宗产品与金融资产为标的标准化的可交易合约。这个标的物可以是某种商品，如黄金、原油、农产品，也可以是金融工具。企业如果编造了有关证券、期货交易的虚假信息并使之传播出去，则可能引发该罪风险。

4. 诱骗投资者买卖证券、期货合约罪

诱骗投资者买卖证券、期货合约罪，是指证券交易所、期货交易所、证券公司、期货经纪公司及其从业人员，证券业协会、期货业协会或者证券期货监管部门及其工作人员，故意提供虚假信息或者伪造、变造、销毁交易记录，诱骗投资者买卖证券、期货合约，造成严重后果的行为。买卖证券、期货的合同或协议即是期货合约。证券交易所、期货交易所、证券公司、期货经纪公司，证券业协会、期货业协会或者证券期货监管部门本是证券、期货市场的中介服务组织机构和监管机构，但也可能做出让投资者成为受害方的一些违法犯罪行为，这些组织机构和部门及其从业人员需要注意此罪风险。

5. 操纵证券、期货市场罪

操纵证券、期货市场罪，是指行为人集中资金优势、持股或者持仓优势，或者利用信息优势联合或者连续买卖，与他人串通相互进行证券、期货交易，自买自卖期货合约，操纵证券、期货市场交易量、交易价格，制造证券、期货市场假相，诱导或者致使投资者在不了解事实真相的情况下作出投资决定，扰乱证券、期货市场秩序的行为。该罪亦是新兴罪名，行为方式多样，但现实中能够操纵证券、期货市场的一般是证券公司、期货公司、上市公司等具有操纵能力的主体，由于他们的操纵会导致严重的证券、期货市场混乱，因此国家予以刑事规制。

6. 内幕交易、泄露内幕信息罪

内幕交易、泄露内幕信息罪，是指证券、期货交易内幕信息的知情人员和单位，或者非法获取证券、期货交易内幕信息的人员和单位，在涉及证券的发行、证券、期货交易或者其他对证券、期货交易的价格有重大影响的信息尚未公开前，买入或者卖出该证券，或者从事与该内幕信息有关的期货交易，或者泄露该信息，情节严重的行为。证券、期货市场是一类新兴的金融市场，核心对象其实就是信息。证券、期货本身的信息附加值产生于证券、期货的信息保密要求。证券、期货管理制度的任务就是要保证有关发售证券的公司或单位不间断地供给投资公众正确的资料讯息，帮助投资者做出投资决定。而本罪会对证券、期货市场的正常管理秩序和证券、期货投资人的合法利益造成侵害。一旦内幕人员将所知晓的信息泄露给外人，或者利用内幕信息自行买卖信息所对应的证券，就会破坏公开、公平的市场秩序。行为后果严重的即可能构成内幕交易、泄露内幕信息罪。

（三）其他投融资方式中的刑事法律风险

除了通过金融机构借贷融资、通过发行股票、债券融资，企业还有其他融资方式，如借助民间资本，通过网络众筹等。由于银行借贷、证券融资在现实中的实行难度较大，相对来说，其他融资方式反而更加火爆。比如网络众筹，发起人通过互联网吸引一群人为某一项目或某一创意提供资金支持，成为新兴行业，并得到了国家行政主管机关的认可。然而，企业其他融资方式中依然潜藏着巨大的刑事风险，首当其冲的就是非法集资犯罪风险。

1. 集资诈骗罪

集资诈骗罪，是指以非法占有为目的，违反有关金融法律、法规的规定，使用诈骗方法进行非法集资，扰乱国家正常金融秩序，侵犯公私财产所有权，且数额较大的行为。集资诈骗的行为方式非常多样，现实中使用诈骗方法非法集资行为之所以能够得逞主要是利用公众缺乏投资知识、盲目投资的心理，钻市场经济条件下经济活动纷繁复杂、投资法制不健全的空子。企业容易成为该罪的犯罪行为人，主要是当前其他融资渠道不畅和融资成本过高引起歪曲心理，促使企业不惜通过虚构事实、隐瞒真相的诈骗手段来达到集资的目的，从而引发本罪的刑事风险。

2. 非法吸收公众存款罪

非法吸收公众存款罪，是指违反国家金融管理法规，非法吸收公众存款或变相吸收公众存款，扰乱金融秩序的行为。存款本是指按一定利率存留在金融机构的，可随时或按约定时间支取本金和利息的资金。现实中常见的非法吸收公众存款行为是行为人未经中国人民银行批准，向社会不特定对象吸收资金，出具凭证，承诺在一定期限内还本付息；而变相吸收存款则是不直接以吸收存款的名义，而是以成立资金互助会或者集资入股、投资等名义打“擦边球”，实际上仍然是吸收公众存款的方式。企业作为犯罪主体，更可以衍生出多样的吸收公众存款方式。如果企业获得资金的途径是通过社会不特定对象收集的，则可能被认定为非法吸收公众存款罪。

二、企业投融资环节刑事法律风险防控现状

（一）一般投融资方式中的刑事风险防控情况

擅自设立金融机构罪既可以由个人，也可以由单位实施。相对个人来说，企业引发此罪的风险稍小。一些行为人为招揽生意，会借用金融机构的名义，并按照银行的软、硬件条件及其外观，如私刻某银行或银行管理处的印章，并印制银行取、存款票据，招聘工作人员开展银行的业务。但此类行为一般只认定为个人犯罪。从司法实践的经验来看，也有不少行为人并不直接使用金融机构的名称，而是借用其他组织的名称，掩盖擅自设立金融机构的真实面目，但仍然运用金融机构的存贷等职能。比如“周某、袁某擅自设立金融机构案”，犯罪行为人使用“某区总商会会员经济互助会”的名称，既未向中国人民银行申请批准，也未办理工商注册、税务登记等手续，私刻公章，高息揽储，并用高息非法放贷，利差归互助会所有。① 实际上有些案件是个人为企业背了黑锅，但企业作为单位引发擅自设立金融机构罪的风险是客观存在的。

目前高利转贷行为在我国部分地区具有普遍性，这种行为严重破坏了金融秩序，具有较大的社会危害性。但是，一些企业在实施高利转贷行为的时候并没有认识到高利转贷行为的危害性和自身的危险。还有一些企业即使在贷款时没有转贷目的，但从银行贷出资金后由于未能立即投入使用而成为闲置资金，为了减少利息损失并获取一定利益，就将贷款所得资金借与他人，从中收取高额利息。这种情况下企业存在意思转换，但后来其将贷款擅自借与他人，并收

---

① 许斌龙：《周某、袁某擅自设立金融机构罪》，载 110 法律咨询网：http：//www.110.com/ziliao/article -465882.html，最后访问日期：2016 年 8 月 12 日。

取高额利息的行为已经和高利转贷罪的构成要件完全符合，因此也会被认定为构成高利转贷罪。这类犯罪风险相对较多，一些企业却因侥幸心理而忽视了防控该罪风险。

我国法律没有对企业贷款诈骗行为进行刑事规制，但并不代表企业可以胡作非为。实际上，骗取贷款罪同样可以起到规制企业通过诈骗方式获取贷款的行为,① 而且其不需要以非法占有为目的，定罪门槛相对较低。如果企业在向银行或者其他金融机构申请贷款、票据承兑、信用证、保函等信贷资金、信用时，采用了虚构事实、隐瞒真相等手段，掩盖客观事实，骗取银行或其他金融机构的信任，即可能触犯骗取贷款、票据承兑、金融票证罪。现实中，只要申请人在申请信贷资金或信用过程中有虚构事实、隐瞒真相的情节，或者提供了假证明、假材料，或者信贷资金没有按照申请时所承诺的用途去使用，都可能认为存在欺骗。而一些企业并没有意识到这点，导致此罪的刑事风险防控不力。

造假行为可谓是无孔不入，连金融市场也深受其害。伪造、变造金融票证、国家有价证券或企业有价证券所涉三个犯罪，犯罪行为人可能出于各种各样的动机伪造或变造金融工具，虽然犯罪的认定都没有要求以谋取利益或者非法占有为目的，但实践中行为人大多出于牟利或者获得非法利益的动机。从曝光的司法案例来看，伪造、变造的金融票证的票面数额可以较小，但伪造、变造国家有价证券或企业有价证券的票面金额一般都比较大，因此造成或可能造成的损失也会比较大。如曝光的“伪造、变造国家有价证券获徒刑”② 案中，行为人伪造的国债凭证面额高达4800万元人民币。

另外，因为行为人伪造、变造金融票证、国家有价证券或企业有价证券一般并非单纯地为伪造、变造而实施，而是为了用这些伪造、变造的金融工具来实施更为严重的犯罪，如票据诈骗罪、信用证诈骗罪、信用卡诈骗罪。也就是说，伪造、变造金融工具常被作为实施其他犯罪的手段，伪造、变造了金融工具又利用其进行诈骗。特别是金融票证，被伪造、变造用来诈骗的案件最为普遍。统计资料表明：当前查处的利用金融票证实施的诈骗案件的涉案总金额、平均每起案件金额、案件最大案值都是惊人的，动辄几百万元、上千万元，而

① 对单位的贷款诈骗行为，除了可能认定为骗取贷款罪，更多的是以合同诈骗罪论处。

② 《伪造、变造国家有价证券获徒刑》，载东方法眼：http：//dffyw. com/sifashijian/ws/201407/36526. html，最后访问日期：2016 年 8 月 29 日。

所有这些诈骗案件，几乎都涉及金融票证的伪造和变造。[①] 但刑事司法根据牵连犯的处断原则，最后常只按更严重的票据诈骗罪、信用证诈骗罪或信用卡诈骗罪一罪进行处罚。这可能是造成虽然伪造、变造金融票证、国家有价证券或企业有价证券的行为并不少见，但司法认定犯罪比较少的原因之一。

（二）证券、期货市场企业投融资的刑事风险防控情况

1. 擅自或欺诈发行股票、债券

企业发行股票或者公司、企业债券必须经过有关主管部门的审查批准，这是保障企业行为合法、投资者资金安全的必要程序。发行股票、公司债券的审批机构是国务院证券管理部门。发行企业债券[②]的审批机构是：央企由中国人民银行会同国家发展和改革委员会审批，地方企业则由中国人民银行省、自治区、直辖市、计划单列市分行会同同级发展与改革委员会审批。目前大部分发行股票或债券的企业能够遵循程序要求，但仍有一些既不具备发行股票、公司债券的条件，又未得到有关主管部门批准的企业在擅自发行证券。这些企业知道自身不具备发行股票、债券的条件，即使申请也得不到批准，因此干脆不经批准就擅自发行证券。还有一些企业虽符合法律规定发行股票的条件，但仍然不经有关主管部门的批准，或者在得到批准之前就擅自发行。

相比擅自发行股票、债券的情况，现实中更常见的是欺诈发行股票、债券情形。虽然欺诈发行股票的企业都是有权发行证券的主体，但仍有一些企业违背诚实信用原则在招股说明书、认股书或者企业募集办法中故意隐瞒企业大额负债、企业重大被诉案件等重要事实或者编造企业获得巨大投资、科技立项重大突破等重大虚假内容，欺诈发行股票或债券。这些企业故意隐瞒或者虚报、谎报企业的重要情况或者与发行的股票、债券有关的重要情况，故意对企业及其债券的情况作不切实际、脱离事实的预测。殊不知，企业有意为之的欺诈发行，必然导致自身的不安全因素增加。

2. 不履行信息披露义务或故意泄露内幕信息

根据我国《公司法》《证券法》的相关规定，负有信息披露义务的公司、企业应当定期或者及时披露财务会计报告以及其他应当披露的重要信息。但实践

---

① 许克显：《伪造、变造金融票证罪》，载《金融法苑》2000 年第 4 期。

② 此处企业债券的“企业”属狭义上的企业。根据 2011 年国务院发布的《企业债券管理条例》，境内具有法人资格的企业在境内发行的企业债券不包括金融债券和外币债券。

中不乏这样的情况：企业向股东和社会公众提供了虚假或者隐瞒重要事实的财务会计报告，或者对依法应当披露的其他重要信息却不按照规定披露。实践中常见是对下列事项或者下列事项中的重要事实隐瞒不披露：（1）企业各种财产、债权等实有财产，企业流动负债和长期负债，股东投入资本所形成的资本公积金、盈余公积金和未分配的利润等情况；（2）企业收益、亏损及盈余情况；（3）企业流动资金来源及其运用，流动资产及流动负债增加数。其他重要信息的范围比较广，实践中企业更多地是故意隐瞒重要信息不予以披露。甚而一些企业因不履行或者不当履行自己的信息披露义务，导致严重损害股东或者其他人利益，引发自身的违规披露、不披露重要信息犯罪风险爆发。

内幕交易、泄露内幕信息罪是高发犯罪，实践中触犯此罪的行为人一般都是企业的高管，这些人不是为一己私利就是为企业的利益。比如，曾经轰动一时的国美总裁黄某某、杜某、许某某非法经营、内幕交易、泄露内幕信息、单位行贿案，黄某某作为北京中关村科技发展（控股）股份有限公司的董事，在其参与运作和决策的中关村公司与鹏泰公司的资产置换项目、中关村上市公司收购鹏润控股公司股权重组时，通过开立借用身份人的个人股票账户购入巨额中关村股票，参与人许某某还将中关村上市公司拟重组的内幕信息故意泄露给其妻李某某及相某某等人。另有杜某某、刘某某内幕交易、泄露内幕信息案，杜某某也是因履行工作职责获取了内幕信息，而刘某某从其配偶处获悉内幕信息。在内幕信息尚未公开前，两人从事与该内幕信息有关的巨额股票交易。① 从这些已曝光的内幕交易、泄露内幕信息案来看，行为人的手段几乎相同，利用获悉的内幕信息进行交易获利，而且一旦涉及内幕交易，后果都是十分严重的。在利益诱惑下，不少脸面人物竟也不顾犯罪风险的存在，让自己背负不洁的罪名。

3. 编造并传播证券、期货交易虚假信息

有时企业为了尽快融资到位，抛售股票、债券，竟不惜铤而走险，或者无货沽空，编造并传播证券交易或者期货交易的虚假信息，诱使投资者不当买卖证券、期货，从而获得巨额利益，扰乱了正常的证券、期货交易市场秩序。虽

① 《最高法公布黄光裕等内幕交易泄露内幕信息犯罪典型案例》，载新华网：http://news.xinhuanet.com/legal/2012-05/22/c_112013887.htm，最后访问日期：2016年8月30日。

然编造并传播证券交易虚假信息罪的主体多是企业的管理人员或者其他从业人员，但现实中亦不乏企业触犯此罪的案例。大多数的企业能够按照正常的证券、期货市场规则来执行，部分企业却故意将自己推向风口浪尖。

4. 诱骗投资者买卖证券、期货合约

证券交易所、期货交易所、证券公司、期货经纪公司及其从业人员，虽然是为证券发行、期货交易提供服务、场所和设施的中介服务机构，证券业协会及其工作人员和证券、期货监督管理部门及其工作人员虽然是监督和协助监督证券、期货市场的组织、部门，却故意提供虚假信息或者伪造、变造、销毁交易记录，诱骗投资者买卖证券、期货合约。这些行为主体因地位特殊，其提供的信息容易得到投资者的信任，也就更容易致使投资者遭受损失。现实中不乏这样的案例。而对企业来说，一旦被诱骗买卖证券、期货合约，则会成为被害者。

5. 操纵证券、期货市场

期货市场虽然是新兴市场，也大量存在交易违规风险。现实中常见的比如一些证券公司、投资基金、上市公司等，他们通过单独或者联合操纵，集中资金、持股或者持仓、信息等方面的优势联合或者连续买卖，操纵证券、期货交易价格或者证券、期货交易量。这些企业在从操纵市场过程中获利的同时也会导致自身的法律风险上升，而如果不注重防范，很容易达到刑事案件的立案标准。

（三）其他投融资方式中的刑事风险防控情况

除了发行股票、债券等证券融资方式和借贷方式之外，企业还可以通过租赁、合资、联营、合作等其他方式投、融资。此外，还有广泛存在但争议很大的民间资本及其自发形成的非正式融资渠道。一直以来民间借贷在一定程度上缓解了中小企业和“三农”的资金困难，但由于存在交易隐蔽、监管缺位、法律地位不确定、风险不易监控等问题，还极易滋生非法融资、洗钱犯罪等，所以近年来央行不断致力于民间借贷“阳光化”。① 但是，至少在我国当前法律体系下，企业并不能自主向包括民间在内的社会公众募集资金，而只有经有权机

---

① 吉门、马玉美编著：《罪与非——民间借贷、股权私募知识盘点、热门案例及法律导引》，中国政法大学出版社 2012 年版，第 19 页。

关批准后通过发行股票、债券、基金等方式融资才是合法的途径。除外的民间融资方法，即可能被认定为非法集资行为。非法集资的方式非常多种，而且花样翻新很快。当前多见的非法集资行为比如：非法向社会不特定对象发行承诺到期给予高额回报的债权凭证，通过会员、加盟方式非法发行会员卡、会员证，以基金会、互助会、储金会的名义进行非法集资，以发行私彩或变相发行彩票的方式达到集资目的，企业在职工内部进行有偿集资等。诸如此类，虽能一定程度上满足融资需求，殊不知，这些行为都很可能涉及违法犯罪。

虽然对这些其他方式的集资行为规制我国刑律只规定了集资诈骗罪和非法吸收公众存款罪，但实际上这两个罪名可以规制很多种非法集资行为。上面列举的非法集资行为如是“通过诈骗方法非法集资”的都可能因达到“数额较大”的程度而构成集资诈骗罪。该类案例亦常见多发，且不少案件的犯罪主体是企业。比如，安徽阜阳旺达集资诈骗案。① 而当前随着互联网行业的兴起，出现了利用互联网设立投资基金非法集资，利用现代电子网络科技组织的虚拟产品进行非法集资等方式，在新颖面孔的掩盖下亦难逃法网。很多实施集资诈骗的企业总是抱着侥幸心理，以为自己的方式可以瞒天过海，却从根本上忽视了该罪的风险防范。

而非法吸收公众存款罪相比集资诈骗罪更常见多发。且随着国家打击该类犯罪的力度加大，现已多采取隐蔽的变相吸收公众存款的方式。如采取成立资金互助会或集资入股、投资等名义，承诺以股息、红利等方式还本付息。如江苏乐园房地产开发有限公司非法吸收公众存款案中，该被告公司以高额利率和高额提成为诱饵，以“认购商铺使用权”和“内部职工集资”的名义变相吸收公众存款。有人认为，像集资诈骗犯罪、非法吸收公众存款犯罪等非法集资犯罪一般都经过宣传造势、募集资金、还本付息、最后崩盘等环节，作案周期普遍较长。② 从一些现实的案例来看，大多数严重的非法集资行为被认定为非法吸收公众存款罪，该罪的风险相对较高。而一些企业为融资不惜代价，不顾后果，对刑事风险置若罔闻，根本不注意防范此罪风险。

---

① 《打击非法集资典型案例选登：安徽阜阳旺达集资诈骗案》，载人民网财经频道：http：//finance. people. com. cn/n/2013/0514/c1004 -21474658. html，最后访问日期：2015 年 7 月 2 日。

② 杨胜利：《江苏省高院公布非法集资类犯罪十大典型案例》，载人民网 - 江苏视窗：http：//js. people. com. cn/html/2012/11/28/189653. html，最后访问日期：2015 年 7 月 2 日。

三、企业投融资环节刑事法律风险防控中存在的问题和原因

（一）证券、期货市场企业融资环节

证券、期货市场是近些年才发展起来的。我国证券、期货交易市场尚欠成熟，股价不够稳定，不成熟的市场表现也多，出现诸多怪象具有客观性。一方面，短线操作、投机操作过度等现象屡有发生。很多企业和投资者利用市场的漏洞和盲目性，在侥幸心理的指使下千方百计扰乱证券交易市场，浑水摸鱼。比如，虽然国家明令企业通过证券、期货市场进行的融资活动需履行相关授权及相关机构的批准程序，但一些企业明知不能得到批准而擅自发行股票、债券。而风险投资的保障有赖于准确、完整的对称信息披露，但很多企业故意不披露或者违规披露重要信息，甚至虚报、捏造重大事实，误导投资者。缺乏诚信的市场和组织本身是非常危险的。

另一方面，一些投资者缺乏对证券、期货市场及其状况的正确认识，不认真分析其所要投资的企业状况和经营能力，却将证券、期货交易市场看做是投机场所，盲目投资，导致遭受不必要的经济损失。当然，证券、期货市场的乱象得不到整治，也与相关的制度缺失、执行缺位有关。虽然我们有专门的《证券法》《证券投资基金法》《企业债权管理条例》等有关规范性文件可资规范证券、期货市场行为，但又感觉到法律管制对这个新兴市场存在部分缺位。虽然说高端市场监管乏力是客观原因，更多地只能寄希望于参与者的自觉、自主，强调市场主体的监督、管理力度似乎也失去了意义，但任何地方都不能缺少阳光，证券、期货市场更是如此，依靠自觉自主市场会更为混乱。所以说，政府监管不力也是企业在证券、期货市场中刑事风险防控不足的原因之一。

（二）企业借贷及其他投、融资环节

我国法律禁止企业之间的借贷行为，但如果只是企业将自有资金借给他企，一般不会引发刑事风险。然而，一些企业没有贷款额度无法贷款融资，另一些企业就利用这一情势，但企业自身也没有资金，只能利用自己的信用额度套取金融机构的资金，然后将银行的贷款出借赚取高额利息差，此时就可能引发高利转贷犯罪风险。高利转贷的入罪门槛并不高，只要达到一定数额就构罪。虽然现实中因此罪而获刑的企业很少见，但实际上有不少企业在打“擦边球”，只是法律执行层面存在问题没有发现而已。如果严格执行，不少企业都可能会因

此爆发刑事风险。而企业在向金融机构贷款过程中还可能因采取欺骗手段骗取贷款、票据承兑、金融票证而出现刑事问题。

一方面，资金对于企业如此重要，是制约企业发展的关键因素。另一方面，企业融资渠道相对狭窄，要从银行贷款融资困难且受限多。银行贷款难也是部分企业转而寻求其他外围融资方式的原因。但是，引发集资诈骗犯罪等性质恶劣的犯罪风险，更多地还是企业自身的认识误区导致的。因为，刑法规制的是严重的扰乱金融机构正常信用管理秩序和严重损害投资者利益的行为，实际上，一些企业为追求暴利，非法占有他人财物，故意设下一系列圈套，导致自引火源。如果企业自身丢弃诚信经营原则，以片面追求利益最大化为目标，不惜任何手段吸金，就会触犯法网。

（三）国家金融管理规范不明确

国家对金融管理秩序的维护既需要明确的规范指引，也需要行政执法的强有力保障执行。立法要明确，而具有稳定性。但由于像伪造、变造金融票证罪，伪造、变造国家有价证券罪等都是1997年《刑法》新增的，立法之时既来不及深入的理论研究，又无丰富的司法实践经验，新《刑法》实施后暴露了规范不周全的缺点。比如，伪造、变造金融票证不是最终目的，实践中更多的情况是伪造、变造了票据、信用证或信用卡然后用来诈骗，行为人实质上也实施了多个行为，同时触犯了伪造、变造金融票证罪和金融诈骗罪等多个罪名。也就是说，伪造、变造金融票证罪与票据诈骗罪、信用证诈骗罪、信用卡诈骗罪会存在交叉重叠的情形，此时该如何认定？还有擅自设立金融机构罪与非法吸收公众存款罪的竞合，洗钱罪与掩饰、隐瞒犯罪所得、犯罪所得收益罪等的区别与适用。司法实践中就曾出现司法机关不当认定犯罪的情况。如果法律本身不够明确，不能给予明确的指引，不仅人们会因不清楚行为的后果而行为混乱，而且会造成社会不公的乱象。

（四）有利可图的诱因

企业投资与融资主要是为了企业利益的最大化，而之所以会实施非正当的投融资行为，其原因也主要是在当前追求物质至上的背景下，行为人看中了其中的“利”，可以从中获得非法利益。比如，不法分子十分热衷于伪造、变造票据，就是因为票据的特殊性：票据或者本身就代表一定数额的金钱并可以流通，或者表明持票人能够支配一定数量的货币，或者可以据其办理结算事宜。而且通过伪造、变造票据获取利益容易得手，因为票据的无因性特征给行为人提供了可乘之机。持票人在行使票据上的权利时，可以不明示其原因，不承担取得票据原因的举证责任。债务人履行票据项下的义务也勿须知悉持票人取得票据的原因。在巨额利益的诱使下，早已利欲熏心的企业也就完全不顾犯罪背后紧跟的是巨大的风险和严重的刑事责任。

四、企业投融资环节刑事法律风险防控的具体举措

（一）企业投融资环节刑事法律风险提示

1. 擅自发行股票或者公司、企业债券罪的主体与行为

本罪的行为主体是一般主体，包括自然人和单位。单位犯本罪时，实行双罚制，既对单位判处罚金，又对其直接负责的主管人员和其他直接责任人员判处相应的刑罚。企业可能因不具备发行条件或者因未取得国家有关主管部门的批准，擅自发行股票或者债券而触犯本罪。因此，实际上所有企业都需要注意本罪的风险。

成立本罪要求企业在不具备发行条件或者虽具备条件但未取得国家有关主管部门批准的情况下就实施了擅自发行股票、债券的行为。因此要防范此罪，首先企业必须了解股票、债券发行的条件。而各类企业发行证券的条件有所不同。

企业设立时发行股票必须是股份有限公司，且只有采取募集方式设立的才有权发行股票；此外，原有企业改组设立股份有限公司在条件具备的情况下也可申请公开发行股票。募集方式设立股份有限公司的股票发行条件主要包括：（1）企业生产经营符合国家产业政策；（2）其发行的普通股仅限一种，同股同权；（3）发起人认购的股份不得少于公司股份总数的35%，其认购部分不少于人民币3000万元（国家另有规定的除外）；（4）公司股本总额不少于人民币5000万元；（5）向社会公众发行的部分不少于公司拟发行股本总额的25%，拟发行股本超过4亿元的，可酌情降低向社会公众发行部分的比例，但最低不得少于公司拟发行股本总额的10%；（6）发起人在近3年内没有重大违法犯罪行为；以及证券委规定的其他条件。[①]

---

① 娄秋琴编著：《公司、企业管理人员刑事法律风险与防范》，法律出版社2008年版，第119页。

原有企业改组设立股份有限公司申请公开发行股票，除应符合上述条件外，还应具备下列条件：（1）发行前一年末，净资产在总资产中所占的比例不低于30%，无形资产在净资产中所占比例不高于20%，但国家另有规定的除外；（2）近3年连续盈利等。

我国境内上市公司需要增资而发行新股的，公司本身需要符合如下条件：（1）企业本身具有自主开发核心技术能力，具有行业竞争优势和未来发展潜力；（2）增资符合上市公司重大资产重组有关规定；（3）公司最近3年连续盈利，且预测本次发行完成当年的净资产收益率不低于银行同期存款利率水平，本次发行当年加权计算的净资产收益率不低于配股规定的净资产收益率平均水平，或与增发前基本相当；（4）上市公司必须与控股股东在人员、资产、财务上分开，公司不存在资金、资产被控股股东占用，或有明显损害公司利益的重大关联交易。

而上市公司增发新股时对旧股和新股的情况要求是：（1）前一次公开发行的股份已经募足，且募集资金的使用与其招股说明书所述用途相符，资金使用效益良好；（2）当公司总股本为4亿元以上时，拟发行的股份小于公司总股本25%或15%；（3）必须是既发行境内上市内资股，又发行境内或境外上市外资股。

有限责任公司和股份有限公司发行债券的条件是：（1）股份有限公司的净资产额不低于人民币3000万元，有限责任公司的净资产额不低于人民币6000万元；（2）累计债券总额不超过公司净资产额的40%；（3）最近3年平均可分配利润足以支付公司债券1年的利息；（4）筹集的资金投入符合国家产业政策；（5）债券的利率不得超过国家限定的利率水平；（6）国务院规定的其他条件。此外，公司发行债券筹集的资金，必须用于批准发行时申报的用途，不得用于弥补亏损和非生产性支出。

其他形式的企业如拟发行企业债券，必须符合如下条件：（1）企业的规模达到国家规定的要求；（2）企业财会制度符合国家的规定；（3）企业具有一定的偿债能力；（4）企业经济效益良好，发行前3年连续盈利。此外，企业通过发行债券筹集的资金用途必须符合国家产业政策规定。

企业必须对照上述发行证券条件审查自身是否符合条件，然后决定是否向国家有关部门申请审批或批准发行，而且申请必须遵守程序要求。发行公司股票的，无论是首次公开发行股票还是增资发行，都必须报经国务院证券监督管理机构核准。而核准部门不仅要审查发行人提交的申报文件之真实性、准确性，而且要实质性地审核公司是否具备法律规定的条件。

发行企业债券时，不同形式的企业审批机构和程序也有不同。股份有限公司、有限责任公司发行公司债券，由其公司的权力机构即股东大会或股东会作出决定，报经国务院证券管理部门批准后，才能发行公司债券；国有独资公司发行公司债券，则必须在国家授权投资的机构或国家授权的部门作出决定后，再经国务院证券管理部门批准后，才能发行公司债券。企业发行企业债券除需满足相应条件（如前所述）外，还必须报经审批，中央企业发行企业债券，由中国人民银行同国家计划委员会审批；地方企业发行企业债券，由中国人民银行省、自治区、直辖市、计划单列市分行会同同级计划主管部门审批。

可见，企业要发行股票或债券，必须在具备条件的情况下经核准后才能发行。如果企业在不符合条件的情况下不经批准就发行，或者虽然符合条件但不经批准、提交申请但尚未获得批准，或者虽获得批准但超范围发行，都是擅自发行的行为表现。要避免擅自发行证券的法律风险，企业就要遵循上述的条件要求和批准的程序要求，在自身具备条件和获得批准的情况下再发行股票、债券。

2. 欺诈发行股票、债券罪的主体与行为

欺诈发行股票、债券犯罪的行为主体一般是具备发行股票实体条件、有权发行股票或债券的单位和自然人。也就是说，本罪的主体必须是已经获得发行股票、债券批准的企业，或者是已经获得批准通过发行股票来募集设立股份有限公司的发起人、直接负责的主管人员和其他直接责任人员，以及债券发行企业的直接负责的主管人员和其他直接责任人员。

欺诈发行股票、债券犯罪的行为表现是在招股说明书、认股书、企业债券募集办法中隐瞒重要事实或者编造重大虚假内容，发行股票或者公司、企业债券。该罪需要“欺诈”和“发行”前后两个行为，但“欺诈”又限定了实施方式是在招股说明书和认股书、公司、企业债券募集办法中隐瞒重要事实或者编造重大虚假内容。

招股说明书是股票发行的申请人向有关主管机关提交的，获准后依法在法定日期和证券主管机关指定的报刊上刊载的全面、真实、详尽、准确地披露发行人信息，以供投资者参考的文件。招股说明书披露的信息必须全面、真实，否则可能误导投资者。涉嫌此罪的行为人一般是虚构发起人认购的股份数，无记名股票的发行总数、每股的股票票面金额和发行价格等事项；或者故意隐瞒或极力故意缩小风险因素，故意遗漏发行人发展前景、产品销售、市场份额、财务状况、经营效益等产生不利影响的重要因素。当然，更常见的是在招股说明书中毫无根据地夸大盈利预测，虚假披露会计年度净利润总额、市盈率、每股盈利等。

认股书则是股份有限公司制作的供认股人认股的书面文件，实际上相当于认购者与发行人之间的股票购买合同。在认股书中首先是列明招股说明书所列的事项，便于认购者了解发行人的情况，也代表认购者知晓并认可了该事实。然后认购人填写认购股数、金额、住所，并签名盖章。

公司、企业债券募集办法，是指公司、企业向社会公众发出并提交有关主管机关批准的，说明有关债券发行事项的文件。募集办法与招股说明书的作用相同，只是用于债券发行程序中。所以，募集办法同样需要保证真实、全面、准确无误，否则可能成为误导投资者的证据。

此外，此罪行为要求在发行股票、债券过程中故意“隐瞒重要事实”或“编造重大虚假内容”，而何为“隐瞒”、何为“编造”，还需要进一步明晰。隐瞒行为，是对公司、企业的经营、巨额债务、重大被诉案件等不利情况故意进行掩盖、不报告、不公开或者在报告、公开信息时故意遗漏重要信息点。隐瞒相关重要事实虽然是采取消极不作为方式，但因义务人不主动履行必要的信息披露义务，同样会侵害投资者的信息知晓权。而编造行为，则是故意、积极主动对企业状况和拟发行股票、债券等有关重要情况进行谎报、虚报，或者故意夸大经营业绩，对未来营利作不切实际的预测。隐瞒和编造行为都是行为人故意实施的，本身带着恶意，引导投资者作出错误的选择。

3. 违规披露、不披露重要信息罪的主体与行为

违规披露、不披露重要信息罪的行为主体是依法负有信息披露义务的企业单位，自然人、个人不能单独构成本罪。并且，信息披露包括财务会计义务及其他重要信息。负有财务会计信息披露义务的公司有：（1）有限责任公司；（2）股份有限公司；（3）上市公司；（4）公司债券上市交易的公司。负有其他重要信息披露义务的公司有：（1）签订上市协议的公司；（2）上市公司；

（3）公司债券上市交易的公司；（4）基金管理人；（5）基金托管人；（6）其他基金信息披露义务人。其中，基金管理人和基金托管人实际上分别由依法设立的基金管理公司和依法设立并取得基金托管资格的商业银行担任。因此，上述负有信息披露义务的单位需要注意防范自身的风险。

违规披露、不披露重要信息罪的行为方式和表现主要是：第一，向股东和公众提供虚假的财务会计报告，在报告中作虚假陈述和虚构事实；或者在财会报告中故意隐瞒重要事实不予记载和公布。比如，企业各种财产、债权等实有动产和不动产，流动负债和长期负债，股东投入资金所形成的资本公积金、盈余公积金和未分配的利润等情况；企业收益、亏损及盈余情况。第二，除了不履行财会报告的披露义务外，不按照规定披露依法应当披露的其他重要信息也是企业不当履行披露义务的行为表现。其中，“其他重要信息”的范围比较广，但必须明确。按照我国证券法和证券投资基金法等法律法规相关规定，企业应当披露的其他重要信息还包括：

第一，签订上市协议的公司应当在规定的期限内公告股票上市的有关文件和有关事项。有关文件如上市报告书、申请股票上市的股东大会决议、公司章程、公司营业执照、法律意见书、上市保荐书、最近一次的招股说明书、证券交易所上市规则规定的其他文件。有关事项如股票获准上市交易的日期、持有公司股份最多的前十名股东的名单和持股数额、公司的实际控制人、董事、监事、高级管理人员的姓名和持股情况。此外，上市公司如果出现可能对股票交易价格产生较大影响的重大事件，如公司发生重大债务和未能清偿到期重大债务、公司重大涉诉案件、公司涉嫌犯罪被司法机关调查、公司董事监事或高级管理人员涉嫌犯罪等事件，公司应当立即将该重大事件的有关情况向国务院证券监督机构和证券交易所报送临时报告，并向社会公告。

第二，上市公司和公司债券上市交易的企业，应当在每一会计年度的上半年结束之日起2个月内向国务院证券监管机构和证券交易所报送并公告中期报告，和在每一会计年度结束之日起2个月内向上述机构报送并公告年度报告。中期报告和年度报告都是记载着公司概况、公司财务会计报告和经营情况、董事、监事和高级管理人员名单和持股情况、公司重大诉讼事项等重要信息的文件。

第三，公开披露的基金信息包括：基金招募说明书、基金合同、基金托管协议；基金募集情况和基金份额上市交易公告书；基金资产净值和基金份额净值；基金份额申购、赎回价格和基金财产的资产组合季度报告、财务会计报告及中期和年度基金报告、上市交易公告书等应予披露的信息。

对上述重要信息，各义务人都必须依法按照程序规则进行披露，如果故意不披露或违规披露，就可能触犯违规披露、不披露重要信息罪。

4. 内幕交易、泄露内幕信息罪的主体与行为

内幕交易、泄露内幕信息罪是特殊主体，但实际上只有内幕人员和非法获取证券、期货交易内幕信息的人员和单位才能构成此罪。内幕人员是由于持有发行人的证券，或者在发行人或者与发行人有密切联系的公司中担任董事、监事、高级管理人员，或者由于其会员地位、管理地位、监督地位和职业地位，或者作为雇员、专业顾问履行职务，能够接触或者获得内幕信息的人员，具体包括：发行股票或者公司债券的公司董事、监事、经理、副经理及有关的高级管理人员；持有公司5%以上股份的股东；发行股票的控股公司的高级管理人员；由于所任公司职务而获取公司有关证券交易信息的人员；证券监督管理机构工作人员以及由于法定的职责对证券交易进行管理的其他人员；由于法定职责而参与证券交易的社会中介机构或者证券登记结算机构、证券交易服务机构的有关人员；国务院证券监督管理机构规定的其他人员。

该罪的行为方式可表现为：第一，行为人在涉及证券发行、证券、期货交易或者其他对证券、期货交易价格有重大影响的信息正式公开以前，本人利用自己所处的特殊位置而获悉的内幕信息，掌握有利的条件和时机，进行证券、期货的买入或卖出，从而使自己从中获利或减少损失；第二，行为人故意泄露内幕信息，即行为人在涉及证券发行、证券、期货交易或者其他对证券、期货交易价格有重大影响的信息正式公开前，将自己所知悉的内幕信息故意以明示或者暗示的方式透露、提供给与公司没有关系的第三人。

5. 编造并传播证券、期货交易虚假信息罪的主体与行为

编造并传播证券、期货交易虚假信息罪的行为主体包括自然人和单位，常见的是需要通过发行股票、债券等证券来获得融资的企业及其管理人员。这些单位和个人为了达到证券顺利发行的目的，不惜铤而走险。但是本罪只要求有编造并传播证券、期货交易虚假信息的行为就可，而无论实施这些行为的目的，因此现实中证券与期货交易所、证券与期货公司及其工作人员、证券业协会、

证券监管机构及其工作人员也可能因仅仅实施上述行为且不具有诱骗投资者买卖证券的目的而触犯本罪。总结起来本罪主体包括证券交易所、期货交易所、证券公司、期货经纪公司以及其从业人员；证券业协会、期货业协会或者证券期货监督管理部门的工作人员；证券期货咨询服务机构及其相关机构的工作人员，以及证券、期货交易的客户、行情分析人员等。

该罪要求必须有编造并传播影响证券、期货交易的虚假信息的两个行为，编造和传播两个行为必须都具备，但前后两个行为可以存在一定时间差。首先是要编造能够影响股票、债券和期货交易的虚假信息。行为方式包括三种：第一种，无中生有地虚构事实，比如虚构某公司发行债券的信息，或虚构新品种上市的事实；第二种，有中生无地掩饰某些信息，如掩饰、粉饰已经被投资者了解的某些信息；第三种，篡改或加工信息，使真实的信息变得半真半假，但同样能起到误导投资者的作用。此外，证券、期货交易机构的证券从业人员、管理人员的一般编造行为是在证券、期货交易中作虚假陈述或信息误导。这类人员具有特殊身份，其发布的信息或陈述对市场的影响较大。

“影响证券交易的虚假信息”主要是指可能对上市公司股票交易价格产生较大影响的虚假信息。如涉及公司分配股利或者增资的计划；公司债务担保的重大变更；公司发生重大亏损或遭受重大损失；公司减资、合并、分立、解散等虚假信息。这里所说的“影响期货交易的虚假信息”主要是指可能对期货合约的交易产生较大影响的虚假信息。如金融银根政策、市场整顿措施、新品种上市、税率调整、大户入市、保证金比例的提高、交易头寸变化、仓量调整、新法规、新措施的出台等。这些影响证券或期货交易的虚假信息主要是可能对证券、期货交易的价格产生重大影响。

然后是通过各种方式方法散布、传播已编造的虚假信息，扰乱证券、期货交易市场。传播行为方式包括口头传播、通过广播电视传播、网络媒体传播、报纸期刊传播或者散发传单等各种方式。传播需要针对不特定的人或人员固定但为多数的人。传播的后果是使不特定或多数的对象获悉了或可能获悉该虚假信息。

6. 诱骗投资者买卖证券、期货合约罪的主体与行为

诱骗投资者买卖证券、期货合约罪的行为主体是特殊主体，主要包括：证券交易所及其从业人员；证券公司及其从业人员；证券业协会及其工作人员；

证券监管部门及其工作人员；期货交易所、期货公司及其从业人员；期货监管部门及其工作人员；期货业协会及其工作人员。此外，我国内虽然只有上海证券交易所和深圳证券交易所，但还有分布在其他地区、承担着与证券交易所相似功能的机构，如全国证券交易自动报价系统（STAQ 系统）、中国证券交易系统有限公司（NETS）开发并管理的全国交易系统、武汉证券交易中心、天津证券交易中心、海南证券交易中心等。这些系统和中心及其工作人员如果故意实施诱骗投资者买卖证券的行为，则也可以成为本罪的主体。

诱骗投资者买卖证券、期货合约的行为主要表现为通过故意提供虚假信息的方式或者伪造、变造、销毁交易记录的方式，诱骗投资者买卖证券或期货合约。提供虚假信息是诱骗的一种方式。这里的虚假信息主要是可能对投资者的投资判断产生重大影响的信息，比如证券发行人、证券经营机构、专业证券服务机构、证券业自律性组织在向证券监管部门提交的各种文件或报告中就股票发行情况作虚假陈述。

伪造、变造、销毁交易记录是诱骗的另一种方式。因交易记录记载着有关证券、期货交易的情况，投资者需要通过观察该原始凭证来决定是否买卖、投资该品种。因此交易记录的真实性、完整性、准确性必须得到保障，如果被伪造、变造、销毁，则可能成为误导投资者的介质。伪造是按照证券、期货交易记录的样式和数据制作假的交易记录，或者向电脑系统输入假的交易数据，以假充真。变造是在真实的交易记录上通过涂改、剪接、挖补、拼凑等加工方法，或者在电脑上删改交易时间、价格、数量等重要信息，使原交易记录改变其内容。销毁是对交易记录采取撕裂、火烧、水浸、丢弃等方法予以毁灭，或者将电脑系统记录的交易数据删除。而成为被伪造、变造、销毁的交易记录对象多数是有关违法违规交易的记录，比如证券交易所将自营业务与代理业务混合操作的记录。

无论是故意提供虚假信息的行为方式还是伪造、变造、销毁交易记录的行为方式，都是为了达到引诱投资者违背其真实意愿买卖证券、期货合约的目的。诱骗投资者买卖证券合约罪的行为主观方面本身就要求行为人具有欺骗、引诱投资者做出买卖证券、期货的错误判断的目的。

7. 操纵证券、期货市场罪的主体与行为

操纵证券、期货市场罪的主体可以是自然人，也可以是单位。但操纵市场的目的大多是牟利，因此实践中主要是投资者，而且因操纵市场的物质条件限制，一般需要具有资金、持股、持仓或者信息等方面优势的投资主体才可能成为本罪的行为主体。比如，证券公司、期货公司、上市公司、保险公司和各类基金等。并且这些行为主体可能因不当利用自身的优势实施操纵证券、期货市场犯罪。

操纵证券、期货市场罪的行为方式可以是以下一种或多种行为：

第一，联合买卖或连续买卖：通过单独或者合谋，集中自身或几方的资金优势、持股或者持仓优势、信息优势而联合买卖或连续买卖某种证券、期货，操纵证券、期货交易价格或数量。联合买卖常见比如企业高管、金融、新闻等有关部门的人员利用自身的信息优势而联合操纵证券、期货市场；连续买卖即在某个交易日内连续买卖或者在数个交易日内连续买卖。

第二，自买自卖：在自己实际控制的账户之间进行证券交易，或者以自己为交易对象，自买自卖期货合约，进而影响证券或期货交易价格或数量。自买自卖会制造一种成交假象，意在诱导其他投资者跟随买卖，从而抬高或压低交易价格。

第三，串通交易：与另一方事先进行串通，事先约定交易时间、价格和方式，然后待时相互进行证券或期货交易，造成交易活跃的假象来诱导其他投资者跟随买卖，从而影响证券或期货的交易价格或数量。其中有一种比较隐蔽的犯罪行为手段，即分别扮演买方和卖方角色的双方通过相对委托方式，事先约定卖方在某时间以某价格和数量向某证券商发出出售某证券的委托指令，同一时间另一方以相同的价格和数量向另一证券商发出购买某证券的委托指令。然后反复进行这类交易，但每循环一次，都会事先约定抬高或压低一点交易价格，最终达到抬高或压低证券交易价格的目的。最后，一方在价格低位上大量买进，进行建仓；或者另一方在交易价格高位上抛出所持证券，获得巨额差价产生的利润。表面上这种交易方式具有隐蔽性，但实际上会严重损害其他投资者的利益，并扰乱证券或期货市场秩序，因此是违法的。

第四，其他方法：其他方法是除上述三点之外的证券、期货市场已经出现或可能出现的操纵方式，具有兜底性。比如，证券交易所、期货交易所、基金公司的从业人员利用职务便利抬高或压低证券、期货交易价格；证券市场的操纵者利用自身优势将市场上的流通股吸纳集中，集中到卖空者除操纵者之外没有其他来源补回股票的程度时，操纵者就能自行决定证券的价格，此即为轧空。

8. 擅自设立金融机构罪的主体与行为

擅自设立金融机构罪可以由个人构成，也可以由单位构成。单位犯该罪的，实行双罚制，对单位判处罚金，并对其直接负责的主管人员和其他直接责任人员依照自然人触犯该罪的刑罚判处。因此企业可能成为该罪的行为主体。

该罪的行为表现为未经中国人民银行批准，擅自设立商业银行、证券交易所、期货交易所等金融机构，或者这些金融机构的筹备组织。但是，对商业银行、证券交易所、期货交易所、证券公司、期货经纪公司、保险公司或者其他金融机构擅自设立自己的分支机构的行为不能作为犯罪处理。此外，1998 年 7 月 13 日国务院发布的《非法金融机构和非法金融业务活动取缔办法》，对如何认定处理非法金融机构、非法金融活动问题作出了规定。参照这一文件精神，法院在审理有关案件时，应区分情况处理：根据部委、地方政府文件设定的“金融机构”，但未经人民银行批准的仍为非法金融机构。只是对设立非法金融机构的单位和责任人员，不作为擅自设立金融机构罪处理；对其实施的非法金融业务，一般也不作犯罪处理。

9. 高利转贷罪的主体与行为

高利转贷罪的行为主体包括自然人和单位。企业在向银行等金融机构贷款融资和资金使用过程中可能因未将贷款用于法定或约定用途、转贷他人获利而触犯本罪。此外，如果没有贷款业务经营权的金融机构，通过贷款套取有贷款业务经营权的金融机构的资金然后高利转贷他人，也可能成为本罪的犯罪主体。

高利转贷罪的行为表现为套取金融机构的信贷资金然后以高利息转贷他人两个方面。其中，“套取”金融机构信贷资金的行为表现，一般就是虚构事实，伪造理由，谎报借款用途，采取担保贷款或者信用贷款的方式，向金融机构贷得资金。因为我国法律规定企业向金融机构贷款只能用于自身的生产经营活动，并一般只能用于与金融机构所立借款合同中载明的用途。如果企业谎报用途，或者编造虚假的资金用途，本身就是违法的。“信贷资金”则是指金融机构根据央行的有关贷款方针、政策，配套发给农村和城市的用于发展经济和人民生活开支的贷款资金。金融机构的信贷资金来源有：向公众吸收的存款；国家拨付的自有资金；通过拆解得来的资金，包括从中国人民银行贷入的短期贷款、本行系统内借款和金融机构之间的借款。

高利息转贷他人，是指以高于中国人民银行规定的利率上限的利率水平来贷款给他人。此处的他人包括自然人和单位。商业银行必须按照中国人民银行规定的贷款利率的上、下限来确定贷款利率。根据中国人民银行 2012 年 6 月的《关于下调金融机构人民币存贷款基准利率和调整存贷款利率浮动区间的通知》，金融机构贷款利率浮动区间有所放宽，贷款利率下限由基准利率的0.9 倍调整为0.8 倍，个人贷款利率浮动区间的下限仍为基准利率的0.7 倍。因此，高利转贷给他人就是超过中央银行规定的利率标准将套取的信贷资金转贷他人，从利息差中获得利益。

10. 骗取贷款、票据承兑、金融票证罪的主体与行为

该罪的行为主体可以是自然人，也可以是单位。因此，企业作为单位在向金融机构进行贷款融资的过程中可能因采取了欺诈手段而成为本罪的行为主体。此外，银行等金融机构的工作人员可能因与骗取贷款、票据承兑、金融票证罪的人串通或为之提供帮助，而成为本罪的共犯。当然，司法实践中的情形远比上述说法复杂。比如，还需区分银行工作人员是否有决策权。只有在借款人和银行的工作人员共同虚构事实，通过向具有决策权的银行工作人员行骗而获得贷款，没有造成重大损失，只具有“严重情节”的情况下，银行工作人员才与借款人成立骗取贷款罪的共犯。如果上述情况下造成了实际损失，则银行工作人员行为符合违法发放贷款罪的构成特征，构成违法发放贷款罪，只有借款人构成骗取贷款罪。

该罪的行为表现为通过采用欺诈手段取得银行或其他金融机构的贷款、票据承兑、信用证或保函等。其中欺诈手段主要是在申请贷款、票据承兑、金融票证的过程中虚构事实或掩盖真相，骗取银行或其他金融机构的信任。提供或者使用虚假交易项目、证明文件、物权证明等市场交易事实，或者对金融机构隐瞒贷款使用真相等情况，都是欺骗手段。以骗取贷款罪的行为过程为例，其骗取行为的逻辑结构为：借款人实施了欺骗行为，相关银行工作人员陷入了认识错误，并在认识错误的基础上决定向借款人发放贷款，借款人因而取得了贷款，并给银行或者其他金融机构造成重大损失或者有其他严重情节。这里，借款人的欺骗行为与取得贷款以及造成的贷款风险之间应具有刑法上的因果关系。①

---

① 孙国祥：《骗取贷款罪司法认定中的三个问题》，载《政治与法律》2012 年第 5 期。

该罪的行为主观方面是故意。需要注意的是，其中分罪名骗取贷款罪虽然与贷款诈骗罪一样使用了欺诈手段，但不同于贷款诈骗罪的地方是该罪不要求有非法占有该资金的目的，一般行为人主要是通过骗取贷款等来谋取利益。如果是非法占有的目的，则自然人可能触犯的是贷款诈骗罪，单位可能触犯的是合同诈骗罪或其他犯罪。

11. 伪造、变造金融工具犯罪的主体与行为

伪造、变造金融票证罪，伪造、变造国家有价证券罪，伪造、变造股票、公司、企业债券罪三罪均可以是自然人犯罪，也可以是单位犯罪。企业需要防范该三罪。

伪造、变造金融票证罪的行为可表现为如下几种或一种：伪造、变造本票、支票、汇票；伪造、变造委托收款凭证、汇款凭证、银行存单等其他银行结算凭证；伪造、变造信用证或者随附的单据文件；伪造信用卡。伪造、变造的方式与我们前文在第八章讲解“诱骗投资者买卖证券、期货合约罪”时讲解的一样，伪造即行为人仿照真实的金融票证的形式、图案、颜色、格式，通过印刷、复印、拓印、绘制等制作方法，非法制造金融票证。变造则是指行为人在真实的金融票证的基础上或者以真实票据为基本材料，通过剪接、挖补、覆盖、涂改等方法，对其主要内容，非法加以改变。

伪造、变造国家有价证券罪的行为表现为伪造、变造国库券或者国家发行的其他有价证券。伪造、变造股票、公司、企业债券罪的行为表现为采用伪造的手段制作假的股票、公司、企业债券，或者将真实的股票、公司、企业债券进行变造，改变其主要内容。伪造、变造的方式与上文的解说相同。

12. 集资诈骗罪的主体与行为

集资诈骗罪的主体亦包括单位和自然人。实践中本罪行为人呈现单位化趋势，但个人以单位名义实施该犯罪的情况也很常见。比如，一些行为人为实施集资诈骗行为而特意成立某企业，然后以该企业名义进行集资诈骗活动。还有一些人直接盗用某企业的名义实施集资诈骗行为，集资得来的款项由参与的自然人私分。也有一些企业虽然成立的目的是正当的，但成立后将原有的主要经营业务转为实施非法集资的业务。这些集资诈骗活动法律都已规定视为自然人实施的犯罪活动。但是，单位涉足集资诈骗犯罪的情况也是不鲜见的，因此单位需提高警惕。

集资诈骗罪的行为构成包括使用诈骗方法和非法集资两方面。诈骗方法是指以虚构事实，隐瞒真相的手段，采取虚构集资用途，以虚假的证明文件高回报率为诱饵，骗取不特定多数人的资金的手段。非法集资是指未经有权机关批准即擅自向社会公众募集资金，包括经批准但超范围和超种类募集，以及经批准后被撤销仍募集的情形。向社会公众非法募资需要骗取公众的信任，因此集资诈骗犯罪行为常常需要以合法形式掩盖非法集资的目的，利用部分公众的无知和获利心理，在没有获得向公众募集资金权利的情况下就违法向社会不特定对象募集资金。

集资诈骗罪也是比较高发的犯罪，实践中已经出现过各种各样的行为手段和方式。常见的情形比如：（1）利用民间会社等组织的名义或者建立地下钱庄暗中操作非法集资的程序；（2）以加盟、分销、反租、回购与转让、发展会员、积分法等方式掩盖非法集资的真相；（3）借项目开发、庄园开发、生态环保项目投资等名头将集资活动在熟人与熟人之间铺展开来，以高利息和连环套式付息为诱饵迷惑投资者；（4）以吸纳投资、委托经营、到期回购等方式利用现代网络技术创造的电子商铺、电子百货、e圈等“虚拟”市场诈骗集资；（5）利用互联网设立虚拟投资基金，利用电子黄金投资等方式掩盖非法集资的目的。

同时，集资诈骗犯罪的主观方面是故意，并具有非法占有集资款的目的。如以非法占有为目的而非法集资，或者在非法集资过程中产生了非法占有他人资金的故意，均可认定为具备主观目的条件。然而，非法占有的目的是一种主观思想，很难为外界认知，一般需要通过行为人的客观行为表现来分析。但是，我们不能仅凭行为人具有较大数额的非法集资款不能返还的情节，即推定行为人具有非法占有的目的。而如果行为人将大部分资金用于投资或生产经营活动，将少量资金用于个人消费或挥霍的，也不应仅以此便认定其为非法占有的目的。

13. 非法吸收公众存款罪的主体与行为

非法吸收公众存款罪的行为主体既包括单位，也包括个人。因为我国只有依法设立的商业银行、城市信用合作银行、农村信用合作社等金融机构才有权经营公众存贷业务，其他单位均不能经营存贷业务。即使是典当行、保险公司、证券公司、金融租赁公司等，都没有经营公众存贷业务的权利。无权经营吸收公众存款业务的企业如果越权从事存贷业务，即可能触犯非法吸收公众存款或者变相吸收公众存款犯罪。因此，需提醒无权经营存贷业务的企业注意防范此罪风险。

该罪的行为表现即是行为人实施了非法吸收公众存款或者变相吸收公众存款的行为。实践经验来看，该罪常常采用提高或者变相提高利率的方式吸收和变相吸收公众存款。随着人们认知水平的提高和国家打击力度的增强，传统直观的吸收公众存款的方法已经不能奏效，行为人只能更多地采取隐名的、遮掩的变相吸收公众存款的方法。比如，从传统的地下钱庄、民间互助会、地下投资公司渐渐被取缔，到借助合法成立的基金公司、投资公司之名义采用集资入股、无风险高回报率的投资方式变相吸收公众存款。

需要注意，在该罪实施过程中，虽然行为人时常编造虚假理由，企图掩盖真相，但从该罪的犯罪构成的要求来看，并不以使用诈骗手段为要件。实际上，行为人没有使用诈骗手段也可实施非法吸收公众存款的行为。

（二）企业投融资环节的刑事法律风险预警

企业投、融资环节的刑事风险提示旨在从主体和行为角度警示各罪的主体切勿实施符合各罪犯罪构成的行为，避免出现各类刑法所规制的犯罪行为。但有些行为其实还不一定构成犯罪，罪与非罪的界限主要还是通过犯罪行为后果和立案标准来划定的。因此，我们将从行为后果和立案标准的角度来建立企业投、融资环节各罪的预警机制。此外，我们将通过说明重罪标准拉起重罪与轻罪的警戒线。

1. 擅自发行股票、公司、企业债券罪和欺诈发行股票、债券罪

（1）行为后果

擅自发行股票、公司、企业债券罪和欺诈发行股票、债券罪均属于结果犯，因此认定该二罪，要求行为人的擅自发行行为或欺诈发行行为必须造成了不能及时清偿或清退等严重后果。严重后果的要求也是罪与非罪的界限。因此，从该二罪风险预防的角度来看，如果行为人在擅自发行股票或公司、企业债券和在欺诈发行股票、债券后仍然能够及时清偿或清退，则可不被认为造成了严重后果，也就自然不会被认定为擅自发行股票、公司、企业债券犯罪或欺诈发行股票、债券罪。

（2）立案标准

擅自发行股票、公司、企业债券罪是结果犯，因此认定某行为是否构成该罪还需要查看行为是否满足发行数额、后果和情节三个方面的要求。同时，该

罪的立案标准也包含了发行数额、行为后果和情节三个方面的内容。根据《追诉标准（二）》第34条的规定，该罪的立案追诉标准为：

（1）发行数额在50万元以上；

（2）虽未达到上述数额标准，但擅自发行致使30人以上的投资者购买了股票或者公司、企业债券；

（3）不能及时清偿或者清退；

（4）其他后果严重或者有其他严重情节的情形。

欺诈发行股票、债券罪的追诉也是从行为人欺诈发行股票、债券的数额、行为后果和情节三方面来看的。《追诉标准（二）》第5条明确该罪的立案标准为：

（1）发行数额在500万元以上；

（2）伪造、变造国家机关公文、有效证明文件或者相关凭证、单据；

（3）利用募集的资金进行违法活动；

（4）转移或者隐瞒所募集资金；

（5）其他后果严重或者有其他严重情节的情形。

2. 违规披露、不披露重要信息罪

违规披露、不披露重要信息罪的认定还需要从不披露、违规披露行为的严重后果来分析，严重后果体现在造成股东、债权人或者其他人经济损失、虚增或者虚减资产或利润等方面，具体何为“严重后果”还需看立案标准。定罪或者立案标准明确为我们拉起了犯罪的警戒线。根据《追诉标准（二）》第6条的规定，违规披露、不披露重要信息罪的追诉标准为：

（1）造成股东、债权人或者其他人直接经济损失数额累计在50万元以上；

（2）虚增或者虚减资产达到当期披露的资产总额30%以上；

（3）虚增或者虚减利润达到当期披露的利润总额30%以上；

（4）未按照规定披露的重大诉讼、仲裁、担保、关联交易或者其他重大事项所涉及的数额或者连续12个月的累计数额占净资产50%以上；

（5）致使公司发行的股票、公司债券或者国务院依法认定的其他证券被终止上市交易或者多次被暂停上市交易；

（6）致使不符合发行条件的公司、企业骗取发行核准并且上市交易；

（7）在公司财务会计报告中将亏损披露为盈利，或者将盈利披露为亏损；

（8）多次提供虚假的或者隐瞒重要事实的财务会计报告，或者多次对依法应当披露的其他重要信息不按照规定披露；

（9）其他严重损害股东、债权人或者其他人利益，或者有其他严重情节的情形。

3. 内幕交易、泄露内幕信息罪

内幕交易、泄露内幕信息罪的认定还要求具有“情节严重”的行为后果，“情节严重”的理解可以参照该罪的立案标准：（1）证券交易成交额累计在50万元以上；（2）期货交易占用保证金数额累计在30万元以上；（3）获利或者避免损失数额累计在15万元以上；（4）多次进行内幕交易、泄露内幕信息；（5）其他情节严重的情形。

4. 编造并传播证券、期货交易虚假信息罪

编造并传播证券、期货交易虚假信息罪也是结果犯，要求出现投资者较大经济损失、证券、期货交易价格和数量异常波动等严重后果才能认定为触犯本罪。根据《追诉标准（二）》第37条的规定，编造并且传播影响证券、期货交易的虚假信息，扰乱证券、期货交易市场，涉嫌下列情形之一的，应予立案追诉：

（1）获利或者避免损失数额累计在5万元以上；

（2）造成投资者直接经济损失数额在5万元以上；

（3）致使交易价格和交易量异常波动；

（4）虽未达到上述数额标准，但多次编造并且传播影响证券、期货交易的虚假信息；

（5）其他造成严重后果的情形。

从上述立案标准来看，本罪的入罪门槛比较低，企业要防范该罪，还是从避免出现编造、传播行为的角度展开更有效。另外，该罪的立案标准也规定了其他造成严重后果的情形，但并未明确所谓的“其他严重后果”具体何指，这对行为人来说是缺乏指导意义的。

5. 诱骗投资者买卖证券、期货合约罪

诱骗投资者买卖证券、期货合约罪也是结果犯，要求行为人的诱骗行为造成经济损失，或者造成证券、期货交易价格和数量异常波动等严重后果。该罪

的立案标准或追诉标准体现在《追诉标准（二）》第38条，与上文编造并传播证券、期货交易虚假信息罪的立案标准相比只是少了第四种情形："虽未达到上述数额标准，但多次编造并且传播影响证券、期货交易的虚假信息"，读者可参考上文。

此外，诱骗投资者买卖证券、期货合约罪还有一个重罪情节，即"情节特别恶劣"。但何为"情节特别恶劣"，或者说该重罪情节对应的重罪标准为何，目前还没有相应的司法解释予以说明。

6. 操纵证券、期货市场罪

操纵证券、期货市场罪是新兴的罪名，随着证券、期货市场的活跃，该罪的行为表现呈现多样化趋势，对其规制也需要比较复杂的设计。该罪也是情节犯，主要从成交量累计达到的该证券或者期货合约同期总成交量、买进、卖出证券、期货合约的数量和占比、操纵证券交易价格或者证券交易量等方面的情况来认定严重后果的。

根据《追诉标准（二）》第39条的规定，操纵证券、期货市场，涉嫌下列情形之一的，应予立案追诉：

（1）单独或者合谋，持有或者实际控制证券的流通股份数达到该证券的实际流通股份总量30%以上，且在该证券连续20个交易日内联合或者连续买卖股份数累计达到该证券同期总成交量30%以上的；

（2）单独或者合谋，持有或者实际控制期货合约的数量超过期货交易所业务规则限定的持仓量50%以上，且在该期货合约连续20个交易日内联合或者连续买卖期货合约数累计达到该期货合约同期总成交量30%以上的；

（3）与他人串通，以事先约定的时间、价格和方式相互进行证券或者期货合约交易，且在该证券或者期货合约连续20个交易日内成交量累计达到该证券或者期货合约同期总成交量20%以上的；

（4）在自己实际控制的账户之间进行证券交易，或者以自己为交易对象，自买自卖期货合约，且在该证券或者期货合约连续20个交易日内成交量累计达到该证券或者期货合约同期总成交量20%以上的；

（5）单独或者合谋，当日连续申报买入或者卖出同一证券、期货合约并在成交前撤回申报，撤回申报量占当日该种证券总申报量或者该种期货合约总申报量50%以上的；

（6）上市公司及其董事、监事、高级管理人员、实际控制人、控股股东或者其他关联人单独或者合谋，利用信息优势，操纵该公司证券交易价格或者证券交易量的；

（7）证券公司、证券投资咨询机构、专业中介机构或者从业人员，违背有关从业禁止的规定，买卖或者持有相关证券，通过对证券或者其发行人、上市公司公开作出评价、预测或者投资建议，在该证券的交易中谋取利益，情节严重的；

（8）其他情节严重的情形。

同时，该罪还有一个重罪情节，即“情节特别严重”。但该重罪情节并没有司法解释予以具体明确。一般认为，行为人操纵证券、期货市场的行为如果造成证券、期货价格暴涨暴跌，严重影响证券、期货市场交易秩序；给公众投资者造成特别巨大损失的；行为人违法所得或者避免损失数额特别巨大的，这些情节可能会被认为属于“情节特别严重”。但该说法仍然欠具体，也就缺乏可操作性。

7. 擅自设立金融机构罪

从刑法的规定来看，擅自设立金融机构罪属于行为犯，只要实施了擅自设立金融机构的行为，即可能被认定为该罪。其立案标准也体现了这一点。《追诉标准（二）》第24条规定该罪的立案标准为：擅自设立商业银行、证券交易所、期货交易所、证券公司、期货公司、保险公司或者其他金融机构；擅自设立商业银行、证券交易所、期货交易所、证券公司、期货公司、保险公司或者其他金融机构筹备组织。

此外，该罪还有一个重罪情节，即“情节严重”。

8. 高利转贷罪

高利转贷罪也是结果犯，该结果主要体现为转贷所得的违法获利金额多少。“违法所得数额较大”是定罪标准，但数额较大的具体标准还要看《追诉标准（二）》。此外，定罪标准还包括因高利转贷受过两次行政处罚又实施该行为的情形。《追诉标准（二）》第26条明确了高利转贷罪的立案标准为：

（1）高利转贷，违法所得数额在10万元以上的；

（2）虽未达到上述数额标准，但两年内因高利转贷受过行政处罚二次以上，又高利转贷的。

高利转贷还有一个重罪标准，即“数额巨大”的重罪情节。但该重罪标准只适用于自然人犯该罪。

9. 骗取贷款、票据承兑、金融票证罪

骗取贷款、票据承兑、金融票证罪属于情节犯，出现“给银行或者其他金融机构造成重大损失或者有其他严重情节”时即可能被认定为本罪。何为“给银行或者其他金融机构造成重大损失或者有其他严重情节”，在其立案标准进行了细化。《追诉标准（二）》第27条，以欺骗手段取得银行或者其他金融机构贷款、票据承兑、信用证、保函等，涉嫌下列情形之一的，应予立案追诉：

（1）以欺骗手段取得贷款、票据承兑、信用证、保函等，数额在100万元以上的；

（2）以欺骗手段取得贷款、票据承兑、信用证、保函等，给银行或者其他金融机构造成直接经济损失数额在20万元以上的；

（3）虽未达到上述数额标准，但多次以欺骗手段取得贷款、票据承兑、信用证、保函等的；

（4）其他给银行或其他金融机构造成重大损失或者有其他严重情节的情形。

我国《刑法》还给骗取贷款、票据承兑、金融票证罪规定了一个重罪情节，即给银行或者其他金融机构造成特别重大损失或者有其他特别严重情节。重罪情节是相对于定罪情节来规划的，但目前没有相关的司法解释对该重罪情节进行说明，也就不能明确该重罪具体标准。

10. 伪造、变造金融工具类犯罪

从这里所说的金融工具，包括三个方面：一是金融票证，如汇票、本票、支票等结算凭证，以及信用卡；二是有价证券，包括国库券和国家发行的其他有价证券；三是股票和公司、企业债券。《刑法》规定来看，伪造、变造金融票证罪也属于行为犯，只要认定实施了该行为即可以定罪。但实际上司法解释对该罪的立案标准的规定有金额和数量上的限制。该罪的立案标准为：（1）伪造、变造汇票、本票、支票，或者伪造、变造委托收款凭证、汇款凭证、银行存单等其他银行结算凭证，或者伪造、变造信用证或者附随的单据、文件，总面额在1万元以上或者数量在10张以上；（2）伪造信用卡一张以上，或者伪造空白信用卡10张以上。同时该罪还有两个重罪情节：“情节严重”和“情节特别严重”。

伪造、变造国家有价证券罪属于情节犯，要求“数额较大”的才予以定罪。该罪同时还有两个重罪情节：“数额巨大”和“数额特别巨大”。该罪的立案标准为：伪造、变造国库券或者国家发行的其他有价证券，总面额在2000元以上的，应予立案追诉。

伪造、变造股票、公司、企业债券罪也属于情节犯，后果达到“数额较大”才认定构罪。该罪也有一个重罪情节，即“数额巨大”。该罪的立案标准为：（1）发行数额在50万元以上；（2）虽未达到上述数额标准，但擅自发行致使30人以上的投资者购买了股票或者公司、企业债券；（3）不能及时清偿或者清退；（4）其他后果严重或者有其他严重情节的情形。

11. 集资诈骗罪

集资诈骗犯罪的行为后果要求出现“数额较大”的情节。同时，从《追诉标准（二）》第49条的规定来看，该罪的认定还区分了个人和单位集资的不同后果，具有科学性：以非法占有为目的，使用诈骗方法非法集资，涉嫌下列情形之一的，应予立案追诉：

（1）个人集资诈骗，数额在10万元以上的；

（2）单位集资诈骗，数额在50万元以上的。

该罪还有两个重罪情节：数额巨大或者有其他严重情节，数额特别巨大或者有其他特别严重情节。重罪情节的存在，一方面有利于区分不同情节下的犯罪行为，加大对该罪的打击力度；另一方面也说明现实中集资诈骗犯罪的大量发生，确实需要精细化的规制办法。需要规避此罪风险的企业要注意尽量避免出现可能引起集资诈骗风险的行为和重罪情形，更要避免重罪情节的发生。

12. 非法吸收公众存款罪

非法吸收公众存款罪也是情节犯，体现在非法或变相吸收的公众存款金额上。从《追诉标准（二）》第28条的规定来看，单位和个人的不同行为后果可能招致的处罚也不一样。非法吸收公众存款或者变相吸收公众存款，扰乱金融秩序，涉嫌下列情形之一的，应予立案追诉：

（1）个人非法吸收或者变相吸收公众存款数额在20万元以上的，单位非法吸收或者变相吸收公众存款数额在100万元以上的；

（2）个人非法吸收或者变相吸收公众存款30户以上的，单位非法吸收或者变相吸收公众存款150户以上的；

（3）个人非法吸收或者变相吸收公众存款给存款人造成直接经济损失数额在10万元以上的，单位非法吸收或者变相吸收公众存款给存款人造成直接经济损失数额在50万元以上的；

（4）造成恶劣社会影响的；

（5）其他扰乱金融秩序情节严重的情形。

同时，该罪还有一个重罪情节，即数额巨大或者有其他严重情节。但是何为“数额巨大或者有其他严重情节”，则还需司法解释加以明确。我们可查的是最高人民法院发布的、2001年1月20日开始实施的《全国法院审理金融犯罪案件工作座谈会纪要》（法〔2001〕8号）关于非法吸收公众存款罪的说明：个人非法吸收或者变相吸收公众存款100万元以上，单位非法吸收或者变相吸收公众存款500万元以上的，可以认定为“数额巨大”。上述《全国法院审理金融犯罪案件工作座谈会纪要》同时解释说：由于各地经济发展不平衡，各省、自治区、直辖市高级人民法院可参照上述数额标准或幅度，根据本地的具体情况，确定在本地区掌握的具体标准。

（三）企业投、融资环节刑事法律风险监管

企业投、融资环节刑事法律风险的防范体系还应该包括外部力量对企业的风险监管和企业的自我防范。

1. 发行股票、公司、企业债券环节

发行股票、债券是很多企业所青睐的融资方式，但国家对企业发行这些证券的限制条件也比较多。因为发行股票、债券不仅仅是企业的融资行为，而且是广大投资者的投资行为。融资企业要对投资者负责，发行股票要定期付给股东红利，发行债券要按时归还本金及其利息，而这有赖于发行公司、企业生产经营管理及其经济效益的好坏，因而具有一定的风险性。为控制投、融资各方的风险，保障证券市场的稳定秩序，国家证券监督管理机构、国家发展和改革委员会与中国人民银行（后二者联合对中央企业发行债券进行审核）等相关监管组织必须履行自己的监管职责，不可放松对企业提交的申请材料的审核。监管组织必须依职权对发行人提交的文件和是否具备发行条件进行实质审核，对不符合条件的发行人坚决不予核准。

对企业自身来说，要规避股票、债券发行过程中的风险，也需要进行风险内控。企业要结合自身的性质，了解发行证券的法定条件和程序要求，衡量自

己是否具备发行资格和条件。如果不具备条件，切不可冒进，擅自发行或采取欺骗的手段发行证券，置自己于风险境地。此外，企业也需要紧跟法律的变化，因法律规定的更新也会导致证券发行的条件和程序规定发生变化。比如，1994年6月19日之前企业依法可以发行内部职工股，经国家有关部门批准后可向本公司职工定向发行股票，募集资金。但1994年6月19日国家经济体制改革委员会发布的《关于立即停止审批定向募集股份有限公司并重申停止审批和发行内部职工股的通知》，自此企业就不能再发行内部职工股了，否则可能触犯擅自发行股票罪。

2. 信息披露环节

重要信息披露义务是上市公司和债券上市交易的公司、企业必须履行的，需要企业自身的主观能动性。而且，需要披露的重要信息很多，企业自身需要建立或完善相应的信息披露管理制度才能履行好这项义务。企业必须明确：自身应当披露哪些信息，应当坚持什么原则和标准进行信息披露；重要信息披露的流程，负有信息披露义务的企业内部事务管理部门及其负责人在信息披露中的职责；需要保密的信息范围和相应负有保密义务的人员范围、未公开信息的保密办法，等等。信息披露制度的构建有利于企业防范信息披露环节的刑事风险，但更重要的是，企业必须严格执行制度，遵循信息披露的原则，切实履行对应义务。当然，相关的证券、期货监管部门如交易所也负有一定的监管义务，这些组织和机构要履行好自己的监管职责，维护市场秩序的稳定。

3. 证券和期货上市交易环节

证券、期货交易环节是企业证券上市发行后的接续过程，其间可能引发内幕交易、泄露内幕信息罪、编造并传播证券、期货交易虚假信息罪、诱骗投资者买卖证券、期货合约罪和操纵证券、期货市场罪等多种刑事法律风险。而这类犯罪风险其实都不是企业应当履行某种义务但不履行造成的，而是企业故意制造的事端。因此，企业要防范这些犯罪风险，最简单的说法就是企业要拘束自己扰乱证券、期货市场的野心，控制自己不正当途径谋取利益的欲望。同时，证券交易环节既是作为融资者的企业必须警惕的，也是作为投资者的企业必须关注的，避免自身成为受害者。

比如，操纵证券、期货市场是一场利益与力量的较量，操纵者的资金优势、持股或持仓优势、信息优势是其能够操纵市场的先决条件。而其中信息优势很多是企业内部信息保密失控导致的，因此企业需要做好自身的信息保密工作，可以起到控制操纵市场犯罪风险的作用。而企业作为单位编造并传播证券、期货交易虚假信息可能导致证券、期货市场的价格波动，对证券、期货市场的影响也会比较大，但在市场机制越来越成熟的当下，要切实造成对市场的破坏，也不是那么容易的。企业无论是作为投资者还是融资者，都需要对有关的证券、期货交易信息提高甄别能力，保持必要的投、融资理性，在决策之前先对相关信息进行核实。

当然，如果企业作为投资者，则更需要详细了解自己拟投资的证券有关信息，对财务报告、公司基本情况等信息进行必要的核实后才将其作为投资决策的依据。而面对一些为企业投资决策提供中介服务的证券商，也需要更多地考虑其提供的信息是否真实，是否有夸大或隐瞒情形。因为，现实中证券商为促成证券交易获得佣金，难免吹嘘、夸大事实，从而会对投资者造成误导和损失，而证券商又能以约定违法、风险自负为由推脱自身的责任。所以，投资企业必须选择可靠的证券商，并对所有外部和内部获得的信息进行鉴别。

此外需要提醒注意的是，企业内控制度从企业成立之初就是必要的，而在防范企业破坏金融管理秩序犯罪风险上，特别是防范内幕交易、泄露内幕信息犯罪上尤为必要。比如，内幕交易的外部监管只是事后的，而此时严重后果已经发生，惩罚于事无补。只有企业自身的有效内部控制，才能有效遏制犯罪。内控制度严密、治理水平高的公司能够弱化、控制内幕主体的行为倾向。内控制度包括信息保密制度、信息披露制度、企业的治理和激励机制等。内幕交易和泄露内幕信息罪的行为主体有一类是非法获取证券交易内幕信息的人，对此类人员只要以有效的信息保密制度做好信息保密工作，则一般可以避免该罪。此外，企业完善信息披露制度还需在完善信息披露标准、改革上市公司审计体制、进一步改进中介机构监管等方面努力。

4. 贷款融资环节

贷款融资是大部分企业都需要借用的渠道，但很多企业没有正视该环节潜藏的刑事风险。事实上，一方面，在贷款条件越来越苛刻的背景下，一些企业不惜虚构事实，编造贷款用途，以获得金融机构的贷款或票据承兑等；另一方面，国家也在加大对金融借贷过程中存在的违法行为的打击力度，《刑法修正案（六）》新增骗取贷款、票据承兑、金融票证罪就可见一斑。企业要防范贷款环节的刑事风险，既需要了解并严格遵守法律法规有关贷款的规定，并紧跟立法动态，关注法律的最新规定，增强法律知识，避免因不懂法而违法的情况出现，又应当严格依照法定的条件和程序申请贷款，按照约定的用途使用贷款，并按时偿还本金和利息。

此外，银行等金融机构作为贷款审批的机构，应当履行自己的审批、监管职责，严格审查企业提交的申请文件和申请者的资信状况。依照法律法规和本机构的规章制度发放贷款，避免自身遭受损失。在对企业发放贷款之前，很多金融机构会对借款企业的资信状况进行调查，根据调查报告的结论来评估确定给予该企业的信用等级、授信额度和期限，然后再决定是否给予该企业额度以及借贷金额、利息和期限，以及是否需要提供担保等。这是很好的控制风险的方法。但是还需注意以下一些细节。

一是从企业处获得的有关企业经营情况、经营效益和发展前景、还贷能力等情况需要客观真实，对拟借款企业的资信调查和信用等级评定一定要客观公正，否则依托在虚假的材料上所得出的，或者有失公正的调查、信用评定，都会导致错误的借贷行为。

二是贷款审批过程要严格把关。贷款审批是最后的风险控制环节，因此金融机构内部一般都要组成贷款审查委员会或审查小组，行长或副行长和有关部门负责人参加审查。虽然由行长对贷款的发放和回款负全部责任，但在审贷分离并且贷款分级审批的原则下，实际上贷款调查人员、贷款审查人员、贷款发放人员等都需自行承担各自职责范围内的责任。责任的明晰和落实才能有效控制贷款审批过程中的风险。

三是借贷双方一定要签订借款合同。合同是保护借贷双方权益的武器，无论是贷款方，还是借款企业，都要重视合同的作用，立约守约，才能更好地行使拥有的权利。除了借款合同，一般还会有抵押合同、质押合同、担保合同等从合同，是为执行贷款担保制度、防控贷款方风险所必须的。

四是要做好贷后的跟踪调查工作。为保证资金流向正常和回款顺畅，贷款方要对借款方履行合同的情况、资金使用情况和经营情况进行检查，以及时发现问题及时采取措施，减少损失。

5. 其他投、融资方式

除了证券融资和贷款融资，实际上我国法律当前已经堵死了企业的其他许多融资途径，比如向社会公众直接募集资金，吸收公众存款，都是违法甚至犯罪的行为。欲通过向社会公众直接集资的企业必须认识到，无论是传统直观的非法集资方式，还是变相的吸收公众存款、隐蔽的集资方式，都是不为法律所允许的。即使一些非法集资方式借助公司的名义，行为过程非常长，最后还是免不了被追究责任，比如曾经轰动一时、备受争议的吴英非法集资案。① 因此，即使出现资金链问题的企业也不可不顾刑事风险，不可试探性地铤而走险，企图通过非法集资或非法吸收公众存款的途径解决资金紧张。

而作为投资者的企业在面对以“高额回报”、零风险投资的诱惑时，一定要认清这些所谓的投资项目和投资活动的本质。因为，在国家法律法规和政策之外实施的投资、融资活动都可能最终因违法而被取缔，自身的利益也会无法保障。企业投资时一定要从集资主体是否合法，该集资活动是否获得相关部门的批准，是否是向社会不特定对象募集等方面进行查看，识别集资的性质和目的。如果投资企业选择参与非法集资活动，虽然投入资金行为本身不会受到法律的制裁，但也不会受到法律的保护。也就是说，企业一旦参与非法集资活动，必须自行承担所有的风险，产生纠纷也不能求助于法律的保护。

此外，当前网络众筹的投融资方式比较火爆，但该方式本身存在缺乏规范明确支持、争议较大等缺点，企业如果选择此方式投资或融资，需要注意网络众筹与非法集资犯罪的区别，把控好其中的度，以避免引发非法集资的刑事风险。网络众筹是通过互联网和社交网络平台进行传播，集中社会公众的资金、能力和渠道等资源，为缺乏资金的小企业、创业者或个人的某项目、某创意、某创业提供必要的资金支持。目前网络众筹有债权众筹、股权众筹、奖励众筹和慈善众筹四种形式。无论何种形式的众筹，都应注意以下几点，才能划清众筹与非法集资的界限：第一，项目发起人应具备一定的资质，提供的对外信息必须真实。第二，众筹平台不得提供担保，不得归集资金搞资金池。平台不直接经手归集客户资金，也无权擅自动用在第三方托管的资金。同时，众筹平台应规范运作，严格审核项目发起人资质，并尽到一定程度的审核义务。比如，Peer to Peer Lending（P2P）网络借贷平台经营者应尽到借款人身份真实性核查

---

① 《吴英案的来龙去脉》，载凤凰网：http：//news. ifeng. com/opinion/special/wuyingan，最后访问日期：2015 年 9 月 20 日。

义务。而且，债权众筹已经明确规定为银监会监管，因此应主动接受银监会的监管，注意有关规范性文件。股权众筹亦归口为证监会，依法股权众筹应公开募集，并且股东不得超过200人。因此，无论是网络众筹平台企业还是对众筹进行投资的企业，都应当注意不要踩踏上非法集资的红线。

（四）企业投、融资环节的刑事法律风险控制

1. 各罪的法定刑

【擅自发行股票、公司、企业债券罪】《刑法》第179条："未经国家有关主管部门批准，擅自发行股票或者公司、企业债券，数额巨大、后果严重或者有其他严重情节的，处五年以下有期徒刑或者拘役，并处或者单处非法募集资金金额百分之一以上百分之五以下罚金。

单位犯前款罪的，对单位判处罚金，并对其直接负责的主管人员和其他直接责任人员，处五年以下有期徒刑或者拘役。"

【欺诈发行股票、债券罪】《刑法》第160条："在招股说明书、认股书、公司、企业债券募集办法中隐瞒重要事实或者编造重大虚假内容，发行股票或者公司、企业债券，数额巨大、后果严重或者有其他严重情节的，处五年以下有期徒刑或者拘役，并处或者单处非法募集资金金额百分之一以上百分之五以下罚金。

单位犯前款罪的，对单位判处罚金，并对其直接负责的主管人员和其他直接责任人员，处五年以下有期徒刑或者拘役。"

【违规披露、不披露重要信息罪】《刑法》第161条："依法负有信息披露义务的公司、企业向股东和社会公众提供虚假的或者隐瞒重要事实的财务会计报告，或者对依法应当披露的其他重要信息不按照规定披露，严重损害股东或者其他人利益，或者有其他严重情节的，对其直接负责的主管人员和其他直接责任人员，处三年以下有期徒刑或者拘役，并处或者单处二万元以上二十万元以下罚金。"

【内幕交易、泄露内幕信息罪】《刑法》第180条："证券、期货交易内幕信息的知情人员或者非法获取证券、期货交易内幕信息的人员，在涉及证券的发行，证券、期货交易或者其他对证券、期货交易价格有重大影响的信息尚未公开前，买入或者卖出该证券，或者从事与该内幕信息有关的期货交易，或者泄露该信息，或者明示、暗示他人从事上述交易活动，情节严重的，处五年以下

有期徒刑或者拘役，并处或者单处违法所得一倍以上五倍以下罚金；情节特别严重的，处五年以上十年以下有期徒刑，并处违法所得一倍以上五倍以下罚金。

单位犯前款罪的，对单位判处罚金，并对其直接负责的主管人员和其他直接责任人员，处五年以下有期徒刑或者拘役。”

【编造并传播证券、期货交易虚假信息罪；诱骗投资者买卖证券、期货合约罪】《刑法》第181条：“编造并且传播影响证券、期货交易的虚假信息，扰乱证券、期货交易市场，造成严重后果的，处五年以下有期徒刑或者拘役，并处或者单处一万元以上十万元以下罚金。

证券交易所、期货交易所、证券公司、期货经纪公司的从业人员，证券业协会、期货业协会或者证券期货监督管理部门的工作人员，故意提供虚假信息或者伪造、变造、销毁交易记录，诱骗投资者买卖证券、期货合约，造成严重后果的，处五年以下有期徒刑或者拘役，并处或者单处一万元以上十万元以下罚金；情节特别恶劣的，处五年以上十年以下有期徒刑，并处二万元以上二十万元以下罚金。

单位犯前两款罪的，对单位判处罚金，并对其直接负责的主管人员和其他直接责任人员，处五年以下有期徒刑或者拘役。”

【操纵证券、期货市场罪】《刑法》第182条：“有下列情形之一，操纵证券、期货市场，情节严重的，处五年以下有期徒刑或者拘役，并处或者单处罚金；情节特别严重的，处五年以上十年以下有期徒刑，并处罚金：

（1）单独或者合谋，集中资金优势、持股或者持仓优势或者利用信息优势联合或者连续买卖，操纵证券、期货交易价格或者证券、期货交易量的；

（2）与他人串通，以事先约定的时间、价格和方式相互进行证券、期货交易，影响证券、期货交易价格或者证券、期货交易量的；

（3）在自己实际控制的帐户之间进行证券交易，或者以自己为交易对象，自买自卖期货合约，影响证券、期货交易价格或者证券、期货交易量的；

（4）以其他方法操纵证券、期货市场的。

单位犯前款罪的，对单位判处罚金，并对其直接负责的主管人员和其他直接责任人员，依照前款的规定处罚。”

【擅自设立金融机构罪】《刑法》第174条：“未经国家有关主管部门批准，擅自设立商业银行、证券交易所、期货交易所、证券公司、期货经纪公司、保险公司或者其他金融机构的，处三年以下有期徒刑或者拘役，并处或者单处二万元以上二十万元以下罚金；情节严重的，处三年以上十年以下有期徒刑，并处五万元以上五十万元以下罚金。

单位犯前款罪的，对单位判处罚金，并对其直接负责的主管人员和其他直接责任人员，依照第一款的规定处罚。”

【高利转贷罪；骗取贷款、票据承兑、金融票证罪】《刑法》第175条：“以转贷牟利为目的，套取金融机构信贷资金高利转贷他人，违法所得数额较大的，处三年以下有期徒刑或者拘役，并处违法所得一倍以上五倍以下罚金；数额巨大的，处三年以上七年以下有期徒刑，并处违法所得一倍以上五倍以下罚金。

单位犯前款罪的，对单位判处罚金，并对其直接负责的主管人员和其他直接责任人员，处三年以下有期徒刑或者拘役。

以欺骗手段取得银行或者其他金融机构贷款、票据承兑、信用证、保函等，给银行或者其他金融机构造成重大损失或者有其他严重情节的，处三年以下有期徒刑或者拘役，并处或者单处罚金；给银行或者其他金融机构造成特别重大损失或者有其他特别严重情节的，处三年以上七年以下有期徒刑，并处罚金。

单位犯前款罪的，对单位判处罚金，并对其直接负责的主管人员和其他直接责任人员，依照前款的规定处罚。”

【伪造、变造金融票证罪】《刑法》第177条：“有下列情形之一，伪造、变造金融票证的，处五年以下有期徒刑或者拘役，并处或者单处二万元以上二十万元以下罚金；情节严重的，处五年以上十年以下有期徒刑，并处五万元以上五十万元以下罚金；情节特别严重的，处十年以上有期徒刑或者无期徒刑，并处五万元以上五十万元以下罚金或者没收财产：

（一）伪造、变造汇票、本票、支票的；

（二）伪造、变造委托收款凭证、汇款凭证、银行存单等其他银行结算凭证的；

（三）伪造、变造信用证或者附随的单据、文件的；

（四）伪造信用卡的。

单位犯前款罪的，对单位判处罚金，并对其直接负责的主管人员和其他直接责任人员，依照前款的规定处罚。”

【伪造、变造国家有价证券罪；伪造、变造股票、公司、企业债券罪】《刑法》第178条：“伪造、变造国库券或者国家发行的其他有价证券，数额较大的，处三年以下有期徒刑或者拘役，并处或者单处二万元以上二十万元以下罚金；数额巨大的，处三年以上十年以下有期徒刑，并处五万元以上五十万元以下罚金；数额特别巨大的，处十年以上有期徒刑或者无期徒刑，并处五万元以上五十万元以下罚金或者没收财产。

伪造、变造股票或者公司、企业债券，数额较大的，处三年以下有期徒刑或者拘役，并处或者单处一万元以上十万元以下罚金；数额巨大的，处三年以上十年以下有期徒刑，并处二万元以上二十万元以下罚金。

单位犯前两款罪的，对单位判处罚金，并对其直接负责的主管人员和其他直接责任人员，依照前两款的规定处罚。”

【集资诈骗罪】《刑法》第192条：“以非法占有为目的，使用诈骗方法非法集资，数额较大的，处五年以下有期徒刑或者拘役，并处二万元以上二十万元以下罚金；数额巨大或者有其他严重情节的，处五年以上十年以下有期徒刑，并处五万元以上五十万元以下罚金；数额特别巨大或者有其他特别严重情节的，处十年以上有期徒刑或者无期徒刑，并处五万元以上五十万元以下罚金或者没收财产。”

【非法吸收公众存款罪】《刑法》第176条：“非法吸收公众存款或者变相吸收公众存款，扰乱金融秩序的，处三年以下有期徒刑或者拘役，并处或者单处二万元以上二十万元以下罚金；数额巨大或者有其他严重情节的，处三年以上十年以下有期徒刑，并处五万元以上五十万元以下罚金。”

2. 各罪的风险控制

从上述列明的企业投、融资环节可能出现的各罪可见，国家严厉打击这些犯罪行为。首先，扰乱金融管理秩序罪中擅自设立金融机构罪、伪造、变造金融票证罪等属于行为犯，一旦擅自设立金融机构和伪造、变造金融票证，就很可能被认定触犯此罪。因此，对企业来说，在相关行为已经实施的前提下要控制此罪的风险相当困难，只有将风险防控的时点提前，比如在行为准备过程中，或者行为实施的过程中就主动停止自己的错误行为，才能有效防控。好在如擅自设立金融机构罪，伪造、变造金融票证罪一般前期准备工作和行为实施过程都比较长，客观上存在企业可以控制这些犯罪风险的时间段。

同时我们可以看出，部分犯罪属于情节犯或结果犯，只有在出现数额巨大、严重情节或者严重后果时才可能被立案追诉，这就为企业在出现该罪的刑事风险时进行风险控制提供了条件。而且，从司法实践的情况来看，司法鼓励行为人的自我悔罪、事中控制危害后果、事后补救措施。比如骗取贷款、票据承兑、金融票证罪，对于虽然采用欺骗手段从银行获取贷款的，但如果数额不大，或者虽然数额较大但在案发前已经向银行归还了贷款或者在案发后立即归还了贷款的，可以认为不属于“其他严重情节”。此时如果银行也不存在较大损失，则可能不被认定为骗取贷款、票据承兑、金融票证犯罪。

又如，擅自发行股票或者公司、企业债券罪的犯罪认定上有要求导致不能及时清偿或清退的严重后果，量刑轻重也取决于该后果的严重程度。如果行为企业在实施擅自发行行为之后，能够竭尽全力进行清偿或清退，则很可能能够获得减轻处罚。再如，违规披露、不披露重要信息罪的定罪和量刑要求不履行重要信息披露义务严重损害股东或者其他人的利益，或者有其他严重情节，行为人如果能够及时悔罪，采取补救措施，如更正信息，尽快披露应当披露的重要信息，帮助债权人、股东等挽回经济损失，则能够帮助行为人从轻或减轻处罚。

最后，内幕交易、泄露内幕信息罪要求行为人明知属于内幕信息而故意根据该信息买卖证券或进行期货交易，并且具有为自己或他人牟取非法利益的目的。如果行为人并非明知属于内幕信息，或者不具有牟利的目的，则也可不被认定构成此罪。而司法机关要证明行为人的犯罪故意和目的具有一定难度，这就为企业控制此罪的司法认定风险提供了一个突破的途径。该罪的其他可辩点是，内幕交易、泄露内幕信息罪的认定一直存在一些司法上的困境。比如，行为人所利用的或告知他人的内幕信息是否已经公开。构成本罪，必须是在内幕信息公开之前买卖该证券或进行期货交易，或者故意泄露该信息于第三人。如果行为人利用的是已经公开的信息，则除国家禁止买卖股票、期货的人之外，任何人都可以买卖，也就不存在所谓的内幕交易或泄露内幕信息的行为了。又如，行为人对内幕信息是否知情是界定罪与非罪的重要点。如果行为人确实不知道内幕信息，只是运用公开的信息、资料作出的分析和推测后买卖证券、进行期货交易，则也不能认定犯罪存在。因此，企业在刑事风险出现后还可以利用罪与非罪的界限问题进行风险控制。

第九章
CHAPTER 09

企业知识产权保护环节刑事法律风险防控指南

一、企业知识产权保护环节刑事法律风险防控概述

（一）企业知识产权的概念

知识产权，是一种无形资产和财富，一般形容为权利人对其所创作的智力劳动成果所享有的专有权利，知识产权法中将知识产权作为商标权、专利权、著作权和商业秘密权、商号权和产地名称标志权等权利的总称。知识产权的概念产生于近代，但是直到21世纪各国内商业竞争的激烈才促使保护知识产权的呼声不断高涨。在知识产权大国甚至知识产权的权利人主导知识产权价值规则的国际经济秩序中，知识产权对于国际间的财富分配越来越具有决定性的意义。[①] 我国知识产权立法相比其他国家较晚，但已形成以《著作权法》《专利法》《商标法》为代表的知识产权法律法规规章及其配套司法解释比较完备的保护体系，对知识产权实行民事、行政、刑事法律多重防护措施。

知识产权的刑事保护，主要是对商标权、专利权、著作权、商业秘密权等重要领域进行保护，体现在侵犯假冒注册商标罪，销售假冒注册商标的商品罪，非法制造、销售非法制造的注册商标标识罪，假冒专利罪，侵犯著作权罪，销售侵权复制品罪，侵犯商业秘密罪等七

---

① 胡云腾：《正确理解知识产权刑法解释　充分发挥刑法的保护功能》，载《人民司法》2005年第1期。

种罪名上。

（二）商标权保护环节的刑事风险

首先我们需要对商标权相关概念有个基本认识。商标是用以区别商品和服务不同来源的商业性标志，由文字、图形、字母、数字、三维标志、颜色组合、声音等或者这些要素的组合构成。而商标权是商标专用权的简称，是指商标主管机关依法授予商标所有人对其注册商标受国家法律保护的专有权，是商标注册人依法支配其注册商标并禁止他人侵害的权利，包括商标注册人对其注册商标的排他使用权、收益权、处分权、续展权和禁止他人侵害的权利。可见商标所有人只有将普通商标注册后才享有相应的商标权。此外还牵涉商标标识的概念。商标标识，是指与商品配套一同进入流通领域的带有商标的有形载体，如酒类商品上的瓶贴；自行车上的标牌，包括注册商标标识和未注册商标标识。但现行刑法只保护注册商标及注册商标标识。

商标权保护环节，企业可能触犯或引发受害风险的是假冒注册商标罪，销售假冒注册商标的商品罪，非法制造、销售非法制造的注册商标标识罪三种犯罪。其中，假冒注册商标罪是指违反国家商标管理法规，未经注册商标所有人许可，在同一种商品上使用与其注册商标相同的商标，情节严重的行为。刑法规制的是擅自"在同一种商品上使用与其注册商标相同的商标"，其中"与其注册商标相同的商标"之认定，需要适用最高人民法院、最高人民检察院、公安部《关于办理侵犯知识产权刑事案件适用法律若干问题的意见》（法发［2011］3号）第6条：

（1）改变注册商标的字体、字母大小写或者文字横竖排列，与注册商标之间仅有细微差别的；（2）改变注册商标的文字、字母、数字等之间的间距，不影响体现注册商标显著特征的；（3）改变注册商标颜色的；（4）其他与注册商标在视觉上基本无差别、足以对公众产生误导的商标。

国家打击的是擅自在商业活动中使用他人的注册商标于同种商品上的行为，限定行为发生在商业活动中，必然需要出现自己或委托他人对假冒注册商标的商品进行生产、加工、销售等营利活动的情形。如果委托或转委托他人销售假冒注册商标的商品，就可能引发销售假冒注册商标的商品罪。销售假冒注册商标的商品罪则是指销售明知是他人假冒注册商标生产、加工的商品，销售金额在5万元以上的行为，旨在惩罚和防范对假冒注册商标的商品进行销售的行为。

而非法制造、销售非法制造的注册商标标识罪是指伪造、擅自制造他人注册商标标识或者销售他人伪造、擅自制造的注册商标标识的行为。

（三）专利权保护环节的刑事风险

专利既被用来指专利权人对发明创造享有的专利权，又常被用作记载发明创造的专利证书的简称，但更多的还是被用来指发明创造、专利技术。如果按照大多数人的使用习惯，专利是指专利技术，专利权则是法律意义上的权利。的确，专利当指具体的知识产权产品，如按照我国《专利法》，专利是指经法定申请程序后获得国家批准并授权的发明创造，包括发明、实用新型和外观设计。而专利权则是指发明创造人或其权利受让人对特定的发明创造在一定期限内依法享有的独占权。独占权不限于独占实施权、禁止实施权，而且包括许可实施权、转让权、标记权等。当然，专利权人对发明创造的这些独占权需要花费一定的成本去维护。

专利权保护环节，企业可能触犯或被害的犯罪是假冒专利罪，该罪是指违反国家专利法规，假冒他人专利，情节严重的行为。但该罪所规制的范围仅限于我国《专利法》第58条所规定的假冒他人专利的行为，而不包括现实中大量存在的冒充专利行为和专利侵权行为。本罪是新罪名，单位作为此罪的行为主体也是在新《刑法》里增加的规定。

（四）著作权保护环节的刑事风险

著作权也称版权，是作者及其他权利人对文学、艺术和科学作品享有的人身权和财产权的总称。因此，著作权包括著作人格权与财产权两方面的权利。其中著作人格权包括公开发表权、姓名表示权，以及禁止他人以扭曲、变更等不正当方式利用著作损害著作权人名誉的权利。著作财产权是无形的财产权，是基于人类智慧产生的权利，属于人类知识产权的范畴，其含义非常广，包括重制权、公开口述权、公开播送权、公开上映权、公开演出权、公开传输权、公开展示权、改作权、散布权、出租权等。

刑法对著作权的保护主要体现在侵犯著作权罪和销售侵权复制品罪。侵犯著作权罪是以营利为目的，未经著作权人许可，实施侵犯他人的著作权有关行为，违法所得数额较大或者有其他严重情节的情形。而销售侵权复制品罪是接续侵犯著作权的犯罪，指以营利为目的，销售明知是侵犯他人著作权、专有出版权的文字作品、音乐、电视、录像、计算机软件、图书及其他作品以及假冒他人署名的美术作品，违法所得数额巨大的行为。

（五）商业秘密保护环节的刑事风险

现代商业的发达和市场竞争的激烈同时要求法律为商业秘密提供一道保护屏障。商业秘密，依我国《反不正当竞争法》和《刑法》第219条第3款之规定，是指不为公众所知悉、能为权利人带来经济利益、具有实用性并经权利人采取保密措施的技术信息和经营信息。其中权利人是商业秘密的所有人和经商业秘密所有人许可的商业秘密使用人。我国法律意义上的商业秘密既包括生产技巧、工艺秘诀、产品配方、制作工艺或方法这类技术信息，也包括商业经验、产销策略、营业秘密这类营业信息，范围比较广泛。但是，在具体的司法实践中如何认定某信息是否为商业秘密，主要看三性：新颖性、价值性、保密性。新颖性，是指该信息相对于同行业其他信息具有一定的独特性。价值性，是指能为权利人带来经济利益，具有实用价值。保密性则是要求权利人对信息采取相应的保密措施。

刑法对商业秘密的保护主要体现在将侵犯商业秘密的严重行为入罪上，罪名即侵犯商业秘密罪。该罪，是指以盗窃、利诱、胁迫或者其他不正当手段获取权利人的商业秘密，或者非法披露、使用或者允许他人使用其所掌握的或获取的商业秘密，给商业秘密的权利人造成重大损失的行为。当然，侵犯商业秘密的行为人必须出于故意，且一般具有营利目的，但是否具有营利目的不影响该罪的成立。

二、企业知识产权保护环节刑事法律风险防控现状

（一）知识产权犯罪趋势

从法院受理的知识产权犯罪案件来看，自2004年以来知识产权犯罪一直呈增长趋势，2013年受理案件首次出现下降趋势，但2017年案件数量又有所上升。根据最高人民法院披露的数据：2017年，人民法院共新收一审、二审、申请再审等各类知识产权案件237,242件，审结225,678件（含旧存），比2016年分别上升33.50%和31.43%。[①] 未来知识产权犯罪的发展态势仍然不容乐观，

① 《最高法发布2017年知识产权司法保护状况白皮书 新收著作权案增长近六成》，原载于《经济日报》2018年4月19日，转载自：https://baijiahao.baidu.com/s?id=1598187871971973359&wfr=spider&for=pc，最后访问日期：2018年6月6日。

虽然法院受理的该类犯罪案件数量将趋于平稳，但在长时期内难有大幅度下降的趋势出现。而且，由于侵犯企业知识产权犯罪的刑罚整体水平偏低，而办案收起却整体偏长；加之侵犯企业知识产权犯罪的违法成本较低，刑罚尤其是主刑未发挥应有的威慑作用，不能给行为人带来足够的金钱剥夺之苦。①

上述数据亦可见，知识产权保护环节最常见多发的是侵犯商标权的犯罪，比如，假冒注册商标犯罪和销售假冒注册商标的商品罪；其次是侵犯著作权的犯罪。虽然没有企业涉及知识产权犯罪或者受害的数据显示，但很多案例可以给我们肯定的答案，即很多企业曾触犯该类犯罪，亦有不少企业是该类犯罪的受害对象。比如，最高人民检察院发布的2012年度打击侵犯知识产权犯罪十大典型案例，案件受害的对象几乎均为企业。

（二）企业犯罪与被害同样严重

信息爆炸的时代，知识产权成为重要的经济增长点，自然也成为重要的市场主体企业之保护对象。一方面，企业知识产权既成为企业重点研发的资源，又是亟须加强保护的堪比无价的财产性权益。然而，现代企业虽然重视知识产权的研发和应用，深知其对于一个企业的竞争力之决定性作用，和对于企业财富估值之重要性，但对知识产权的保护还是稍显缺乏实际效果。另一方面，我国企业群体中又不乏为营利目的，或者其他非正当目的而不惜侵犯他人的知识产权者。特别是专利权、商标权和商业秘密领域，常常成为知识产权类犯罪的高发地带，犯罪主体也多是企业或者企业相关负责人。从现实案例来看，企业侵犯他人的专利，多是因为谋取经济利益或提高自身的竞争力、市场占有率的动机使然。

（三）商标权保护环节的刑事风险防控现状

商标权保护有专门的《商标法》，亦有《民法》《刑法》等部门法作多重防护。刑法有关侵犯注册商标等知识产权的规范是对商标侵权行为最严厉的制裁和约束，但在司法实践中仍然存在侵犯商标涉及犯罪的案例，亦不乏企业作为该类犯罪的行为人或者受害者的案例。企业在保护商标权方面往往主要依赖国家监管力量，而没有认识到自己作为权利主体应该发挥的积极作用。此外，中国现行刑法对假冒注册商标行为的打击范围明显过于狭小，不仅未将与注册商

---

① 董史统：《运用恢复性司法惩治侵犯企业知识产权犯罪》，载《检察日报》2018年第3版。

标具有相同法律地位的注册服务商标纳入刑法的保护视野，而且对假冒注册商标的行为方式的规定也过于单一，明显不利于保护商标权人和消费者的利益，也无疑不利于对侵犯商标犯罪行为的有效控制。

（四）专利权保护环节的刑事风险防控现状

美国总统林肯曾有言：“专利制度是为天才之火增加利益之油。”专利制度是国际上通行的一种利用法律和经济的手段推动技术进步的管理制度，我国《专利法》是专门规定专利申请、审批和专利权的保护等专利管理事项的法律，在保护专利权人的合法权益和鼓励、推动发明创造方面发挥着重要作用。违反专利法规，假冒他人专利的专利侵权行为规制会上升到刑法层面。但是，刑法只有假冒专利罪，而对于未取得专利权却冒充专利的行为及其他专利侵权行为则不受刑法调整。然而，单是假冒专利的犯罪行为就足已让防范人头疼了。大量存在的严重侵犯专利权的案例特别是企业作为犯罪受害者的案例说明，专利权的刑事风险防控力度还有待加强。但是，专利受害的风险防范本身具有被动性，受害者缺乏法律保护意识或者因缺乏专业法律知识更使维权行动变得滞后，客观上也增加了风险防范的难度。

（五）著作权保护环节的刑事风险防控现状

著作权的保护是一个古老的话题了，但是直到近代才开始真正进入制度保护的黄金期。而且随着智力产品带来的利益越来越大，版权的保护期也开始逐渐延长。我国当前保护著作权的利器是1991年实施的《中华人民共和国著作权法》，此外还有《计算机软件保护条例》等规范性文件。需要注意的是，著作权本身是一个带有扩张性的名词，著作权的解释呈现扩大范围的趋势，主要是著作权的物质表现形态变得多样化，新事物不断出现。比如，从传统的文字作品、音乐、喜剧、曲艺、杂技等作品，发展到当代的工程设计图、产品设计图，特别是计算机软件的出现，对著作权的领域扩充不断提出新要求。然而，著作权的制度保护具有滞后性，著作权人本身对自身权利的保护意识和知识缺乏，包括刑事风险的防控都并非十分有力。

（六）商业秘密保护环节的刑事风险防控现状

商业秘密是能为企业带来经济利益的信息，几乎是所有正常运营的企业都会涉及的。侵犯商业秘密多为谋取利益，但对受害的企业来说失去的不仅是经济利益，还可能是维系企业发展命脉的重要知识产权。虽然商业秘密的保护在一些企业的重要日常维护工作中有体现，但商业秘密防止被侵犯的难度也非常大，因此侵犯商业秘密的风险防控现状并不是很让人乐观。曾轰动一时广为关注的澳大利亚力拓有限公司驻上海代表处胡士泰等人侵犯商业秘密案①就是代表。

三、企业知识产权保护环节刑事法律风险防控中存在的问题及原因

（一）立法偏差导致防控不利

知识产权领域的犯罪化比刑罚化进程晚，刑罚化体现了国家立法层的关注，但刑罚化并没有能够很好地遏制诸如假冒注册商标、销售侵权复制品等犯罪行为现象化。一方面，刑罚化对立法的要求比较高，如果立法落后于实际需要，或者不能起到应有的作用，当然无法真正起到构建风险防控之网的益处。比如，我们的刑法对知识产权类犯罪的处罚模式也多处采用情节犯或结果犯的处罚模式，多处条文可见“情节严重”“销售金额数额较大”“违法数额较大”“违法数额巨大”，“给权利人造成重大损失”等用以评估犯罪后果和应受处罚的形容词句，在司法实践中必然以这些情节作为认定侵犯知识产权犯罪的标准。但是如此立法并不能给犯罪人和潜在犯罪人以必要警戒。此外，从我国的刑罚制度设计来看，目前知识产权犯罪的刑罚种类仍以自由刑为主，罚金刑为辅，而可以适用的资格刑和没收财产刑则没有得到应有的运用，也就造成我国刑法对知识产权犯罪的打击手段过于狭窄。因此，当前商标侵权和犯罪依然猖獗，究其原因除了经济利益的因素以外，还有刑法对该类犯罪的立法相对滞后，执法措施不力，知识产权的保护意识较差等原因。

（二）客观和主观原因导致执法不力

知识产权就像是一块肥肉，企业的知识产权更是如此，眼馋的非常多，极可能遭受外界各种力量的伤害，明的暗的伤害行为都存在，而且常发生跨地域性的侵权事件，在客观上导致企业防范的难度比较大。对物质财产的侵害一般表现为非法占有和毁损，对无形财产的外表侵害则表现为剽窃和假冒，而犯罪

---

① 《力拓案一审宣判胡士泰被判 10 年　非国家工作人员受贿罪及侵犯商业秘密罪成立》，载法制网：http：//www. legaldaily. com. cn/bm/content/2010 -03/30/content_2098051. htm，最后访问日期：2016 年 6 月 10 日。

手段比其他物质类犯罪的手段更为狡猾、隐蔽。总之，因知识产权具有不同于人格权、健康权等人身权利和物权、债权等财产权利的性质和特征，其特征更多地体现为易被侵害性、专业性、技术含量高，而侵犯知识产权的行为方式也多智能和隐蔽，都无形中增加了相关案件的查办难度，如证据的发现、固定和收集的难度。即使被查获，也常常因难以查清其非法经营数额和违法所得数额而难以追究其刑事责任。

当然，知识产权犯罪风险防范的难度不仅因上述的客观原因所致，而且也存在主观原因。比如，知识产权类侵权随处可见，仿制名牌商品进行销售人们已经见多不惊，但却表明大量存在一般性的知识产权违法案件没有得到有效控制的事实与现象，知识产权执法部门存在失职，对其缺乏有效的惩治手段。而轻微的违法行为一旦泛滥，极易演化发展为严重的应受刑罚处罚的犯罪行为。虽然将犯罪行为进行刑罚规制不是遏制犯罪的最有效手段，但如果严重的犯罪行为得不到相对应的报应和惩罚，肯定会导致跟风式的犯罪行为大量涌现。因此，知识产权执法部门的执法效果不理想，该类犯罪难免猖獗，也就导致企业防控该类风险的难度加大。

（三）企业风险防控意识和能力薄弱

知识产权犯罪是科技含量高的现代性犯罪，因而在防控这些犯罪方面，客观上的确具有一定的难度。但不得不说主观方面也存在不足。侵犯专利、假冒注册商标或者销售假冒注册商标的商品罪、侵犯商业秘密的行为在企业之中是比较常见的，知识产权类犯罪虽然不是自诉犯罪，但一般只是到了比较严重的程度或者受害人报案、检举揭发行为人才可能被揪出来追究责任。而被害人还常常需要提供一些受害的基本证据，证明自己的损失才可能成功报案。对于受害企业来说，被侵犯知识产权可能遭受的损失是不可估量的，只有防范于未发生之际，才是划算的。然而，我国市场主体和权利人明显缺乏知识产权领域的风险防控意识，不注重事前的防范。

此外，知识产权防控能力也是深刻影响风险防控效果的重要因素，在具备刑事风险防控意识的条件下，还需要将意识转化为防控能力。知识产权领域的刑事风险防控需要将知识产权的知识与法律相结合。知识产权具体体现为发明创造、作品、商业秘密、商标等，而其本质其实就是信息，也就自然具有信息的无形性、流动性、非消耗性等属性。在信息大爆炸的时代，法律对信息的保护就需要将法律与信息的知识进行文理结合，才能更好地起到保护作用。但是，实践中企业自身很少会配备专业的风险防范人员，更谈不上配备专业的知识产权刑事风险防范人员。即使有些企业聘请了法律顾问，也不能很好地避免知识产权刑事风险的爆发。

四、企业知识产权保护环节刑事法律风险防控的具体举措

（一）企业知识产权保护环节刑事法律风险提示

1. 知识产权类犯罪的主体

从刑法的规定来看，知识产权领域所涉七个犯罪，假冒注册商标罪，销售假冒注册商标的商品罪，非法制造、销售非法制造的注册商标标识罪，假冒专利罪，侵犯著作权罪，销售侵权复制品罪，侵犯商业秘密罪，行为主体均为一般主体，包括单位和自然人，任何企业、事业单位或者个人实施相关行为的均可成立犯罪。并且，单位实施该类犯罪，除对单位判处罚金外，还对其直接负责的主管人员和其他直接责任人员，按照自然人触犯这些犯罪时的处罚标准来进行处罚。

2. 假冒注册商标罪的行为

假冒注册商标罪的行为表现为未经注册商标所有人许可，从事商业活动中在同一种商品上使用与其注册商标相同的商标。注册商标专用权要求，未经权利人许可，不得在相同或相似的商品上使用与他人注册商标相同或类似的商标。“未经注册商标所有人许可”包括以下方式：行为人从未获得过注册商标所有人授权使用的许可；行为人虽然曾经获得过注册商标所有人的使用许可，但在许可使用合同规定的使用期限届满后，仍然继续使用注册商标所有人的商标，或者许可合同提前解除后行为人仍然继续使用该注册商标；行为人超越许可使用注册商标的商品范围或地域范围使用。假冒注册商标行为具体包括以下四种行为：一是在同一种商品上使用与他人注册商标相同的商标；二是在同一种商品上使用与他人注册商标相近似的商标；三是在类似商品上使用与他人注册商标相同的商标；四是在类似商品上使用与他人注册商标相近似的商标。但是《刑法》第 213 条仅仅将上述第一种行为规定为犯罪，对其他三类假冒注册商标行为因没有刑法规制只能以商标违法行为处理。此外，根据司法解释，使用类似或近似他人注册商标的同样可能涉嫌刑事犯罪。

3. 销售假冒注册商标的商品罪的行为

销售假冒注册商标的商品罪的行为表现为销售假冒注册商标的商品，金额较大。销售包括批发、零售、代销、经销、贩卖等形式。该罪所规制的是销售行为，行为对象是假冒他人已注册商标的商品，可能是伪劣产品，也可能是合格产品。注意，行为人销售的必须是他人生产或提供的假冒注册商标的商品。如果销售者本身同时有假冒他人注册商标的行为，则只认定为假冒注册商标罪，而不认定构成或同时构成销售假冒注册商标的商品罪。

4. 非法制造、销售非法制造的注册商标标识罪的行为

非法制造、销售非法制造的注册商标标识罪的行为表现为违反商标管理法规，伪造、擅自制造他人注册商标标识或者销售伪造、擅自制造的商标标识。也就是该罪行为可表现为伪造、擅自制造、销售行为之一种或几种，且这些行为必须违反了商标管理法规。而对于销售行为，只有销售的对象是伪造或擅自、非法制造的注册商标标识，才可能构成本罪。如果行为人只是销售自己的商标标识或者他人真实的注册商标标识，就不构成本罪。

5. 假冒专利罪的行为

假冒专利罪的行为表现为违反国家专利管理法规规定，在法律规定的专利保护有效期内，假冒他人或单位的专利。具体可表现为三种方式：一是未经专利权人许可，擅自在其制造、使用或者出售的产品上标注、缀附或者在与该产品有关的广告、宣传活动中冒用专利权人的姓名、专利名称、专利号或者专利权人的其他专利标记；二是未经许可在合同中使用他人的专利号，使人误以为是行为人的专利技术；三是伪造或者变造他人的专利证书、专利文件或者专利申请文件。有争议的是未经专利权人许可实施其专利的行为，比如，以生产经营为目的非法制造、使用或者销售其专利产品，或者使用其专利方法。一般认为这种行为还是不属于刑罚所规制的假冒专利行为，只需要按一般的民事侵权处理或行政处罚即可。但是，有一种帮助实施假冒专利的行为，如为其提供资金、生产经营场所或者运输、储存等便利条件，或者提供贷款、账号、发票、许可证件等，可能被认定为假冒专利罪的共犯。

6. 侵犯著作权罪的行为

侵犯著作权罪的行为可以表现为多种形式，如未经著作权人许可，复制发行其文字作品、音乐、电影、电视、录像作品、计算机软件及其他作品；出版

他人享有专有出版权的图书；未经录音录像制作者许可，复制发行其制作的录音录像；制作并出售假冒他人署名的美术作品。其中“复制”又包括印刷、复印、临摹、拓印、录音、录像、翻录、翻拍等方式，可以将作品制作成多份；“发行”则通过出售、出租、转让等方式向社会公众提供一定数量的作品复制件。

7. 销售侵权复制品罪的行为

销售侵权复制品罪的行为表现为以营利为目的，销售明知是《刑法》第217条规定的侵权复制品以及假冒他人署名的作品，违法所得数额巨大。侵权复制品即是侵犯他人著作权的作品，如侵权的图书、侵权的文字作品、侵权的音像作品和假冒他人署名的美术作品。① 除此之外的侵权复制品不能成为本罪的对象。销售仅表现为将他人侵权复制品向消费者出售或倒卖，如果是行为人自产自销侵权复制品，② 或者行为人不是销售侵权复制品而是赠与、出借或收买自用，则也不能构成销售侵权复制品罪。

8. 侵犯商业秘密罪的行为

侵犯商业秘密罪的行为表现有多种方式，一是以盗窃、利诱、胁迫或者其他不正当手段获取权利人的商业秘密。其他手段是盗窃、利诱、胁迫以外的其他不正当手段，如抢夺载有商业秘密的图纸，以诈骗手段使掌握商业秘密的人在不知情的情况下交出商业秘密等。二是披露、使用或者允许他人使用以上述手段获取的权利人的商业秘密。三是违反约定或者违反权利人有关保守商业秘密的要求，披露、使用或者允许他人使用其所掌握的商业秘密。四是明知或应知前述三种违法行为，而获取、使用或者披露他人商业秘密。

（二）企业知识产权保护环节刑事风险预警

企业在生产运营过程中极可能引发知识产权方面的风险，虽然现实中假冒专利、侵犯商业秘密的行为并不少见，也一般因未达到刑事规制的严重程度，或者没有当事人报案或举报而没有进入刑事程序，但企业还是要提高警惕，尽量不要逾越国家有权机关追诉犯罪的警戒线。

---

① 曲新久等：《刑法学》，中国政法大学出版社2004年版，第223页。

② 自产自销侵权复制品的行为构成的是侵犯著作权罪。

1. 假冒注册商标罪

假冒注册商标罪的认定要求行为人实施假冒注册的行为达到情节严重的程度。从最高人民法院、最高人民检察院《关于办理侵犯知识产权刑事案件具体应用法律若干问题的解释》(法释［2004］19号,以下简称《知识产权案件解释》)来看,“情节严重”的判断标准主要体现在非法经营数额或违法所得数额上:非法经营数额在5万元以上或者违法所得数额在3万元以上的;或者假冒两种以上注册商标,非法经营数额在3万元以上或者违法所得数额在2万元以上的,一般认定为“情节严重”。其中,关于非法经营数额的计算,《知识产权案件解释》规定的是,对已销售的侵权产品的价值按照实际销售的价格计算。制造、储存、运输和未销售的侵权产品的价值,按照标价或者已经查清的侵权产品的实际销售平均价格计算。侵权产品没有标价或者无法查清其实际销售价格的,按照被侵权产品的市场中间价格计算。

除了“情节严重”的定罪档,假冒注册商标罪还有“情节特别严重”的加重处罚量刑档:非法经营数额在25万元以上或者违法所得数额在15万元以上的;假冒两种以上注册商标,非法经营数额在15万元以上或者违法所得数额在10万元以上的;其他情节特别严重的情形。

该罪的立案标准与“情节严重”的定罪标准是一样的。

2. 销售假冒注册商标的商品罪

销售假冒注册商标的商品罪的认定除了有销售明知是假冒注册商标的商品行为外,还要求有“销售金额数额较大”的严重后果。根据《知识产权案件解释》的说明,销售明知是假冒注册商标的商品,(自然人个人)销售金额在5万元以上,单位销售金额15万元以上,① 即属于销售金额数额较大。此外该罪还有一个重罪情节,即“销售金额数额巨大”,根据《知识产权案件解释》,(个人)销售金额在25万元以上,单位销售金额在125万元以上的,属于“数额巨大”。

根据《追诉标准(二)》第70条的规定,销售假冒注册商标的商品罪的立案追诉标准为:(1)销售金额在5万元以上;(2)尚未销售,货值金额在15万

---

① 根据《知识产权案件解释》第15条,单位实施《刑法》第213条至第219条规定的行为,按照本解释规定的相应个人犯罪的定罪量刑标准的3倍定罪量刑。

元以上；（3）销售金额不满5万元，但已销售金额与尚未销售的货值金额合计在15万元以上。可见侦查机关与公诉机关对该罪的立案与追诉已经不区分单位和个人的不同情况，但将未售的货物金额纳入了考察标准。

3. 非法制造、销售非法制造的注册商标标识罪

非法制造、销售非法制造的注册商标标识罪也要求具有“情节严重”的后果。根据《知识产权案件解释》第3条和第15条的规定，单位实施该罪所要求的“情节严重”为：（1）伪造、擅自制造或者销售伪造、擅自制造的注册商标标识数量在6万件以上，或者非法经营数额在15万元以上，或者违法所得数额在9万元以上；（2）伪造、擅自制造或者销售伪造、擅自制造两种以上注册商标标识数量在3万件以上，或者非法经营数额在9万元以上，或者违法所得数额在6万元以上；（3）其他情节严重的情形。

此外，该罪还有一个重罪情节，即“情节特别严重”，《知识产权案件解释》第3条作了如下规定：（1）伪造、擅自制造或者销售伪造、擅自制造的注册商标标识数量在10万件以上，或者非法经营数额在25万元以上，或者违法所得数额在15万元以上；（2）伪造、擅自制造或者销售伪造、擅自制造两种以上注册商标标识数量在5万件以上，或者非法经营数额在15万元以上，或者违法所得数额在10万元以上；（3）其他情节特别严重的情形。单位犯此罪“情节特别严重”的认定需按上述标准的3倍来分析。

根据《追诉标准（二）》第71条的规定，非法制造、销售非法制造的注册商标标识罪的立案标准为：（1）伪造、擅自制造或者销售伪造、擅自制造的注册商标标识数量在2万件以上，或者非法经营数额在5万元以上，或者违法所得数额在3万元以上；（2）伪造、擅自制造或者销售伪造、擅自制造两种以上注册商标标识数量在1万件以上，或者非法经营数额在3万元以上，或者违法所得数额在2万元以上；（3）其他情节严重的情形。

4. 假冒专利罪

假冒专利罪也是情节犯，假冒他人专利的行为必须达到情节严重的程度才可能认定该罪。何为“情节严重”，根据《知识产权案件解释》第4条的规定，具有下列情形之一的，即为情节严重：（1）非法经营数额在20万元以上或者违法所得数额在10万元以上；（2）给专利权人造成直接经济损失50万元以上；（3）假冒两项以上他人专利，非法经营数额在10万元以上或者违法所得数额在

5 万元以上；（4）其他情节严重的情形。但这是个人实施假冒专利的行为“情节严重”的认定标准，企业等单位需要按上述标准的 3 倍来认定。

根据《追诉标准（二）》第 72 条的规定，假冒他人专利的立案标准与上述“情节严重”的情形是一样的。同时，《追诉标准（二）》没有区分单位和个人，因此单位实施假冒他人专利的行为之追究也适用上述标准立案。

5. 侵犯著作权罪

侵犯著作权罪的定罪要求有“违法所得数额较大”或者“有其他严重情节”的行为后果才能认定。根据《知识产权案件解释》第 5 条和第 15 条的规定，单位实施侵犯著作权的行为，违法所得数额在 9 万元以上的，属于“违法所得数额较大”；具有下列情形之一的，属于“有其他严重情节”：（1）非法经营数额在 15 万元以上的；（2）未经著作权人许可，复制发行其文字作品、音乐、电影、电视、录像作品、计算机软件及其他作品，复制品数量合计在 3000 张（份）以上的；（3）其他严重情节的情形。

此外，该罪还有一个重罪情节，即“违法所得数额巨大”或者“有其他特别严重情节”。根据《知识产权案件解释》第 5 条和第 15 条的规定，单位违法所得数额在 45 万元以上的，属于“违法所得数额巨大”；具有下列情形之一的，属于“有其他特别严重情节”：（1）非法经营数额在 125 万元以上的；（2）未经著作权人许可，复制发行其文字作品、音乐、电影、电视、录像作品、计算机软件及其他作品，复制品数量合计在 15,000 张（份）以上的；（3）其他特别严重情节的情形。

侵犯著作权罪的立案标准可参考《追诉标准（一）》第 26 条的规定：（1）违法所得数额 3 万元以上的；（2）非法经营数额 5 万元以上的；（3）未经著作权人许可，复制发行其文字作品、音乐、电影、电视、录像作品、计算机软件及其他作品，复制品数量合计 500 张（份）以上的；（4）未经录音录像制作者许可，复制发行其制作的录音录像制品，复制品数量合计 500 张（份）以上的；（5）其他情节严重的情形。该解释条款还说明：本条规定的“非法经营数额”，是指行为人在实施侵犯知识产权行为过程中，制造、储存、运输、销售侵权产品的价值。已销售的侵权产品的价值，按照实际销售的价格计算。制造、储存、运输和未销售的侵权产品的价值，按照标价或者已经查清的侵权产品的实际销售平均价格计算。侵权产品没有标价或者无法查清其实际销售价格的，按照被侵权产品的市场中间价格计算。

6. 销售侵权复制品罪

销售侵权复制品罪的认定要求行为后果为“违法所得数额巨大”。根据《知识产权案件解释》第6条和第15条，单位以营利为目的，实施销售侵权复制品的行为，违法所得数额在10万元以上的，属于“违法所得数额巨大”。

根据《追诉标准（一）》第27条的规定，销售侵权复制品下列情形之一的，应予立案追诉：（1）违法所得数额10万元以上的；（2）违法所得数额虽未达到上述数额标准，但尚未销售的侵权复制品货值金额达到30万元以上的。

7. 侵犯商业秘密罪

侵犯商业秘密罪的认定要求具有“给商业秘密的权利人造成重大损失”的行为后果。根据《知识产权案件解释》第7条和第15条：单位侵犯商业秘密，给商业秘密的权利人造成损失数额在150万元以上的，属于“给商业秘密的权利人造成重大损失”。

此外，侵犯商业秘密罪还有一个重罪情节或者严重的行为后果，即“造成特别严重后果”。根据《知识产权案件解释》第7条和第15条：单位侵犯商业秘密，给商业秘密的权利人造成损失数额在1250万元以上的，属于“造成特别严重后果”。

根据《追诉标准（二）》第73条，侵犯商业秘密案的立案标准为：（1）给商业秘密权利人造成损失数额在50万元以上的；（2）因侵犯商业秘密违法所得数额在50万元以上的；（3）致使商业秘密权利人破产的；（4）其他给商业秘密权利人造成重大损失的情形。

（三）企业知识产权保护环节的刑事风险防范

从我国知识产权法律保护制度来看，行政执法部门与刑事司法部门都承担着重要职责，需要分别发挥行政执法与刑事司法的职能；但从实践中的经验来看，刑事司法部门的工作效果对企业来说具有滞后性和有限性，知识产权行政执法机构保护刑事被害的作用也是有限的，因此更多的还是需要企业自身为防范知识产权刑事风险努力。企业要全面而有重点地防范知识产权方面的刑事风险，重点放在注册商标、专利、商业秘密领域。

1. 培养和提高知识产权刑事风险防控意识

前面我们分析到，我国企业知识产权保护有关知识和风险防范意识比较薄弱，但对企业来说，最重要的不是要具备专业的知识产权法律知识，而是不可或缺知识产权保护意识和刑事风险防范意识。因为，先有意识才会有主动的保护行为，而不是消极地等待危险爆发后才进行成效甚微的事后补救。有风险防范意识后企业才可能会引进专门的人才，为保护企业的知识产权尽职。企业可以通过组织员工学习知识产权相关法律法规，邀请业内专家举办讲座对员工进行知识产权普法教育，全面培养和提高全体员工的知识产权保护意识，增加知识产权保护的知识。

此外，还要促使企业员工形成良好的知识产权思维习惯和工作方式，在日常的工作中注意加强对企业知识产权的保护。如实践中常常发生商标注册人与使用人不签订正式书面合同，也未报商标主管部门备案的情况。而依照规定，这种注册商标转让的行为双方应签订商标使用许可合同，并报商标主管部门备案。还有的商标许可人并未依法监督被许可人保证使用其注册商标的产品质量。因此常常发生有关注册商标的使用纠纷。这些细节工作必须做到位，需要企业的工作人员在日常关涉知识产权的事项中特别注意。

2. 设立专门的知识产权管理保护部门

专门的知识产权保护部门的作用体现在三个方面。第一，提高知识产权保护的效率。举个例子。知识产权的几个细分领域里，除了著作权外，商标权、专利权、商业秘密等知识产权，都不是自动产生的权利。特别是商标和专利，必须向国家有权部门提出申请，通过审查或认定后才能拥有排他权。而申请商标权采取注册确认和申请在先的原则，专利权实行申请在先的原则，提出申请的时间先后决定了某企业能否获得商标认定和专利证书。因此，企业只有及时申请，做好审查过程中的工作，才能有效地保护自己的知识产权。

第二，提高知识产权保护水平。企业在申请知识产权保护后，还有更多的工作要做，如建立健全企业内部的知识产权规章制度，构建知识产权保护体系，避免知识产权被泄露或者侵犯。由于知识产权的保护具有知识面广、文理科背景兼需、专业性强的特点，一般不是一个人能够做好的。而且，知识产权保护是一个长期而艰巨的任务，关系到企业的生存与发展。因此，设置一个专门的管理部门来保护十分必要，有利于从根本上提高企业知识产权保护的水平。

第三，提高知识产权保护效能。我们主张事前和事中的风险防范，企业知识产权保护更需要将保护措施提前。企业设立专门的知识产权保护部门，主动承担起企业的知识产权保护工作，才能化风险爆发后的被动为主动，也才能切实提高保护效能。

3. 坚决制止侵犯知识产权的行为

由于知识产权的特殊性，其保护工作也难以做到位，因此实践中难免发生外部组织或人员侵犯企业知识产权的事情。针对这些特殊情况，企业要做好对知识产权的跟踪保护工作。一旦发现侵权行为，应当积极运用各种合法手段，坚决制止侵权行为，保护自己的知识产权免受损失。比如，其中有效的准备工作是，在发现他人或其他企业侵犯自己的知识产权时，应及时、全面收集、保存好证据。

另外，注意修改后的《刑事诉讼法》允许被侵权人直接向人民法院起诉假冒注册商标犯罪，且被侵权人直接向人民法院或人民检察院起诉或请求处理商标犯罪行为时，可附带提起损害赔偿的民事诉讼，要求犯罪人赔偿其经济损失。

（四）企业知识产权刑事保护环节犯罪风险控制

1. 法定刑

【假冒注册商标罪】《刑法》第 213 条："未经注册商标所有人许可，在同一种商品上使用与其注册商标相同的商标，情节严重的，处三年以下有期徒刑或者拘役，并处或者单处罚金；情节特别严重的，处三年以上七年以下有期徒刑，并处罚金。"

【销售假冒注册商标的商品罪】《刑法》第 214 条："销售明知是假冒注册商标的商品，销售金额数额较大的，处三年以下有期徒刑或者拘役，并处或者单处罚金；销售金额数额巨大的，处三年以上七年以下有期徒刑，并处罚金。"

【非法制造、销售非法制造的注册商标标识罪】《刑法》第 215 条："伪造、擅自制造他人注册商标标识或者销售伪造、擅自制造的注册商标标识，情节严重的，处三年以下有期徒刑、拘役或者管制，并处或者单处罚金；情节特别严重的，处三年以上七年以下有期徒刑，并处罚金。"

【假冒专利罪】《刑法》第 216 条："假冒他人专利，情节严重的，处三年以下有期徒刑或者拘役，并处或者单处罚金。"

【侵犯著作权罪】《刑法》第 217 条："以营利为目的，有下列侵犯著作权情形之一，违法所得数额较大或者有其他严重情节的，处三年以下有期徒刑或者拘役，并处或者单处罚金；违法所得数额巨大或者有其他特别严重情节的，处三年以上七年以下有期徒刑，并处罚金：

（一）未经著作权人许可，复制发行其文字作品、音乐、电影、电视、录像作品、计算机软件及其他作品的；

（二）出版他人享有专有出版权的图书的；

（三）未经录音录像制作者许可，复制发行其制作的录音录像的；

（四）制作、出售假冒他人署名的美术作品的。”

【销售侵权复制品罪】《刑法》第218条：“以营利为目的，销售明知是本法（刑法）第二百一十七条规定的侵权复制品，违法所得数额巨大的，处三年以下有期徒刑或者拘役，并处或者单处罚金。”

【侵犯商业秘密罪】《刑法》第219条：“有下列侵犯商业秘密行为之一，给商业秘密的权利人造成重大损失的，处三年以下有期徒刑或者拘役，并处或者单处罚金；造成特别严重后果的，处三年以上七年以下有期徒刑，并处罚金：

（一）以盗窃、利诱、胁迫或者其他不正当手段获取权利人的商业秘密的；

（二）披露、使用或者允许他人使用以前项手段获取的权利人的商业秘密的；

（三）违反约定或者违反权利人有关保守商业秘密的要求，披露、使用或者允许他人使用其所掌握的商业秘密的。”

2. 各罪的风险控制

（1）商标领域各罪

行为人在刑事风险爆发后，要根据法律法规和自身实际情况，寻找适合自己的减轻后果和处罚的方法。商标领域三个罪名：假冒注册商标罪，销售假冒注册商标的商品罪，非法制造、销售非法制造的注册商标标识罪。刑法规制的必要性表现在保护客体上，意欲保护的客体都为他人合法的注册商标专用权和国家商标管理秩序。因此，行为人在风险爆发后尽量减少或消除对商标注册人的损害。比如，假冒注册商标行为发生在“未经注册商标所有人许可”的情况下，擅自在同一种商品上使用与其注册商标相同的商标，对商标注册人的保护是题中之义。而行为人之所以假冒注册商标，很可能是不能获得商标注册人的许可，或者不愿意购买商标使用权。根据《商标法》的规定，商标所有人可以允许他人在其商品上使用其注册商标。如果行为人能够取得注册商标所有人的许可，则可能就能够化解被追究刑事责任的风险。

（2）假冒专利罪

国家打击假冒专利罪的行为旨在保护专利权人的专利专用权和国家的专利管理秩序。因此，假冒专利的行为人在风险爆发后，为控制危害后果，减轻责任，要尽量减少对专利权人的损害，如争取取得专利权人的使用许可。假冒专利罪一般是受害人报案，行为人可通过协商等办法请求其撤回报案材料。行为人可辩驳的角度是，如果销售的是专利权人制造或经专利权人许可制造的产品，则不构成此罪。行为人如果不知道使用或销售的是未经专利权人许可而制造并销售的专利产品，则也缺少犯罪的主观故意。

（3）著作权领域各罪

著作权领域二罪：侵犯著作权罪和销售侵权复制品罪，也是因为没有获得著作权人或者著作权有关的权益人的许可，如果能够获得其许可，则可消除此二罪的危险。另外，侵犯著作权罪和销售侵权复制品罪的认定在主观上都要求具有营利的目的。因此行为人如果不具有营利目的，也不会被认定构成此二罪。此外，由于此二罪要求违法所得数额较大或者有其他严重情节，因此侵犯著作权罪和销售侵权复制品罪的行为人应当以严格自省的态度克制自己的贪欲，尽量减少“违法所得数额”，减轻其他情节的严重性。

（4）侵犯商业秘密罪

前文已述，侵犯商业秘密罪的认定要求“给商业秘密的权利人造成重大损失”，重罪情节也要求“造成特别严重的后果”。因此，实施侵犯商业秘密的行为人应当尽量减少受害人的损失或者弥补损失，争取受害人的谅解。此外，侵犯商业秘密罪主观方面要求行为人明知是权利人已采取保密措施加以保密的商业秘密仍故意实施侵权行为。如果行为人能够证明自己确实不知道所获取、披露或使用的是他人的商业秘密，则应当不被认定为触犯此罪。

第十章
CHAPTER 10

企业财会税务管理环节刑事法律风险的防控指南

一、企业财会税务管理环节的刑事法律风险概述

企业财务、税务管理贯穿于企业设立、运营、终止的整个过程中，企业的经营发展与财会、税务工作密不可分。企业的会计凭证、会计账簿、财务会计报告等是财务会计工作中的重要资料，能够反映企业某时期或整个经营过程的面貌。企业财务会计管理工作的重要内容之一即是要保存和管理好财会资料，不得故意隐匿或销毁会计凭证、会计账簿、财务会计报告。税收是国家的血脉，国家为保证税收管理秩序，制定了比较严密的税收征管制度。企业在企业及其工作人员必须严格按照税收征管制度来操作，规范自己的行为，避免引发违法风险。

（一）企业财会管理环节的刑事风险

我国《会计法》规定企业应当建立档案，妥善保管单位的会计凭证、会计账簿、财务会计报告。企业及其管理者不得随意丢弃、损坏、销毁会计档案，只有保管期限已满的会计档案才可以依照法定程序销毁。企业如果隐匿或者故意销毁依法应当保存的会计凭证、会计账簿、财务会计报告，情节严重时即可能引发隐匿、故意销毁会计凭证、会计账簿、财务会计报告罪的风险。此外，为减少现实中存在的企业、事业单位、机关团体的领导人打击报复会计人员、统计人员的行为，《刑法》还规定了打击报复会计、统计人员罪，但此罪的行为主体只

限于单位的领导人，企业不是犯罪主体，因此本书不详述。不过，需要指出，企业领导人如果触犯此罪，势必对企业造成较大的负面影响，实质上也会给企业带来法律风险。

隐匿、故意销毁会计凭证、会计账簿、财务会计报告罪是《刑法修正案（一）》新增罪名，指故意隐匿、故意销毁有法定保存义务的会计凭证和账簿、财务会计报告，情节严重的行为。该罪侵犯了单位会计凭证的完整性、真实性和市场经济管理秩序。其中会计凭证、会计账簿、财务会计报告都是财会上的概念。会计凭证是记录经济业务、明确经济责任、按一定格式编制并作为记账依据的证明。会计账簿简称账簿，由具有一定格式、相互联系的账页组成，序时、分类地全面记录一个企业、单位经济业务事项。财务会计报告是能够反映单位某一特定日期财务状况或某一会计期间经营成果、现金流量及所有者权益等会计信息的总结性书面文件，可以表现为会计报表，也可以表现为无固定格式的财务情况说明书。此三种文件在具体情境中有特指，且必须是单位应当保存的财会资料才属于刑法意义上的会计凭证、会计账簿或财务会计报告。

（二）企业税务管理环节的刑事风险

企业税务管理工作主要包括两大项内容，一是缴纳赋税，二是发票管理。首先，依照我国税务管理制度的规定，企业负有依法、及时纳税的义务。如果企业在缴纳应缴的税款过程中违反税收征管制度，企图通过欺骗、隐瞒的手段进行逃税、逃避纳税义务，甚至在欠税后将企业的财产转移、隐藏，或者采取欺诈手段骗取出口退税，即可能引发下述某种刑事风险。

第一个是触犯逃税罪的风险。该罪是纳税人采取欺骗、隐瞒手段进行虚假纳税申报或者不申报，或扣缴义务人不缴或者少缴已扣、已收税款，逃避缴纳税款数额较大的行为。其前身是偷税罪，经《刑法修正案（七）》修正而来。第二个是触犯逃避追缴欠税罪的风险。此罪，是指纳税义务人欠缴应纳税款，采取转移或者隐匿财产的手段，致使税务机关无法追缴欠缴的税款，数额较大的行为。该罪，是指在行为人有拖欠税款的前提下又采取实际的逃避税务机关追缴的行为而引发的，与逃税罪相比外部表现上更具有行动性。第三个是触犯骗取出口退税罪的风险。骗取出口退税罪是指故意违反税收法规，采取以假报出口等欺骗手段，骗取国家出口退税款，数额较大的行为。企业如果为谋取非法利益而虚报出口，或者为完成国家规定的、继续享有进出口经营权所必须达到的创汇任务而假报出口，即可能触犯此罪。

其次，企业发票管理必须遵守国家有关制度规定。发票是在销售商品或提供应税劳务及其他经营活动时，以取得的应税收入为对象而开具或收取的收付款凭证，既是记录生产经营活动的书面证明，也是会计账务的重要凭证。发票可以分为普通发票和增值税专用发票。普通发票根据行业的不同又可以细分为工业发票、商业发票、交通运输业发票、建筑安装业发票等。增值税专用发票则是专用于纳税人销售或者提供增值税应税项目的发票，是购货方据以抵扣税款的法定凭证。普通发票一般只具有首付款凭证的功能，但有些也具有抵扣税款的功能，如海关完税凭证、运费普通发票等。正是由于发票的抵扣税款功能，才出现了很多单位和个人非法制造、出售等现象。不管是普通发票还是增值税专用发票，都不是企业可以用来谋取不正当利益的手段。因为，刑事法对这两类发票所涉的一些违法行为进行了入罪规定。

普通发票管理方面，由于发票都需要由税务机关统一印制、开具、保管、监管，因此如果想要在可以抵扣税款的发票上做文章，首先企业需要获得或“创造”发票，如制造、出售，购买。但刑法只规制非法制造和出售、持有行为，主要体现在六种犯罪上，即虚开用于骗取出口退税、抵扣税款发票罪，非法制造、出售非法制造的用于骗取出口退税、抵扣税款发票罪，非法制造、出售非法制造的发票罪，非法出售用于骗取出口退税、抵扣税款发票罪，非法出售发票罪和持有伪造的发票罪。此六项犯罪是违反国家发票管理法规，虚开或非法出售、伪造、擅自制造或者出售伪造、擅自制造的可以用于骗取国家出口退税、或者其他可以用于抵扣税款的普通发票，以及持有伪造的发票的行为。这些犯罪行为都侵犯了国家的发票管理制度和税收管理秩序。六项罪名几乎将企图通过非法手段从普通发票获取利益的行为全部囊括，体现了国家打击此类行为的力度。当然这些行为的入罪都有数额或情节上的限制。

增值税专用发票方面，国家对其也是实行统一管制，如印制交由国务院主管部门指定的企业，领购使用只限于增值税一般纳税人。1994 年实施增值税制度以来，有关增值税专用发票的管制一直非常严格，1997 年新刑法对增值税专用发票规定了四个罪名：虚开增值税专用发票，伪造、出售伪造的增值税专用发票罪，非法出售增值税专用发票罪，非法购买增值税专用发票、购买伪造的增值税专用发票罪。此四项犯罪都是故意违反国家发票管理规定，为谋取非法经济利益而实施的或虚开、或伪造、或出售、或非法购买增值税专用发票的行为。无论是虚开、伪造，还是出售、非法购买增值税专用发票，都可能导致国家税收减少，给国家利益造成损失。因此，国家对此类犯罪行为予以严厉打击也是题中之义。

二、企业财会税务管理环节的刑事法律风险防控现状

（一）企业财会管理环节的刑事风险防控情况

企业的财务会计管理本身是不直接创造市场价值的，但其所有的工作又直接牵涉企业的经济利益。现实中，我们经常耳闻隐匿、故意销毁会计凭证、会计账簿、财务会计报告的行为，一般认为都是为了掩饰、隐藏其某种见不得光的目的，或者为获得某种不合法的利益。从现实中的案例来看，企业作为单位主体触犯隐匿、故意销毁会计凭证、会计账簿、财务会计报告罪的案件比较少，更多的是企业的负责人或者财会主管人员、财会工作人员触犯此罪，比如，网上曝光的“徐某鹏犯隐匿、故意销毁会计凭证、会计账簿、财务会计报告罪一案”,[①] 犯罪人徐某鹏就是公司的董事长兼总经理。这些人实施犯罪行为，要么是为企业谋求利益，要么是利用企业来为自己或团队谋求私利。而在后种动机的指使下实施的犯罪很可能导致企业成为受害者，并且常常是犯罪行为持续或潜伏很长一段时间都不被外界所知悉，行为人逍遥法外，也就无法及时制止其犯罪行为，无法及时追究其刑事责任。因此可以说企业在该行为上的风险控制是非常苍白的。

（二）企业税务管理环节的刑事风险防控情况

税务问题可以说是我国企业的主要问题之一，也是我国税务机关的主要困扰。各式各样的税务问题层出不穷，涉税违法犯罪案件也屡见不鲜。如 2014 年国家税务总局曝光的 4 起税收违法犯罪案件，其中两起即是涉税案件：深圳市东森房地产开发有限公司偷税案和湖南省医药有限公司涉税案。除了曝光的案件，更多的是违法犯罪黑数。最常见的比如做假账来达到逃税的目的，大家会觉得，哪个企业不做假账来逃税，都已经习以为常，不做假账的企业才不正常。

---

① 《徐凤鹏犯隐匿、故意销毁会计凭证、会计账簿、财务会计报告罪一案》，载 110 裁判案例网：http：//www. 110. com/panli/panli_19265431. html，最后访问日期：2016 年 7 月 3 日。

业内流传。新会计因为工作要求需要向老会计学的重要“技能”就是如何做假账帮企业逃税。逃税的方法比如随意改动业务内容，故意使用错误的账户，利用往来科目和结算科目将经济业务挂在账上不结清，或者通过提前或推迟结账、结总增列或结总减列和结账空转等手法故意多加或减少财务报表数据。各种手段的偷税漏税、逃税抗税行为，都是企业为从税收上获得不正当收入而有意为之。如果企业及其工作人员在及时缴税工作上没有异心，完全履行依法纳税的义务，也就不会出现如此多的税收违法犯罪事件。

除了偷逃税款，企业还常在发票上做文章。特别自是增值税专用发票使用以来，增值税专用发票就常被作为工具来使用。据报道，在2013年由公安部、国家税务总局联合开展的打击整治发票违法犯罪专项行动中，全国公安、税务机关共破获各类发票犯罪案件10,043起，涉案金额519.57亿元，累计查补入库税款49.28亿元。[①] 现实案例显示，企业作为犯罪单位主要可能涉及虚开增值税专用发票行为、非法购买或购买伪造的增值税专用发票行为，而伪造、出售伪造的增值税专用发票行为和非法制造、出售非法制造的用于骗取出口退税、抵扣税款发票行为，则常是一些专门从事制造、出售增值税专用发票活动的企业和个人所为。如国家税务总局2014年曝光的四起典型的税收违法犯罪案件，其中一起天津翔铭伟业化工贸易有限公司等企业虚开增值税专用发票案。

企业的税务与企业的财会相比，如果说财会主要是“企业自己的事”，则无疑国家对企业的税务管控更严，更体现强制性。企业实施的偷逃漏税或虚开、非法制造、出售普通发票、增值税专用发票行为侵犯的是国家的税收管理制度和市场管理秩序，因此国家对税务管理的制度规范和行政执法都是比较严苛的。2001年修订的我国《税收征收管理法》及《税收征收管理法实施细则》等法律法规及司法解释对单位和个人税收的开征、停征以及减税、免税、退税等方面进行了规定，刑法规定如前所述。当然，在法律规范的基础上更重要的是有效的行政执法和打击犯罪。一旦出现涉税问题，企业轻则面临追缴应纳税款的行政处罚，重则受到刑法制裁。因此，在企业与国家强制力的博弈中，即使企业可以获得一时的利益，但最终企业肯定要为之付出代价。

---

① 白阳、邹伟：《公安部发布2013年发票违法犯罪十大典型案例》，载新华网：http://news.xinhuanet.com/legal/2014-01/07/c_118870112.htm，最后访问日期：2016年7月4日。

三、企业财会税务管理环节的刑事法律风险防控存在的问题与原因

（一）企业财会管理环节的刑事风险防控问题与原因分析

如前所述，实践的案例更多地表现为企业内部的管理人员触犯隐匿、故意销毁会计凭证、会计账簿、财务会计报告罪，导致企业成为此犯罪行为的受害者之一。主要原因是，企业财会管理的工作常分配在企业的会计、出纳人员身上。另外，财会主管和企业负责人对企业的会计凭证、会计账簿、财务会计报告等会计资料有调动、支配、管理的权力，因此这些人是隐匿、故意销毁会计凭证、会计账簿、财务会计报告罪的主要群体。这些主体之所以隐匿或故意销毁会计凭证、会计账簿、财务会计报告，不是为了逃避对企业违规操作的查处，就是为了掩饰、销毁个人利用企业的名义实施的违规行为之证据。

同时，由企业内部的人实施的犯罪也造成企业防控此罪的难度比较大，外部的监督管理不能及时实施或监管到位。因为，企业财会资料一般都是作为保密对象的，企业的员工都只限特定对象知晓，其保管也由财会部门管理，外界很难知悉企业的财会资料出了问题。即使发现问题，由于只有股东或监事才有权查阅企业的财会资料，其他人员实际上处于无权过问的状态。而且，举证证明行为人实施了隐匿、故意销毁会计凭证、会计账簿、财务会计报告的行为，也是非常有难度的。

（二）企业涉税管理刑事风险防控中的问题及原因

企业涉税管理核心围绕缴税工作，常见的涉税问题即表现为企业偷漏税、逃税、骗取出口退税。企业税收是国家税收的主要来源，对企业的扣税比例比较高，企业在税的问题上做文章，“利润”可观。企业在巨额利益的驱使下自然胆壮，逃税骗税少则几十万元，多则上亿，给国家税收造成巨大的损失。出口退税本是国家鼓励出口的政策，却被一些企业单位利用来谋取利益。而企业在实施逃税骗税等相关犯罪行为时实际上完全忘记了自身可能面临的刑事后果和责任。胆大而无畏，特别是在多次偷逃税得手、骗取出口退税轻而易举后，企业会越来越深陷泥潭不自知，也会导致逃税骗税的方法和伎俩扩散，带动其他企业也实施违法犯罪行为。

在社会和市场诚信缺失比较严重的形势下，企业偷漏税、逃税和骗税成为常态也是风气使然。当企业处于社会整体偷逃税和骗税成风的不良环境中，企

业赚点税钱也会自我解嘲为随大流不算什么。社会风气的转变却是一项长期的系统工程，而社会不良纳税风气的形成，其实与国家税收管理制度不完善、国家税务监管部门的工作力度不够也是有关系的。比如，我国《税收征收管理法》存在一些需要改进的地方，部分法律规定的缺陷导致税务系统机构设置不尽合理，税务系统内部分工和管辖还要进一步明确，税务机构自身定位不准。税务监管部门只是硬性的事后执法，以效果有限的行政处罚为主要执法手段，当然无法从根本上解决目前的困境。

（三）企业发票管理环节的刑事风险防控问题与原因

企业的发票管理其实并不是十分复杂的工作，只是因为一些企业在发票上有不良居心而有意将工作复杂化。且自从增值税专用发票使用以后就变得更为复杂，不仅因为增值税专用发票本身的复杂程度，而且因为此类发票更加有利可图，于是乎成为了企业追求某种利益的手段。普通发票的抵扣税款功能还没有吸引很多潜在犯罪者的注意力，但增值税专用发票的作用是众所周知的，因此也导致所涉的犯罪集中在此。而且增值税专用发票所涉犯罪常涉案金额非常巨大，如天津市公安局经侦总队与税务稽查局联手破获的静海“创世”公司虚开增值税专用发票案，以元某某为首的静海创世元宝金属材料有限公司虚开增值税犯罪团伙，涉案增值税专用发票金额共计 36 亿余元。① 实际上，有关增值税专用发票的犯罪规定一度非常严苛，将其从伪造到出售、购买以及使用的整个环节都规定为犯罪，而且曾经规定过刑罚最高可判死刑。② 但防范此类犯罪的效果一般，不得不说是发票管理制度的悲哀。

由增值税及其专用发票带来的问题也引发了人们对增值税制度的思考。比如，2006 年有报道增值税犯罪百余人已被处死，增值税这个本来预计为最主要的税收来源项目，当前却成为金额最大的涉税犯罪重灾区。③ 增值税及其专用发票有关犯罪的高发状况并不能显示刑法的权威，相反，需要我们反思法律的漏

---

① 杨云妃：《经侦总队联手税务稽查 捣毁静海“创世”公司 36 亿系列虚开增值税专用发票案告破》，载《天津北方网—数字报刊》2013 年 8 月 14 日，第 B10 版。

② 曾经 1997 年《刑法》第 206 条第 2 款规定：“伪造并出售伪造的增值税专用发票，数量特别巨大，情节特别严重，严重破坏经济秩序的，处无期徒刑或者死刑，并处没收个人财产。”2011 年 2 月 25 日出台的《刑法修正案（八）》删去了此规定。

③ 陈黛：《增值税犯罪百余人已被处死 法律存在较大漏洞》，载《第一财经日报》2006 年 5 月 8 日。

洞、税制的问题，以及进行增值税改革的必要性。上升到整个税收管理的层面，依法纳税的前提是依法立法，使人们有值得推崇的法可依。有业内专家表示，税收征管现在最紧要的是解决“依法征税”的问题，这是一个系统工程。要想提高税法遵从度，作为政府机关有必要在财政资金的使用上、预算编制上、立法方面更为公开透明。2015 年税收征管法进行了修订，落实税收法定原则，对企业来说，也许不失为好消息。

四、企业财会税务管理环节刑事法律风险防控的具体举措

（一）企业财会税务管理环节的刑事风险提示

1. 隐匿、故意销毁会计凭证、会计账簿、财务会计报告罪的主体与行为

根据《刑法》的规定，该罪的行为主体既包括自然人，也包括单位。而且，这里的单位和自然人范围比较广，只要是负有依法应当保存会计凭证、会计账簿、财务会计报告责任的单位和自然人均可能实施隐匿、故意销毁的行为，从而触犯该罪。因此，根据法律规定必须办理会计事务的企业肯定是该罪的可为主体。但自然人具有一定的特定化，由于财务资料的特殊性，外界一般不能接触，依法负有保管责任的一般也就是企业的会计主管以及会计人员和出纳等直接从事财会工作的人，或者企业委托代理公司记账的注册会计机构及注册会计师。这些自然人在企业实施该罪时也可能因单位犯罪的双罚制和作为直接责任人员而成为受处罚的对象。

隐匿、故意销毁会计凭证、会计账簿、财务会计报告罪的行为表现为故意隐匿、故意销毁有法定保存义务的会计凭证和账簿、财务报告。行为关键词是隐匿和销毁，具体可表现为：将本企业的会计凭证、会计账簿、财务会计报告转移、藏匿或应当交出而拒不交出，或者不按规定的会计档案保管期限和销毁办法而擅自销毁应当保存的会计凭证、会计账簿、财务会计报告。销毁的方法比较多，销毁的状态包括毁灭，也包括毁坏使不能辨认。另外，当今会计电算化推进了计算机记账的广泛化，磁带、磁盘、光盘、微缩胶片等介质存储记账数据普遍化，如果隐匿或销毁这些介质也符合该罪的行为特征，且修改这些介质存储的数据属于隐匿行为，删除其保存的数据属于销毁行为。

2. 逃税罪的主体与行为

逃税罪的主体是特殊主体，限于纳税人和扣缴义务人，包括依法负有纳税

义务和法律、行政法规规定负有代收、代扣、代缴税款义务的单位和自然人。但是，不同的税种所对应的纳税人、扣缴义务人也不同，而且有些税种只有纳税人，没有扣缴义务人，如增值税。企业作为纳税人或扣缴义务人，是本罪的高发群体，无论是何种组织形式的企业，只要触犯了本罪法条，都可能构成本罪。而且，犯罪主体为单位的，既对单位判处罚金，又对单位直接负责的主管人员及其他直接责任人员判处相应的刑罚。

该罪的行为既可以是纳税人采取欺骗、隐瞒手段，进行虚假纳税申报或者不申报，逃避缴纳税款；也可以表现为扣缴义务人采取欺骗、隐瞒手段不缴或者少缴已扣、已收税款。前种行为又可以表现为几种情形：一是伪造、变造、隐匿或销毁记账凭证、账簿，如设立虚假的账簿、记账凭证，对账簿、记账凭证进行涂改等。二是在账簿上多列支出或者不列、少列收入。未经税务主管机关批准而擅自将正在使用中或尚未过期的账簿、记账凭证销毁处理等。三是经税务机关通知申报而拒不申报。四是进行虚假纳税申报。五是纳税后以假报出口或者其他欺骗手段骗取已纳税款。

3. 逃避追缴欠税罪的主体与行为

逃避追缴欠税罪的主体也属于特殊主体，且限定为纳税人，包括负有纳税义务的单位和个人。非纳税人不能成为本罪的犯罪主体，但扣缴义务人能否成为本罪的犯罪主体，学界和实务界都存在争议。我们的观点认为，扣缴义务人没有对纳税人应纳税款的处置权，一般无法隐匿、转移应纳税款，因此不是本罪的行为主体。但是，如果扣缴义务人等非纳税人明知纳税人欠缴应纳税款，而为其转移、隐匿财产提供帮助或便利条件的，可以成为本罪的共犯。

逃避追缴欠税罪的行为表现为行为人违反税收法规，欠缴应纳税款，并采取转移或者隐匿财产的手段，致使税务机关无法追缴所欠税款。该罪的成立前提是欠税事实的客观存在。欠税是纳税人超过税务机关核定的纳税期限没有交税。行为人在明知自己欠税的情况下仍然实施转移或者隐匿财产致使税务机关无法追缴是关键行为。转移或隐匿财产的行为可具体表现为从账户中转走存款，转移开户行，改变账户，隐藏存货等。但是注意，如果行为人没有隐匿或转移财产，只是逃跑或躲藏，消极地不缴税款，则也不会引发本罪。

4. 骗取出口退税罪的主体与行为

骗取出口退税罪的主体为一般主体，既包括自然人，也包括单位。单位里主要是具有进出口经营权的企业，是本罪的高发群体。此外实践中还常见具有进出口经营权的企业被没有该项权的单位或个人利用来骗取国家的出口退税。如果具有进出口经营权的企业明知他人意欲骗取国家出口退税，仍然允许其自带客户、自带货源、自带汇票并让其自行报关，则实施具体的骗取出口退税的行为虽然不是企业一方，企业也可能具有引发本罪的风险。

骗取出口退税罪的行为表现为采取以假报出口以及其他欺骗手段，骗取国家出口退税款。骗税是以退税为前提的，但这里的退税限国家出口退税。假报出口，是指在根本没有出口产品的情况下而采取伪造、骗取有关单据、凭证等方法谎报出口产品，从而骗取出口退税。其他欺骗手段可以表现为：不具备退税资格和条件的行为人在出口货物之后通过虚构事实或伪造退税登记证来骗取出口货物退税资格；以一次出口的资料重复申请退税；虽有货物出口且符合出口退税条件的情况下采取伪造、变造合同、账簿或报关单等手段虚构出口货物的品名、数量、单价等，骗取未实际纳税部分的出口退税；或者出境后又以走私或较低价格报关入境，然后又出口，一批货物多次重复使用，骗取出口退税。总之，企业需要注意，如果没有实际货物出口或者即使有货物出口，但是虚构事实、隐瞒真相欺骗税务机关取得退税款，就有可能引发本罪。

5. 增值税专用发票有关犯罪的主体与行为

虚开增值税专用发票罪、非法出售增值税专用发票罪，非法购买增值税专用发票、购买伪造的增值税专用发票罪的行为主体都是一般主体，单位和自然人都可能构成本罪。实践中常见的是增值税一般纳税人实施这些犯罪行为，因为只有增值税一般纳税人才能领购并使用增值税，增值税的小规模纳税人和非增值税纳税人不能领购和使用，也就不具备虚开、为他人虚开或非法出售的条件，或者没有购买的必要。但是如果这些主体让他人为自己虚开或者介绍他人虚开增值税，也可能具有引发虚开增值税专用发票罪的风险。而伪造、出售伪造的增值税专用发票罪的行为主体可以是任何类型的企业。

伪造、出售伪造的增值税专用发票罪，非法出售增值税专用发票罪，非法购买增值税专用发票、购买伪造的增值税专用发票罪以及虚开增值税专用发票罪，是从增值税专用发票所涉的全流程来规制犯罪，因此这些犯罪行为包括伪造、出售、购买、虚开一系列行为，行为对象不仅包括伪造的增值税专用发票，也包括真实的来源合法的增值税专用发票。其中，伪造增值税专用发票的行为方式可以是仿照增值税专用发票的图案、式样、色彩、规格等通过印制、复制、复印、描绘等方法制造，也可以是对真实的增值税专用发票进行加工、变造。出售与购买行为的违法性或因出售、购买伪造的增值税专用发票，或因企业构成非法出售、购买。非法出售之“非法”，表现在无权出售增值税专用发票者而非法出售。非法购买则是不具有领购资格的企业采取欺骗手段领购，或者有权购买者不按照法定的程序和方式购买，还有从税务机关以外的渠道购买。虚开增值税专用发票的“虚开”包括为自己虚开、为他人虚开、让他人为自己虚开、介绍他人虚开等方式。

6. 增值税专用发票以外的发票犯罪主体与行为

增值税专用发票以外的发票包括可以抵扣税款的发票及一般只有收付款功能的发票，这些发票有关的犯罪包括虚开用于骗取出口退税、抵扣税款发票罪，非法制造、出售非法制造的用于骗取出口退税、抵扣税款发票罪，非法制造、出售非法制造的发票罪；非法出售用于骗取出口退税、抵扣税款发票罪，非法出售发票罪和持有伪造的发票罪五个罪名，这些犯罪的行为主体都是一般主体，包括单位和自然人。而单位犯罪多表现为企业犯罪。

从《刑法》的规定来看，增值税专用发票以外的发票有关犯罪也是规制制造、出售、虚开、持有的行为，但没有将购买行为列入，即使是非法购买增值税专用发票以外的发票，也不构成犯罪。这里的制造、出售、虚开行为的理解可参照上文。“持有”，是指行为人没有合法的根据而占有、携带、藏有或其他方式的持有伪造的发票的状态。持有伪造的发票犯罪常常是在犯罪嫌疑人的身上、住所、交通工具上或者行为人其他可支配的范围内查获数额较大的伪造发票，因缺乏以出售、非法制造发票、逃税等罪名追责的证据，无法查清被告人持有此类假发票的目的时才予以认定。

（二）企业财会税务管理环节的刑事风险预警

综上所述，企业财会税务管理环节所涉刑事犯罪罪名相对比较多，企业必须明确这些犯罪的入罪界限，避免触犯相关刑事法条，以保证企业的安全与正常运营。

1. 隐匿、故意销毁会计凭证、会计账簿、财务会计报告罪的立案标准

隐匿、故意销毁会计凭证、会计账簿、财务会计报告罪属于情节犯，认定犯罪要求达到情节严重的程度。但何为“情节严重”，还需从《追诉标准

(二)》第 8 条关于该罪的立案标准来看。该条规定应予立案追诉的情形有：(1) 隐匿、故意销毁的会计凭证、会计账簿、财务会计报告涉及金额在 50 万元以上的；(2) 依法应当向司法机关、行政机关、有关主管部门等提供而隐匿、故意销毁或者拒不交出会计凭证、会计账簿、财务会计报告的；(3) 其他情节严重的情形。

2. 逃税罪的后果和立案标准

逃税罪属于结果犯，《刑法》规定发生纳税人逃避缴纳税款数额较大并且占应纳税额百分之十以上，或者扣缴义务人不缴或者少缴已扣、已收税款数额较大的才能定罪。此外，逃税罪还有一个加重处罚的情节，即"数额巨大并且占应纳税额百分之三十以上"。但逃税罪的立案标准与定罪情节有不同，该罪的立案标准为：

(1) 纳税人采取欺骗、隐瞒手段进行虚假纳税申报或者不申报，逃避缴纳税款，数额在五万元以上并且占各税种应纳税总额百分之十以上，经税务机关依法下达追缴通知后，不补缴应纳税款、不缴纳滞纳金或者不接受行政处罚；

(2) 纳税人五年内因逃避缴纳税款受过刑事处罚或者被税务机关给予二次以上行政处罚，又逃避缴纳税款，数额在五万元以上并且占各税种应纳税总额百分之十以上；

(3) 扣缴义务人采取欺骗、隐瞒手段，不缴或者少缴已扣、已收税款，数额在 5 万元以上。

3. 逃避追缴欠税罪的后果与立案标准

根据我国《刑法》的规定，逃避追缴欠税罪也属于结果犯，定罪有数额上的要求。其定罪情节为"致使税务机关无法追缴欠缴的税款数额在一万元以上不满十万元"，加重处罚情节为"致使税务机关无法追缴欠缴的税款数额在十万元以上"。而根据《追诉标准（二)》，该罪的立案标准为：致使税务机关无法追缴欠缴的税款数额在 1 万元以上。

4. 骗取出口退税罪的后果与立案标准

骗取出口退税罪也属于结果犯，要求行为人骗取国家出口退税款，数额较大时才可以认定。此罪还有两个重罪情节，即"数额巨大或者有其他严重情节"和"数额特别巨大或者有其他特别严重情节"。何为"数额较大"，似乎可从该罪的立案标准得到解答。《追诉标准（二)》第 60 条明确：骗取国家出口退税款，数额在5万元以上的，应予立案追诉。但该罪两个重罪情节尚待司法解释予以明确。

5. 虚开各类发票所涉犯罪的立案标准

根据《刑法》的规定，虚开增值税专用发票、用于骗取出口退税、抵扣税款发票罪似乎属于行为犯，行为人只要实施了相应行为即构成犯罪，但根据《追诉标准（二）》第61条的规定，行为人虚开这两类发票的税款数额在1万元以上或者致使国家税款被骗数额在5000元以上的，才予立案追诉。此外，该罪还有两个重罪情节，即“虚开的税款数额较大或者有其他严重情节”和“虚开的税款数额巨大或者有其他特别严重情节”。

此外，虚开除增值税专用发票或者用于骗取出口退税、抵扣税款发票以外的其他发票，其行为认定为犯罪需要“情节严重”的后果。何为“情节严重”，可根据该罪的立案标准来理解，根据最高人民检察院、公安部《关于公安机关管辖的刑事案件立案追诉标准的规定（二）的补充规定》（以下简称《追诉标准（二）补充规定》），行为人涉嫌下列情形之一的，应予立案追诉：（1）虚开发票100份以上或者虚开金额累计在40万元以上的；（2）虽未达到上述数额标准，但5年内因虚开发票行为受过行政处罚二次以上，又虚开发票的；（3）其他情节严重的情形。

6. 增值税专用发票其他有关犯罪的立案标准

从《刑法》的规定来看，伪造、出售伪造的增值税专用发票罪，非法出售增值税专用发票罪和非法购买增值税专用发票、购买伪造的增值税专用发票罪都是行为犯，只要实施了伪造、出售伪造的，或者非法出售，或者非法购买、购买伪造的增值税专用发票，就可能面临刑事处罚。但根据《追诉标准（二）》第62条、第63条和第64条关于此三罪的立案标准：伪造或者出售伪造的增值税专用发票、非法出售增值税专用发票、非法购买或者购买伪造的增值税专用发票25份以上或者票面额累计在10万元以上，才予以立案，可见认定该二罪还是有行为后果的限制。

7. 用于骗取出口退税、抵扣税款发票其他有关犯罪的立案标准

从《刑法》的规定来看，非法制造、出售非法制造的用于骗取出口退税、抵扣税款发票罪和非法出售用于骗取出口退税、抵扣税款发票罪也都是行为犯，只要实施了伪造、擅自制造或者出售伪造、擅自制造，或者非法出售可用于骗

取出口退税、抵扣税款发票的行为，即可能被认定构成犯罪。但是，根据《追诉标准（二）》第65条和第67条的规定，伪造、擅自制造或者出售伪造、擅自制造，或者非法出售可以用于骗取出口退税、抵扣税款的非增值税专用发票50份以上或者票面额累计在20万元以上的，才予立案追诉。

8. 其他普通发票犯罪的立案标准

其他普通发票犯罪包括非法制造、出售非法制造的发票罪，非法出售发票罪和持有伪造的发票罪。刑法对非法制造、出售非法制造的发票罪和非法出售发票罪没有规定行为后果。但是，根据《追诉标准（二）》第66条和第68条的规定，伪造、擅自制造或者出售伪造、擅自制造的或者非法出售不具有骗取出口退税、抵扣税款功能的普通发票100份以上或者票面额累计在40万元以上的，应予立案追诉。

此外，持有伪造的发票罪必须具有"持有数额较大的发票"的情节才能认定，"数额较大"的理解可从该罪的立案标准来看。根据《追诉标准（二）补充规定》，该罪的立案标准为：（1）持有伪造的增值税专用发票50份以上或者票面额累计在20万元以上；（2）持有伪造的可以用于骗取出口退税、抵扣税款的其他发票100份以上或者票面额累计在40万元以上；（3）持有伪造的第（1）项、第（2）项规定以外的其他发票200份以上或者票面额累计在80万元以上。

（三）企业财会税务管理环节的刑事风险监管

1. 企业财会管理环节的刑事风险监管

前文已述，企业财会管理环节的刑事风险主要体现在企业可能触犯隐匿、故意销毁会计凭证、会计账簿、财务会计报告罪。因此，企业需要加强自省和内部管理，自觉维护企业良好的运营秩序，维护自身的安全。

一方面，企业之所以隐匿、故意销毁会计凭证、会计账簿、财务会计报告，一般都是因为企业违法经营管理，存在财务造假等问题，为了掩饰、隐藏、不让外界获知企业经营管理有关的财务数据而有意为之。要从根本上杜绝这类风险，企业必须树立依法治企、合法经营的理念。理念是指导企业及其管理人员所有行为的指南，企业只有在不违反国家法律规定的前提下追求企业利润的最大化，才能不偏离安全、健康发展的轨道，才能保证自身远离刑事风险。

另一方面，在理念的指导下还要增强企业及其财会管理人员的法律风险防范意识和基本的法律知识，提高其法律素养，从而能够自觉抵制违法犯罪行为。

企业还需从日常的财务管理工作上加强风险防范，加强企业的制度规范建设，避免出现因无知和不懂法而违法犯罪。例如，企业的会计资料档案管理必须按照我国《会计法》《会计档案管理办法》等相关规范性文件，建立企业自己的会计档案管理制度，保证企业的财会档案能够妥善保管，避免出现被偷盗、损毁、遗失的情形。最重要的是，企业在国家税务、审计、财政等部门依法对财会税务开展检查工作时要积极配合，不要无故拒绝提供。如果确实非因企业及其工作人员的故意行为导致财会资料档案出现丢失等意外情况，则应及早采取补救措施。

2. 企业税务管理环节的刑事风险监管

企业税务管理环节的风险首先来自纳税方面，表现在触犯逃税罪、逃避追缴欠税罪、骗取出口退税罪的触犯风险。如认识到，虽然当前社会偷逃漏税的风气使不少企业纷纷效仿，但其中很多企业也受到了相应的处罚。纸是包不住火的，企业要想维护自身的长治久安，就必须具有依法纳税的意识，拒绝走歪门邪道获取不当利益的不良思想入侵。实际上，依法纳税不仅是企业的义务，也是企业提升自身实力的途径，纳税大户越做越强大就是明证。当然，企业税务管理的完善还要通过增强相关知识和加强企业制度管理来达到。企业税务管理人员必须按照我国《税收征收管理法》来操作，比如，企业在成立后要及时到税务主管部门进行税务登记并设置账簿，在每次纳税前进行纳税申报。企业要聘请有经验的工作人员，以完善企业的财会税务管理。

此外，由于缴税关系到企业的实际收入，在需要企业掏钱的问题上如果完全靠企业自觉也是不可能的，企业是否做到依法纳税与税务机关的税务检查工作是否到位也有关系。税务机关的有效外部监管会对企业形成巨大的约束。比如，税务机关定期对企业进行税务检查，审查、核实企业的税务事项。通过税务机关的检查，能够及早发现企业税务上存在的问题，督促企业改正不当的税务处理方式，也就能减少更严重的刑事风险的爆发。当然，税务机关也应该多为企业提供税务方面的咨询解答和技术支持，帮助企业处理税务难题，也是其职责所在。

除外，企业出口退税问题还需做简要说明。出口退税是从事进出口业务的企业所享有的优惠政策，国家主要针对在国内生产和流通环节实际缴纳的产品税、增值税、营业税和特别消费税实行退税优惠。非有进出口业务的企业不可享受这项退税优惠待遇。而从事进出口业务、符合条件的企业需要详细了解出口退税的流程，依法办理该事务。企业也需要跟进国家对出口退税的有关政策，根据最新的规定来规范自己的行为。

3. 企业发票管理环节的刑事风险监管

发票管理最需要企业自身的监管，企业有效的管理是避免所有刑事犯罪风险发生的法宝。国家对企业的发票管理制定了明确的规范，发票的印制、领购、开具、使用都应该严格依照制度规定来办。首先，普通发票依法只有省、自治区、直辖市税务机关指定的、具有印制发票资格的企业才能印制，且应按照税务机关确定的数量和式样来印制。而增值税专用发票必须由国家税务总局统一印制，其他企业不得擅自制造、伪造或变造发票。其次，发票的领购也需依照法定的程序向主管税务机关申请，而不得向税务机关以外的任何单位和个人购买，尤其是增值税专用发票的管理更为严格。再次，企业开具发票必须依法进行，填写发票要遵守具体的规范要求。避免出现违法开具的情形。实践中常见的大头小尾、错位开票、转借代开、开具空白发票等都是可能涉嫌虚开发票的行为表现。另外，发票的使用过程与结果要有记载，企业要建立发票使用登记制度，设置登记簿，对发票的领购、领用有关事项进行详细登记。最后，发票的保管需妥善，尤其是增值税专用发票。企业要按照税务机关的规定存放、保管发票至保存期满，然后报经税务机关查验后销毁。

总之，企业只有对发票的全流程加强管理，严格依照规定处理发票的制造、领购、使用、保管等事宜，才能规避发票相关的诸多犯罪。

（四）企业财会税务管理环节的刑事风险控制

1. 法定刑

【逃税罪】《刑法》第201条：“纳税人采取欺骗、隐瞒手段进行虚假纳税申报或者不申报，逃避缴纳税款数额较大并且占应纳税额百分之十以上的，处三年以下有期徒刑或者拘役，并处罚金；数额巨大并且占应纳税额百分之三十以上的，处三年以上七年以下有期徒刑，并处罚金。扣缴义务人采取前款所列手段，不缴或者少缴已扣、已收税款，数额较大的，依照前款的规定处罚。”

【逃避追缴欠税罪】《刑法》第203条：“纳税人欠缴应纳税款，采取转移或者隐匿财产的手段，致使税务机关无法追缴欠缴的税款，数额在一万元以上不满十万元的，处三年以下有期徒刑或者拘役，并处或者单处欠缴税款一倍以上五倍以下罚金；数额在十万元以上的，处三年以上七年以下有期徒刑，并处欠缴税款一倍以上五倍以下罚金。”

【骗取出口退税罪】《刑法》第204条：“以假报出口或者其他欺骗手段，骗取国家出口退税款，数额较大的，处五年以下有期徒刑或者拘役，并处骗取税款一倍以上五倍以下罚金；数额巨大或者有其他严重情节的，处五年以上十年以下有期徒刑，并处骗取税款一倍以上五倍以下罚金；数额特别巨大或者有其他特别严重情节的，处十年以上有期徒刑或者无期徒刑，并处骗取税款一倍以上五倍以下罚金或者没收财产。

纳税人缴纳税款后，采取前款规定的欺骗方法，骗取所缴纳的税款的，依照刑法第二百零一条（逃税罪）的规定定罪处罚；骗取税款超过所缴纳的税款部分，依照前款的规定处罚。”

【虚开增值税专用发票、用于骗取出口退税、抵扣税款发票罪】《刑法》第205条：“虚开增值税专用发票或者虚开用于骗取出口退税、抵扣税款的其他发票的，处三年以下有期徒刑或者拘役，并处二万元以上二十万元以下罚金；虚开的税款数额较大或者有其他严重情节的，处三年以上十年以下有期徒刑，并处五万元以上五十万元以下罚金；虚开的税款数额巨大或者有其他特别严重情节的，处十年以上有期徒刑或者无期徒刑，并处五万元以上五十万元以下罚金或者没收财产。

单位犯本条规定之罪的，对单位判处罚金，并对其直接负责的主管人员和其他直接责任人员，处三年以下有期徒刑或者拘役；虚开的税款数额较大或者有其他严重情节的，处三年以上十年以下有期徒刑；虚开的税款数额巨大或者有其他特别严重情节的，处十年以上有期徒刑或者无期徒刑。

虚开本法第二百零五条规定以外的其他发票，情节严重的，处二年以下有期徒刑、拘役或者管制，并处罚金；情节特别严重的，处二年以上七年以下有期徒刑，并处罚金。

单位犯前款罪的，对单位判处罚金，并对其直接负责的主管人员和其他直接责任人员，依照前款的规定处罚。”

【伪造、出售伪造的增值税专用发票罪】《刑法》第206条：“伪造或者出售伪造的增值税专用发票的，处三年以下有期徒刑、拘役或者管制，并处二万元以上二十万元以下罚金；数量较大或者有其他严重情节的，处三年以上十年以下有期徒刑，并处五万元以上五十万元以下罚金；数量巨大或者有其他特别严重情节的，处十年以上有期徒刑或者无期徒刑，并处五万元以上五十万元以下罚金或者没收财产。

单位犯本条规定之罪的，对单位判处罚金，并对其直接负责的主管人员和其他直接责任人员，处三年以下有期徒刑、拘役或者管制；数量较大或者有其他严重情节的，处三年以上十年以下有期徒刑；数量巨大或者有其他特别严重情节的，处十年以上有期徒刑或者无期徒刑。”

【非法出售增值税专用发票罪】《刑法》第207条：“非法出售增值税专用发票的，处三年以下有期徒刑、拘役或者管制，并处二万元以上二十万元以下罚金；数量较大的，处三年以上十年以下有期徒刑，并处五万元以上五十万元以下罚金；数量巨大的，处十年以上有期徒刑或者无期徒刑，并处五万元以上五十万元以下罚金或者没收财产。”

【非法购买增值税专用发票、购买伪造的增值税专用发票罪；虚开增值税专用发票罪、出售伪造的增值税专用发票罪、非法出售增值税专用发票罪】《刑法》第208条：“非法购买增值税专用发票或者购买伪造的增值税专用发票的，处五年以下有期徒刑或者拘役，并处或者单处二万元以上二十万元以下罚金。

非法购买增值税专用发票或者购买伪造的增值税专用发票又虚开或者出售的，分别依照本法第二百零五条、第二百零六条、第二百零七条的规定定罪处罚。”

【非法制造、出售非法制造的用于骗取出口退税、抵扣税款发票罪；非法制造、出售非法制造的发票罪；非法出售用于骗取出口退税、抵扣税款发票罪；非法出售发票罪】《刑法》第209条：“伪造、擅自制造或者出售伪造、擅自制造的可以用于骗取出口退税、抵扣税款的其他发票的，处三年以下有期徒刑、拘役或者管制，并处二万元以上二十万元以下罚金；数量巨大的，处三年以上七年以下有期徒刑，并处五万元以上五十万元以下罚金；数量特别巨大的，处七年以上有期徒刑，并处五万元以上五十万元以下罚金或者没收财产。

伪造、擅自制造或者出售伪造、擅自制造的前款规定以外的其他发票的，处二年以下有期徒刑、拘役或者管制，并处或者单处一万元以上五万元以下罚金；情节严重的，处二年以上七年以下有期徒刑，并处五万元以上五十万元以下罚金。

非法出售可以用于骗取出口退税、抵扣税款的其他发票的，依照第一款的规定处罚。

非法出售第三款规定以外的其他发票的，依照第二款的规定处罚。”

【持有伪造的发票罪】《刑法》第210条：“明知是伪造的发票而持有，数量较大的，处二年以下有期徒刑、拘役或者管制，并处罚金；数量巨大的，处二年以上七年以下有期徒刑，并处罚金。

单位犯前款罪的，对单位判处罚金，并对其直接负责的主管人员和其他直接责任人员，依照前款的规定处罚。”

2. 各罪的风险控制

首先，企业财会税务管理过程中可能出现的各种犯罪基本都属于情节犯，这就为企业在爆发某种犯罪风险的初期进行控制提供了可能。比如，企业虽然实施了虚开、非法制造、出售或购买、持有增值税专用发票、可用于抵扣税款的发票以及其他普通发票的行为，但如果在被追究刑事责任前主动减少涉事发票的数量，或者避免严重情节发生，则一般可以获得从轻处罚，甚至可能降为行政处罚。

在犯罪风险控制上明显有利的是逃税罪，因为刑法条文里明确规定：虽然纳税人采取欺骗、隐瞒手段进行虚假纳税申报或者不申报，逃避缴纳税款，但如果经税务机关依法下达追缴通知后，补缴应纳税款，缴纳滞纳金，已受行政处罚的，则不予追究刑事责任。因此对企业来说，在涉嫌非严重的逃税时最好及早接受行政处罚，避免进入刑事处罚的范畴。但是注意，《刑法》明文规定：多次实施逃税行为未经处理的，按照累计数额计算。因此企业要避免因累计计算数额而遭受更严重的刑事处罚。此外，逃税罪的风险控制，要求企业注意避免有“五年内因逃避缴纳税款受过刑事处罚或者被税务机关给予二次以上行政处罚”的情形存在。

其次，各类发票有关犯罪在罪名的认定上，刑法虽然对虚开、购买、出售、持有等一系列发票有关的行为都规定了犯罪，但对持有发票的行为处罚明显轻于对虚开、购买、出售增值税专用发票和可用于抵扣税款的发票的行为处罚，购买真实的增值税专用发票的情形除外。因此，企业应严格自律，不要实施违法行为，以避免或重或轻的刑事风险。

第十一章
CHAPTER 11

企业终止环节刑事法律风险的防控指南

一、企业终止环节刑事法律风险防控概述

（一）企业终止释义

如果说企业成立相当于人的出生，则企业终止就相当于人的生命终结。企业终止与企业成立相对，是指企业根据法定程序彻底结束经营活动并使法人资格归于消灭的事实状态和法律结果。绝大部分的企业终要走到尽头，如能像寿终正寝的人一样圆满终止已经是好结果。然而，由于企业具有一定的法定性，能否合法终止还需一些法律行为来支持，包括停止经营活动、清理财产、清偿债务、依法注销企业法人资格等行为。企业终止的原因主要是：营业期限届满或企业章程规定的解散事由出现；企业的最高权力机关作出终止的特别决议；企业合并或分立；依法被撤销；依法宣告破产等。无论企业是破产、清算，还是解散、注销，都需要企业按照合法的程序进行，否则，企业同样可能留下后遗症，不能善始善终。

（二）企业终止所需程序

企业要达到终止的目的，必须经过一些程序。企业终止所需的程序，因企业的不同形式类别而需要分别说明。缘于公司的普遍性与典型性，我们仍然以公司的终止为主要解说对象。首先，导致公司终止的事由有公司章程所规定的经营期限届满、依法被吊销营业执照、依

法被责令关闭或者被撤销、因合并或者分立需要解散等终止事由。除因公司合并、分立而解散外，因其他事由致使公司解散的，应当在解散事由出现之日起15日内成立清算组，开始对公司财产进行清算；逾期不成立清算组进行清算的，债权人可以申请人民法院指定有关人员组成清算组进行清算。公司清算结束后，清算组应当制作清算报告，报股东会、股东大会或者人民法院确认。清算报告得到确认后，按照清算报告对剩余清算财产的分配顺序和方式进行分配。然后将清算报告和清算结果报送公司登记机关，申请注销公司登记，公告公司终止，即完成公司终止所需程序。公司终止所需的程序与公司成立所需的程序都比较复杂，需要花费的时间也可能比较长。

其他形式的企业与公司的终止所需程序存在一些相同之处，比如，个人独资企业和合伙企业也要经过清算程序，都要向工商登记部门申请注销登记，公示企业终止。但是，这些企业的终止又有一些不同的地方，主要表现在以下三点。

第一，企业解散事由有不同。比如，个人独资企业的解散事由还包括投资人死亡或者被宣告死亡，无继承人或者继承人决定放弃继承的情形。合伙企业的解散事由包括合伙人已不具备法定人数满30日、合伙协议约定的合伙目的已经实现或者无法实现等事由。

第二，清算人的选择上，个人独资企业的清算人可以由投资人自行清算或者由债权人申请人民法院指定清算人进行清算。而合伙企业的清算人可以由全体合伙人担任；经全体合伙人过半数同意，也可以自合伙企业解散事由出现后15日内指定一个或者数个合伙人，或者委托第三人担任清算人。自合伙企业解散事由出现之日起15日内未确定清算人的，合伙人或者其他利害关系人可以申请人民法院指定清算人。

第三，债务清偿的责任上，个人独资企业财产不足以清偿债务的，投资人应当以其个人的其他财产予以清偿。个人独资企业解散后，原投资人对个人独资企业存续期间的债务仍应承担偿还责任，但债权人在“5年”内未向债务人提出偿债要求的，该责任消灭。合伙企业注销后，原普通合伙人对合伙企业存续期间的债务仍应承担无限连带责任。

（三）企业终止环节的刑事法律风险

综上所述，企业终止环节必须遵循一些程序要求才能完成终止行为，因为不合法的终止行为同样会存在刑事法律风险。企业终止环节的刑事法律风险主要表现在企业解散清算和公司破产清算过程中可能触犯妨害清算罪和虚假破产罪。前罪，是指公司、企业在进行清算时，故意隐匿财产，对资产负债表或者财产清单作虚假记载，或者在未清偿债务前擅自分配公司、企业财产，严重损害债权人或者其他人利益的行为。后罪，则是指公司、企业通过隐匿财产、承担虚假债务或者以其他方式转移财产、处分财产，实施虚假破产，严重损害债权人和其他人利益的行为。注意此二罪的犯罪主体既可能是公司，也可能是其他形式的企业，必须是法人，而自然人不会成为犯罪主体。因而，公司之外的其他形式的企业，比如，合伙企业、独资企业等在企业终止阶段都可能触发该二类刑事风险。

二、企业终止环节的刑事法律风险防控现状

承接上文所述，企业在终止环节如果漠视法律都可能触犯妨害清算罪和虚假破产罪。此二罪的犯罪主体必须是单位，但妨害清算犯罪行为的实际实施者是公司、企业的管理者，或者清算组的成员、法院指定的清算管理人及相关工作人员；虚假破产罪的行为实施者实际上是公司、企业的主管人员或者直接负责人员。法律规定的也是单罚制，只对公司、企业的主管人员或者直接负责人员进行处罚，而不处罚公司、企业本身。这样的处罚原则有利于保护债权人和受害人的利益。

很多企业走到最后还要惹上刑事官司，即使到山穷水尽时还不知道自己错在哪里，说明风险防范意识和防范能力太欠缺。法制日报社社长邵炳芳指出，事实上，在企业家不知何种行为构成犯罪的情况下，就触犯刑法的情况也不鲜见。① 最常见的就是可能引发妨害清算犯罪的风险。大家比较熟悉的该罪行为方式是行为人将公司、企业财产转移或者隐藏起来。比如，企业在清算时将自己投资建设的某房产不入企业账，或企业购买的某设施或设备隐藏起来不列入财产清算范围。或者，在清算组编制资产负债表或者财产清单时，行为人通过虚报资产和负债、虚伪记载的方法达到逃避公司、企业债务的目的。还有就是在进行债务清偿之前就将清算的财产分配掉，使债务清偿没有财产可供执行。如

① 吕斌：《企业刑事风险防控新思路》，载《法人》2017 年 6 月刊。

原深圳市中银实业股份有限公司董事长王某某在公司破产清算前转移18套房产，被依法追究刑事责任。[①]

其次是虚假破产的刑事法律风险。一些企业及其负责人为了逃避债务，在实际根本不具备破产条件的情况下，不惜以隐匿财产、承担虚假债务、剔除合法应收账款等方式转移财产、处分财产的手段来造成严重资不抵债或者不能清偿到期债务的假象，然后启动破产程序，严重损害债权人和其他人利益。虚假破产的行为人一般就是企业承担破产清算职责的负责人员，虽然法律规定虚假破产罪为单位犯罪，但是只处罚企业直接负责人员和其他直接责任人员，因此这些负责人员必然受到法律的严惩。虽然虚假破产犯罪和妨害清算罪一样都是结果犯，都要求造成严重危害后果的才进入刑法规制的范畴，但一些企业仍然无视虚假破产和妨害清算行为所引发的严重后果，铤而走险，触犯刑律，因而受到刑事处罚。

三、企业终止环节刑事法律风险防控中存在的问题与原因

（一）企业管理者的认识偏差

企业的经营管理主要是人的经营管理行为在起决定性作用，很多企业的终止具有客观性，但又不乏借清算、破产之名实施违法犯罪之实者。一些企业的部分管理者对企业的存续没有信心，认为企业已经无利可图，或者为故意逃避企业的某些债务偿还责任，于是企图通过企业破产来逃避。还有一些企业的管理者不甘失败，在企业的最后阶段还想捞一笔。如果企业已经到了不能清偿到期债务，资产不足以清偿全部债务或者明显缺乏清偿债务的能力的阶段，就表明企业已经到了山穷水尽的地步。但如果企业管理者故意隐匿财产、承担虚假的债务等方式转移、处分财产，甚至在清算环节实施妨害清算的行为，无疑会为其认识错误而付出代价。

（二）企业终止环节缺乏监管

根据企业破产法律有关的规定，企业在破产、清算阶段主要是由人民法院对企业宣告破产、清算，由清算组或清算人对企业进行清算。虽然企业在终止

---

① 于瀛、包力：《破产清算前转移18套房产——我市首宗企业负责人涉嫌“妨害清算罪”案件开庭》，载《深圳商报》2008年4月3日，第B04版。

阶段有清算组或清算人及其成员、企业的债权人、法院在监督或管理着企业的最后一程，但由于清算组的成员本身组成多元化而比较复杂，利益并非统一，清算组及清算人有时很难对企业的清算、破产程序形成有力的监管。而企业除清算组之外的其他债权人参与企业破产清算的程序上，参与程度和深度都不足以对企业的破产、清算程序起到足够的监督作用。而法院在企业破产、清算阶段主要是法律规范角度上的监督与管理，因此也没有深层次的监管。现实中，清算组成员都可能成为妨害清算的行为人，更别说企业及其有关人员。因此，在企业终止阶段缺乏监管的时候，难免出现诸如虚假破产或编造虚假财务报表的行为。

四、企业终止环节刑事法律风险防控的具体举措

（一）企业终止环节的刑事风险提示

1. 妨害清算罪

（1）主体

因为《刑法》已经规定，妨害清算罪的主体是公司、企业等单位，因此自然人不能单独成为本罪的犯罪主体。虽然实施犯罪的主体是单位，但本罪处罚的却是对妨害清算行为直接负责的主管人员和其他直接责任人员。具体来看，需要承担责任和接受处罚的对象可能包括公司、企业的管理者，或者清算组的成员、法院指定的清算管理人及相关工作人员。此外，如果公司、企业的债权人或者相关第三人与清算的公司、企业恶意串通，为逃避债务清偿责任而共同实施妨害清算的行为，则可能成立共同犯罪，该债权人或者相关第三人亦可能因共犯而成为妨害清算罪的主体。

（2）行为

妨害清算的行为发生在企业清算过程中，从清算组成立到企业剩余财产分配完毕的过程中都可能发生。我国《公司法》《合伙企业法》《企业破产法》《民事诉讼法》等法律都对企业的破产、解散清算程序以及在程序中实施的妨害清算行为进行了规定。按照法律的规定可以总结出，妨害清算犯罪的行为方式包括以转移、隐藏等方式来隐匿企业财产，对清算企业的资产负债表或者财产清单作虚假记载，在清偿债务前分配破产、解散清算企业的财产。当然，这些行为都应该是行为人故意实施的，过失不构成本罪。

根据实践中的情况具体来讲，一是擅自将企业的资金、机器、设备、货物等动产或者不动产隐匿起来，不列入企业的资产清算清单范围内。特别是一些本身具有一定隐匿性的财产，如清算企业对某公司的债权。而一些清算企业自行投资建设或购买的房屋、建筑，因价值大而容易成为被隐匿的对象。

二是在清算组编制资产负债表或财产清单时，行为人故意采取隐瞒、欺骗的手段，对清算企业的资产、负债或者其他财产进行虚伪记载。虚伪记载的方式多种多样，可能采取少报财产的方式，将企业的部分财产不列入资产负债表或者财产清单，从而导致资产负债表或者财产清单上的财产价值小于企业实际的资产价值，债权人就无法获得实际财产的抵偿。也可能采取多报财产的方式，也就是进行超出清算企业本身所有价值的虚报，欺骗债权人，使债权人获得的抵偿财产实际上并不具有抵偿的价值。

三是在未清偿或者未全部清偿企业债务时就擅自分配企业财产。按照我国《企业破产法》第113条的规定，破产财产在优先清偿破产费用和共益债务后，依照下列顺序清偿：（1）破产人所欠职工工资和医疗、伤残补助、抚恤费用，所欠的应当划入职工个人账户的基本养老保险、基本医疗保险费用，以及法律、行政法规规定应当支付给职工的补偿金；（2）破产人欠缴的除前项规定以外的社会保险费用和破产人所欠税款；（3）普通破产债权。同时，当破产财产不足以清偿同一顺序的清偿要求的，按照比例分配。而分配企业财产需要在清偿完毕上述所有债务之后还有剩余的条件下进行。这是对所有企业类型都适用的。如果在未清偿或者未全部清偿企业债务时就擅自分配企业财产，则可能触犯妨害清算罪。但实践中的具体情形，又要通过将公司制企业和合伙企业、个人独资企业的情况分开来说明。

实际上，因为公司制企业之所以破产、解散，就是因为严重资不抵债，不能清偿所有债务，所以一般也很少有企业在清偿债务之后还能有剩余财产分配给股东的。这种情况下，一些公司的股东可能在不清偿企业债务时就开始瓜分企业财产，也可能在清偿部分债务但未清偿完毕所有的债务之时就分配，都是可能触犯妨害清算罪的。但合伙企业并不需要像公司一样等到严重资不抵债的时候才申请破产，而是在出现合伙期限届满，合伙人决定不再经营或者合伙协议约定的解散事由出现或者全体合伙人决定解散等情况时就可以解散。因此，企业在清偿所有债务后仍然可能有剩余财产分配给合伙人。但是，只要是在清偿完毕所有债务之前就擅自分配财产，情节严重的依然可能触犯本罪。

2. 虚假破产罪

（1）主体

虚假破产犯罪行为的主体也限于公司及其他形式的企业，也就是单位才能成为该罪的行为主体，而不包括自然人。但该罪的处罚原则为单罚制，也就是代罚制，实际处罚的还是实施虚假破产行为的单位直接责任人员，主要是单位直接负责的主管及其他直接责任人员。代罚制有利于保护破产企业的债权人及其他关系人的权益。因此，企业及其主要管理者需要提高对触犯本罪的风险防范意识。

（2）行为

虚假破产罪是我国《刑法修正案（六）》新增的罪名，新增后与妨害清算罪同在《刑法》第126条。根据《刑法修正案（六）》第6条的规定，虚假破产犯罪主要是通过隐匿财产、承担虚构的债务，或者以其他方法转移、处分财产，虚构破产的原因和条件，然后启动破产程序等一系列行为，企图达到逃避企业债务的目的。该犯罪的行为实施具体步骤为：

第一步，非法转移、处分财产，以达到构成破产条件、拥有破产资格的目的。企业非法转移、处分财产的手段和方式有很多种。比如，通过全部或者部分隐瞒、转移、藏匿企业的资金、产品、设备、厂房等手段达到隐匿财产的目的；通过承担虚构的债务，承认、捏造不真实或不存在的债务，或者夸大企业的负债，造成资不抵债的假象；通过无偿或以明显不合理的低价转让财产，或者以明显高于市场的价格受让财产，放弃对外享有的债权等，从而达到转移、处分财产，得以构成破产条件的目的。

第二步，启动破产程序，虚假破产。非法转移、处分企业财产最终只是为达到企业能够启动破产程序，虚假破产的目的。因破产的启动申请主体是债务人、债权人或者清算组，必须由其主动向法院提出破产申请，否则即使行为人实施了非法转移、处分财产的行为也不必然导致企业破产。因此，只有实施了非法转移、处分财产和启动破产程序两个步骤才是虚假破产犯罪的完整行为过程。换言之，非法转移、处分财产的行为与启动破产程序的行为缺一不可，共同构成虚假破产行为。①

---

① 王守俊：《虚假破产罪初论》，载《商场现代化》2007年8月（下）刊。

（二）企业终止环节的刑事风险预警

1. 妨害清算罪

一方面，妨害清算罪也属于结果犯，要求行为人实施的妨害清算行为必须严重损害了债权人或者其他人的利益。严重损害债权人的利益，如得以逃避巨额的债务，导致债权人没有得到应有的清偿；严重损害其他人的利益，比如，企业职工的工资、职工的社保费、国家的税款都因行为人的妨害清算行为导致没有得到清偿。如果行为并没有造成如上所述的严重损害后果，则行为人不需要承担刑事责任，根据损害后果的大小责令承担相应的行政责任或者民事责任即可。

另一方面，妨害清算行为的追诉标准。何为“严重损害了债权人或者其他人的利益”，刑法及其相关司法解释没有说明。但“严重损害”的程度，我们从《追诉标准（二）》可以得出结论：公司、企业进行清算时，隐匿财产，对资产负债表或者财产清单作虚伪记载或者在未清偿债务前分配公司、企业财产，涉嫌下列情形之一的，应予立案追诉：

（1）隐匿财产价值在50万元以上的；

（2）对资产负债表或者财产清单作虚伪记载涉及金额在50万元以上的；

（3）在未清偿债务前分配公司、企业财产价值在50万元以上的；

（4）造成债权人或者其他人直接经济损失数额累计在10万元以上的；

（5）虽未达到上述数额标准，但应清偿的职工的工资、社会保险费用和法定补偿金得不到及时清偿，造成恶劣社会影响的；

（6）其他严重损害债权人或者其他人利益的情形。

2. 虚假破产罪

与妨害清算罪一样，虚假破产罪也属于结果犯，要求行为人实施的虚假破产行为必须严重损害了债权人或者其他人的利益。如果没有造成严重损害后果，则一般只需要承担行政责任或民事责任。而该罪的立案标准，根据《追诉标准（二）》第9条的规定：涉嫌下列情形之一的，应予立案追诉：

（1）隐匿财产价值在50万元以上的；

（2）承担虚构的债务涉及金额在50万元以上的；

（3）以其他方法转移、处分财产价值在50万元以上的；

（4）造成债权人或者其他人直接经济损失数额累计在10万元以上的；

（5）虽未达到上述数额标准，但应清偿的职工的工资、社会保险费用和法定补偿金得不到及时清偿，造成恶劣社会影响的；

（6）其他严重损害债权人或者其他人利益的情形。

（三）企业终止环节的刑事风险监管和自我防范

1. 普通清算环节

根据我国《企业破产法》《合伙企业法》《外商投资企业清算办法》等法律法规，我国境内企业一般都适用普通清算程序进行清算。除了因企业合并、分立需要解散的情形，普通清算程序是所有企业解散时必须进行的。从前文我们可知，清算环节最易发生妨害清算的刑事风险，企业是妨害清算罪的主体，但具体实施本罪的行为人一般是企业的高管、清算组成员、管理人（进入破产程序后）。清算期间应该从清算组织成立至清算组织提交清算报告之时止。因此，防范和监管清算环节的刑事风险也应该从成立清算组织的时候开始，但终止的时间还需推迟到提交清算报告之后。总体来看，企业清算环节的刑事法律风险防范主要体现在以下几个步骤中。

（1）挑选正派的清算组成员。成立清算组是企业进入破产程序后清算开始的第一步。有限责任公司的清算组由股东组成，股份有限公司的清算组由董事会或者股东大会确定的人员组成，合伙企业的清算组由合伙人担任，外商投资企业的清算组成员则由企业权力机构从其成员中选任，也可以聘请有关专家、专业人员担任。如果企业逾期不成立清算组织，可由利害关系人向法院申请，由法院指定组成清算组。清算组虽承担清算职责，但最可能成为妨害清算罪的犯罪行为人。因此，要重点防范清算组的成员利用清算的职权妨害清算。清算组成员不应该利用职权谋取私利，也不应该为了单位利益而实施一些不当行为。

（2）通知债权人申报债权。清算组成员确定之后，应在法定时间内将解散事由通知债权人，无法全部通知的要发布公告。然后债权人申报债权，清算组进行债权登记。此时需要注意，清算组不得与债权人恶意串通，故意捏造不存在的债权，或者高报债权人对企业享有的债权。另外，在债权申报期间清算组不得对债权人进行清偿。而企业债权人、企业主管部门和法院等组织和个人要履行监督管理职能，切实防范妨害清算的不法行为。

（3）如实清理财产、编制资产负债表和财产清单。清算组最重要的职责即在此时。清算组需要彻底清理企业财产，不得为一己私利或者企业的利益而隐匿财产；同步地还要编制资产负债表和财产清单，清算组及其人员必须如实记载和编制，避免出现虚伪记载的情形。此外，企业的法定代表人、财务管理人员等相关人员应当配合清算组的工作，如果这些人员拒不配合，甚至隐匿、非法转移和处分其管理或占有的财产，则清算组要及时发现和阻止。如果清算组与之相互勾结实施妨害清算的行为，则只能依靠外部力量的监督。

（4）依法清偿和分配财产。清算组对企业财产清理完后，就应当依照法定的顺序来支付和分配了。在未清偿企业的所有债务之前，不得对股东或合伙人进行分配。如果提前分配企业财产，故意损害债权人和其他关系人的合法权益，则可能引发妨害清算的刑事风险。债权人和其他关系人可以行使监督权，及时跟踪企业财产的状况，发现股东、合伙人提前分配财产的可以警告清算组，或者向受理破产申请的法院反映。

2. 破产清算环节

我们从破产清算的程序来分析破产环节的刑事法律风险自我防范和监管。清算也是破产企业所必须的，但破产清算属于法律规定的特别强制清算。在此环节（当然犯罪行为过程会延续到破产程序终结之时），主要是向法院提出破产申请步骤中企业可能涉嫌虚假破产犯罪，和在整个清算过程中可能触犯妨害清算罪。因此，要防范破产清算环节的刑事风险，需要运用既抓重点又抓全面的原则，对破产申请程序重点监管和防范，同时在整个破产清算过程中防范和监管妨害清算犯罪。

其一，提出申请必须具备破产条件。根据我国《企业破产法》等法律的规定，企业、债权人及其他主体向法院提出破产申请的条件是：不能清偿到期债务，并且资产不足以清偿全部债务或者明显缺乏清偿能力。这是一个客观条件，符合条件的企业一定有直接证据可以证明的。企业只有在符合上述条件的情况下才能向法院提出申请，并提交相关的证据。这些证据包括但不限于企业的债务清册、债权清册、财务会计报告、职工工资的支付和社会保险费用的缴纳情况等。法院会谨慎审核企业提交的证据，是否存在破产条件，法院自会裁定。但如果法院在审核材料时发现申请人提交的证据是虚假的，行为人故意隐匿财产，或者承担虚构的债务，抑或在以某种不正当手段转移、处分财产，造成资不抵债的假象，故意制造的破产条件，而这些行为的目的完全是逃避必须履行的合法债务，则法院可以裁定驳回申请，对申请人加以批评教育，并交由公司主管部门处理，如此反而可以避免企业刑事风险的出现。

当然，从理论上来说，监管企业、债权人等虚假破产的主体不只是法院，还应该包括企业的高管和其他工作人员、债权人、其他相关人员、行政主管机构等。只要能阻止虚假破产的行为后果出现，就可避免该罪的刑事风险。

其二，全面防范和监管妨害清算的刑事风险。破产清算程序中的妨害清算行为在破产清算的所有程序中都可能发生，实施该行为的主体主要也是企业清算组、原企业高管层、债权人等，行为人实施妨害清算的行为方式与普通清算环节中的妨害清算的行为方式相同，大家可以借鉴上文。

（四）企业终止环节的刑事风险控制

1. 法定刑

【妨害清算罪；虚假破产罪】《刑法》第162条："公司、企业进行清算时，隐匿财产，对资产负债表或者财产清单作虚伪记载或者在未清偿债务前分配公司、企业财产，严重损害债权人或者其他人利益的，对其直接负责的主管人员和其他直接责任人员，处五年以下有期徒刑或者拘役，并处或者单处二万元以上二十万元以下罚金。

公司、企业通过隐匿财产、承担虚构的债务或者以其他方法转移、处分财产，实施虚假破产，严重损害债权人或者其他人利益的，对其直接负责的主管人员和其他直接责任人员，处五年以下有期徒刑或者拘役，并处或者单处二万元以上二十万元以下罚金。"

2. 各罪的风险控制

妨害清算和虚假破产的行为都会严重损害债权人或者其他相关人员的利益，但前者是在企业客观上达到破产、解散的条件后在清算环节发生的，后者是企业本身并没有达到破产条件，行为人故意制造破产条件，实施的虚假破产。因此，妨害清算犯罪的事后风险控制主要是行为人将隐匿的财产交出、更正资产负债表和财产清单上的不实记载，将分配给股东或其他人的财产收回重新用以清偿债务。如果能在一定程度上减轻或消除妨害清算行为的危害后果，则无疑行为人是有可能获得从轻、减轻处罚的。而虚假破产罪的事后风险控制主要是向司法机关主动交代已经实施的犯罪行为，将隐匿、转移、处分的财产交出，偿还到期的债务等。但风险发生后的补救不能完全消除犯罪行为导致的危害后果，因此行为人一般也只是可能获得法定或酌定的从轻、减轻处罚。

第十二章
CHAPTER 12

国有企业及其工作人员特殊犯罪风险的防控指南

一、国有企业及其工作人员特殊犯罪风险概述

(一)国有企业及国家工作人员的概念

国有企业的概念在我国还存在争议。1998 年国家统计局、国家工商行政管理局制定的《关于划分企业登记注册类型的规定》中发现其给出的定义:国有企业,是指企业全部资产归国家所有,并按《中华人民共和国企业法人登记管理条例》规定登记注册的非公司制的经济组织。然而,该定义明显已经不符合当前我国国有企业的实际情况。首先,该概念中的企业不包括公司,是一个非常窄的企业概念,而不是我们在总论第二章开篇分析的大企业概念。企业包括公司是被普遍接受的说法。其次,现代国有企业强调公司化运作,且自国有企业改革以来企业改革的方向即是实现公司化运作模式,包括使用公司化的治理结构和管理制度。因此,《关于划分企业登记注册类型的规定》中的定义已经不可采。

我们认为,国有企业有广、狭义之分。2017 年 8 月 1 日实施的《国有企业境外投资财务管理办法》第 2 条:“本办法所称国有企业,是指国务院和地方人民政府分别代表国家履行出资人职责的国有独资企业、国有独资公司以及国有资本控股公司,包括中央和地方国有资产监督管理机构和其他部门所监管的企业本级及其逐级投资形成的企

业。”该定义中的国有企业实际就是广义的国有企业。狭义的国有企业即全民所有制企业。

国家工作人员的概念由于已有比较明确的法律规定，因此相对来说争议较少。国家工作人员，它是指一切国家机关、企业、事业单位和其他依照法律从事公务的人员。包括在国家各级权力机关、各级行政机关、各级司法机关、各级军事机关、国有公司、企业、事业单位、人民团体中从事公务的人员；以及国家机关、国有公司、企业、事业单位委派到非国有公司、企业、事业单位、社会团体中从事公务的人员；还有其他依照法律从事公务的人员，如果依法从事公务也就在从事公务的时候具有了国家工作人员的身份。因此，国家工作人员似乎是一个动态的概念，只要是依法从事公务的人员都属于国家工作人员的范畴。

（二）国有企业的特殊犯罪风险概述

国有企业的特殊犯罪风险是指因刑法对国有企业特殊身份的犯罪特殊规定，只有国有企业才会引发、非国有企业不会引发的犯罪风险，主要体现在单位受贿罪和私分国有资产罪。

单位受贿罪，是国家机关、国有公司、企业、事业单位、人民团体，索取、非法收受他人财物，为他人谋取利益，情节严重，或者在经济往来中，在账外暗中收受各种名义的回扣、手续费的行为。其中“回扣”即卖方从买方支付的商品款项中按一定比例或某数额返还给买方的价款。按照是否采取账外暗中的方式，回扣可以简单分为两种，账内明示和账外暗中的回扣。账内明示的回扣一般是不违法的，账外暗中的回扣却是商业贿赂的典型方式。手续费本，是指为委托、代理他人办理有关事项所产生的劳务报酬、补偿，但在刑法意义上实指以劳务报酬、补偿的名义收受的好处费、不正当收益。国有公司是该罪的高发群体。

私分国有资产罪，是指国家机关、国有公司、企业、事业单位、人民团体，违反国家规定，以单位名义将国有资产集体私分给个人，数额较大的行为。其中“国有资产”不限于国有资金，还包括国有生产资料乃至属于国有的产品、商品等。国有股份、其他有价证券，国有其他固定资产，如归单位管理、使用但属于国有的计算机、照相机等，也可成为此罪的犯罪对象。“个人”可以指单位中的大多数人，也可以指少数人甚至一个人。“以单位名义”“集体私分”是认定为单位犯罪的本质属性。

（三）国有企业的国家工作人员违反职务廉洁性的刑事风险

国有企业的国家工作人员违反职务廉洁性的刑事风险是指在国有企业中依法从事公务的人员因利用其特殊身份或职务上的便利而实施的贪腐类犯罪所引发的刑事风险，包括贪污罪、挪用公款罪、受贿罪、巨额财产来源不明罪、隐瞒境外存款罪。

贪污罪，原是国家工作人员利用职务上的便利侵吞、窃取、骗取或者以其他手段非法占有公共财物的行为，后将受国家机关、国有公司、企业、事业单位、人民团体委托管理、经营国有财产的人员利用职务上的便利侵吞、窃取、骗取或者以其他手段非法占有国有财物的行为也纳入，以及国家工作人员在国内公务活动或者对外交往中接受礼物，依照国家规定应当交公而不交公，数额较大的也会被认定为贪污罪。因此，国有企业的国家工作人员要特别注意此罪风险。

受贿罪是国家工作人员利用职务上的便利，索取他人财物，或者非法收受他人财物，为他人谋取利益的行为。该罪行为既会侵犯国家工作人员职务行为的廉洁性，也会对公私财物所有权造成侵犯。另外，与单位受贿罪相同，国家工作人员在经济往来中违反国家规定收受各种名义的回扣、手续费归个人所有时也以受贿论处。国有企业的国家工作人员触犯受贿罪的可能性也非常大，采取一定的防范措施是必要的。

挪用公款罪，是国家工作人员，利用职务上的便利，挪用公款归个人使用，进行非法活动，或者挪用公款数额较大、进行营利活动，或者挪用数额较大、超过3个月未还的行为。此外，挪用用于救灾、抢险、防汛、优抚、扶贫、移民、救济的款物归个人使用的，也以挪用公款论处。注意挪用之“公款”，既包括国家、集体所有的货币资金，也包括由国家管理、使用、运输、汇兑与储存过程中私人所有的货币。

巨额财产来源不明罪，是国家工作人员的财产或者支出明显超过合法收入，差额巨大，本人不能说明其来源合法的行为。该行为入罪的目的是严密法网，使司法机关易于证明犯罪而使腐败官员难以逃避裁判。因为按通常的司法程序，在官员贪污、受贿难以证实的情况下，司法机关应当按无罪推定的原则认定行为人无罪，但规定了此罪就把部分举证责任转移给了犯罪嫌疑人或被告人，当其不能说明被查的巨额财产的合法来源时就可以此罪论处。当然，此罪的认定要有严格的程序限制和必要的证据支持，否则会对国家工作人员造成不公。

隐瞒境外存款罪是国家工作人员违反国家规定，故意隐瞒不报在境外的存款，数额较大的行为。其中“境外”应当指在大陆地区以外的国家或地区。因我国香港特别行政区、澳门特别行政区、台湾地区的金融管理体系、金融制度与大陆地区的仍然是不同且独立的，所以这些地区目前仍应属于该罪中的“境外”。“境外存款”不仅包括外汇，也应该包括人民币，但法律没有扩大解释至除存款以外的其他财产，如房产、投资公司的股权。

（四）国有企业的工作人员其他特殊犯罪风险

国有企业的工作人员是包括国家工作人员在内的企业所有工作人员。这些人员的特殊犯罪风险体现在可能触犯下列犯罪上：非法经营同类营业罪、为亲友非法牟利罪、签订、履行合同失职被骗罪、国有公司、企业人员失职罪，国有公司、企业人员滥用职权罪，徇私舞弊低价折股、出售国有资产罪。这些犯罪具有一个共性，即必须是国有公司、企业、事业单位的相关工作人员实施的，非国有公司、企业、事业单位的工作人员不会引发这些犯罪的风险，且这些犯罪多与其职务相关。

非法经营同类营业罪，是国有公司、企业的董事、经理利用职务便利，自己经营或者为他人经营与其所任职公司、企业同类的营业，谋取非法利益数额巨大的行为。该罪的行为主体只限国有企业的董事、经理，是对该主体的特殊行为规范，主要体现为竞业禁止义务和忠实义务。因国有企业的董事、经理作为管理者掌握着企业的决策权和执行权，如果他们自营或为他人经营与其所任职公司、企业同类的营业，就容易对国有企业的利益造成侵害，因此刑法将该国有企业的董事、经理严重违背竞业禁止义务的行为纳入。

为亲友非法牟利罪，是国有公司、企业、事业单位的工作人员，利用职务便利，将本单位的盈利业务交由自己的亲友经营，或者以明显高于市场的价格向自己的亲友经营管理的单位采购商品，或者以明显低于市场的价格向自己的亲友经营管理的单位销售商品，或者向自己的亲友经营管理的单位采购不合格商品，使国家利益遭受重大损失的行为。从现实情况来看，国有企业的工作人员是该罪的高发群体。

签订、履行合同失职被骗罪是国有公司、企业、事业单位直接负责的主管人员，在签订、履行合同过程中，因严重不负责任而被诈骗，致使国家利益遭受重大损失的行为。该罪是为督促国有公司、企业、事业单位直接负责的主管人员在对外经济往来的签订、履行合同过程中勤勉尽责地尽到审查义务和注意义务。

国有公司、企业人员失职罪与国有公司、企业人员滥用职权罪规定在同一法律条文里，说明两罪具有一些共性。两罪的行为主体是一样的，都为国有企业的工作人员，没有其他特殊限定。前罪是因严重不负责任，后罪是因滥用职权，都出现了致使国家利益遭受重大损失的严重后果。该二罪的前身是徇私舞弊造成破产、亏损罪，二罪扩大了行为规制范围，将不负责任和滥用职权的行为纳入。

徇私舞弊低价折股、出售国有资产罪，是指国有公司、企业或其上级主管部门直接负责的主管人员，徇私舞弊，将国有资产低价折股或者低价出售，致使国家利益遭受重大损失的行为。该罪多发于国有企业股份制改造或者建立现代产权制度的改造过程中，相关主管人员为谋取私利而不惜做出损害国家利益的行为，因此需在此过程中注意防控。

二、国有企业及其工作人员特殊犯罪风险防控现状

（一）国有企业的特殊犯罪风险防范情况

国有企业（包括国有公司）贿赂犯罪一般都牵涉双方或多方，因此常常办一案，查一串，挖一窝。连环窝案、案中案都是普遍现象，反映了牵涉面之广。还有很多案件在单位受贿罪与企业负责人受贿罪之间难以区分，考虑对国家、社会的影响最后多以个人受贿罪结案。因为，国有企业尤其是大、中型国有企业的规模相当庞大，组织结构完备，本身就是一个帝国，很多职工及其家庭都与之牵连在一起。一旦牵涉受贿犯罪，国有企业可能面临巨额的罚金等处罚，对企业及其员工都会产生不小的震动。但是，从现实情况看，国有企业触犯单位受贿罪的风险是客观存在的。如被告人陈某某贪污、单位受贿、挪用公款、被告单位濮阳供电公司安全监察部单位受贿案。① 虽然国有企业上有国有资产管

---

① 濮阳市华龙区人民法院：《被告人陈国义贪污、单位受贿、挪用公款、被告单位濮阳供电公司安全监察部单位受贿案》，载 110 裁判案例网：http：//www. 110. com/panli/panli_43433757. html，最后访问日期：2017 年 8 月 2 日。

理委员会主管，但一些国有企业的管理层仍然能够逃脱监管，行贪腐之事。

私分国有资产罪相对单位受贿罪更是高发的犯罪形式，在“大家一起分国家的、拿国家的就安全”的心理下，现实中私分国有资产的现象非常严重，只是有些行为没有被追究刑事责任而已。在网上搜索可查到不少私分国有资产罪相关案例。按照相关规定，只要是违反国家的规定，以单位的名义将国有资产集体研究后私分给个人，无论其采取的是什么样的集体私分方式，如奖金、工资、福利、补助、分红等，均属于私分国有资产的行为。如肖某某、张某某、唐某某私分国有资产罪一案中，肖某某等人即是将国有资产以分红方式私分。① 大家最熟悉的是“私设小金库”，然后内部集体分掉或用掉的行为。但国有资产的来源和表现方式多样，私分国有资产的行为手段和方式越来越多样，也更趋于隐蔽、掩饰，外界难以发现，司法机关查处的难度不断加大。

（二）国家工作人员违反职务廉洁性的犯罪风险防范情况

国有企业的国家工作人员曾经是香饽饽，其工作属铁饭碗且待遇不错。还有一个市场潜“台词”是，国有企业的国家工作人员贪污、受贿、挪用公款也十分“便利”，特别是在企业中具有一定管理职责的人员。国有企业的国家工作人员由于具有职务上的便利，实施侵吞、窃取、骗取和侵吞等非法手段来占有国有企业的财产比较容易。这些人员的贪污手段非常多样，贪污的表现形式也多样化。贪污犯罪对企业的危害很大，甚至可能导致原本前景光明的企业迅速落败乃至灭亡。如曝光的大连大型国有企业贪污窝案，大连华录公司的破产最主要地归因于企业内部的“蛀虫”。② 从曝光的这些案件情况来看，贪欲作祟的国家工作人员一旦陷入犯罪漩涡就完全忘记了自己的职责所在，也不顾贪腐必然招致的刑事风险，明显缺乏风险防范意识。

除了贪污，挪用公款的行为也相当普遍。另外，国有企业的国家工作人员也不乏索取他人财物或收受他人财物，然后为之谋取利益的行为。而且，很多案件的行为人还常常同时触犯了贪污罪、挪用公款罪和受贿罪等多种犯罪，如

---

① 河南省郑州市高新技术产业开发区人民法院：《被告人肖汉甫、张剑芬、唐瑞珍犯私分国有资产罪一案一审刑事判决书》，载 110 裁判案例网：http：//www.110.com/panli/panli_45760807.html，最后访问日期：2017 年 8 月 3 日。

② 阎永纬：《大连破获大型国有企业贪污窝案》，原载《法制日报》2001 年 4 月 10 日，转载自新浪网：http：//news.sina.com.cn/s/227577.html，最后访问日期：2017 年 6 月 22 日。

某某贪污、受贿、挪用公款、国有公司人员滥用职权案。[①] 北京师范大学法学院、刑事法律科学研究院与法制日报社《法人》杂志共同发布的《2012 年中国企业家犯罪媒体案例分析报告》显示，民营企业家触犯最多的是非法吸收公众存款罪和集资诈骗罪，而在国有企业老总触犯的罪名中，受贿罪是第一大罪名。

对司法机关来讲，适用巨额财产来源不明罪是减轻了查处责任，但明显扩大了国有企业工作人员的刑事风险范围。巨额财产来源不明罪的出现经常是因贪污、受贿等犯罪证据不足，司法机关转移部分举证责任于被告人。从司法案例来看，巨额财产来源不明罪也是高发罪名。隐瞒境外存款罪与巨额财产来源不明罪的情况相似，而且经常与贪污罪、挪用公款罪等罪名同时出现。如申某某犯贪污罪、挪用公款罪、挪用资金罪、职务侵占罪、私分国有资产罪、非法持有枪支罪、巨额财产来源不明罪、隐瞒境外存款罪一案。[②] 可见，国有企业的国家工作人员常常身负多案，不仅置职务廉洁于脑后，而且置自身的安危于不顾。

（三）国有企业的工作人员特殊犯罪风险防范情况

国有企业的工作人员对企业的勤勉尽责义务本是职责所在，企业赋予其的权力却常被用来谋取一己私利。国有企业的董事或经理利用职务便利，自己经营或为他人经营与所任职公司、企业同类的营业，然后进行利益输送或转移的案例并不少见，而且行为人常还会涉及违反职务廉洁性的犯罪，如曝光的晁某某犯受贿、挪用公款、非法经营同类营业罪案。[③] 而为亲友非法牟利的行为亦不少见，一些企业人员甚至不知道将本单位的盈利业务交由自己的亲友经营会面临刑事责任。还有徇私舞弊低价折股、出售国有资产的行为，在进行国有企业改制的过程中常常发生，造成国有资产流失，甚至导致国有企业面临停产、破产的境地。当权力被滥用时，在这些行为人眼里，刑事风险似乎只是出现偶然

---

① 《罗广生贪污、受贿、挪用公款、国有公司人员滥用职权案》，载 110 裁判案例网：http：//www. 110. com/panli/panli_81411. html，最后访问日期：2017 年 8 月 8 日。

② 《被告人申铁兵犯贪污罪、挪用公款罪、挪用资金罪、职务侵占罪、私分国有资产罪、非法持有枪支罪、巨额财产来源不明罪、隐瞒境外存款罪一案刑事判决书》，载 110 裁判案例网：http：//www. 110. com/panli/panli_1334452. html，最后访问日期：2017 年 8 月 10 日。

③ 河南县泌阳县人民法院：《被告人晁伦奇犯受贿、挪用公款、非法经营同类营业罪一案》，载 110 判裁案例：http：//www. 110. com/panli/panli_7955436. html，最后访问日期：2017 年 8 月 10 日。

的错误导致的后果，而没有认识到犯罪行为对应刑事责任的必然性。

除了故意犯罪，国有企业的工作人员还常因重大过失、没有履行好特别的谨慎注意义务而被刑事风险困住。比如，在与其他主体签订合同的过程中严重不负责任，不认真审查对方的身份信息、授权、签约资格等，盲目轻信，导致被诈骗，国家利益遭受巨大损失。还有一些人因不进行调研和审核，轻信对方的履约能力，实际上对方并不能完成合同义务，最后只能导致国家的利益受损。如曝光的某区财政局长、区经济技术开发有限公司董事长古某签订、履行合同失职被骗案，就属于后种情形。① 除签订、履行合同的事务之外，工作人员还因严重不负责任或者滥用职权，导致国家利益遭受重大损失，甚至造成国有公司、企业破产。如厦门法院网公布的“被告人陈某铭国有公司人员失职案”。② 相对来说，国有企业工作人员触犯这三类犯罪的情况比较少，但从现实案例来看，风险也是客观存在的。

三、国有企业及国家工作人员刑事风险防控中存在的问题与原因

（一）国有企业人员冗杂

天眼查数据显示，全国国有企业数量从1978年的不足万家，增加至2019年9月的46万家。③ 国有经济的规模在不断扩大，国企职工人数也在增长。一些规模庞大的国有企业就像一个小帝国，各色各样的人都有。国有企业中曾经涌现出一批为国建设之士，也有慵懒混迹的不作为者，但冒头更多的是那些因贪污、受贿、挪用公款而被揪出的国有企业蛀虫，可以说国有企业人员贪腐、职务犯罪与国家机关工作人员贪腐、职务犯罪同样严重。

人员冗杂客观上会造成国有企业管理困难，而管理体制的僵化造成企业管理失效，上、下各层缺乏监督制约，就容易产生腐化堕落和不思进取。比如，近些年持续进行的国有企业改革，其成果虽然显著，但也一度出现了不少意料之外的问题，其一即是国有资产流失。国有资产流失往往不仅使国有企业陷入

---

① 《国家机关工作人员签订、履行合同失职被骗罪案例分析》，载找法网：http：//china. findlaw. cn/zuiming/23_487/anli. htm，最后访问日期：2017年8月10日。

② 《被告人陈〇铭国有公司人员失职案》，载厦门法院网：http：//www. xmcourt. gov. cn/pages/ContentView. aspx？CmsList＝133&CmsID＝102，最后访问日期：2017年8月10日。

③ 顾志娟：《中国发展驶入快车道　国有企业数量增至46万家》，载《新京报》2019年10月8日，第B05版。

困境，而且给社会和公众带来不小的负面影响，成为改革与发展的消极因素。国有企业已经进入改革的深水区，难度会越来越大。但改革的一个成效即要表现为人事的改革，使国企的人员冗杂状态逐步得以解决。

（二）对企业及工作人员缺乏有效监管

国有企业的权力层贪腐犯罪占国有企业工作人员贪腐犯罪的大部分，主要即在于对权力缺乏有效监督。阳光是最好的防腐剂，监督制约是必要的防治贪污腐败的手段，也是提升管理效率和经营效率的方式。依靠人的自律与自洁只能对少部分高素质人员有效，对大部分人来说，缺乏监督的权力就能被无拘束地随便使用，包括用来为自己和他人谋取不该有的利益。很多国有企业触犯单位受贿罪也多是因权力层的肆意妄为导致。实际上，权力层贪腐主要是为自己的私欲，但也有部分是为企业，主要即表现在单位受贿上。因为单位受贿罪要求以单位名义实施，而只有权力层能够代表单位意志。当权力不受拘束的时候，这些权力层的人也容易做出错误的决策，以为为企业谋取一些“福利”也是应该的，或者认为是其业绩的表现。

除了权力层的贪腐，其他国家工作人员也可能利用职务上的便利实施一些贪污、受贿或者挪用公款之事。当前国有企业贪腐犯罪问题仍然存在，与监管不力、管理不善大有关系。虽然普通身份的国家工作人员会受到上层的监督管理，但如果上层的人员本身已经堕落腐化，上梁不正下梁歪，下层效仿上层实施犯罪，上层也不能够管理好下层。甚至上层与下层联合实施贪腐行为，对国有企业来说就真是一锅黑到底。总之，国有企业的国家工作人员之所以出现贪污、腐败、挪用公款类犯罪，不管是发生在上层还是基层，其实都与企业的监督管理失控有关。

（三）国有企业的管理体制不完善

任何问题的出现都与管理体制的缺陷有关。国有企业及其工作人员出现贪腐类犯罪、职务犯罪，其实也都与企业的管理体制有关。不仅是企业的风险管理问题，也是企业整个的管理体制问题。虽然国有企业的改革进行了很多年，但一些国有企业依然存在管理粗放、管理体制难以定型的问题。又如国有企业管理层级多，资产监管链条长造成失控，母公司对子公司缺乏监管。国有企业管理体制的改革方向无非就是分权或集权。但无论是分权还是集权，都会存在一些问题。分权可能会出现管理松散、各利益集团各自为营、缺乏向心力和凝聚力的问题，平庸失职推责就容易发生。分权的后果还可能导致国有企业各层都出现贪腐犯罪。而集权式的管理又容易导致企业的管理过于严格和死板，在管理缺乏弹性与自主性的情况下很可能会导致企业缺乏活力与积极性，这种状态维持不了多久就会影响企业的效率与效益，进而影响企业的长久发展。且集权缺乏对上层的监督更容易导致上层的严重贪腐犯罪。

虽然现代管理理论认为国有企业的管理应当采取与国家行政管理相同的原则，即分权与制衡原则，但如何将该原则完美地运用于企业的管理，仍然是国有企业及其管理者需要思考的课题。当前不同国有企业中既有实行相对松散、分权的管理体制的，这在国有企业改革前普遍存在，现在仍不乏如此管理的。国有企业改革后很多企业向集权式管理发展，如作者曾调研过的中国移动通信集团公司。但这些企业似乎又进入太过集权的困境，没有足够的制约制衡来约束上层的权力，导致出现集权管理引发的问题，如权力层的贪污、受贿严重。近几年曝光的很多国有企业领导层贪污、受贿大案、要案、窝案，无不与高层过于集权却缺乏监督有关。

（四）不良市场和社会风气引发贪腐潮

人们印象中的中国市场只是从20世纪80年代末才开始成长起来的，市场体制的不完善是自然的。然而，市场的尔虞我诈、追求金钱利益至上、缺乏诚信和道德等不良风气如果任由发酵，市场终会逐步萎缩，甚而影响社会的稳定与发展。不知从何时开始，人们每天从互联网等外界获取的信息很多都是关于金钱物欲、官员贪污腐化的报道，许多原本正常的社会交往一度需要“金钱开道”，社会风气一度充满了铜臭味，道德滑坡现象一度成为非常突出的社会问题。在这种背景下，有不少地方和部门一度贪腐成风，出现了大量的窝案、串案，甚至出现了清廉干部受到贪官排挤打击以至于无法立足的“劣币驱逐良币”现象。

（五）人性恶没有得到管制

中国的文化传承向来认为人性本善，却忽视了人性中恶的一面，也就容易忽视对人性恶的管制。人性有恶的一面是事实。① 因此，一般人的行为都需要外

---

① 恩格斯曾经说过：“人来源于动物界这一事实已经决定了人永远不能完全摆脱兽性，所以问题永远只能在摆脱得多些或少些，才是兽性和人性上的差异。”转引自马长生：《强国梦歌》，知识产权出版社2014年版，第78页。

界的干预、监督。人性恶如果得不到管制，任由其自由发展，道德和法律的约束都不能对之起作用，也就难免出现违法犯罪的事情。国有企业的工作人员既然与权、钱打交道，在利益面前不仅会暴露人的贪欲，而且可能会无限膨胀，不能满足。如果完全相信其对国家忠诚、尽职，不对相关掌权者的权力加以制约，对违法违纪加以防范，自然也不能期待净土永保。即使不实施贪腐等严重犯罪，人的惰性、懒散也可能促使一些国有企业的工作人员不负责任，不作为，不履行应尽的职责，从而导致损害国家利益。

四、国有企业及国家工作人员刑事风险防控的具体举措

（一）国有企业及国家工作人员特殊犯罪风险提示

1. 国有企业特殊犯罪的主体与行为表现

国有企业构成单位受贿罪并无疑义，但还有一个现象是，受贿的不是国有企业整体，而是企业内部的某一个部门或小单位，其是否可以构成单位受贿罪呢？答案是肯定的。国有企业触犯单位受贿罪在行为方式上可以表现为经国有企业决策机构的授权或者同意，利用职权为他人谋取利益，索取或者非法收受他人财物；也可以表现为在经济往来中，在账外暗中收受各种名义的回扣、手续费。该罪的具体受贿行为是由国有企业中直接负责的主管人员和其他责任人员故意收受或索取贿赂的行为表现出来的，且单位受贿罪中自然人罪名的确定依单位受贿罪罪名确定。注意在第一种行为方式中，无论是索贿还是受贿，都要求同时具备为他人谋取利益的条件时才构成犯罪。

国有企业触犯私分国有资产罪也常会表现为企业内部的某部门或下属单位作为该罪的行为人实施犯罪。该罪的行为表现为违反国家的规定，以单位名义将国有资产私分给个人，如私分给单位部分或全体职工。可以表现为将国有资产通过奖金、红利、福利等方式私分，也可以表现为常见的私分小金库，还可以表现为将明文规定应当上交的利润、税费和单位应留存的生产发展基金、修购基金、职工福利基金、医疗基金及按照有关规定提取或者设置的专用基金进行分配。总结已出现的私分国有资产行为方式，一是截留收入，二是虚列支出，三是在国企改制或国有资产处置的过程中，通过第三方低估国有资产价值，从而将差价私分；或者采取给予交易相对方各种名目的销售折扣、折让，并向其收取佣金、回扣、手续费、劳务费、返利、进场费、业务奖励等，再将其私分。

2. 国有企业的国家工作人员违反职务廉洁性的相关犯罪行为

国有企业的国家工作人员触犯贪污罪的行为表现为利用职务上的便利，侵吞、窃取、骗取或者以其他手段非法占有公共财物。具体行为方式可以多种多样，比如，行为人利用其职责范围内主管、经手、管理公共财产的职权所形成的便利条件，假借执行职务的形式，将自己管理或经手的公共财物非法转归自己或他人所有，或者采取秘密窃取的方式，将自己管理的公共财物非法占有，抑或采取虚构事实或隐瞒真相的方法，非法占有公共财物。如出差人员用涂改或伪造单据的方法虚报或谎报支出冒领公款。还包括一些特殊情形下的不作为，比如，下属财会人员故意为领导、负责人虚报冒领差旅费、工资、补贴等，这些领导者明知是冒领而没有提出异议，也属于贪污。

国有企业的国家工作人员触犯挪用公款罪的行为可以表现为利用职务上的便利，挪用公款归个人使用，进行非法活动，或者挪用公款数额较大、进行营利活动，或者挪用数额较大、超过3个月未还。其中“利用职务上的便利”与贪污罪的“利用职务上的便利”是同样的概念，都是指利用其主管、经手、管理公共财产的职权所形成的便利条件。“归个人使用”之个人包括挪用者本人，也包括其他自然人。挪用公款罪与贪污罪的界限即在前罪没有后罪所具有的非法占有公共财物的目的，但犯罪目的主要还是要从行为表现来看。

国有企业的国家工作人员触犯受贿罪表现为利用职务上的便利，索取他人财物，或者非法收受他人财物，为他人谋取利益。其中“利用职务上的便利”是指利用本人职务上主管、负责或者承办某项公共事务的权力所形成的便利条件。索贿不要求有为他人谋取利益的行为。此外，收受回扣、手续费归个人所有的行为属于受贿，国家工作人员利用本人职权或者地位形成的便利条件，通过其他国家工作人员职务上的行为，为请托人谋取不正当利益，然后索取请托人财物或者收受请托人财物的斡旋受贿也属于受贿。实践中还出现了以交易、赌博形式受贿，或者以合作开办公司的名义受贿，以委托请托人投资证券、期货等理财名义受贿等方式。

国有企业的国家工作人员触犯巨额财产来源不明罪的行为主要表现为国家工作人员的财产或者支出明显超过合法收入，差额巨大，本人不能说明其合法来源。其中“不能说明”的情形包括主观上不愿说明、客观上不能合法合理地说明，或者说明了却被查证不属实等。因此该罪行为既可以表现为不作为，如拒不说明被司法机关所查获的非法财产真正来源，也可以表现为作为，如有意编造财产来源的合法途径，企图掩盖真相。

国有企业的国家工作人员触犯隐瞒境外存款罪的行为主要表现为在境外有数额较大的存款，依照国家有关规定应当申报而隐瞒不报。比如，国有企业的国家工作人员在境外所得的合法收入或非法收入不按国家有关规定申报而隐瞒存入境外地区的银行或其他国家银行。该罪是纯正的不作为犯。

3. 国有企业的工作人员特殊犯罪的主体与行为

国有企业的工作人员中只有国有企业的董事和经理才可能成为该罪的主体。触犯非法经营同类营业罪的行为主要表现为利用职务便利，自己经营或者为他人经营与其所任职公司、企业同类的营业，获取非法利益。该罪中的“利用职务便利”是指利用手中所掌握的企业材料、物资、人事安排等方面的决策权以及因其职务关系而知悉的企业生产、销售计划、企业投资方向等重大信息等便利条件。

国有企业的工作人员触犯为亲友非法牟利罪首先要求利用其在企业的职权、地位来实施，具体的行为既可以表现为利用职务便利，将本单位的盈利业务交由自己的亲友进行经营，又可以表现为以明显高于市场的价格向自己的亲友经营管理的单位采购商品或者以明显低于市场的价格向自己的亲友经营管理的单位销售商品，还可以表现为向自己的亲友经营管理的单位采购不合格商品。

签订、履行合同失职被骗罪的主体仅限于国有企业中对决策直接负责的主管人员。行为具体可表现为在签订、履行合同过程中，行为人在履行主管、分管、经办合同的职责时，本来应该能够防止被诈骗的情况出现，但因滥用职权或放弃职守，严重不负责任，导致企业被诈骗，致使国家利益遭受重大损失。比如，签订合同时不对对方的身份与资信状况进行必要的调查，或者发现对方存在重大诈骗嫌疑，应当采取措施而不采取。

国有公司、企业人员失职罪和国有公司、企业人员滥用职权罪，行为表现为国有企业的工作人员严重不负责任或者滥用职权，造成国有公司、企业破产或者严重亏损，致使国家利益遭受重大损失。其中“严重不负责任”表现为不履行职责或不认真履行职责，“滥用职权”是指行为人超越职权或者不正当行使职权。二罪的具体行为表现其实非常宽泛，如企业管理混乱，规章制度不健全，对于损公肥私，化公为私，侵吞、侵占、私分、挪用公司、企业财产的违法犯罪现象置若罔闻；或者违反规定动用企业资金炒股票、期货；违反规定拆借资金等。

徇私舞弊低价折股、出售国有资产罪只有国有公司直接负责的主管人员才能成为该罪的主体。该罪表现为行为人徇私舞弊，在国有企业改制、股份制改造以及产权交易过程中，将国有资产低价折股或者低价出售，致使国家利益遭受重大损失。徇私舞弊即为了个人的利益而弄虚作假。由于国家对国有资产的管理规定了产权登记制度、资产评估管理制度等，因此在该罪的行为过程中一般还会伴有对国有资产评估采取漏评、低评等行为。

（二）国有企业及其工作人员特殊犯罪风险预警

国有企业及其工作人员可能触犯的这些犯罪基本都属于情节犯或结果犯，认定要求有“情节严重”或者“数额较大”的后果。行为后果与立案标准的设定一方面为行为人拉起了警戒线，另一方面也有利于相关人员对该罪的防控。

1. 国有企业特殊犯罪的行为后果与立案标准

单位受贿罪要求有“情节严重”的行为后果，何为“情节严重”，我们可以从该罪的立案标准来看。贪贿类犯罪原来都是由人民检察院直接立案侦查的，现在是由监察机关立案侦查。根据1999年最高人民检察院发布的《关于人民检察院直接受理立案侦查案件立案标准的规定（试行）》（以下简称《检察院立案标准》）的规定，单位受贿罪的立案标准为：（1）单位受贿数额在10万元以上的；（2）单位受贿数额不满10万元，但具有下列情形之一的：①故意刁难、要挟有关单位、个人，造成恶劣影响的；②强行索取财物的；③致使国家或者社会利益遭受重大损失的。

私分国有资产罪的认定则要求有“数额较大”的后果。且此罪还有加重情节，即“数额巨大”。根据《检察院立案标准》的规定，涉嫌私分国有资产，累计数额在10万元以上的，应予立案。

2. 国有企业国家工作人员违反职务廉洁性犯罪的行为后果与立案标准

贪污罪的定罪要求行为后果为：个人贪污3万元以上，或者贪污数额在1万元以上不满3万元，但具有其他较重情节。该罪的立案标准即为：个人贪污3万元以上，或者贪污数额在1万元以上不满3万元，具有下列情形之一的，应当认定为《刑法》第383条第1款规定的“其他较重情节”：（1）贪污救灾、抢险、防汛、优抚、扶贫、移民、救济、防疫、社会捐助等特定款物的；（2）曾因贪污、受贿、挪用公款受过党纪、行政处分的；（3）曾因故意犯罪受过刑事追究的；（4）赃款赃物用于非法活动的；（5）拒不交代赃款赃物去向或者拒不配合追缴工作，致使无法追缴的；（6）造成恶劣影响或者其他严重后果的。此外，贪污罪还有两个轻罪情节和六个重罪情节，可以说是《刑法》规定的犯罪里最复杂的量刑规定了。具体见法定刑，在此不赘述。

挪用公款罪也是比较复杂的罪名，其定罪要求区分行为人挪用公款用于何种活动，还要看挪用的时间长短以及挪用的数额。相比《刑法》的规定，该罪的立案标准反而更明显了：（1）挪用公款归个人使用，进行非法活动，数额在3万元以上；（2）挪用公款归个人使用，进行营利活动或者超过3个月未还，数额在5万元以上。当然，各省级人民检察院可以根据该地实际情况，在上述数额幅度内，确定该地区执行的具体数额标准。该罪还有两个重罪情节，即“情节严重”和“挪用公款数额巨大不退还”。

受贿罪也属于情节犯，《刑法》规定“根据受贿所得数额及情节”来认定是否构罪。而且《刑法》明文规定了受贿罪的处罚适用贪污罪的处罚规定。受贿罪具体的定罪依据参考该罪的立案标准：个人受贿数额在3万元以上的；受贿数额在1万元以上不满3万元，具有贪污罪“其他较重情节”之第2项至第6项规定的情形之一，或者具有下列情形之一的，应追究刑事责任：（1）多次索贿的；（2）为他人谋取不正当利益，致使公共财产、国家和人民利益遭受损失的；（3）为他人谋取职务提拔、调整的。

巨额财产来源不明罪的认定要求国家工作人员的财产、支出明显超过合法收入，差额巨大，且该国家工作人员不能说明来源。根据该罪的立案标准：涉嫌巨额财产来源不明，数额在30万元以上的，应予立案。因此，《刑法》对该罪的规定中“差额巨大”，在当前的具体司法实践中即是指“数额30万元以上”。但是，该罪还有一个重罪情节，即“差额特别巨大”。

隐瞒境外存款罪的认定要求国家工作人员在境外的存款数额较大，隐瞒不报。根据《检察院立案标准》第10条：涉嫌隐瞒境外存款，折合人民币数额在30万元以上的，应予立案。同时刑法对该罪的规定还有一个非罪化规定，即“情节较轻”。根据该罪的立案标准，“情节较轻”的认定一般就是指隐瞒境外存款，折合人民币数额不足30万元。

3. 国有企业工作人员特殊犯罪的行为后果与立案标准

非法经营同类营业罪也是典型的结果犯，获取非法利益数额巨大时才能认定构成此罪。该罪是由公安机关立案侦查的，根据《追诉标准（二）》第12条的规定：获取非法利益，数额在10万元以上的，应予立案追诉。同时该罪还有一个重罪情节，即“获取的非法利益数额特别巨大”。

为亲友非法牟利罪的行为要求具有“使国家利益遭受重大损失”的严重后果时才能认定。该罪的立案标准为：（1）造成国家直接经济损失数额在10万元以上的；（2）使其亲友非法获利数额在20万元以上的；（3）造成有关单位破产，停业、停产6个月以上，或者被吊销许可证和营业执照、责令关闭、撤销、解散的；（4）其他致使国家利益遭受重大损失的情形。同时该罪的规定还有一个重罪情节，即“致使国家利益遭受特别重大损失”。

签订、履行合同失职被骗罪，国有公司、企业人员失职罪，国有公司、企业人员滥用职权罪，徇私舞弊低价折股、出售国有资产罪四个犯罪也都属于结果犯，都要求出现“致使国家利益遭受重大损失”的严重后果时才能认定。且该四罪也都有一个重罪情节，即“致使国家利益遭受特别重大损失”。但在目前的司法实践中，该四罪的定罪情节和重罪情节具体所指其实又不尽相同。因为，该四罪的立案标准不尽相同。

签订、履行合同失职被骗罪和国有公司、企业人员失职罪的立案标准都是：（1）造成国家直接经济损失数额在50万元以上的；（2）造成有关单位破产，停业、停产6个月以上，或者被吊销许可证和营业执照、责令关闭、撤销、解散的；（3）其他致使国家利益遭受重大损失的情形。但签订、履行合同失职被骗罪的立案标准还有一种情形：金融机构、从事对外贸易经营活动的公司、企业的工作人员严重不负责任，造成一百万美元以上外汇被骗购或者逃汇一千万美元以上的，应予立案追诉。

而国有公司、企业人员滥用职权罪和徇私舞弊低价折股、出售国有资产罪两罪的立案标准相对上述标准要低，其立案标准为：（1）造成国家直接经济损失数额在30万元以上的；（2）造成有关单位破产，停业、停产6个月以上，或者被吊销许可证和营业执照、责令关闭、撤销、解散的；（3）其他致使国家利益遭受重大损失的情形。

（三）国有企业及其工作人员特殊犯罪的风险监管

1. 建立健全现代企业经营管理制度

企业改制进行了很多年，国有企业却成为了贪污、受贿等有辱职务廉洁性的重灾区，不得不说与国有企业的经营管理制度缺陷有关。比如，当前的国有企业普遍存在国有股权一股独大，股权过于集中的问题，导致公司股东会、董事会、监事会都被大股东控制，形成内部人控制的局面，制衡机制得不到有效发挥。加之政企不分、政资不分使国有企业在执行法律法规和政府规章时发生冲突，最终是人治胜于法治，政权大于法权。因此，必须继续加大国有企业的改革力度，尽快建立健全现代企业经营管理制度。并且，我们所期待的现代经营管理制度应该是产权清晰、权责明确、管理科学的制度体系。产权主体和产权收益明确归属才能避免通过混淆产权来流失国有资产的行为，权责明确、责任制和责任的落实才能期待国有企业的工作人员尽责。管理科学即包括有效的制约和监管，决策的民主化和法律化，减少错误和失误。

2. 加强国有企业的内外监管

无论是贪污还是受贿、挪用公款，乃至为亲友非法牟利、徇私舞弊低价折股、出售国有资产，其实都体现了国有企业的监管体系漏洞。即使最终行为人受到了应有的制裁，仍然无法掩饰这一缺陷，也无法弥补已发的刑事犯罪对国有企业、对国家和社会的伤害。因此只有事前加强监管才能产生实质的作用。首先，国有企业体系内部的纪检部门、监事会、工会不应该只是摆设，而应切实发挥其监督职能。特别是工会，作为内部群众监督的方式，国有企业应该为工会的监管铺平道路，如设置定期查收的举报箱、建立网上的举报平台、保护举报人的人身安全等。其次，还应着重从体制上来构建能够真正相互制约和监督的制度，包括下级对上级的监督、平级之间的监督制约机制。最重要的是，监督机制不应是空架子，而是能切实发挥有效防止蛀虫和职务犯罪出现的有效方式。

3. 全面引进法律顾问制度

法律顾问制度的优势在总论部分已经提及，在此特别强调两点。首先，国有企业作为国家经济主体的代表，理应为国有企业树立遵纪守法、纪律严明、管理科学、制度完善的榜样，包括法律制度和管理体系的完备。但是，虽然很多民营企业都引进了法律顾问，不少国有企业却未设立专门的法律事务机构和配备专职的法律工作人员，不仅是对法律及其风险的漠视，而且也是对国家严重不负责任的表现。其次，无论是有法律顾问还是没有法律顾问的国有企业，都还需提高对法律顾问制度的重视。法律顾问不是花瓶，而是要深入参与到国有企业内部的经营管理决策中去发挥作用的。一些国有企业在对外投资、对外担保等重大经营决策上不听取法律顾问的意见，仅凭少数人的意志和经验进行决策，导致决策失误，引发法律风险。还有一些国有企业在法律风险爆发后惊慌不知所措，采取捂、堵或妥协的方式，却导致更为严重的损失。如果充分发挥法律顾问的作用，能够最大限度地避免风险爆发，减少损失，对国有企业有百利而无一害。

4. 改革选拔用人制度

国有企业的改革还要在用人制度上下功夫。选人不对、用人不准、用人不当常会为国有企业的日后灾难埋下祸根。一些人员虽有才干，但缺乏公正心、廉洁性，一旦有贪腐的机会就忘记了自身的职责。还有一些人员虽然刚开始还能一心为企业做事，但经不住利益的诱惑，或者在外部的拉拢腐蚀下走上了不归之路。这些人其实都是心性不净的，国有企业在选拔人才时如果发现其有这方面的倾向，一般就不能起用，至少不能放其在管理松散、缺乏监督制约的岗位上，也不能安排在比如财务、采购、销售等敏感而易发犯罪的岗位上。因此，有才干，还要有遵纪守法、保持清正廉洁、尽职尽责的精神，任人唯贤才能选拔出真正有益于国有企业及国家的人才。

5. 必要的普法教育和思想教育

我国的法律制度不断完善，人们的法制意识也在不断提高，但当前普法教育仍然是必要的。普法教育的必要性在于，很多现实的案例在提醒我们，国有企业的贪污贿赂犯罪之所以爆发，很多是因行为人的法律意识淡薄和法律知识缺乏造成的，法制教育的落后也要为国有企业的损失埋一部分单。加强法制教育，进行普法宣传，提高全民的守法意识和防腐抗变能力，教育人们遵纪守法才能保障自身的安全，也是国有企业防范刑事法律风险的题中应有之义。必要的普法教育是基础性教育，除了专职的法律人才，对其他技术和管理人才，只要进行普法教育，让其了解触犯贪腐犯罪和不负责任、滥用职权、徇私舞弊的法律后果，然后加强企业内部的监督管理，一般就可避免严重的违法犯罪行为。

法律只是道德的底线，法律制裁的手段只是最后的手段，思想上的纯正和道德的美好能保证取得我们所追求的成果。因此对国有企业来说，更高层次的思想教育也是必要的。只有思想教育，才能彻底堵塞贪污、受贿等有损国有企业廉洁形象的犯罪渠道，才能最终铲除国有企业及其工作人贪污腐败的土壤。然而，必须注意，在人们的思想觉悟还没有达到可以从法律约束的层面上升到思想道德自觉的层面，绝对不能放松法律的约束作用，否则只会陷入“空谈误国”的现实悲剧中。

（四）国有企业及其工作人员特殊犯罪的具体控制

1. 法定刑

【非法经营同类营业罪】《刑法》第165条：“国有公司、企业的董事、经理利用职务便利，自己经营或者为他人经营与其所任职公司、企业同类的营业，获取非法利益，数额巨大的，处三年以下有期徒刑或者拘役，并处或者单处罚金；数额特别巨大的，处三年以上七年以下有期徒刑，并处罚金。”

【为亲友非法牟利罪】《刑法》第166条：“国有公司、企业、事业单位的工作人员，利用职务便利，有下列情形之一，使国家利益遭受重大损失的，处三年以下有期徒刑或者拘役，并处或者单处罚金；致使国家利益遭受特别重大损失的，处三年以上七年以下有期徒刑，并处罚金：

（一）将本单位的盈利业务交由自己的亲友进行经营的；

（二）以明显高于市场的价格向自己的亲友经营管理的单位采购商品或者以明显低于市场的价格向自己的亲友经营管理的单位销售商品的；

（三）向自己的亲友经营管理的单位采购不合格商品的。”

【签订、履行合同失职被骗罪】《刑法》第167条：“国有公司、企业、事业单位直接负责的主管人员，在签订、履行合同过程中，因严重不负责任被诈骗，致使国家利益遭受重大损失的，处三年以下有期徒刑或者拘役；致使国家利益遭受特别重大损失的，处三年以上七年以下有期徒刑。”

【国有公司、企业、事业单位人员失职罪；国有公司、企业、事业单位人员滥用职权罪】《刑法》第168条：“国有公司、企业的工作人员，由于严重不负责任或者滥用职权，造成国有公司、企业破产或者严重损失，致使国家利益遭受重大损失的，处三年以下有期徒刑或者拘役；致使国家利益遭受特别重大损失的，处三年以上七年以下有期徒刑。

国有公司、企业、事业单位的工作人员，徇私舞弊，犯前两款罪的，依照第一款的规定从重处罚。”

【徇私舞弊低价折股、出售国有资产罪】《刑法》第169条：“国有公司、企业或者其上级主管部门直接负责的主管人员，徇私舞弊，将国有资产低价折股或者低价出售，致使国家利益遭受重大损失的，处三年以下有期徒刑或者拘役；致使国家利益遭受特别重大损失的，处三年以上七年以下有期徒刑。”

【贪污罪的处罚规定】《刑法》第383条：“对犯贪污罪的，根据情节轻重，分别依照下列规定处罚：

（一）贪污数额较大或者有其他较重情节的，处三年以下有期徒刑或者拘役，并处罚金。

（二）贪污数额巨大或者有其他严重情节的，处三年以上十年以下有期徒刑，并处罚金或者没收财产。

（三）贪污数额特别巨大或者有其他特别严重情节的，处十年以上有期徒刑或者无期徒刑，并处罚金或者没收财产；数额特别巨大，并使国家和人民利益遭受特别重大损失的，处无期徒刑或者死刑，并处没收财产。

对多次贪污未经处理的，按照累计贪污数额处罚。”

【挪用公款罪】《刑法》第384条：“国家工作人员利用职务上的便利，挪用公款归个人使用，进行非法活动的，或者挪用公款数额较大、进行营利活动的，或者挪用公款数额较大、超过三个月未还的，是挪用公款罪，处五年以下有期徒刑或者拘役；情节严重的，处五年以上有期徒刑。挪用公款数额巨大不退还的，处十年以上有期徒刑或者无期徒刑。

挪用用于救灾、抢险、防汛、优抚、扶贫、移民、救济款物归个人使用的，从重处罚。”

【受贿罪的处罚规定】《刑法》第386条：“对犯受贿罪的，根据受贿所得数额及情节，依照本法第三百八十三条的规定处罚。索贿的从重处罚。”

【单位受贿罪】《刑法》第387条：“国家机关、国有公司、企业、事业单位、人民团体，索取、非法收受他人财物，为他人谋取利益，情节严重的，对单位判处罚金，并对其直接负责的主管人员和其他直接责任人员，处五年以下有期徒刑或者拘役。

前款所列单位，在经济往来中，在帐外暗中收受各种名义的回扣、手续费的，以受贿论，依照前款的规定处罚。”

【巨额财产来源不明罪；隐瞒境外存款罪】《刑法》第395条："国家工作人员的财产、支出明显超过合法收入，差额巨大的，可以责令该国家工作人员说明来源，不能说明来源的，差额部分以非法所得论，处五年以下有期徒刑或者拘役；差额特别巨大的，处五年以上十年以下有期徒刑。财产的差额部分予以追缴。

国家工作人员在境外的存款，应当依照国家规定申报。数额较大、隐瞒不报的，处二年以下有期徒刑或者拘役；情节较轻的，由其所在单位或者上级主管机关酌情给予行政处分。"

【私分国有资产罪】《刑法》第396条："国家机关、国有公司、企业、事业单位、人民团体，违反国家规定，以单位名义将国有资产集体私分给个人，数额较大的，对其直接负责的主管人员和其他直接责任人员，处三年以下有期徒刑或者拘役，并处或者单处罚金；数额巨大的，处三年以上七年以下有期徒刑，并处罚金。"

2. 各罪的风险控制

贪污罪、受贿罪和挪用公款罪、单位受贿罪等，在司法实践中对在案发后积极退赃的行为，一般都会给予酌情从轻处罚。比如1997年《刑法》第383条第1款规定：个人贪污数额在五千元以上不满一万元的，犯罪后有悔改表现、积极退赃的，可以减轻处罚，或者免予刑事处罚，由其所在单位或上级主管机关给予行政处分。虽然其后刑法修改删去了该款，但在司法实践中仍具有指导意义。2009年最高人民法院、最高人民检察院联合颁布的《关于办理职务犯罪案件认定自首、立功等量刑情节若干问题的意见》第4条关于赃款赃物追缴等情形的处理中再次明确：贪污案件中赃款赃物全部或者大部分追缴的，一般应当考虑从轻处罚。受贿案件中赃款赃物全部或者大部分追缴的，视具体情况可以酌定从轻处罚。职务犯罪案件立案后，犯罪分子及其亲友自行挽回的经济损失，司法机关或者犯罪分子所在单位及其上级主管部门挽回的经济损失，或者因客观原因减少的经济损失，不予扣减，但可以作为酌情从轻处罚的情节。因此，国有企业及其工作人员应当在被追究贪腐犯罪的责任时尽早尽量将贪污、受贿得来的款物全部移交给司法机关，尽量减少因犯罪导致的损失。

受贿罪和单位受贿罪有一种情形是：国有企业及其国家工作人员在经济往来中，违反国家规定，收受各种名义的回扣、手续费，归个人所有。该情形主要是因为收受各种回扣、手续费不入账，不交给企业，或“账外暗中”。而如果行为人是因该行为被要求承担刑事责任，则应尽早将回扣、手续费入企业收支账目，避免给国家造成损失，如此一般也可以获得从轻或减轻处罚。

此外，挪用公款罪也有从轻或者减轻处罚规定：如果挪用正在生息或者需要支付利息的公款归个人使用，数额较大，超过三个月但在案发前全部归还本金的，可以从轻处罚或者免除处罚。挪用公款数额巨大，超过三个月，案发前全部归还的，可以酌情从轻处罚。因此，国有企业的国家工作人员可以有效利用该有利规定来控制挪用公款案发后的刑事风险，尽量争取减轻、从轻处罚。

签订、履行合同失职被骗罪，国有公司、企业人员失职罪和国有公司、企业人员滥用职权罪等，认定犯罪行为导致严重后果的要求。国有企业的工作人员在案发被追究刑事责任的过程中，一方面应尽早发现自己的失误，及早停止、制止危害行为，如将通过合同实施诈骗国有企业行为的实际行为人引出来，追究其合同诈骗罪的责任；另一方面也要积极挽回损失，尽量减少因自己的不当行为对国家利益的损害，如自行赔偿企业的损失，以求司法机关的从轻或减轻处罚。

第十三章
CHAPTER 13

矿山企业刑事法律风险的防控指南

一、矿山企业及其人员刑事法律风险概述

近年来，矿山企业的安全、合法生产问题成为社会热点问题，是本书特别关注矿山企业的刑事风险及其防范的主要原因。矿山企业的刑事风险主要涉及九个罪名：非法采矿罪，破坏采矿罪，重大责任事故罪，强令违章冒险作业罪，重大劳动事故罪，不报、谎报安全事故罪，强迫职工劳动罪，雇用童工从事危重劳动罪、拒不支付劳动报酬罪。按照矿山企业违反不同的规范可能招致的不同风险来分类，矿山企业的刑事风险可以分为三类：违反矿产资源法有关规定的犯罪风险、违反有关安全管理规定的犯罪风险和违反劳动管理规范的犯罪风险。

（一）矿山企业违反矿产资源法有关规定的犯罪风险

首先，我国企业如要对矿区进行勘探、开采，应当取得采矿许可证。我国《矿产资源法》规定，勘查、开采矿产资源，必须依法分别申请，经批准取得探矿权、采矿权，并办理登记。该法第39条明确：违反本法规定，未取得采矿许可证擅自采矿的，擅自进入国家规划矿区、对国民经济具有重要价值的矿区范围采矿的，擅自开采国家规定实行保护性开采的特定矿种的，责令停止开采、赔偿损失，没收采出的矿产品和违法所得，可以并处罚款；拒不停止开采，造成矿产资源破坏的，依照《刑法》第156条的规定对直接责任人员追究刑事责任。单位和个人进入他人依法设立的国有矿山企业和其他矿山企业矿区范围内采矿的，依照前款规定处罚。对应上述规定，《刑法》第343条规

定了非法采矿罪。该罪即是指违反《矿产资源法》的规定，未取得采矿许可证擅自采矿，擅自进入国家规划矿区、对国民经济具有重要价值的矿区范围采矿，擅自开采国家规定实行保护性开采的特定矿种的行为。

其次，我国《矿产资源法》还对矿山企业的开采方法进行了规定。比如其第29条规定，开采矿产资源，必须采取合理的开采顺序、开采方法和选矿工艺。其第44条明确，违反本法规定，采取破坏性的开采方法开采矿产资源的，处以罚款，可以吊销采矿许可证；造成矿产资源严重破坏的，依照《刑法》第156条的规定对直接责任人员追究刑事责任。对应地，《刑法》第343条第2款规定了破坏性采矿罪。该罪即是指违反《矿产资源法》的规定，采取破坏性的开采方法开采矿产资源，造成矿产资源严重破坏的行为。

（二）矿山企业责任人违反安全管理规定的犯罪风险

矿山企业在生产作业中必须遵守相关的安全管理规定，保障从事生产作业工作的人员人身安全。安全管理规定是宽泛的概念，不仅包括国家颁布的各类有关安全生产的法律、法规，而且包括企业自己及其上级管理机关制定的反映安全生产客观规律并涉及生产操作、技术监督、劳动保护、安全管理等方面的规章、章程、条例、办法等，企业内部各部门按照各自的特点所作的有关规定也对企业部门人员有约束力。此外，矿山企业生产、作业过程中反映生产、科研、施工中安全操作的已为人所公认的操作习惯和惯例等，在实际的生产作业中常会使用，更需要了解和注意。如果矿山企业因没有遵守这些安全管理规定而导致在生产、作业中出现责任事故，严重的即可能引发重大责任事故罪。该罪即指在生产、作业中违反有关安全管理的规定，因而发生重大伤亡事故或者造成其他严重后果的行为。

除了必须遵守相关的安全管理规定来进行生产作业外，矿山企业还应当为生产作业人员提供必要的安全生产设施或者安全生产条件，以保障人员人身安全和健康。特别是实行安全生产责任制以来，不仅企业负责人的安全生产责任加大，而且企业各职能部门、有关工程技术人员和生产工人各自在生产过程中应负的安全责任都明确落实。如果因劳动安全生产设施不符合国家规定或者劳动安全生产条件没有达到标准，一旦发生劳动安全生产事故，即可能引发重大劳动安全事故罪的风险。重大劳动安全事故罪即是指因安全生产设施或者安全生产条件不符合国家规定，而发生重大伤亡事故或者造成其他严重后果的行为。

此外，矿山企业及其负责人也不得在已经知道或者应当知道生产作业会存在危险或者已经违章，工人的人身安全和国家、企业的财产安全没有保证，继续生产会发生严重后果的情况下，仍然实施强令手段，强行命令或者胁迫进行作业，否则可能引发强令违章冒险作业的犯罪风险。该罪即是企业、工厂、矿山等单位的领导者、指挥者、调度者等在明知已经违章、确实存在危险的情况下，仍然不顾相关法律规定，以解雇、减薪以及其他威胁手段强行命令或者胁迫下属进行冒险作业，造成重大伤亡事故或者严重财产损失的行为。

此外，在出现上述重大责任事故、重大劳动安全事故后，矿山生产经营单位的负责人、实际控制人、负责生产经营管理的投资人以及其他负有报告职责的人员应当尽早将情况如实报告当地负有安全生产监督管理职责的部门。如果隐瞒不报、谎报或者拖延不报，甚至故意破坏事故现场、毁灭有关证据，则可能引发不报、谎报安全事故罪的风险。该罪即是指在安全事故发生后，负有报告职责的人员不报或者谎报事故情况，贻误事故抢救时机，情节严重的行为。

提醒注意的是，违反安全管理规定而引发重大责任事故罪、重大劳动安全事故罪、强令违章冒险作业罪、不报、谎报安全事故罪的风险虽然多发在矿山企业，但是也可能发生在其他企业身上，因此所有企业都应对这些风险加以关注。

（三）矿山企业违反劳动管理规范的刑事风险

矿山企业必须遵守劳动管理法规，按照劳动管理法规的程序招录员工，规范用工秩序，及时、足额支付劳动者的薪资。劳动管理法规包括我国《劳动法》《劳动合同法》及其司法解释，以及其他规范劳动关系的法律法规、规章。劳动者依法享有平等就业、择业、取得劳动报酬、休息休假和获得劳动安全卫生保护等劳动权利。用人单位应当保证劳动者享有上述劳动权利。因此，如果矿山企业违反劳动管理法规，以暴力、威胁或者限制人身自由的方法强迫职工劳动，情节严重即可能引发触犯强迫劳动罪的犯罪风险。

根据我国《劳动法》的规定，禁止用人单位招用未满 16 周岁的未成年人，但文艺、体育和特种工艺单位除外。因此，矿山企业不得招用未满 16 周岁的未成年人，否则即可能面临行政处罚的后果。而且更重要的是不得使用未满 16 周岁的未成年人从事超强度体力劳动、高空、井下作业，或者在爆炸性、易燃性、放射性、毒害性等危险环境下从事劳动，否则即可能引发触犯雇佣童工从事危重劳动罪的刑事风险。刑法意义上的“童工”即指未满16周岁的未成年人。

最后，劳动者有获得劳动报酬的权利，用人单位应当按时向劳动者支付其劳动所得。如果用人单位以转移财产、逃匿等方法逃避支付劳动者的劳动报酬，或者有能力支付而不支付劳动者的劳动报酬，数额较大，经政府有关部门责令支付仍不支付，则可能引发拒不支付劳动报酬罪的刑事风险。劳动报酬，包括工资、奖金、津贴、补贴、延长工作时间的工资报酬及特殊情况下支付的工资等。不支付的一般后果是导致劳动者在按合同或法定应获得劳动报酬的时限内没有获得报酬，如实行月工资制的，超过20天仍不发放工资的，即构成“不支付”。该罪是《刑法修正案（八）》新增的犯罪，旨在强化刑法对民生的保护功能。矿山企业是本罪的高发群体。

当然，强迫劳动罪、雇佣童工从事危重劳动罪、拒不支付劳动报酬罪的触犯风险也可能发生在其他行业的企业身上，因此所有企业都应注意这些风险的防控。

二、矿山企业刑事法律风险防控现状

（一）企业非法采矿和破坏性采矿的现象依然存在

我国是世界上矿藏总量最丰富的国家之一，矿种非常多，新中国成立后矿业获得前所未有的发展。但是，经过数百年的探寻和开发，地表和浅部矿产已多被发现和利用，加之矿产资源本身的分布不均匀或开采难度大，矿产资源面临严峻的形势，尤其是供需矛盾的激化。这是一方面。另一方面，我国的矿产勘探、开发没有形成规模效应，全国小型矿山企业非常多，矿山企业良莠不齐，没有获得探矿权或者采矿许可证而在暗地里探矿采矿的企业也非常多。一些企业没有取得许可证就擅自进入国家规划矿区、对国民经济具有重要价值的矿区和他人矿区范围采矿。甚而一些矿山企业不顾对矿产资源和环境的浪费和破坏，采取破坏性的方式采矿，导致宝贵的矿产资源遭受了严重的破坏，部分地区提前出现了资源衰竭的恶果。在此背景下，国家加大了对矿产资源的管理力度，不仅出台了一系列加强对矿产资源勘探、开发管理的规范，而且严格矿产资源勘探、开发的准入门槛，从执法层面强化对非法采矿和破坏性采矿行为进行规制。整体来看，采矿秩序有所好转，然而，现实中非法采矿和破坏性手段采矿的现象依然存在，矿山企业非法采矿和破坏性采矿的刑事风险也是客观存在的。

（二）矿山企业安全事故后果严重

矿山企业的问题是我国近几年的热点话题之一，其中最热门的即是矿山企业的安全生产问题。近年来，随着全国各矿区的勘探、开采活动的频繁，矿山企业的安全生产问题也日益凸显，重特大事故屡屡见诸报端，矿山企业的安全生产形势一直十分严峻。由于矿产资源分布的地域性，矿山企业也具有地域性，因此矿山企业发生的重大安全事故也具有地域性的特点，如陕西、山西、东北煤矿带、两湖煤矿带是重大安全事故的高发区。特别是我国大量存在的煤矿企业，经常成为重大责任事故罪和重大劳动安全事故罪爆发的重灾区。2015 年 11 月 20 日，黑龙江省龙煤集团鸡西矿业公司杏花煤矿一水平东一采区大倾角皮带道胶带输送机机头向下 836.8 米处发生重大火灾事故，造成 22 人死亡，直接经济损失 1598.5 万元。事后，杏花煤矿与 22 名被害人家属签订了善后处理协议，赔偿每名被害人家属 60.3870 万元。①

不少重大责任事故或者劳动安全事故案例发生于中、小企业，事故的后果都很严重，均会涉及人员的伤亡和财产的巨大损失。但也不乏国有大型矿山企业发生重大安全事故的案例，且人员伤亡和财产损失一般都特别严重。每一次矿产重大事故背后对应的即是某个企业及其负责人的重大责任事故或重大劳动安全事故，企业及其责任人面临的法律后果也是很重的，重则受到刑事法律的制裁，轻则会面临行政处罚。比如，上述的广东省兴宁市大兴煤矿重大责任事故中，兴宁市大径里煤炭有限公司投资人曾某高犯重大责任事故罪、非法采矿罪和单位行贿罪，法院对之数罪并罚，决定执行有期徒刑 10 年，并处罚金人民币 500 万元。

（三）安全生产责任加重，事故多发态势有所缓解

现代安全生产责任制强调不仅企业的各级领导、职能部门和在一定岗位上的劳动者个人对安全生产工作应负责任，而且承担相关监管职责的行政执法机构及其人员也要负起安全保障责任。实际上，矿山企业发生的事故一旦曝光，不仅企业一方的负责人会受到行政、刑事的制裁，以及巨额的民事赔偿责任，而且承担监管职责的相关执法人员也会承担渎职、监管不力的后果。比如，

---

① 《刚刚！因煤矿安全重大事故 10 人坐牢！》，载煤矿安全网：http：//www.mkaq.org/html/2018/11/19/466532.shtml，最后访问日期：2018 年 12 月 19 日。

2007年曝光的山西“黑砖窑”事件中，当地纪检委和监察委、司法机关也对有关党员干部、公职人员监管不力、失职渎职行为进行了处理，部分干部和公职人员受到党纪政纪处分，8人被追究刑事责任。① 在如此高压的责任制下，近几年来，矿山企业的安全事故多发态势相较10年前已经有所缓解，重、特大责任事故和重、特大劳动安全事故发生率有所降低。

（四）强迫劳动和雇佣童工、恶意欠薪的行为依然存在

强迫劳动罪的前身是强迫职工劳动罪，该罪的行为在20世纪90年代和21世纪头10年经常发生，很多类型的企业和个体户出现过强迫劳动的行为。而雇用童工的现象就更为普遍了，特别是在劳动密集型企业中，经常为了节省人力成本而雇佣童工。拒不支付劳动报酬罪的入刑也起因于恶意欠薪的现象严重，特别是在一些建筑、安装工程企业、黑煤窑、手工作坊，常发生因欠薪而暴力对抗事件。在矿山企业，由于职工或劳动者所从事的是高强度、危险性生产作业，在察觉生产作业中有危险时可能不愿意继续冒险，而矿山企业为了攫取利润就使用谩骂、殴打、延长劳动时间、晚间休息专人看管等手段强迫职工进行劳动，职工欲逃跑又不能，不堪忍受其苦。矿山企业也经常雇用童工，甚至雇用童工从事井下、高空或者爆炸性、易燃性、放射性、毒害性等危险作业和劳动强度高的作业，相关案例也不在少数，而一旦曝光要求追究责任，相关责任人都会面临比较严重的刑事责任。比如，上述2007年曝光的山西“黑砖窑”事件，承包经营者张某敏、窑主孙某民等8人强迫职工劳动和雇用童工从事危重劳动，张某敏数罪并罚执行有期徒刑5年，罚金30,000元。矿山企业还经常拖欠、克扣劳动者工资，如人力资源社会保障部2014年年初曝光的10起“拒不支付劳动报酬罪”案例中，鞍山海城市八里镇滑石矿二采区承包人侯某金拖欠工资，被网上抓捕归案后并被追究拒不支付劳动报酬罪的刑事责任。②

---

① 晏国政：《山西95名党员干部公职人员因“黑砖窑”事件受到党政纪处分》，载新华网：http：//www. sx. xinhuanet. com/newscenter/2007 – 07/16/content_10588511. htm，最后访问日期：2018年1月2日。

② 《行政司法联动 严厉打击拒不支付劳动报酬犯罪行为》，原载《中国组织人事报》，转载自共产党员网：http：//news. 12371. cn/2014/01/15/ARTI1389769590674879. shtml，最后访问日期：2015年11月14日。

三、矿山企业及其人员刑事风险防控中存在的问题与原因

（一）矿山企业整体情况待改善

矿山企业是仅次于建筑工地的第二大重大责任事故案发场所。其实无论是大型、国有矿山企业，还是小型矿山企业，在如此高发的重大责任事故、重大劳动安全事故事实面前，都应当认识到自身的风险防控存在很多不足。但是，一些企业既不落实生产安全保障措施，也不对生产作业环境中存在的安全隐患进行排查和补漏，甚至在发现安全危险时仍然麻痹大意，在职工不愿意继续生产作业时强行要求其冒险作业，然后在事故出现后又隐瞒不报、谎报事故情况，导致严重后果扩大。虽然在几年的严密高压政策管制下，矿山企业对安全管理提高关注，也采取了一些保障措施，如关闭了很多“黑矿洞”，整改了一批安全措施不合格的企业，但矿山企业的整体情况还是没有得到完全改观。

（二）矿山企业的安全监管执法滞后

矿山企业向来是事故多发场所，而且每次事故的后果都比较严重，特别严重的事故也占比不低。虽然国家对矿山企业及其经营管理出台了一系列专门的制度规范，不仅要求矿山企业的投资者、经营者、管理者承担安全生产作业的责任，而且对相关监管执法人员也分配了责任。但这些规章制度和政策在残酷的现实面前都显得很苍白，根本无法守住矿山企业的安全防线，执法的滞后性已经成为顽疾。不仅矿山企业内部的安全监管人员只是摆设，没有尽到事前的监管和发现隐情、防止安全事故发生的责任，而且一些承担安全监管职责的行政执法者也不加强对矿山企业的安全检查，或者虽然检查出矿山企业的生产作业中存在安全隐患，也不加强整治，不着力督促其尽快消除隐患。还有些监管者、执法者只会推诿塞责，事前不监管，发生事故后就找各种借口来推脱自己的责任。

（三）矿山企业盲目追求利润

矿山企业依靠开采资源才能获取利润，如对安全保护措施投入太多，肯定会影响实际收入，因此只为最大限度地获取利润的矿山企业不愿意夯实安保基础。一些矿山企业及其负责人根本没有“安全第一”的意识，甚至在重大事故发生后隐瞒不报或者谎报事故情况，其实也是为了维护所获得的利润。安全事故发生后，为了维护从工人血汗里攫取到的那点利润，某些企业的负责人关闭

矿洞，卷款潜逃，拒不承担事故责任。除了安全事故以外，一些矿山企业承包经营者为了获取高额利润，从河南、山西、陕西等地骗招大量民工，然后以不发工资、体罚、晚间锁工棚门、封厂等手段限制人身自由。为强迫民工长时间、超负荷劳动，对于散漫或逃跑的民工实施殴打。还有一些矿山企业雇用童工，安排或强迫童工从事危险系数高、劳动强度大的劳动，甚至也对童工采取殴打、克扣工资等手段限制其人身自由，也是因为付给童工的工资低，能从童工身上攫取更高的利润。近几年，随着世界性的禁止强迫劳动和雇佣童工运动浪潮高涨，国家也加大对强迫劳动和雇佣童工的行为查处和打击力度，但现实中还是存在矿山企业强迫劳动和雇用童工的行为。

（四）矿山企业及其人员漠视自身的刑事风险

非法采矿和破坏性采矿的现象还是存在，其原因之一即是这些企业和相关人员没有认识到这两种行为本身自带的刑事风险，或者对风险抱着侥幸心理。一些矿山企业的承包经营者、相关责任人员本身知识浅薄，缺乏风险防范意识，在生产作业中不能摆正安全与效益的关系，只顾利润最大化，不投入足够的资金保障企业的安全生产。对安全生产过程管理认识不足，抱着侥幸心理，对存在的安全隐患或视而不见，或麻痹大意。在发生重大事故、受到严重的刑事处罚或者行政处罚时，才悔悟到安全生产的重要性，防范事故发生才能避免刑事风险。还有一些矿山企业不注重劳动用工中的风险，以为使用些手段“提高”工人的效率，不出大事就不会有风险。或者自以为与不满16周岁的未成年人达成用工协议，在上级例行检查时串通隐瞒童工的实际年龄就可规避雇佣童工的风险。实际上，盲目追求利润的结果很难不会出事，侥幸心理终会受到沉重打击。

四、矿山企业及其人员刑事法律风险防范的具体举措

（一）矿山企业及其人员刑事风险提示

1. 非法采矿罪的行为

根据我国《矿产资源法》，非法采矿的行为具体可表现为以下几种情形：第一种，未经国家有权机关批准取得采矿许可证即擅自采矿，包括超越许可证规定的矿种、矿区范围开采矿产和在采矿许可证被注销、吊销、暂扣期间擅自采矿；第二种，擅自进入国家规划矿区、对国民经济具有重要价值的矿区和他人

矿区范围采矿，这种情况无论是否取得采矿许可证，行为人都可能引发非法采矿罪的风险；第三种，擅自开采国家规定实行保护性开采的特定矿种，即国务院根据国民经济建设和高科技发展的需要，以及资源稀缺、贵重程度确定的，由国务院有关主管部门按照国家计划批准开采的矿种，包括金、钨、锡、锑和离子型稀土等。

2. 破坏性采矿罪的行为

破坏性采矿罪的具体行为可表现为以下几种：（1）只开采相对比较容易的矿产，抛弃在现有技术下可以开采只是难度较大的矿产，导致某区域内其他矿产资源丧失开采价值；（2）违背综合开采、综合利用的原则，仅开采富集度高的矿产，而对其他达到富集度只是度数较低的矿产不予开采，使某区域内其他矿产资源丧失开采价值；（3）严重违反开采回采率指标、选矿回收率指标、或者采矿贫化率指标进行开采；（4）其他破坏性采矿的行为。

3. 重大责任事故罪的主体与行为

重大责任事故罪的行为主体为自然人，但矿山企业中容易触犯该罪的行为人主要是对矿山企业的生产、作业负有组织、指挥或管理职责的负责人、管理人员、实际控制人、投资者和直接从事矿山生产、作业的人员。

矿山企业人员触犯重大责任事故罪的行为一般表现为在矿山生产、作业中违反相关的安全管理规定，因而发生重大伤亡事故或造成其他严重后果。如矿山企业违反我国《矿山安全法》《安全生产法》及其实施条例等法律法规中关于物资、设备方面的安全管理规定、生产管理方面的安全管理规定、生产作业环境方面的安全管理规定，导致重大事故的发生。

4. 强令他人冒险作业罪的主体与行为

强令他人冒险作业罪的主体与重大责任事故罪的主体是一致的。强令他人冒险作业罪的行为表现为在生产、作业中利用自身地位或者其他条件的人采用暴力、威胁、罚款、没收财物等方法强令他人违章冒险从事生产、作业。强令是违背他人意愿的表现，从具体行为方式上来看，具有强迫他人服从其错误的决定或指挥等一系列行为。

5. 重大劳动安全事故罪的主体与行为

重大劳动安全事故罪的主体限于对劳动安全负有直接责任的主管人员及其他直接责任人员。该罪的行为表现为：因矿山企业的劳动安全生产设施不符合国家规定，或者劳动安全生产条件不符合国家规定，因而在生产作业过程中发生重大伤亡事故或者造成其他严重后果。劳动安全生产设施主要包括保证安全生产和清除职业危害的设施、安全生产设备、劳动场所的安全要求等。安全生产条件包括：特殊主体所需的生产条件、安全生产所需设立的安全色以及安全标志、安全生产对防止粉尘的条件等。

6. 不报、谎报安全事故罪的主体与行为

不报、谎报安全事故罪的主体限于对安全事故负有报告职责的人。最高人民法院、最高人民检察院于2007年联合发布的《关于办理危害矿山生产安全刑事案件具体应用法律若干问题的解释》（以下简称《矿山案件解释》）明确了“负有报告职责的人员”是指矿山生产经营单位的负责人、实际控制人、负责生产经营管理的投资人以及其他负有报告职责的人员。实际控制人名义上不是企业法定代表人或者具体管理人员，但实际上是指挥、控制矿山企业的生产、经营、安全等重大事项和重要事务，或者对重大决策起决定作用的实质意义上的负责人。

7. 强迫劳动罪的主体与行为

矿山企业中存在触犯强迫劳动罪风险的主体主要是：对矿山企业生产作业负有组织、指挥或者管理职责的负责人、管理人员、实际控制人、投资人等，如矿主、厂长、经理、分管生产作业的部门负责人等。该罪行为表现为违反劳动管理法规，以限制人身自由的方法强迫他人劳动。限制人身自由的方法，包括以暴力的方法，如殴打、侮辱、拘禁；以威胁的方法，如以杀害、伤害、没收押金为威胁等。还有其他方法，如将他人的人身自由控制在一定范围、一定限度，如不准职工外出、不准职工参加社交活动等。强迫他人劳动，即违背职工的意愿，强迫职工进行超强度、长时间或者不给、少给报酬的劳动等。此外，如果行为人明知他人实施强迫劳动的行为，仍为其招募、运送人员或者有其他协助强迫他人劳动行为，也属于强迫劳动罪的行为表现。

8. 雇用童工从事危重劳动罪的行为

矿山企业中存在雇用童工从事危重劳动罪风险，与强迫劳动罪的主体是一致的。该罪的行为具体表现为：违反我国《劳动法》和《禁止雇佣童工规定》等规范性文件，雇用未满16周岁的未成年人从事超强度体力劳动，或者从事高空、井下作业，或者在爆炸性、易燃性、放射性、毒害性等危险环境下从事劳动，情节严重。超强度体力劳动，是指童工从事的劳动为《体力劳动强度分级》国家标准中第四级体力劳动强度的作业，高空作业，是指国家技术监督局颁布的《高处作业分级 GB/T3608－93》国家标准中第二级以上的高处作业和海拔3000米以上的高原作业。井下作业则一般包括矿井下作业和潜水、寒冬、涵道作业等。

9. 拒不支付劳动报酬罪的主体与行为

拒不支付劳动报酬罪的主体为一般主体，单位和自然人均可构成。矿山企业是本罪的适格主体，但实践中更多地表现为追究企业负责人的刑事责任。该罪的行为主要有两种表现：一是有能力支付而不支付劳动者的劳动报酬，“有能力支付”是一种客观状况，如果企业及其负责人确实没有能力支付报酬，则难以认定“恶意欠薪”的事实；二是以转移财产、逃匿等方法逃避支付劳动者的劳动报酬，以积极作为达到不作为“不支付”的目的。此外，为缩小打击范围，该罪客观上还要求行为人“经政府有关部门责令支付仍不支付”。

（二）矿山企业及其人员刑事风险的预警

1. 非法采矿罪的行为后果与立案标准

非法采矿罪的行为后果表现为造成矿产资源的破坏，且只有因行为造成该后果才能认定犯罪。但是，是不是只要造成了矿产资源的破坏就一律要定罪，而无论破坏的程度，司法实践还需要更具体的指引。根据《追诉标准（一）》第68条的规定，非法采矿行为造成矿产资源破坏的价值数额在5万元至10万元以上的，应予立案追诉。造成矿产资源破坏的价值数额，由省级以上地质矿产主管部门出具鉴定结论，经查证属实后予以认定。

2. 破坏性采矿罪的行为后果与立案标准

破坏性采矿罪也要求行为具有造成矿产资源严重破坏的后果才能认定。根据《追诉标准（一）》第69条，造成矿产资源严重破坏，价值在30万元至50万元以上的，应予立案追诉。而且，该罪使用的破坏性开采方法以及造成矿产资源严重破坏的价值数额，由省级以上地质矿产主管部门出具鉴定结论，经查证属实后予以认定。

3. 重大责任事故罪和强令违章冒险作业罪的行为后果与立案标准

重大责任事故罪和强令违章冒险作业罪本身都是过失犯罪，要求具有“发生重大伤亡事故或者造成其他严重后果”的行为后果才能认定犯罪。根据《追诉标准（一）》第 8 条和第 9 条的规定，该二罪的追诉标准也相同：（1）造成死亡 1 人以上，或者重伤 3 人以上；（2）造成直接经济损失 50 万元以上的；（3）发生矿山生产安全事故，造成直接经济损失 100 万元以上的；（4）其他造成严重后果的情形。

此外，该二罪都有一个重罪情节，即“情节特别恶劣”。根据《矿山案件解释》第 4 条的规定，“情节特别恶劣”是指：（1）造成死亡 3 人以上，或者重伤 10 人以上的；（2）造成直接经济损失 300 万元以上的；（3）其他特别恶劣的情节。

4. 重大劳动安全事故罪的行为后果与立案标准

重大劳动安全事故罪也属于结果犯，《刑法》规定“发生重大伤亡事故或者造成其他严重后果”的行为后果时才能认定犯罪。该罪的立案标准为：（1）造成死亡 1 人以上，或者重伤 3 人以上；（2）造成直接经济损失 50 万元以上；（3）发生矿山生产安全事故，造成直接经济损失 100 万元以上；（4）其他造成严重后果的情形。可见该罪的立案标准与上述重大责任事故罪和强令违章冒险作业罪的立案标准是一致的。而且该罪也有一个“情节特别恶劣”的重罪情节，其司法解释与上述重大责任事故罪和强令违章冒险作业罪的重罪情节也是一致的。

5. 不报、谎报安全事故罪的行为后果与立案标准

不报、谎报安全事故罪的行为要求具有“情节严重”的后果才能认定，何为“情节严重”，根据《矿山案件解释》第 6 条，其是指：（1）导致事故后果扩大，增加死亡 1 人以上，或者增加重伤 3 人以上，或者增加直接经济损失 100 万元以上；（2）实施下列行为之一，致使不能及时有效开展事故抢救的：①决定不报、谎报事故情况或者指使、串通有关人员不报、谎报事故情况；②在事故抢救期间擅离职守或者逃匿；③伪造、破坏事故现场，或者转移、藏匿、毁灭遇难人员尸体，或者转移、藏匿受伤人员；④毁灭、伪造、隐匿与事故有关的图纸、记录、计算机数据等资料以及其他证据。

此外，该罪还有一个重罪情节，即“情节特别严重”。根据《矿山案件解释》，“情节特别严重”的具体认定标准是：（1）导致事故后果扩大，增加死亡 3 人以上，或者增加重伤 10 人以上，或者增加直接经济损失 300 万元以上；（2）采用暴力、胁迫、命令等方式阻止他人报告事故情况导致事故后果扩大；

（3）其他特别严重的情节。

6. 强迫劳动罪与雇用童工从事危重劳动罪的行为后果与立案标准

从《刑法》的规定来看，强迫劳动罪似乎属于行为犯，只要行为人以暴力、威胁或者限制人身自由的方法强迫他人劳动，即可能被认定犯罪。由于该罪是原“强迫职工劳动罪”经《刑法修正案（八）》新修订而来的罪名，原2008年《追诉标准（二）》关于“强迫职工劳动罪”的解释已经不适用，该罪的立案标准需要新的解释予以明确。

雇用童工从事危重劳动罪的行为后果也要求“情节严重”。根据《追诉标准（一）》，该罪的立案标准为：（1）造成未满16周岁的未成年人伤亡或者对其身体健康造成严重危害；（2）雇用未满16周岁的未成年人3人以上；（3）以强迫、欺骗等手段雇用未满十六周岁的未成年人从事危重劳动；（4）其他情节严重的情形。

7. 拒不支付劳动报酬罪的行为后果与立案标准

拒不支付劳动报酬罪的认定要求具有“数额较大”的行为后果。该罪有一个重罪情节，即“造成严重后果”；还有一个轻罪情节，即“尚未造成严重后果，在提起公诉前支付劳动者的劳动报酬，并依法承担相应赔偿责任”，此时可以“减轻或者免除处罚”。该罪的立案标准尚未明确，但根据最高人民法院《关于审理拒不支付劳动报酬刑事案件适用法律若干问题的解释》，其定罪情节“数额较大”的情形包括：（1）拒不支付一名劳动者3个月以上的劳动报酬且数额在5000元至2万元以上；（2）拒不支付10名以上劳动者的劳动报酬且数额累计在3万元至10万元以上。从中我们可以推知拒不支付劳动报酬罪的立案标准。

（三）矿山企业及其人员刑事风险监管

1. 矿山企业违反矿产资源法有关规定的犯罪风险监管

除了地质矿产主管部门等国家有权机构的行政性监管外，最有效的监管还是得依靠矿山企业自身。矿山企业首先应当了解我国对矿产资源以及矿产开采事项的相关法律法规与政策，以作出正确合法的采矿行为。特别是因政策的变更比较多，矿山企业需特别注意。比如，国家可能出台某政策，为城市规划、建设或者保护自然资源，矿山企业可能被提前关闭，此时企业可能仍旧冒着风险进行无证生产作业。矿山企业还要了解国家对采矿的基本原则，在原则允许的范围内进行合理采矿。了解采矿的流程也是需要的，比如采矿许可证的申请，采矿许可证实行核发及年审制度，而且要根据相关制度规范的更新来掌握采矿有关的流程。只有了解基本的知识，合法采矿，才能有效规避其中的风险。

其次，矿山企业要了解我国关于使用合理方法开采矿产资源的相关规定，明确合法采矿的行为范围。矿山企业及其负责人员还应当严格按照地质矿产主管部门审查批准的矿产资源开发利用方案进行矿产开采，合理确定开采储量和矿山建设规模，合理确定开采方案和选矿加工方案，并合理确定环境保护、水土保持和土地复垦方案等。同时，矿山企业应当注重对在开采过程中产生的废料、尾矿处理工作与有效利用，争取废料、尾矿产出最小化，并避免因对废料、尾矿处理不当而引发破坏性采矿的风险。矿山企业还应当加大对采矿技术和设备设施的投入，依靠先进技术来提高矿产资源的利用效率，以合理利用宝贵的矿产资源，避免浪费和破坏。

2. 矿山企业人员生产作业中的刑事风险监管

矿山企业作为重大事故的高发地带，矿山企业的负责人员必须足够重视，一定要提高安全生产和劳动的意识，加强安全生产管理。安全生产监管虽然有企业外部的监管，并有企业内部的安全监管人员，但包括安全监管人员在内的所有负责人，如法定代表人、经理、实际控制人等，都要注意规避重大责任事故、重大劳动安全事故的刑事风险，并不得出现强令职工冒险作业的行为。

矿山企业的负责人要了解安全生产的有关法律法规，尤其是对矿山安全生产管理有重要规范作用的法律法规。然后，要将矿山企业的安全管理责任落实到位。矿山企业的厂长、法定代表人、经理或实际控制人等是安全问题和责任的第一人，对其要落实领导责任，从矿山企业的宏观、整体局面布置好风险防控的工作。矿山企业分管安全工作的主管是安全生产的主要负责人，承担各业务范围内的具体安全管理工作，是将安全工作落实的重要推动者，一定要切实履行好安全职责。另外，矿山企业各业务部门及其负责人在自己的业务范围内承担具体落实安全生产责任的工作任务，在生产实践中还要积极配合其他部门的工作。矿山企业的安全员是对安全生产承担直接监督职责的人，要履行好自己的安全监督职责，避免因不负责任而承担安全责任。

从矿山企业的角度来说，矿山企业还要通过安全宣传、教育和培训等方式来提高全体职工的安全防范意识，增强安全保障技能，以使矿山企业能够从整体上提高安全管理的风险防范能力。具体来说，矿山企业首先要制定安全管理办法和培训计划，从企业的规章制度层面对安全教育和培训事项加以规范，以常态化安全教育。安全教育和培训要着重培养矿山企业各层管理者、重要岗位的安全意识。具体岗位则要根据岗位的特点和具体的安全要求有针对性地进行培训，而且要进行上岗前的培训，培训考评合格后才能上岗。对特种作业人员，则必须经上级主管部门进行专业和安全培训并取得《特殊工种作业证》才能上岗。

最后，矿山企业作为事故多发场所，必须提高警惕，在实际生产作业中要定期开展危险源辨识、工种风险评价，系统地识别各种生产经营活动中可能造成人身伤害、财产损失的要素，并全面地掌握企业的风险情况。安全监管部门要随时查看、监督重大风险的控制情况，定期对执行情况进行检查考核。其他部门也要积极配合，并及时将本部门存在的安全问题向监管部门和企业领导反馈，不可采取掩盖和放纵的态度。而矿山企业一旦发现自身可能无法控制的安全隐患，要尽早向行政主管部门反映。

3. 矿山企业用工中的刑事风险监管

矿山企业也常因非法用工、强迫劳动和雇用童工而引发用工风险，相比企业外部如劳动保障局等有权机关的监管，最有效的还是企业自身的监管。特别是矿山企业的人力资源管理，理应承担起企业用工风险防范的任务，避免企业非法用工的情况出现。首先，要认真了解我国关于调整和规范劳动关系的法律法规，保障职工法定的劳动权利。矿山企业要确定用人标准，在招聘时严把年龄关，杜绝雇佣童工的情况，也要防止童工为获得工作故意虚报年龄的情况出现，不是说童工故意虚报年龄，企业就可以不负责任。尤其是在招聘需要从事危重劳动的职工时，一定要守住16周岁的年龄底线，对实际年龄非16周岁的人员一律不得招用到这些危重劳动岗位。

其次，矿山企业还要建立健全工会制度，保障工会的正常运转。工会作为职工保护组织，应当实际发挥职工建言献策、申诉控告的渠道作用，为职工提供有效的救济途径。比如，有时强迫职工超强度、超长时间进行劳动的只是矿山企业的某些部门为完成业务指标而实施的，并非企业上层领导指示的。如果有顺畅的工会申诉途径，企业领导得知该情况时就能及时制止企业内部的非正常用工情况，防止出现更严重的强迫职工劳动的刑事风险。此外，工会在避免出现因拖欠劳动报酬而引发更为严重的行为后果方面不仅能发挥“上传民意，疏导缓解，沟通和解”的作用，而且在有效对抗企业不作为、防止转移财产方面也有其效果。

最后，矿山企业在合理用工的基础上也要做好健康检查工作，在招聘人员时就要进行体检，安排定岗时也要根据个人的健康情况和体能情况来进行。如果发现职工不适应岗位的体能要求，要及时换岗，避免超负荷用工。而且，对年满16周岁但未满18周岁的未成年人，考虑其虽然不属于童工，但还属于未成年人，身体还在发育，耐力不够，最好不要安排在危险、超强度、有毒有害等危害未成年人身心健康的劳动岗位，否则仍然可能引发用工方面的风险。

（四）矿山企业及其人员刑事风险的控制

1. 法定刑

【非法采矿罪；破坏性采矿罪】《刑法》第343条：“违反矿产资源法的规定，未取得采矿许可证擅自采矿，擅自进入国家规划矿区、对国民经济具有重要价值的矿区和他人矿区范围采矿，或者擅自开采国家规定实行保护性开采的特定矿种，情节严重的，处三年以下有期徒刑、拘役或者管制，并处或者单处罚金；情节特别严重的，处三年以上七年以下有期徒刑，并处罚金。

违反矿产资源法的规定，采取破坏性的开采方法开采矿产资源，造成矿产资源严重破坏的，处五年以下有期徒刑或者拘役，并处罚金。”

【重大责任事故罪；强令违章冒险作业罪】《刑法》第134条：“在生产、作业中违反有关安全管理的规定，因而发生重大伤亡事故或者造成其他严重后果的，处三年以下有期徒刑或者拘役；情节特别恶劣的，处三年以上七年以下有期徒刑。

强令他人违章冒险作业，因而发生重大伤亡事故或者造成其他严重后果的，处五年以下有期徒刑或者拘役；情节特别恶劣的，处五年以上有期徒刑。”

【重大劳动安全事故罪】《刑法》第135条：“安全生产设施或者安全生产条件不符合国家规定，因而发生重大伤亡事故或者造成其他严重后果的，对直接负责的主管人员和其他直接责任人员，处三年以下有期徒刑或者拘役；情节特别恶劣的，处三年以上七年以下有期徒刑。”

【不报、谎报安全事故罪】《刑法》第139条：“违反消防管理法规，经消防监督机构通知采取改正措施而拒绝执行，造成严重后果的，对直接责任人员，处三年以下有期徒刑或者拘役；后果特别严重的，处三年以上七年以下有期徒刑。

在安全事故发生后，负有报告职责的人员不报或者谎报事故情况，贻误事故抢救，情节严重的，处三年以下有期徒刑或者拘役；情节特别严重的，处三年以上七年以下有期徒刑。”

【强迫劳动罪；雇用童工从事危重劳动罪】《刑法》第244条：“以暴力、威胁或者限制人身自由的方法强迫他人劳动的，处三年以下有期徒刑或者拘役，并处罚金；情节严重的，处三年以上十年以下有期徒刑，并处罚金。

违反劳动管理法规，雇用未满十六周岁的未成年人从事超强度体力劳动的，或者从事高空、井下作业的，或者在爆炸性、易燃性、放射性、毒害性等危险环境下从事劳动，情节严重的，对直接责任人员，处三年以下有期徒刑或者拘役，并处罚金；情节特别严重的，处三年以上七年以下有期徒刑，并处罚金。

单位犯前两款罪的，对单位判处罚金，并对其直接负责的主管人员和其他直接责任人员，依照第一款的规定处罚。”

【拒不支付劳动报酬罪】《刑法》第276条：“以转移财产、逃匿等方法逃避支付劳动者的劳动报酬或者有能力支付而不支付劳动者的劳动报酬，数额较大，经政府有关部门责令支付仍不支付的，处三年以下有期徒刑或者拘役，并处或者单处罚金；造成严重后果的，处三年以上七年以下有期徒刑，并处罚金。

有前款行为，尚未造成严重后果，在提起公诉前支付劳动者的劳动报酬，并依法承担相应赔偿责任的，可以减轻或者免除处罚。”

2. 各罪的风险控制

在刑法修正案对非法采矿罪的罪状进行修改后，现该罪的认定已经不需要“经责令停止开采后拒不停止开采”的前置条件，因此企业在行为发生后防控此罪风险爆发的难度加大。但在实践中，一般还是会存在有针对矿山企业的非法采矿行为“责令停止开采”的情形。此情形对矿山企业是有利的，矿山企业一定要抓住这一机会，在被命令停止开采后应当及早停止开采，如果没有造成严重的矿产资源破坏，一般可以免予刑事处分。

对于重大责任事故罪、重大劳动安全事故罪、强令违章冒险作业罪三大事故类犯罪，行为人对危害后果必须出于过失，犯罪认定都要求造成严重的危害后果。因此，行为人在控制这些犯罪的风险时，可在尽量减轻危害后果上努力，如减少伤亡人数，减轻直接的财产损失。如果因事故导致的伤亡人数没有达到立案标准，则可不予追究刑事责任。

虽然重大责任事故罪、重大劳动安全事故罪与强令违章冒险作业罪的立案标准一样，重罪标准也一样，但前二罪的法定刑轻于后罪，因为强令违章冒险作业的具体行为比较恶劣，体现出的行为人主观恶性要深。但是，此三罪在实际的具体行为过程中，仍然有很多相似的地方。因此，如果行为人被以强令违章冒险作业罪要求承担刑事责任，则有罪辩护方向可在是否“强令”上努力，如果“强令”的特点不明显或者“强令”的事实不清楚，证据不充分，则可以往重大责任事故罪或重大劳动安全事故罪的方向来辩护。

不报、谎报安全事故罪的主体必须是对事故负有报告职责的人，且必须是因故意不报、谎报而贻误事故抢救时间，导致严重后果的出现。如果行为人没有故意不报、谎报事故，而是因其他客观原因或者不可抗力才没有报告当地安全监管部门，或者是因为对事故的情况真的不了解，不是故意谎报，则可不承担不报、谎报事故的刑事责任。

此外，由于某些安全事故本身具有不可控的因素，对于安全事故，矿山企业负责人要从有效层面控制风险，就要制定专门针对事故处理的应急预案。一旦事故发生，就立即启动应急预案。应急预案的作用不仅体现在事故的事前防范，而且体现在对事故危害后果的事中控制。比如，事故出现后可以最快速度进行人员疏散，就可有效减轻危害后果的严重程度。并且，及时的事故上报方案，可以避免不报、谎报事故的风险。

由于拒不支付劳动报酬罪主要在于逼迫企业及其负责人履行报酬支付义务，因此对于该罪的刑事追究最能体现时限规则，行为人要抓住时限来控制刑事风险。行为人收到在人力资源社会保障部门或者政府其他有关部门依法以限期整改指令书、行政处理决定书等文书责令支付劳动者的劳动报酬后，应当在指定的期限内支付报酬，以避免刑事责任的追究，至少应当在刑事立案前想办法支付，以争取适用刑法的“但书”情节，不被认定为犯罪。如果已经被提起公诉，则应尽快支付劳动报酬，并依法承担相应赔偿责任，一般可以获得减轻或者免除刑事处罚。最迟的一审宣判前支付劳动者的劳动报酬，并依法承担相应赔偿责任，一般法院会给予从轻处罚。

第十四章
CHAPTER 14

银行机构刑事法律风险的防控指南

一、银行机构的常见刑事法律风险

一直以来，与银行有关的犯罪案件层出不穷，主要包括两个方面：一个方面是从银行外部发生，如银行抢劫案、银行盗窃案和银行诈骗案等；另一方面是从银行内部发生，如银行内部的贪污案、挪用资金案和违法发放贷款案等。比如，2008 年 5 月由广东高院二审审理的许某自动取款机失常取款案，最后对许某以盗窃罪定罪处罚，当时在社会上引发了很大的反响。又如，2012 年 12 月底，中国邮政储蓄银行原行长陶某某因涉嫌个人经济问题而被正式批捕，并牵扯出一系列与之相关的领导和企业参与犯罪的情况，引发社会各界人士的围观和思考。

银行是存储资金和贷出资金的重要场所，主要涉及资金相关业务，是国家重要的金融机构，对经济的发展起着至关重要的作用。随着全球电子化银行的兴起，银行案件已经由国内发展到国外，作案手段更加隐秘化和高智商化，涉案金额也更加巨大。比如 2001 年至 2004 年发掘出来的中国银行广东省开平分行案，该分行前后三任行长——许某某、余某某、许某一，在数年的时间里，把总金额为 4.83 亿美元的银行资金转移到海外，成为新中国成立以来最大的银行监守自盗案。该案不仅以涉案金额前所未有，而且涉案人员为银行高管，作案手段隐秘，已经发展到了境外，最后动用了国际刑警力量，由国外司法人员配合才将案犯缉拿归案。

这还只是一些引人关注的大案要案，其实跟银行有关的案件时常发生，不胜枚举。银行外部的犯罪分子利用人们贪小便宜和“爱子心切”等心理，经常设下骗局对善良的人们进行诈骗，银行内部的职员抱着侥幸发财的心理和怀着见钱眼开的心态独自或者伙同他人将自己经手的国家资金非法占有，意图一夜暴富。银行是管钱的地方，只要有利可图，总能吸引一些敢于以身试法的违法犯罪人员前来挑战，因为银行关系着国家经济的发展，与银行有关的犯罪不仅侵害了国家和人民的财产权，而且损害了国家正常的金融管理秩序。

要想减少与银行相关的犯罪现象，必须先要清楚银行机构的法律风险有哪些。笔者从刑事法律的角度出发，结合银行机构和银行业务的特殊性，主要归纳了如下几点常见的刑事法律风险。

（一）来自银行外部的刑事法律风险

1. 制假诈骗风险，涉及的犯罪行为主要包括：伪造和变造货币、金融票证、国家有价证券；贷款、票据、金融票证、信用证、有价证券诈骗；骗取贷款、票据承兑、金融票证等。

这类犯罪风险主要涉及以诈骗为手段，行为人以非法占有为目的，通过使用假的货币、假的银行票证或者伪造的合同单据，意图骗取银行和公民的财产。当今社会，假钞泛滥以及空头支票案件司空见惯，直接反映了此类风险防范的艰巨和重要。因此，面对首当其冲的制假诈骗风险，银行应该充当狙击该类犯罪行为的主力，担负起重任，严格把关涉及银行制假诈骗行为的日常业务操作。

2. 抢劫盗窃风险，涉及的犯罪行为主要包括：对银行实施抢劫、对银行实施盗窃等。

不言而喻，此类风险虽然比较小，相关案件数量也相对其他风险比较少，但是之前的张某银行大劫案、周某某银行抢劫杀人案的发生还是为人们提了个醒。尤其是抢劫银行案件，犯罪分子在抢劫过程中气焰嚣张、手段残暴，对国家的财产和人民的生命安全危害极大，一直以来，国家对抢劫银行的犯罪坚决予以严厉打击。比如，距离较近的备受社会关注的上海财大毕业生万某某抢劫银行案于 2013 年 12 月在上海一中院一审宣判，被告人万某某被判犯抢劫罪，并处有期徒刑 10 年。

银行本来就是保障资金安全的地方，银行的安全运营不仅有利于维护银行的信誉和良好形象，而且还有利于安稳民心，促进社会经济的和谐发展。因此，维护银行的正常经营，保护国家和公民的生命、财产安全，使加强银行应对此类风险变得十分必要。

3. 信用卡犯罪风险，涉及的犯罪行为主要包括：妨害信用卡管理的犯罪行为。

有学者就对信用卡犯罪归纳了几个风险点：一是代理人开办银行卡，开户人资料难以掌握；二是单位办理批量开卡业务，客户身份难以识别；三是开卡数量限制宽松，资金流转难以监控；四是非柜面业务发展快，洗钱风险难以控制；五是受银行卡业务指标推动，规范办理流程难以规范。由此可见，信用卡在运营管理上一直存在诸多缺陷和问题，还需要依靠科技的力量不断升级、更新换代加以完善，这样才能应对面临的各种信用卡方面的违法犯罪风险。不可否认，信用卡的发明和使用，给当今人们的生活带来了诸多便利，让人们的生活能够逐渐摆脱对现金携带的限制。因此，银行的信用卡业务在人们的支持下得到飞速发展，与此同时，不法分子也瞅准了信用卡业务的商机和漏洞，使各类信用卡犯罪现象也日益增多、日趋严重，为了维护我国金融管理秩序和金融安全，很有必要及时对信用卡犯罪行为予以预防和惩治。

4. 银行自助业务犯罪风险，涉及的犯罪行为主要包括：盗窃罪、非法获取计算机信息系统数据、非法控制计算机信息系统罪和提供侵入、非法控制计算机信息系统程序、工具罪以及破坏计算机信息系统罪等。

自助银行是近年来银行为满足客户的理财需求而进行的金融创新的成果，它借助现代化先进的电脑自助服务设备，为客户提供方便、高效的多种金融服务，属于银行柜台业务处理电子化与自动化的渠道延伸。常见的银行自助设备有自动存取款机、自动存款机、自动取款机、多媒体信息查询系统等。近年来，随着科技的不断发展，银行又推出和升级了几项新兴自助服务项目，如网上银行、电话银行和手机银行等。这些新兴自助服务的发展，不仅将银行的自助服务提升了一个新的层面，而且更加便利了人们的银行交易行为。

但是，这些银行自助服务也存在一些固有的漏洞和不足，社会上经常报道犯罪分子通过制作、传播计算机病毒和手机病毒来盗取客户密码，达到非法占有他人财产的目的。比如，陕西宝鸡的陈先生在接听电话时突然掉线，显示无服务，周围用户则显示正常，第二天他发现，就在手机断网的时候，他的手机卡在四川成都被人补办，在手机卡被补办的 4 分钟后，他存在某银行 3 个账户内的 26.8 万元，被人以手机银行转账的形式，转入一个陌生账号。《央视经济半小时》栏目曾播出了名为《警惕网络支付的后门》，节目中称，一些受害者银行卡里的巨额资金因中电脑病毒被洗劫一空，并且都被转账到了犯罪分子控制的账号。另外，2013年上半年发生的“浮云”木马网络盗窃一案，是截至全国规模最大的一起利用木马网络盗窃案件，共涉及作案嫌疑人逾40人。

其实，通过病毒传播和短信诈骗等形式非法获取他人密码，从而达到犯罪的案例比比皆是。因此，如何防范和应对新兴自助服务中存在的风险和问题，也成为专家和学者研究和探讨的重点之一。

（二）来自银行内部的刑事法律风险

1. 职务犯罪风险，主要针对银行高层管理人员利用职权便利实施的贪污贿赂等犯罪行为。

由于银行地位的重要性和关键性，掌握银行实权的高层管理人员就容易成为被腐蚀和被诱惑的对象。俗话说“树欲静而风不止”，银行外部的社会人员为了能从银行获得贷款、骗取资金或其他经济利益，不惜用小恩小惠接近和拉拢银行高层管理者，用“糖衣炮弹”对银行领导各个击破，这样的案例也不胜枚举。何况，银行高层管理人员本来就位高权重、报酬丰厚，很多人直到被抓时才悔之晚矣，但是那时已经给国家和人民的财产造成了严重损失，最终锒铛入狱。早知今日，何必当初，加强银行高层管理人员的道德品质和法律意识能够有效地防范银行职务犯罪风险。

2. 员工业务上的犯罪风险，主要针对银行普通员工在办理银行业务时容易实施的犯罪行为，如违法发放贷款、吸收客户资金不入账、违规出具金融票证、对违法票据承兑付款和保证等。

银行时时刻刻都处理着不计其数的相关业务，如存款、贷款、委托收款等基本业务。与业务息息相关的就是每天坚守在各个平凡岗位上的普通银行员工，他们大多也是直接与客户接触、交流的一线员工，因此防范员工在业务上的犯罪风险，是银行减少和降低刑事法律风险的日常工作和关注重点。

3. 因岗位便利触发的犯罪风险，主要针对银行员工因具有在银行工作的身份形成的便利条件而实施的犯罪行为，如银行员工以假币换取货币、出售和非法提供储户信息、侵犯银行商业秘密、参与洗钱行为、非法处置查封扣押冻结的财产、侵占银行单位财产等。

这一类犯罪风险往往还存在一种情况，就是银行外部人员勾结银行内部职员，里应外合，密谋作案，利用银行职员在银行工作的便利条件，共同实施犯罪行为。之所以把这种“内外分工合作”的共同犯罪行为总结为银行内部的法律风险，是因为银行职员往往在犯罪中起到了主要作用，是主犯，如果银行职员能恪尽职守，外部人员的犯罪阴谋也不能够顺利实施。

二、银行机构的刑事法律风险防控措施

由此可见，银行作为国家重要的金融机构，需要防范来自外部和内部两方面的刑事法律风险，特别是针对银行自身的内部法律风险，很多银行都采取和组织实施员工部门自查、法律合规监察部监督和银行稽核三道防线来尽量阻止本单位违法犯罪行为的发生。虽然之前的办法在一定程度上有利于增强银行刑事法律风险防范能力，但总是存在一些漏洞让非法分子找到可趁之机。

对此，笔者综合查阅了相关资料和大量案例，结合目前银行发展的实际情况，在理论和实践的基础上，针对以上总结的几点刑事法律风险，笔者认为可以通过采取一些措施和手段来完善银行风险防范系统，达到有效预防犯罪的目的，具体如下。

（一）针对银行外部的刑事法律风险的措施

1. 增加人力物力的投入，完善银行的安全硬件设施，提高银行的安全防范能力。比如，在银行的各个大门和角落安装摄像头，能够震慑和预防潜在的犯罪行为；设置严格的门禁等级权限制度，不仅在银行员工和社会人员之间设置，而且在银行内部管理者与普通员工之间设置，起到有效隔离和减低犯罪发生风险的因素；对于自动取款机、银行回单箱、报警电话线路和报警按钮以及柜台防爆玻璃等银行设备组织人员进行定期检查，保持良好使用状态，以备正常需求；认真选拔录用银行安保人员，并对安保人员组织相关培训，以备在突发事件时起到重要作用；经常组织银行员工学习应对突发事件的讲课和培训，还可以组织相关安全演习，提高员工的反应能力。

2. 针对制假诈骗风险，可以从内外两个方面来采取措施。

对内部方面：组织员工学习反假货币、票证的基础课程，增强员工的业务技能和识别能力；针对社会上的诈骗案例，成立诈骗案例知识库，组织员工学习和讨论，提高员工自身的防骗意识；在办理业务过程中，如果发现了制假诈骗的行为或者嫌疑，应该及时报告上级，控制犯罪分子，配合后续处理。

对外部方面：在银行场所内的醒目处设置反假防骗警示标志和免费提供反假防骗的小册子，提醒广大客户小心谨慎；在银行网站和报纸媒体上告知公众最近出现的制假诈骗案例和行为，提高公众的警觉意识；在办理业务中，提高警觉能力，对于神色慌张的客户和重复多次交易的记录关注和留意，必要时应该报告上级或者通知安保人员，检验是否存在制假诈骗的情况发生；加强与110公安机关的合作交流，采取联合措施共同抵制制假诈骗的犯罪行为，提高风险防范能力。

3. 针对信用卡相关犯罪风险的措施

首先，严格审查信用卡申请人的资质。比如，对申请人提供的身份证认真检查，并通过联网核查系统和第二代身份证阅读器进行身份核实，对申请人的信用资料、住址或者单位、预留电话等基本信息要确保完整准确，认真履行电话核查或实地考察等开卡制度上的规定。特别是对于批量开卡的情况，可能存在有人冒充单位人员使用非法获得的多份公民身份证信息资料来银行开卡，此时，很有必要致电开卡单位查询落实，并要求开卡单位提供一份开卡申请人汇总名单，其上还需加盖开卡单位的公章。

其次，完善信用卡批准和管理制度。比如，在对开卡申请进行审批时，应该设置多级审查制度，包括前台柜员、银行经理和部门主任共同逐级审查，加大对开卡申请的审批力度；通过银行内部管理系统，对于持有大量信用卡的客户进行重点关注，并对客户手中零余额和长期不交易的信用卡进行电话提醒和核实，告知客户预防信用卡相关犯罪行为；加强银行间信息沟通和共享，进一步完善银行“黑名单”制度，对于恶意透支和多次涉嫌信用卡违法犯罪行为的申请人，限制其开卡权限。

再次，提高银行员工的信用卡风险防范意识。努力提升业务人员的法律合规素质，提高依法合规操作意识，主动规避违规违章的信用卡业务办理行为，通过制定严厉的处罚机制和学习相关案例，从思想和认识上阻止银行员工参与和实施信用卡的有关犯罪。另外，对于信用卡的营销方式应该由追求数量向追求质量转变，因为以往的盲目追求开卡数量，不仅形成了银行间和职员间不正当的开卡竞争，造成了不必要的资源浪费，而且还使得窃取、收买、非法提供信用卡信息和信用卡诈骗等犯罪行为的增加。所以，不仅要从认识上改变观念，而且要通过银行间的信息共享和合作沟通渠道，对于同一个人在多个银行同时开卡的行为要予以报告和关注，这对于潜在的违法犯罪行为能够起到一定的限制作用。

最后，完善信用卡机制的相关配套服务。比如，严格管理特约商户及POS机具，包括特约商户准入门槛、资质审查和授信标准，明确其应当承担的信用卡审核、持卡人签名核对等重要义务；在信用卡审批发放后，对申请人要及时跟进并完善反馈信息，对于申请人亲自来银行领卡的，要核实领卡人的身份证是否与申请人相符，对于邮寄领卡的，要及时进行电话跟进服务，并认真记录服务过程和客户反馈信息。

4. 针对新兴银行自助业务犯罪风险的措施

首先，银行有义务对开通自助业务的客户进行安全风险提示，提醒办理网上银行、手机银行等自助服务的用户一定要提高警惕，保管好用户名和密码等重要个人信息。银行人员在为客户开通自助业务时，要谨慎审查，认真核对申请资料，谨防他人使用假冒的身份信息或盗用其他人的身份信息来办理业务。

其次，银行在自助服务使用界面采取相关安全措施。如在本银行的网上银行和手机银行的登录网址上要求客户安装安全控件，并经常提醒客户对电脑和手机里的杀毒软件进行升级，不轻易相信陌生人短信和陌生网站上的转账信息。甚至银行可以开通本单位的安全专线，对客户的安全问题咨询和求助进行答疑和远程帮助，还可以联合公安部门，将时下常见的发生在自助服务中的经典犯罪案例和防范技巧向公众进行宣传，提高广大民众的安全意识。

再次，注重银行自助服务自身的研发和升级。银行可以设置专门的研发机构，主要任务是研究银行产品的更新换代，加强安全管理和消除安全隐患，同时肩负对有害病毒数据软件的查杀和消除的责任。目前，网上银行和手机银行一般采取密码登录、短信验证码和动态口令或U盾等安全工具的综合防范措施。但是采取这些安全措施后，依然存在一些存款被盗案件，说明这个综合防范系统还存在漏洞并有待进一步完善。笔者认为，为了银行自助服务的安全性，是否可以在转账确认时，尝试引用指纹识别技术或者人脸识别技术等生物特征识别技术来保证是客户本人的真实意思表示，因为个人的生物特征很难被复制和模仿，所以安全等级比较高。银行的科技人员研发便捷、轻巧、实惠的生物特征识别器，配合自助业务的开展和实施，这也不失为一个值得商榷的办法。

最后，还可以适当借鉴国外银行自助业务的发展模式。发达国家的新兴银行自助业务开展比国内早，而且也成熟很多，我们可以结合自己的国情和银行发展的实际情况，有选择性地吸收发达国家的相关管理经验和先进技术，促进国内银行自助业务的发展。比如，有学者提出韩国、日本手机银行的发展较成功，手机中内置智能芯片，可通过外插特殊记忆卡进行电子金融服务。

（二）针对银行内部的刑事法律风险的措施

1. 完善对银行从业人员的录用、培训、轮岗和监督机制。

首先，设置严格的银行录用制度。比如，建立与高等院校合作招聘的机制，保证新员工的整体优秀素质；设置严格的笔试和面试考核，确保不存在徇私舞弊或者托关系走后门进来的新员工；还可以结合实习生制度，对备选录取名单中的即将毕业生进行实习考察，剔除不合格的人员。

其次，发挥培训制度的作用。比如，针对新员工的岗前培训，不仅有利于他们学习银行业务的基本技能和知识，而且通过重点加强法律法规和制度规章的学习，还有利于提高新员工的内控合规意识；针对具体岗位员工的培训，如对前台柜员进行防诈骗培训，对部门主管进行严格审核业务流程的培训，对公司业务人员进行依法营销的培训等，都有利于防范各自岗位中与之相关的刑事法律风险；经常开展反腐败教育活动，这是针对所有银行从业人员的培训，上至高管人员，下至普通柜员，通过活生生案例的警示教育，能够有效预防贪污贿赂等职务犯罪以及侵占资金挪用资金等侵犯公私财物犯罪的发生。

再次，认真执行轮岗机制。从一些银行犯罪案例的发生可以看出，有一部分监守自盗案件的发生很大程度上与员工常年“盘踞一岗”有关。如2008年在上海农商行某支行发生的内部员工挪用资金赌球案，该案的挪用事件持续3年至4年，直接卷入员工不止一人，并有多人纵容作案，直到银行内部轮岗时，案件才被发现。所以，认真落实轮岗制度，定期换岗，并将强制休假制度认真履行，这都能够有效预防刑事法律风险。

又次，还要建立健全交接班制度，凡是工商企业等客户更换印鉴或其他重要变动事项的，金融机构都要作为重要内容向准备上岗的员工交代清楚，以免出现更换后员工不知情而产生重大失误的案件。另外，在交班过程中，严格做好交班情况记录，最好在业务经理或第三人的签字见证下实行，保证交班过程符合程序规定。

最后，很有必要对银行高管人员进行有力的监督。包括合理设置分权制度和团队决策机制，杜绝一人独大和个人决定的冒险行为；设置专门的监督高管人员的处室，由上一级银行机构直接领导，协同本级机构的法律监察部和纪委开展工作，不受同级管理人员的牵制；结合外部审计，银行稽核部门认真负责，结合银行业务经营的特点，对自身的业务活动、财务活动和经济效益进行检查，以判断业务、财务等活动的合理性、明确性和完整性，对涉嫌违法犯罪的重大财务问题应该及时检举报告；还可以借鉴公务员财产申报制度，对银行高管人员也实行类似的财产公开制度，有效预防腐败的发生。

2. 提高银行员工在办理业务过程中的法律意识。

首先，在存贷款业务中的防范措施。

银行员工在办理存贷款业务时，要做到：

认真学习存贷款业务技能，熟悉相关法律规定，按照操作流程和程序办理业务，提高自身的风险防范意识。建立严格的贷款审批制度，实行审贷分离、逐级审查，并落实责任人负责制，由负责人签字确认并承担相应责任。

有一位北京的检察官谈道：“银行若想规避放贷风险，必须监督好‘一把手’。在此基础上，加强贷款对象的资信审查责任，可有效防止骗贷行为发生。对于申请贷款的企业，只要仔细审查其现金流、纳税情况，就能推断出该企业的资信状况。对于申请贷款的个人，只要仔细审查纳税证明，就可考察出其资信情况。”

充分发挥监控设备功能，对于客户存款取款等业务全程监控录音录像，由银行监察部门实施监督，并对监控资料保管存档。

对于业务员和授权经理的印鉴私章要妥善保管，连同客户资料要实行双人上锁保管制度，对于存贷款业务因金额大小分级授权，前台柜员和业务经理层层把关，让每笔业务都依法合规有据可查。

其次，在票证业务中的防范措施。

银行员工在办理票证业务时，要做到：

认真学习票证相关业务知识和办理程序，熟悉支票、汇票、本票、资信证明、信用证、保函和存单等各种不同银行票证的用途和功能。明确自己的职责和权限，学会识别真伪票证。

在办理票据转账业务时，坚持双人验印，并查看账户余额是否存在空头支票的情况。同时，认真履行大额登记制度，包括请求主管负责人签字审批和致电客户本人核实该笔交易的存在。

在办理委托收款业务时，要注意票据是否符合要求，包括书写瑕疵、是否过期以及背书收款人是否连续等细节问题，严格把好票据解付审查关。

在办理出具证明业务时，认真审查客户资料，查看客户提供的资料是否真实、齐全和准确。在自己经办了业务后，要坚持双人复核，由主管负责人签字审批，并登记客户签收本。

在办理信用证和保函业务时，银行相关负责人要恪尽职守，完善决策机制，制定严格的财务工作制度，对自己经办的业务要严格落实责任追究制度。

在办理存单、通知存款和定期存款等单据业务时，认真审查单据，严格执行逐级授权审批，并将办理情况登记在册，以备存档查询。

最后，在其他业务中的防范措施。

银行还有其他一些中间业务，如信息咨询业务和保管箱业务等，而且银行员工除了办理业务时间，还有一部分时间是暂时停留和休息在银行，由于其作为单位职员的身份特殊性，熟悉银行环境，为其个人犯罪或者联合银行外部人员共同犯罪提供了便利条件。

因此，为了防范此类风险，还需做到：

加强思想道德教育，开展银行相关法律知识的学习讲课，组织观看银行案犯落网的警示案例。从正反两个方面提高银行员工综合素质，自觉抵制违法犯罪的侥幸思想和社会不良风气的侵蚀。

银行的人力资源部门要联合银行监察纪委部门，实施对员工管理上的综合把关。比如，熟悉员工最新动态和关心个人家庭生活，多开展领导员工谈心与交流活动，了解员工思想动向。多做出一丝关心，也能够早一些预防潜在的意外情况。

对于银行现金的管理要依照相关规定实施，对现金的使用要置于摄像监控之下。对大额现金的支付，要提请上级主管核查审批。对现金的清点、捆扎和入库，要实行双人查验，并交由专门人员送库看守。对每天的现金交易要保存相关记录，对自己负责的现金收付加盖私章，承担相应责任，减少诸如假币换取货币的可乘之机。

坚决抵制参与洗钱犯罪行为，不受他人引诱，遵纪守法。银行及其工作人员为防范洗钱罪的发生，就要按照《反洗钱法》的规定，依法采取预防、监控措施，建立健全客户身份识别制度、客户身份资料和交易记录保存制度、大额交易和可疑交易报告制度，履行反洗钱义务。进一步来说，对银行客户进行风险等级划分，特别是按照客户所从事的行业性质来划分监管等级，对高风险行业客户重点关注加大监管力度，对低风险客户注意引导和激励走自觉抵制反洗钱之路；结合国家反洗钱法律和政策的更新，关注社会上新形式的反洗钱案例，面对新情况和新问题，及时完善银行内部反洗钱的规章制度、加强员工反洗钱业务培训以及注重对银行反洗钱监测分析软件的升级；银行内部建立一个反洗钱的客户档案，注重联网监控的系统建设，可以与其他银行之间构建一个反洗钱档案信息共享平台，加强与公安机关针对反洗钱犯罪的沟通与交流，向媒体公众做好反洗钱的宣传工作，增强共同抵制反洗钱犯罪的防范能力；注重对客户大额资金交易的确认签章以及对可疑交易的风险审查，实行银行业务主管责任追究制，对卷入洗钱犯罪的银行员工严厉惩处，提高银行负责人反洗钱的能动性和责任心，对于反洗钱查处作出贡献的员工，应该设置相应奖金，提高员工反洗钱的主动性和积极性。2017 年 6 月 30 日，中国反洗钱工作部际联席会议第九次全体会议召开，分析了当前国内外反洗钱和反恐怖融资等形势。反洗钱在中国已上升为国家战略，此次会议透露的信息显示，中国今后一段时间将重点开展国家层面的反洗钱战略设计。预防和打击反洗钱一直是银行的一项工作重点，银行是国家防范反洗钱风险的一道重要防线。

严格执行为客户保密的制度，对客户的信息资料实行双人上锁保管。每次开锁查阅客户的信息资料都要记录存档，不得对外借出和随意复印客户信息资料。严禁出售和非法提供客户信息资料。

对于银行的内部文件和商业秘密要贯彻保密原则，对重要文件资料要妥善保管和处理。严禁员工在工作场所内对办理业务用的计算机使用 U 盘、手机等存储工具。对银行的打印机、复印机和连接互联网的终端设备要实行专人看管，严禁外来人员随意使用银行的内部设备，以防泄露银行商业秘密。

第十五章
CHAPTER 15

环境领域的企业法律风险防控指南

一、环境领域的企业刑事法律风险概述

随着我国和全球环境问题的日益严重，环境与环境保护话题在现有热度上还会继续发酵。关于环境的“时髦”名词，如“环保”“低碳”“绿色”“可持续”“绿水青山”等不断涌现。环境保护课题不仅是百姓和民间组织所热衷的，当然更是国家的压力。单说法律规定层面，《环境保护法》《水污染防治法》《固体废物污染环境防治法》等，法网也在随着形势变迁趋于严密。还有刑事法律层面，《刑法》第六章第六节专设一节对破坏环境与环境资源的犯罪行为进行规范。2013年，在全国各阶层都对PM2.5、黄浦江死猪等环保事件投入极大关注的时候，当年6月18日，最高人民法院、最高人民检察院公布了《关于办理环境污染刑事案件适用法律若干问题的解释》（已失效，以下或简称《环境案件解释》）。刑法罪名上，企业作为行为人主要涉及重大环境污染事故罪、非法处置进口的固体废物罪、非法猎捕、杀害珍贵、濒危野生动物罪等十一个罪名。

（一）企业不当处置废物的刑事风险

刑法关于环境领域的第一大罪名即是污染环境罪。该罪的前身是重大环境污染事故罪，2011年出台的《刑法修正案（八）》对《刑法》第338条进行了修改，从过失类犯罪改为故意犯罪，严密了环境领域的法网。后最高人民法院、最高人民检察院对该罪名作出补充规定，取消原“重大环境污染事故罪”罪名，改为“污染环境罪”。该

罪是指行为人违反防治环境污染的法律规定，排放、倾倒或者处置有放射性的废物、含传染病病原体的废物、有毒物质或者其他有害物质，造成环境污染，后果严重的行为。根据该罪的罪状描述可知，该罪实际上规制的是不当处置废物和有毒有害物质的具体行为，而不是针对所有污染环境的行为。企业如果不当处置这些废物，则可能引发单位触犯该罪的风险。放射性废物主要包括放射性废水、废气和固体废物；含传染病病原体的废物（亦称传染性废物）是指带有病菌、病毒等病原体的废物；有毒物质是对机体发生化学或物理化学的作用，因而损害机体，引起功能障碍、疾病，甚至死亡的物质，如危险废物、剧毒化学品；其他危险废物则是指上述列举之外的，列入国家危险废物名录或根据国家规定的危险废物鉴别标准和鉴别方法认定的具有危险特性的废物。

此外，关于境外固体废物的进境规定，虽然《固体废物进口管理办法》对境外固体废物的进境及处置做了专门规定，但国务院办公厅印发的、2017 年 7 月 18 日开始施行的《禁止洋垃圾入境推进固体废物进口管理制度改革实施方案》实际已经对境外固体废物入境进行了全面的禁止。如果违反国家规定，将境外的固体废物进境倾倒、堆放、处置，就可能因不当行为而引发非法处置进口固体废物罪。固体废物一般就是在生产、生活和其他活动中产生的丧失原有利用价值或者虽未丧失利用价值但被抛弃或者放弃的固态、半固态、液态和置于容器中的气态的物品、物质以及依照法律、行政法规规定纳入固体废物管理的物品、物质。当然，所谓“违反国家规定”，并不限于违反《固体废物进口管理办法》，而是包括其他一些有关固体废物的管理规定，如《环境保护法》《海洋环境保护法》《固体废物污染环境防治法》等。

（二）企业违反水产品、动物保护规定的刑事风险

首先，企业如果违反水产资源保护法规，在禁渔区、禁渔期或者使用禁用的工具、方法捕捞水产品，情节严重的即可能引发非法捕捞水产品罪的刑事风险。因为，根据我国 1986 年通过、2004 年修订的《渔业法》（2013 年进行了新的修订）规定，禁止在禁渔区、禁渔期或者使用禁用的工具、方法捕捞水产品。违反关于禁渔区、禁渔期的规定进行捕捞的，或者使用禁用的渔具、捕捞方法和小于最小网目尺寸的网具进行捕捞或者渔获物中幼鱼超过规定比例，构成犯罪的，依法追究刑事责任。这里的水产品，是指自然野生的水产品，不包括人工养殖的水产品。禁渔区，是指对某些重要鱼、虾、贝类的产卵场、越冬场和

幼体索饵划定的一定区域，在此区域内禁止全部作业或者限制作业种类。禁渔期，是指根据某些鱼类产卵或者成长的时间而规定的禁止全部作业或者限制作业的一定期限。禁用的工具，是指超过国家关于不同捕捞所分别规定的最小网眼尺寸的网具。禁用的方法，是指采用爆炸、放电、放毒等使水产品正常生长、繁殖受到损害的破坏性方法。

其次，珍贵、濒危野生动物是一个国家的宝贵自然资源，我国对珍贵、濒危野生动物实行重点保护。国家重点保护的野生动物分为一级和二级保护野生动物。根据1988年国务院批准并由林业部和农业部联合发布的《国家重点保护野生动物名录》，国家重点保护野生动物共计258种。2019年网传该名录将进行调整，但尚未对外发布新名录。针对珍贵、濒危野生动物的保护，国家专门出台了《野生动物保护法》《陆生野生动物保护实施条例》《水生野生动物保护实施条例》等相关的法律法规。因此，如果企业违反这些野生动物保护法规，非法猎捕、杀害珍贵、濒危野生动物，则可能引发非法猎捕、杀害珍贵、濒危野生动物罪的刑事风险。

再次，如果企业违反野生动物保护法规，收购、运输、出售国家重点保护的珍贵、濒危野生动物及其制品，同样会面临被刑法否定的后果。因为，刑法同样已将非法收购、运输、出售珍贵、濒危野生动物与珍贵、濒危野生动物制品的行为入罪。珍贵、濒危野生动物制品是指对捕获或得到的珍贵、濒危野生动物通过某种加工手段而获得的成品和半成品，如标本、皮张和其他具有极高经济价值的动物部位、肉食等。

最后，我国《野生动物保护法》第8条规定，国家保护野生动物及其生存环境，禁止任何单位和个人非法猎捕或者破坏。因此，企业如果在禁猎区、禁猎期或者使用禁用的工具、方法进行狩猎，破坏野生动物资源，情节严重的即可能引发非法狩猎罪的刑事风险。其中“禁猎区”是指国家为保护野生动物而划定的禁止狩猎区域，主要是适宜野生动物栖息繁殖或者野生动物资源贫乏和破坏比较严重的地区。“禁猎期”，是指禁止进行狩猎活动的一定时间期限，一般是根据不同野生动物的繁殖及生长期而划定的禁止狩猎期间。禁用的方法，是指以破坏、妨害野生动物正常繁殖和生长的方法，如投毒、爆炸、火攻、烟熏、掏窝、拣蛋、夜间照明行猎、歼灭性围攻等。

（三）企业违反植物保护规定的刑事风险

我国对森林资源保护也有专门的规定，并对珍贵、稀有植物实行重点保护。《森林法》及其实施条例、《野生植物保护条例》等明确对森林资源实行保护，对国家保护的珍贵树木或者国家重点保护的其他植物，任何单位和个人未经省、自治区、直辖市林业主管部门批准，不得采伐和采集。因此，如果企业违反植物保护规定，非法采伐、毁坏国家重点保护植物，即可能引发非法采伐、毁坏国家重点保护植物罪的刑事风险。该罪的对象“国家重点保护植物”，指珍贵树木或者国家重点保护的其他植物，包括省级以上林业主管部门或者其他部门确定的具有重大历史纪念意义、科学研究价值或是年代久远的古树名木。根据《野生植物保护条例》所附的《国家重点保护的野生植物名录》里列入的野生植物和林业部1992年颁布的《国家珍贵树种名录》里列入的珍贵树种都是该罪的对象。

除了采伐和毁坏的行为之外，刑法对非法收购、运输、加工、出售国家重点保护植物及国家重点保护植物制品的行为也规定为犯罪，即非法收购、运输、加工、出售国家重点保护植物、国家重点保护植物制品罪。该罪的对象一是国家重点保护植物，与上罪所解说的是一样的。对象二是国家重点保护植物制品，是指对国家重点保护野生植物通过加工手段而获得的成品和半成品。因此，企业如果故意买卖、运输、加工、出售这些国家重点保护的植物和植物制品，则可能面临该罪的刑事风险。

（四）企业违反林业管理制度的刑事风险

林业资源是一项极其宝贵的资源，除了国家重点保护的野生植物外，国家对普通林木的保护也有制度规范，如《森林法》与《森林法实施条例》。企业如果违反这些森林保护法规，侵犯国家林业管理制度，擅自砍伐国家、集体所有或者个人所有的森林或者其他林木，数量较大时即可能面临触犯盗伐林木罪的刑事风险。该罪即是指以非法占有为目的，擅自砍伐国家、集体所有或者个人所有的森林或者其他林木的行为。其中“林木”，是指《森林法》规定的森林及其他林木，包括防护林、用材林、经济林、薪炭林、特种用途林，但不包括国家重点保护植物，且《森林法》未调整的个人房前屋后种植的零星树木，也不属于本罪的“林木”。此外注意，盗伐的林木必须是正在生长着、未被砍伐的森林和树木。

国家对林业的采伐实行许可制度，任何组织和个人必须持有林木采伐许可证才能进行林木采伐，并且，采伐人必须依照许可证上规定的地点、数量、树种、方式进行采伐。企业如果不遵守林木采伐许可制度滥伐林木，就可能引发滥伐林木罪的刑事风险。该罪是指违反森林法的规定，未经有关部门批准并核发采伐许可证，或者虽持有采伐许可证，但违背采伐证所规定的地点、数量、树种、方式而任意采伐本单位所有或管理的、他人所有的，以及本人自留山上的森林或者其他林木的行为。该罪的“林木”与盗伐林木罪的“林木”一致。

此外，如果企业在明知自己所收购、运输的林木是他人盗伐、滥伐而来的林木，则也存在刑事风险，因为刑法规定有非法收购、运输、盗伐、滥伐的林木罪。该罪即是指以牟利为目的，在林区非法收购、运输明知是盗伐、滥伐的林木，情节严重的行为。由于在林区、非林区收购盗伐、滥伐的林木的行为，会极大地助长盗伐、滥伐林木犯罪活动的蔓延，因此国家对这种行为同样予以严厉打击，包括刑事制裁的手段。

（五）企业非法占用农用地的刑事风险

农用地是直接用于农、林、牧业生产的土地，包括耕地、园地、林地、牧草地及其他农用地，是我国最重要的自然资源。在农用地面积和人均农用地越来越少的情况下，国家严格保护农用地是必须的任务。我国《宪法》第10条规定：“一切使用土地的组织和个人必须合理地利用土地。”《土地管理法》第3条规定：“各级人民政府应当采取措施，全面规划，严格管理，保护、开发土地资源，制止非法占用土地的行为。”如果企业等单位和个人非法占用林地和耕地，即可能引发非法占用农用地罪的刑事风险。该罪即是指违反土地管理法规，非法占用耕地、林地等农用地数量较大，改变其用途，造成耕地、林地等农用地大量毁坏的行为。根据《全国人大常委会关于〈中华人民共和国刑法〉第三百四十二条的解释》，该罪中的“违反土地管理法规”，是指违反土地管理法、森林法、草原法的法律以及有关行政法规中关于土地管理的规定。

二、环境领域的企业刑事法律风险防控现状

（一）企业不当处置废物的犯罪风险防控情况

重大环境污染事故罪取消，污染环境罪增加后，环境领域的犯罪规制法网日趋严密。污染环境罪只要求故意排放、倾倒或者处置有放射性的废物、含传

染病病原体的废物、有毒物质或者其他有害物质，造成严重污染环境时就可认定，比如，排放有毒物质超过标准3倍、污染环境致1人重伤就可定罪。此罪一出，企业在环境领域的刑事风险明显增加了，相关的案例也非常多见，而且因企业污染环境导致的行为后果都是非常严重的，轻则某一区域，重则对人类整个的环境都会产生不良影响。一些钢铁、金属冶炼、石油化工等传统工业企业，在国家已经严令整改整治、不断严厉环保指标的情况下，仍然不顾自身的行为对环境造成的影响，那么必然要承担行为导致的刑事后果，在继续实施破坏环境和危害人类生存家园的行为。比如，2013年公安部公布的四起环境污染重大案件：云南昆明“牛奶河”污染案、河北廊坊部分电镀厂非法排放电镀废液污染环境案、湖南株洲佳旺化工公司非法倾倒化工废液污染环境案、山东邹平乾利公司非法处置工业渣土污染环境案。[①] 这些企业在排放废物的过程中造成了水体、土壤、大气的严重污染，也受到了严厉的刑事、行政制裁。实际上，很多企业对污染环境的刑事风险明显认识不足，所以经常采取放任不管或者自欺欺人的态度，风险防控明显不力。

除了污染环境，我国企业也存在非法处置进口的固体废物情况，虽然相对污染环境的行为比较少见。一些企业在进口用作原料的固体废物过程中不当处置固体废物，如不当倾倒、堆放、处置，导致造成重大环境污染事故。而不能用作原料的固体废物进口无论怎么处置都会被认定为非法处置。甚至有行为人在境内运载国家禁止经营的境外固体废物而引发非法处置进口的固体废物罪的案例。

（二）企业违反水产品、动物保护规定的犯罪风险防控情况

非法捕捞水产品罪的行为人多为自然人，但也有企业触犯此罪的情况，一般是从事水产品经营的企业。企业以利益最大化为目的，在国家规定的禁渔期、禁渔区使用禁用的工具捕捞水产品获利可观，触动一些企业顶风作案。而一旦企业实施非法捕捞水产品行为，危害后果远比个人实施的行为后果严重。非法猎捕、杀害珍贵、濒危野生动物罪和非法收购、运输、出售珍贵、濒危野生动物、珍贵野生动物制品罪的行为人更多地表现为个人，然而仍有一些企业在从

---

① 史竞男、邹伟：《公安部公布四起环境污染重大案件》，载新华网：http://news.xinhuanet.com/legal/2013-07/08/c_116452816.htm，最后访问日期：2017年8月20日。

事捕杀、收购、运输、出售珍贵、濒危野生动物及其制品的行当。“没有买卖就没有杀害”，这些企业多是看到珍贵、濒危野生动物及其制品的巨大市场，特别是将捕杀的珍贵、濒危野生动物进行收购再出售，其中利润就会翻倍，因此这一市场吸引了不少不法分子。

（三）企业违反植物和林业保护规定的犯罪风险防控情况

刑法规定了非法采伐、毁坏国家重点保护植物罪和非法收购、运输、加工、出售国家重点保护植物及其制品罪，且规定了单位犯罪，企业可成为该罪的主体。该罪的行为也多为自然人实施，但又不乏团伙作案的情况，如曾经一度引起公众广泛关注和媒体连续报道的 2011 年深圳“12·7”特大非法采伐、毁坏国家重点保护植物案，系刘某首等 5 人、李某平等 7 人结伙毁坏国家重点保护植物。[①] 非法采伐、毁坏、收购、运输、加工、出售国家重点保护植物的行为后果是非常严重的，不仅对宝贵的环境资源造成破坏，而且也对国家环境管理秩序造成威胁和破坏。

相对来说，企业实施盗伐林木和滥伐林木的犯罪案例比较多。无论是盗伐林木还是滥伐林木，行为人实施的目的大多是利用盗伐或滥伐的林木谋取经济利益。部分滥伐林木案件的产生是为了空出林地攫取其他资源或利益。例如，2004 年国家林业局挂牌督办的 8 起破坏森林资源案件，其中黑龙江东京城林业局团山子经营所特大盗伐林木案，属于纯粹的盗伐林木牟利；而吉林省吉林市丰满区王某平等人特大滥伐林木案中，王某滥伐林木、破坏林地资源是为了扩大采砂范围和采砂深度。[②] 此外，非法收购、运输盗伐、滥伐的林木罪也较多见企业为行为主体。这些企业在森林和林木蕴藏的巨大经济利益面前就忘记了不当采伐、收购、运输林木所可能引发的刑事风险。

（四）企业非法占用农用地的犯罪风险防控情况

非法占有耕地、林地、畜牧用地等农用地犯罪的行为人也多为企业，占用农用地改做他用的目的多为建筑建设用地、建工厂、修路修桥等。该罪的构罪

---

① 黄明钢：《“12·7”特大盗伐 “土沉香”案 13 人被判刑》。载凤凰网：http：//news. ifeng. com/gundong/detail_2012_11/10/19009388_0. shtml，最后访问日期：2016 年 6 月 30 日。

② 《国家林业局查处 10 起挂牌督办 8 起破坏森林资源案件》，载中国林学会：http：//www. forestry. gov. cn/portal/lxh/s/1405/content –129229. html，最后访问日期：2017 年 7 月4 日。

只需要行为人实施擅自占用农用地改作他用，并不要求其一定要具有违法性认识。比如，信阳一企业老板未经国土资源部门批准，擅自与当地农民签订租地协议然后占用基本农田兴建米厂，糊里糊涂地触犯非法占用农用地罪被判刑。①此外，上述2004年国家林业局挂牌督办的八起破坏森林资源案件中，有四起是企业工程非法占用林地案，有些案件占用的林地面积非常大。如云南省昆明阳光高尔夫球场建设项目非法占用林地案，云南省鑫裕集团股份公司为高尔夫球场建设项目违法占用昆明市官渡区龙泉镇林地161.3公顷。部分案件既有滥伐林木的犯罪行为，又有非法占用农用地的行为。如四川省成都铁路局桐子林采石场非法占用林地案，成都铁路局桐子林采石供应中心无证采伐林木335立方米，非法占用林地6.4公顷。这些企业中部分企业对占用农用地属非法行为缺乏认知。

三、环境领域的企业刑事法律风险防控中存在的问题与原因

（一）重大环境污染事件不断　企业刑事风险增加

近二十多年来，环境污染事件的爆发频率也在随着经济的发展不断上扬，而市场主体和政府对环境破坏的关注度似乎稍显落后。市场主体对于自己的行为对环境造成的影响认识不足，或者为追求利润而放任危害后果发生。政府也在盲目追求GDP，环境保护的执法力度一度在增长指标的压力下大打折扣。当我们逆看时间表就会发现，虽然政府对环境保护投入的精力和资源每年在加大，环境污染却一度在严重化，污染所造成的影响区域一度在不断扩大，环境成本一度在上涨。最典型的事件如2013年的中国环境污染第一词“雾霾”，2013年之前还只是一定范围内发生这种因严重环境污染导致的恶劣天气，2013年却席卷了全国30个省（区、市），中国最大的500个城市中，只有不到1%的城市达到世界卫生组织推荐的空气质量标准。

而随着环境污染事件的发展规模、损害后果、污染类型等不断扩大或加重，引发环境污染事件的企业的责任也在加重，包括潜在的或者可能会对环境造成不良影响的企业都受到牵连。一些传统的重工业企业不可能在很短的时间内就达到环境优化指标，在这个转变的过程中也会存在一段对环境继续造成危害的

① 信阳一企业老板非法占用农用地建厂被判刑，载中国质量新闻网：http：//www.cqn.com.cn/news/cjpd/579673.html，最后访问日期：2017年7月4日。

过渡期。而且有些环境质量要求会导致这些企业出现停产停业的后果。所以一些企业冒着被行政处罚甚至刑事惩治的危险也要继续生产作业。还有一些企业明知国家对企业的环保要求，仍然顶风作案，因为越是其他企业不敢做的越有利可图。当然，也有一些企业在践行环保指标的过程中只是因决策失误而造成对环境的破坏。种种原因都是现实存在的，但客观上只有一个，企业在当前的环境问题日益突出和高压的情况下，因环境污染而引发的刑事风险也在加大。

（二）以利益最大化为导向的偏差行为后果严重

人类本来可以与自然和谐共处，营造可持续的自然环境和社会环境。但是在资源分配不均的前提下，和在人类的贪婪心作怪的影响下，我们赖以生存的环境在不断走向恶化。无论是总体的环境，还是细节方面，都可看到因人类不当行为引起的诸多恶化。比如，除了因环境破坏导致的水生、陆生动、植物受害、死亡乃至灭绝之外，非法捕捞水产品，猎捕、杀害、收购、运输、出售珍贵、濒危野生动物，非法采伐、毁坏国家重点保护植物也是重要“杀手”。而企业作为其中的重要行为人之一，之所以会选择以牺牲环境为代价的生产经营与发展方式，或者会冒着巨大的刑事风险去实施比如盗伐林木、滥伐林木、非法收购、运输盗伐、滥伐的林木等行为，其中最重要的原因还是这些行为的可得利益可观。企业以追求利益最大化为目的的本性必然误导一些经济体出现行为偏差。

以牺牲环境为代价，必然会牵涉人类共同的利益，甚至危及人类的安全这一切身利益，因此也必然要受到国家法律法规的约束。而当前环境风险成本在不断加大，企业运用以牺牲环境为代价的营利方式最终也必然付出更多的代价。从当前的恶劣形势来看，的确也需要严厉的法律规定来惩治环境破坏者，威慑潜在的环境破坏者，这是一种世界性的趋势。当行为后果严重化，比如，企业以污染环境赚得的利润都不足以支付巨额的罚款、罚金，不足以赔偿所污染片区人们的损失时，企业要么以停业、破产的结局告终，要么就得实现发展方式的转型。短期内可能人们还看不到法律在环境保护问题上的效果，但相信制度规范终会发挥其应有的作用。

（三）企业刑事风险防范意识缺乏，行动迟缓

当企业只是以追求利润最大化为目标时，其有意或者无意地忽视行为所包含的刑事风险的可能性也会加大。在环境问题上亦是如此。前 20 年在国家和行

业整个导向都是以追求 GDP 为目标，企业也完全致力于生产、扩大规模、再发展，完全不顾可能对环境造成的伤害。而当环境问题暴露且越来越严重的时候，世界风向标都已经转向，但很多企业还沉浸在以环境为代价换来的丰厚利润里没有察觉。从我国企业的整体来看，采取的明显是对环境漠视、对环境问题麻木不仁的态度。特别是在一些传统型的大、中型企业，在企业设立以来一贯固定的发展模式下已经形成企业内部的运营机制，没有法律顾问进行风险防控且高度集权式的管理方法浸淫几十年，外部的现代化管理方式短时间内无法产生实质性的影响，要其关注来自环境领域的危险，提高刑事风险防控能力也是很难的。

还有些企业虽然意识到了来自环境领域的刑事风险，环境问题已经在要求企业必须采取对可持续发展有利的行动，却不果断采取措施，而是犹豫观望的应付态度。即使在近几年国家的高压政策下，仍然有不少企业在从事破坏环境的老本行。这些企业就像是一些老机器，显得笨重缓慢，最严重的是生产负价值。如国家针对产生二氧化硫等主要空气污染物的企业下达了《“十二五”主要污染物总量减排目标责任书》，但年度检查仍会发现一些钢铁企业限期整改期间还存在粉尘无组织放散严重，污染物超标排放现象。当然，导致企业行动迟缓一方面也要归咎于一些地方政府一直以来的放纵不管，即使在近几年，国家对造成环境污染的企业处罚力度仍显不足，一些硬性的指标本身不够严厉，执行层面还要打折扣，最后的效果自然有欠理想。

四、环境领域的企业刑事法律风险防控的具体举措

（一）环境领域的企业刑事风险提示

1. 企业是环境犯罪的适格主体

从刑法的规定来看，破坏环境资源保护罪下各罪名都既可由自然人作为行为人，也可由单位实施。因此，无论何种组织形式的企业，都是环境犯罪的适格主体。而且，作为企业等单位实施环境犯罪时，一般对环境资源的破坏程度也会远大于个人的犯罪所造成的后果。对单位犯罪的处罚原则是双罚制，单位犯这些破坏环境资源之罪时既对单位判处罚金，又对其直接负责的主管人员和其他直接责任人员，依照自然人犯罪时的处罚规定进行处罚。

2. 企业不当处置固体废物的犯罪行为表现

首先是污染环境罪，该罪的行为表现为违反国家规定实施排放、倾倒、处置危险废物的行为。其中排放是指将会导致环境污染的危险废物排入土地、水体、大气，包括泵出、溢出、泄出、喷出、倒出等方式。倾倒，是指通过船舶、汽车、航空器或者其他运载工具，向境内土地、水体、大气倾卸危险废物；处置，是指以焚烧、填埋或其他改变危险废物属性的方式处理危险废物或者将其置于特定场所或者设施并不再取回。此外，如果行为人明知他人无经营许可证或者超出经营许可范围，向其提供或者委托其收集、贮存、利用、处置危险废物，严重污染环境的，即被认为是污染环境罪的共同犯罪行为。

其次是非法处置进口的固体废物罪，该罪的行为表现为违反国家规定实施将境外的固体废物倾倒、堆放、处置的行为。其中“倾倒、处置”的意思与上述污染环境罪中“倾倒、处置”是一致的，只是行为的对象不同而已。堆放，是指将境外的固体废物任意堆存在我国境内的任何地方。但是，该罪中的“进口的固体废物”实质上指境外进入我国境内的固体废物，可能是原本以用作原料的名义通过合法途径进境的，也可能是非法途径进境的。此外，如果企业倾倒、堆放、处置来自我国台湾地区的固体废物，也视为境外的固体废物，可能引发本罪。

3. 企业违反水产品、动物保护规定的犯罪行为表现

企业违反水产品保护规定的犯罪即非法捕捞水产品罪，该罪的行为表现为违反我国关于水产资源保护的规定，在禁渔区、禁渔期或者使用禁用的工具、方法捕捞水产品。具体的行为方式如在禁渔区、禁渔期进行捕捞；使用炸鱼、毒鱼、电鱼等破坏渔业资源的方法捕捞；使用小于最小网目尺寸的网具进行捕捞。

非法猎捕、杀害珍贵、濒危野生动物罪的行为表现为违反野生动物保护法规，猎捕、杀害国家重点保护的珍贵、濒危野生动物。猎捕即采取特定方法抓捕，杀害即包括故意杀死和使用残害的手段致死。猎捕和杀害行为具备其一即可定罪。野生动物包括陆生和水生的野生动物，但无论是在陆地还是水域，无论使用何种工具，采用何种方法实施的捕杀行为，只要猎捕、杀害的对象是珍贵、濒危野生动物，就都属于本罪的行为表现。

非法收购、运输、出售珍贵、濒危野生动物、珍贵、濒危野生动物制品罪

的行为表现为违反国家野生动物保护法规，未经有关主管部门或其授权单位批准，非法收购、运输、出售国家重点保护的珍贵、濒危野生动物或者珍贵、濒危野生动物制品。具体可表现为：以营利、自用（如食用）等为目的而购买珍贵、濒危野生动物或其制品；采用携带、邮寄、利用他人、使用交通工具等方法进行珍贵、濒危野生动物或其制品的运输；出卖或者以营利为目的加工利用珍贵、濒危野生动物或者制品。

非法狩猎罪的行为表现为违反狩猎法规，在禁猎区、禁猎期或者使用禁用的工具、方法进行狩猎。当然，行为对象是除珍贵、濒危的陆生野生动物和水生野生动物以外的有益或者有重要经济、科学研究价值的陆生野生动物。非法狩猎的对象如果是属于国家重点保护的珍贵、濒危野生动物，则属于非法猎捕、杀害珍贵、濒危野生动物罪的行为方式。具体比如，在国家自然保护区、风景区、城镇、工矿区、革命圣地、名胜古迹等区域进行狩猎；使用军用武器、汽枪、毒药、炸药、地枪、排铳、非人为直接操作并危害人畜安全的装置进行狩猎。

4. 企业违反植物保护规定的犯罪行为表现

首先是非法采伐、毁坏国家重点保护植物罪，该罪的行为可表现为违反森林法的规定，非法采伐、毁坏国家重点保护植物。行为可具体表现为：不具备采伐资格的单位和个人在未向国务院有关主管部门申请采伐证的前提下进行采伐；具有采伐国家重点保护植物资格的单位和个人，不按照采伐证规定的种类、数量、地点、期限和方法进行采伐；在采伐国家重点保护植物的时候采取放火、爆炸等毁坏性的方法破坏国家重点保护植物，使其价值或使用价值部分丧失或者全部丧失。

其次是非法收购、运输、加工、出售国家重点保护植物及其制品罪，该罪的行为表现为违反《森林法》的规定，非法收购、运输、加工、出售国家重点保护植物、国家重点保护植物制品。收购、运输、加工、出售行为没有地域限制。收购、运输、加工、出售之所以“非法”，是因为行为所作用的对象之国家重点保护植物及其制品的来源途径不合法，是他人非法采伐而来的，而不是因为收购、运输、加工、出售行为本身违法，收购、运输、加工、出售行为是非法采伐行为的下游犯罪。如果行为人收购、运输、加工的是合法采伐的林木，则不构成本罪。

5. 企业违反林业管理制度的犯罪行为表现

首先是盗伐林木罪，该罪的行为可表现为：（1）擅自砍伐国家、集体、他人所有或者他人承包经营管理的森林或者其他林木的；（2）擅自砍伐本单位或者本人承包经营管理的森林或者其他林木的；（3）在林木采伐许可证规定的地点以外采伐国家、集体、他人所有或者他人承包经营管理的森林或者其他林木的。

其次是滥伐林木罪，该罪的行为可表现为：（1）行为人未经林业行政主管部门及法律规定的其他主管部门批准并核发林木采伐许可证，或者虽持有林木采伐许可证，但违反林木采伐许可证规定的时间、数量、树种或者方式，任意采伐本单位所有或者本人所有的森林或者其他林木。（2）超过林木采伐许可证规定的数量采伐他人所有的森林或者其他林木的。此外，对于林木权属争议一方在林木权属确权之前，擅自砍伐森林或者其他林木，也可能被认定为滥伐林木的行为表现。

最后是非法收购、运输盗伐、滥伐的林木罪，该罪的行为表现为以牟利为目的，在林区非法收购、运输明知是盗伐、滥伐而来的林木。收购、运输的非法性源于收购、运输的对象之林木的来源途径非法，是通过盗伐、滥伐林木而来的，因此该罪是盗伐林木罪和滥伐林木罪的下游犯罪。该罪的行为地点必须发生在林区，非林区进行收购、运输不属于该罪的行为表现。

6. 企业非法占用农用地的犯罪行为表现

企业非法占用农用地主要涉及非法占用农用地罪，该罪的行为可表现为违反土地管理法规，非法占用耕地改作他用，数量较大，造成耕地大量毁坏。非法占用耕地的方式有：（1）未经批准占用耕地，即未经国家土地管理机关审理，并报经人民政府批准，擅自占用耕地；（2）少批多占耕地，即部分耕地的占用是经过合法批准的，但超过批准的数量且多占耕地的数量较大；（3）骗取批准而占用耕地，主要是以提供虚假文件、谎报用途或借用、盗用他人的名义申请等欺骗手段取得批准手续而占用耕地。改作他用是改变耕地的种植用途而作其他方面使用，如建设、修路、采石、采矿、采土、倾倒废物等。

（二）环境领域的企业刑事风险预警

1. 企业不当处置固体废物的犯罪行为后果与立案标准

污染环境罪属于结果犯，污染环境的行为必须造成“严重污染环境”的后果才可能认定犯罪，也即该罪的定罪情节为“严重污染环境”。根据《环境案件解释》，“严重污染环境”的情形包括：

（1）在饮用水水源一级保护区、自然保护区核心区排放、倾倒、处置有放射性的废物、含传染病病原体的废物、有毒物质的；

（2）非法排放、倾倒、处置危险废物3吨以上的；

（3）非法排放含重金属、持久性有机污染物等严重危害环境、损害人体健康的污染物超过国家污染物排放标准或者省、自治区、直辖市人民政府根据法律授权制定的污染物排放标准3倍以上的；

（4）私设暗管或者利用渗井、渗坑、裂隙、溶洞等排放、倾倒、处置有放射性的废物、含传染病病原体的废物、有毒物质的；

（5）2年内曾因违反国家规定，排放、倾倒、处置有放射性的废物、含传染病病原体的废物、有毒物质受过两次以上行政处罚，又实施前列行为的；

（6）致使乡镇以上集中式饮用水水源取水中断12小时以上的；

（7）致使基本农田、防护林地、特种用途林地五亩以上，其他农用地10亩以上，其他土地20亩以上基本功能丧失或者遭受永久性破坏的；

（8）致使森林或者其他林木死亡50立方米以上，或者幼树死亡2500株以上的；

（9）致使公私财产损失30万元以上的；

（10）致使疏散、转移群众5000人以上的；

（11）致使30人以上中毒的；

（12）致使3人以上轻伤、轻度残疾或者器官组织损伤导致一般功能障碍的；

（13）致使1人以上重伤、中度残疾或者器官组织损伤导致严重功能障碍的；

（14）其他严重污染环境的情形。

该罪还有一个重罪情节，即“后果特别严重”。根据《环境案件解释》第3条，“后果特别严重”的情形包括：

（1）致使县级以上城区集中式饮用水水源取水中断12个小时以上的；

（2）致使基本农田、防护林地、特种用途林地15亩以上，其他农用地30亩以上，其他土地60亩以上基本功能丧失或者遭受永久性破坏的；

（3）致使森林或者其他林木死亡150立方米以上，或者幼树死亡7500株以上的；

（4）致使公私财产损失100万元以上的；

（5）致使疏散、转移群众15,000人以上的；

（6）致使100人以上中毒的；

（7）致使10人以上轻伤、轻度残疾或者器官组织损伤导致一般功能障碍的；

（8）致使3人以上重伤、中度残疾或者器官组织损伤导致严重功能障碍的；

（9）致使1人以上重伤、中度残疾或者器官组织损伤导致严重功能障碍，并致使5人以上轻伤、轻度残疾或者器官组织损伤导致一般功能障碍的；

（10）致使1人以上死亡或者重度残疾的；

（11）其他后果特别严重的情形。

但是，《追诉标准（一）》只有关于“重大环境污染事故罪”的立案标准，新罪名污染环境罪的立案标准没有相关的司法解释予以明确，需要参考该罪的定罪情节。

非法处置进口的固体废物罪却属于行为犯，只要非法将境外的固体废物进境倾倒、堆放、处置，就可能被认定为触犯该罪。该罪的立案追诉也是以行为的作出为标准的。该罪还有两个重罪情节，即“造成重大环境污染事故，致使公私财产遭受重大损失或者严重危害人体健康”和“后果特别严重”。第一个重罪情节的具体情形适用上述污染环境罪“严重污染环境”的司法解释第6项至第13项。第二个重罪情节之“后果特别严重”具体情形适用上述污染环境罪的重罪情节“后果特别严重”的司法解释。

2. 企业违反水产品、动物保护规定的犯罪行为后果与立案标准

非法捕捞水产品罪属于结果犯，要求有“情节严重”的行为后果才能认定犯罪。该罪的立案标准为：（1）在内陆水域非法捕捞水产品500公斤以上或者价值5000元以上的，或者在海洋水域非法捕捞水产品2000公斤以上或者价值2万元以上；（2）非法捕捞有重要经济价值的水生动物苗种、怀卵亲体或者在水产种质资源保护区内捕捞水产品，在内陆水域50公斤以上或者价值500元以上，或者在海洋水域200公斤以上或者价值2000元以上；（3）在禁渔区内使用禁用的工具或者禁用的方法捕捞；（4）在禁渔期内使用禁用的工具或者禁用的方法

捕捞的；（5）在公海使用禁用渔具从事捕捞作业，造成严重影响；（6）其他情节严重的情形。

非法猎捕、杀害珍贵、濒危野生动物罪和非法收购、运输、出售珍贵、濒危野生动物、珍贵野生动物制品罪是行为犯，且该二罪的立案标准也体现了这一精神，相应的行为一经作出即应立案追诉。

非法狩猎罪属于结果犯，必须具有“情节严重”的行为后果才能定罪。该罪的立案标准为：（1）非法狩猎野生动物20只以上；（2）在禁猎区内使用禁用的工具或者禁用的方法狩猎；（3）在禁猎期内使用禁用的工具或者禁用的方法狩猎；（4）其他情节严重的情形。

3. 企业违反植物和林业保护规定的犯罪行为后果与立案标准

非法采伐、毁坏国家重点保护植物罪和非法收购、运输、加工、出售国家重点保护植物、国家重点保护植物制品罪也是行为犯，该二罪的立案标准要求出现相应的行为，但行为一经作出即应立案追诉。

盗伐林木罪和滥伐林木罪都属于结果犯，“数量较大”是定罪情节，且有一个重罪情节，即“数量巨大”。但盗伐林木罪还有一个重罪情节，即“数量特别巨大”。该二罪的立案标准也不同，前罪比后罪的立案标准低。盗伐林木罪的立案标准为：（1）盗伐2立方米至5立方米以上的；（2）盗伐幼树100株至200株以上的。

滥伐林木罪的立案标准为：（1）滥伐10立方米至20立方米以上的；（2）滥伐幼树500株至1000株以上的。

非法收购、运输、盗伐、滥伐的林木罪也属于结果犯，“情节严重”的行为后果是认定犯罪的要件之一。且该罪还有一个重罪情节，即“情节特别严重”。该罪的立案标准为：（1）非法收购、运输盗伐、滥伐的林木20立方米以上或者幼树1000株以上的；（2）其他情节严重的情形。

4. 企业非法占用农用地的犯罪行为后果与立案标准

非法占用农用地罪的认定要求具有“占有数量较大，造成耕地、林地等农用地大量毁坏”的行为后果才能认定。根据《追诉标准（一）》第67条，该罪的立案标准为：（1）非法占用基本农田5亩以上或者基本农田以外的耕地10亩以上的；（2）非法占用防护林地或者特种用途林地数量单种或者合计5亩以上的；（3）非法占用其他林地10亩以上的；（4）非法占用本款第（2）项、第

(3) 项规定的林地，其中一项数量达到相应规定的数量标准的50%以上，且两项数量合计达到该项规定的数量标准的；(5) 非法占用其他农用地数量较大的情形。

（三）环境领域的企业刑事风险监管

1. 完善相应的环保规定、指标

有法可依是开展环境保护工作的前提条件。我国虽然制定了《环境保护法》《水污染防治法》《大气污染防治法》《固体废物污染环境防治法》等一系列环境保护法律法规及其他规范性文件，但刑事法对环境的应有保护作用没有充分发挥出来。我国环境刑法的规定不仅保护范围狭隘，而且干预时点也过于滞后。这样规定的结果未必能够保障自然生态系统和经济的可持续发展，而且与“先污染，后治理”和“先破坏，后保护”的滞后观念并无区别。① 因此，刑法立法层面也必须先行，体现刑法对环境保护的预防作用。此外，环境保护、评价、考核、监管等具体细则也还不够完善，可操作性不够。相关的规范性文件出台后对人们的宣传教育不够，以至于利用援引也不够。一些方面的环境指标和标准还没有制定或形成，还有一些指标不符合我国实际情况，或者低于国际指标太多，不利于形成约束机制。比如，当前对钢铁、矿业型企业虽然提高了包括二氧化硫排放量、烟尘粉尘排放量、化学需氧量排放量等指标，但尚未达到国际环保的标准。现实案例是2013年3月的上海松江死猪事件，漂浮死猪累计达10, 395头，但上海市水务局仍然表示，松江当地的自来水水质“数据正常”，符合相关标准，遭到人们的诸多质疑。因此环境领域的指标必须“高标准、严要求”，这虽然可能会造成一些企业生产、经营困难，但是生存的压力也能促使很多企业尽快转型，早日实现向环保、节能型企业的跨越。而对新兴的企业，如果从成立之时就严格按照国际化的环保指标严格进行生产经营，可持续的运营就不会有障碍，反而是从最初的低指标升到高指标比较难。

2. 有权机关严格履行监管职责

我国行政机构对环境的高度关注不过近十几年来的事情，全面负责环境保护制度、执行和监督管理的环境保护部门在国际国内环境局势相当紧张的2008年才组建，环保部及各地区环保局在拟订实施环境保护规划、政策和标准、监

① 张晶:《风险刑法——以预防机能为视角的展开》，中国法制出版社2012年版，第206页。

督管理环境污染防治、协调解决重大环境问题等方面发挥着积极的作用。但是，我国地方政府和环保部门经常存在“以罚代刑”的做法，许多环境违法行为本来预计达到了犯罪的标准，但是相关责任人却没有受到刑事法律追究。① 这种姑息纵容的态度只会让环境破坏难题的缺口更难弥补。直到重大环境污染事件发生时，环保部门就会和事件制造者一同被推到风口浪尖上。尤其是近年来，许多非小区域、小范围的环境污染事件，如2013年的雾霾天气，很难归咎于某一个企业，人们的矛头只能更多地指向环保部门。在当前环境问题不断涌现，环境恶化趋势没有得到遏制的形势下，环境保护的任务会越来越艰巨。虽然在短期内很难看到环保部门的成绩，但环保部门只要一贯严格执法，尽职尽责地履行监督管理职责，人们终会看到其现实作用。环保部门等有权机关必须加强监管，强化标准，执法到位，责任落实。针对企业，环保部门还需要更多地监管环境污染相对较严重的工业企业，落实对这些重点企业的环保指标执行，指导其提高生产经营活动的环保性。

3. 正确发挥外部监管的作用

此处所言的外部监管，是指除了环境保护监管有权机关之外的社会力量的监管，比如，2006年成立中华环保联合会等民间环保组织、市场主体与社会人士对环境问题的反映、调研推广、环保活动，都能对环境保护起到一定的监督管理作用。但民间环保组织是自由组成的，经费和人力有限，活动范围和影响力也有限。另外，外部的监管还包括媒体、广播、电视、报纸、网络等媒体，这些组织在现代起着重要的舆论导向作用。每当媒体报道某环境污染事件，环保部门必然需要关注，查清事实，采取措施，追究责任。但当前的媒体不仅存在事后监督的缺陷，而且具有舆论导向不正确以致误导公众的不良品行。环境保护人人有责，环境资源的爱护需要每个人的参与。倡导维护宜居环境是地球上每个个体的权利与义务，对破坏人类共同家园的行为必须要求承担相应的责任。虽然个人对环境的保护作用较小，但聚少成多就能发挥最大的作用。个人分散在环境保护各部分，能全面而真切地反映某地区的环境问题，在某些时候会成为关键点。比如，对环境产生严重污染的企业的职工、从事破坏环境资源行当的企业的职工，能最早发现问题，如果能及早向环保部门反映，可能能够阻止

① 马倍战主编:《环境犯罪案件实务指南》，法律出版社2013年版，第12页。

严重后果的出现。又如，在危害珍贵、濒危野生动物和国家重点保护植物的时候，最先发现这些违法犯罪行为的多是个人。当前最大的问题是需要调动、提高这些外部监管力量的积极性，引导其正确发挥外部监管的作用。

4. 企业提高环境风险防控意识

生产企业作为人类自然和社会环境中的组织，其本身也承担着保护环境、爱护环境资源、维护美好家园的责任。但是，我国当前仍然存在一批只顾埋头搞生产的企业，曾经是某地区的“龙头企业”，如一些钢铁公司、冶矿企业、石油企业，只顾生产，不管污染。殊不知，一些企业生产越多，向大气、水体、土壤排放的有毒有害物质越多，治理环境的费用也越多，甚至远比生产利润高，实际上终究是得不偿失的。还有破坏水产资源、森林资源、动植物资源来获利的行为，最终企业会受到相应的惩罚。在当前环境风险成本不断增加的情势下，企业绝对不能再走以牺牲环境为代价、以破坏环境资源为桥梁的老路，必须要提高环境风险防控意识，并以实际行为来防控自身的风险。否则，不久的将来，这些企业就会面临被迫关闭停产、破产的境地。特别是那些需要重点进行风险防控的企业，一定要舍得放弃对环境和环境资源造成破坏的生产经营项目，投入成本改进技术，强化技术创新，以实现经济增长方式转变的目标，优化产业结构。

（四）环境领域的企业刑事法律风险控制

1. 法定刑

【污染环境罪】《刑法》第338条：“违反国家规定，排放、倾倒或者处置有放射性的废物、含传染病病原体的废物、有毒物质或者其他有害物质，严重污染环境的，处三年以下有期徒刑或者拘役，并处或者单处罚金；后果特别严重的，处三年以上七年以下有期徒刑，并处罚金。”

【非法处置进口的固体废物罪】《刑法》第339条：“违反国家规定，将境外的固体废物进境倾倒、堆放、处置的，处五年以下有期徒刑或者拘役，并处罚金；造成重大环境污染事故，致使公私财产遭受重大损失或者严重危害人体健康的，处五年以上十年以下有期徒刑，并处罚金；后果特别严重的，处十年以上有期徒刑，并处罚金。”

【非法捕捞水产品罪】《刑法》第340条：“违反保护水产资源法规，在禁渔区、禁渔期或者使用禁用的工具、方法捕捞水产品，情节严重的，处三年以下有期徒刑、拘役、管制或者罚金。”

【非法猎捕、杀害珍贵、濒危野生动物罪；非法收购、运输、出售珍贵濒危野生动物、珍贵、濒危野生动物制品罪；非法狩猎罪】《刑法》第341条：“非法猎捕、杀害国家重点保护的珍贵、濒危野生动物的，或者非法收购、运输、出售国家重点保护的珍贵、濒危野生动物及其制品的，处五年以下有期徒刑或者拘役，并处罚金；情节严重的，处五年以上十年以下有期徒刑，并处罚金；情节特别严重的，处十年以上有期徒刑，并处罚金或者没收财产。

违反狩猎法规，在禁猎区、禁猎期或者使用禁用的工具、方法进行狩猎，破坏野生动物资源，情节严重的，处三年以下有期徒刑、拘役、管制或者罚金。”

【非法占用农用地罪】《刑法》第342条：“违反土地管理法规，非法占用耕地、林地等农用地，改变被占用土地用途，数量较大，造成耕地、林地等农用地大量毁坏的，处五年以下有期徒刑或者拘役，并处或者单处罚金。”

【非法采伐、毁坏国家重点保护植物罪；非法收购、运输、加工、出售国家重点保护植物、国家重点保护植物制品罪】《刑法》第344条：“违反国家规定，非法采伐、毁坏珍贵树木或者国家重点保护的其他植物的，或者非法收购、运输、加工、出售珍贵树木或者国家重点保护的其他植物及其制品的，处三年以下有期徒刑、拘役或者管制，并处罚金；情节严重的，处三年以上七年以下有期徒刑，并处罚金。”

【盗伐林木罪；滥伐林木罪；非法收购、运输盗伐、滥伐的林木罪】《刑法》第345条：“盗伐森林或者其他林木，数量较大的，处三年以下有期徒刑、拘役或者管制，并处或者单处罚金；数量巨大的，处三年以上七年以下有期徒刑，并处罚金；数量特别巨大的，处七年以上有期徒刑，并处罚金。

违反森林法的规定，滥伐森林或者其他林木，数量较大的，处三年以下有期徒刑、拘役或者管制，并处或者单处罚金；数量巨大的，处三年以上七年以下有期徒刑，并处罚金。

非法收购、运输明知是盗伐、滥伐的林木，情节严重的，处三年以下有期徒刑、拘役或者管制，并处或者单处罚金；情节特别严重的，处三年以上七年以下有期徒刑，并处罚金。

盗伐、滥伐国家级自然保护区内的森林或者其他林木的，从重处罚。”

【单位犯破坏环境资源保护罪的处罚规定】《刑法》第346条："单位犯本节第三百三十八条至第三百四十五条规定之罪的，对单位判处罚金，并对其直接负责的主管人员和其他直接责任人员，依照本节各该条的规定处罚。"

2. 各罪的风险控制

破坏环境资源保护的各罪中，除非法处置进口的固体废物罪之外，非法猎捕、杀害珍贵、濒危野生动物罪，非法收购、运输、出售珍贵濒危野生动物及其制品罪和非法采伐、毁坏国家重点保护植物罪，非法收购、运输、加工、出售国家重点保护植物及其制品罪外，都是结果犯。因此，如果企业在实施污染环境罪、非法捕捞水产品罪等犯罪行为的过程中被追究刑事责任，企业首先要从控制行为的危害后果努力，尽量减少对环境的破坏，减轻对环境资源的浪费，减少对人体的伤害和人员伤亡。如果危害后果得以减轻，行为人所受到的刑事制裁一般也能相对减轻或从轻。

此外，《刑事案件解释》有明确，实施污染环境罪和非法处置进口的固体废物罪的犯罪行为，但及时采取措施，防止损失扩大、消除污染，积极赔偿损失的，可以酌情从宽处罚。司法解释明确这种情况可以酌情从宽处罚，也就是一般情况下都会给予从轻量刑。因此，企业如果要控制该二罪的刑事风险，可以利用该条的规定，尽量减少行为所造成的损失，消除或减轻不良后果，如果对被害人有经济损失则积极赔偿，一般也能够获得从轻的司法处罚。

重大环境污染事故罪取消后，破坏环境资源保护各罪都要求行为主观方面为故意，比如，非法猎捕、杀害珍贵、濒危野生动物罪和非法收购、运输、出售珍贵濒危野生动物及其制品罪，行为人必须明知自己所猎捕、杀害的是珍贵、濒危野生动物，收购、运输、出售的是珍贵、濒危野生动物或其制品，才能认定构成犯罪。因此，行为人如果有确凿的证据证明自己并非"明知"，就可以不知道和不应当知道行为所针对的是珍贵、濒危野生动物及其制品来进行抗辩或作无罪辩护。但是，明知是行为人内心主观思想，外界可从社会一般人的认知水平来推断，比如，猎捕、杀害东北虎，虽然行为人说自己不知道东北虎属于珍贵、濒危野生动物，但司法机关会根据社会一般人的认知推断行为人的说法掩盖事实，或者推断行为人至少为"应知"，也就不能排除主观故意。

第十六章
CHAPTER 16

其他特许经营的企业及其人员刑事法律风险防控指南

一、其他特许经营的企业及其人员刑事风险防控概述

（一）企业涉毒犯罪的风险

毒品对人体健康和生命、心理健康以及家庭、社会稳定都会产生巨大威胁，不仅受到社会的负道德评价，而且与毒品相关的诸多行为都受到行政法、刑法的否定性评价。刑法领域对走私、贩卖、运输、制造毒品，非法持有毒品以及其上游走私、非法买卖制毒物品和种植毒品原植物等都予以规制。虽然刑法不规制自食毒品的行为，但对容留、强迫、引诱、教唆、欺骗他人吸毒，以及非法提供麻醉、精神药品的行为都予以入罪。其中也对一些行为规定了单位犯罪。由于前文已对企业可能触犯的走私毒品罪、走私制毒物品罪进行了解说，在此仅对企业可能触犯的非法买卖制毒物品罪、非法提供麻醉药品、精神药品罪进行分析。

我国对制毒物品实行统一归口管理，单位和个人如果要买卖这些制毒物品必须通过正当的手续向相关部门申报审批获得生产经营许可及报相关单位备案。企业如果没有报批获得特许的生产经营许可，私自交易国家规定管制的可用于制造毒品的、原料和化学助剂等物质；或者虽然有经营权但超过许可经营范围或者经营数量，就可能引发非法买卖制毒物品罪的刑事风险。该罪即是指违反国家规定，在境内非

法买卖制毒化学品的行为。制毒化学品分为三类：第一类是可以用于制毒的主要原料，第二类、第三类是可以用于制毒的化学配剂。因此制毒物品包括醋酸酐、乙醚、三氯甲烷等制毒原料和配剂。

另外，我国对麻醉药品和精神药物也出台了有关规定进行管制，依照规定任何人不得擅自向他人提供国家规定管制的这些能够使人成瘾的麻醉药品、精神药品。如果从事生产、运输、管理、使用上述药品的企业违反国家规定向吸毒人员提供国家管制的能够使人成瘾的麻醉药品、精神药品，则可能引发非法提供麻醉药品、精神药品罪的刑事风险。该罪规制的就是从事生产、运输、管理、使用国家管制的麻醉药品、精神药品的企业和人员，违反卫生部、公安部、农牧渔业部、国家医药管理局、国家工商行政管理局等出台的有关麻醉药品和精神药品的规定，向吸食、注射毒品的人员提供国家管制的能够使人成瘾的麻醉药品、精神药品。

（二）特定企业工作人员涉嫌组织卖淫等有关犯罪的刑事风险

卖淫是一种腐朽、丑恶的社会现象，刑法虽然没有对卖淫进行刑法规制，而是交由行政法和社会道德风尚进行否定评价，但刑法对卖淫的外围犯罪，如组织、强迫、引诱、容留、介绍卖淫的行为予以全面否定评价。对企业来说，如果从事旅馆业、饮食服务业、文化娱乐业、出租汽车业等行业的企业，包括其工作人员利用本企业的条件，组织、强迫、引诱、容留、介绍他人卖淫，企业的人员即可能引发组织卖淫罪，强迫卖淫罪，引诱、容留、介绍卖淫罪的刑事风险。且如果这些企业的人员在公安机关查处卖淫、嫖娼活动时，为违法犯罪分子通风报信，情节严重即可能引发特殊的窝藏、包庇罪的刑事风险。

组织卖淫罪是以招募、雇佣、引诱、容留等方式或手段，组织、控制他人或者纠集多人卖淫的行为。强迫卖淫罪则是指以暴力、胁迫或者以暴力相威胁等强制手段，迫使他人卖淫。引诱、容留、介绍卖淫罪是指以金钱、物质或其他利益诱使他人卖淫，或者为他人卖淫提供场所、或者为卖淫进行中间介绍的行为。从事旅馆业、饮食服务业、文化娱乐业、出租汽车业等行业的企业可能利用自身的条件而实施前述犯罪行为，但刑法只认定为自然人犯罪，即只对企业的主要负责人和直接责任人员定罪处罚。而这些企业的工作人员利用本企业的便利条件，实施上述犯罪行为的，也可能触犯这些犯罪。

同时，这里还有一个特殊的犯罪，即窝藏、包庇罪。该罪本是指行为人明知是犯罪的人而为其提供隐藏处所、财物，帮助其逃匿或者作假证明包庇。从事旅馆业、饮食服务业、文化娱乐业、出租汽车业等行业的企业及其人员在公安机关查处卖淫、嫖娼活动时，为违法犯罪分子通风报信，就可能被认定触犯窝藏、包庇罪。

（三）企业制作、贩卖、传播淫秽物品的刑事风险

具体描绘性行为或者露骨宣扬色情的淫秽性的书刊、影片、录像带、录音带、图片等淫秽物品有辱国民精神文明，因此国家对制作、复制、出版、贩卖淫秽物品，进行牟利的行为予以禁止，而对传播淫秽物品，无论行为人是否以牟利为目的，都予以严厉禁止。如果企业为利润最大化就从事制作、复制、出版、贩卖、传播淫秽物品的经营业务，即可能引发制作、复制、出版、贩卖、传播淫秽物品牟利罪的刑事风险。即使不是为牟利，但向社会散播淫秽的书刊、影片、录像带、录音带、图片或者其他淫秽物品，或者通过互联网或者转移通信终端传播淫秽电子信息，或者利用聊天室、论坛、即时通信软件、电子邮件等方式传播淫秽电子信息，则可能引发传播淫秽物品罪的刑事风险。

此外，淫秽物品的传播渠道传统的多是通过图书、报刊等，而要出版淫秽的书刊，一般都需要书号、刊号、版号，为打击出版淫秽书刊的行为，刑法也将其上游行为，为他人出版淫秽书刊提供书号、刊号、版号的行为纳入规制范围，即为他人提供书号出版淫秽书刊罪。企业如果违反国家书刊出版管理法规，为他人出版淫秽书刊提供书号、刊号、版号，就可能引发该罪的刑事风险。

传播淫秽物品的另外两个途径，组织播放淫秽音像制品和组织淫秽表演，也是被刑法予以规制的，即组织播放淫秽音像制品罪和组织淫秽表演罪。组织播放淫秽音像制品罪是指非营利性地组织、召集多人观看、收听播映的淫秽电影、录像等音像制品的行为。组织淫秽表演罪则是指以招募、雇佣、强迫、引诱、容留等手段召集、控制他人从事淫秽表演的行为，犯罪主体是组织者，而不是表演者，且无论是否以营利为目的。企业如果实施上述的组织播放淫秽音像制品和组织淫秽表演行为，即可能引发触犯二罪的刑事风险。

二、其他特许经营的企业及其人员刑事风险防控现状

（一）企业涉毒犯罪风险及其防控的情况

毒品有关犯罪已经演变为一种社会现象，也是人们关注较多的社会话题。

近十几年来，国内和国际毒品犯罪活动十分猖獗，跨国犯罪成为常态。毒品犯罪越来越呈现团伙作案的特征，集团性、组织性是一些特大型犯罪的常备特征，且也有企业的身影。除了走私、贩卖、运输、制造毒品和走私制毒物品外，企业也存在非法买卖制毒物品的行为。由于一些化工企业有易制毒化学物品，在购买人的高额利诱下，企业或其负责人不经主管部门许可、办理备案的情况下非法出售易制毒化学物品，最后引发非法买卖制毒物品罪的刑事风险。如丹阳市公安局禁毒大队查获的两例易制毒化学品非法买卖案，行为人系某化工企业的负责人，为谋私利，在明知购买方没有易制毒化学物品购买备案证明的情况下违规销售。① 制毒物品犯罪也不乏涉案金额特别巨大、影响非常广泛的案例，如2010年网上曝光的“4·08”特大非法买卖制毒物品案，涉案总金额近20亿元，涉及全国18个省、市、自治区，涉及药品生产经营企业64家，被告人多达38名。② 有些企业明知自己所从事的是严重的违法犯罪行为，就采取十分隐蔽的方式进行，给警方破案造成很大障碍。如连云港灌南“4·11”非法买卖制毒物品案，③ 犯罪人在合法经营的化工厂内设制造易制毒化学品邻氯苯基环戊酮（制造K粉的原料）的工厂，化工厂的职工都无从得知。

此外，企业也存在向吸毒人员非法提供麻醉药品、精神药品的行为，主要是从事生产、运输、管理、使用国家管制的麻醉药品、精神药品的企业，利用自身的便利条件实施。但是，由于实践中向吸毒者提供麻醉药品、精神药品多为谋取利益，而存在牟利时即依法应认定为走私、贩卖、运输毒品罪，因此司法实践适用该罪名的案例相对少见。

（二）特定企业人员涉嫌组织卖淫等有关犯罪的刑事风险及其防控情况

刑法明文规定旅馆业、饮食服务业、文化娱乐业、出租汽车业等特定单位的人员利用本单位的条件，组织、强迫、引诱、容留、介绍他人卖淫即可被认

---

① 王国禹：《非法买卖制毒物品，犯罪！》，载丹阳新闻网：http：//www. dydaily. com. cn/society/2013/03/19/165882. shtml，最后访问日期：2016年8月13日。

② 张学东、徐伟：《宜宾“4·08”特大买卖制毒物品案开审38人被诉》，载中国新闻网：http：//www. chinanews. com/df/news/2010/06－23/2358011. shtml，最后访问日期：2015年12月23日。

③ 《连云港灌南“4·11”非法买卖制毒物品案侦破纪》，载中国江苏网：http：//jsnews. jschina. com. cn/system/2013/07/14/017938655. shtml，最后访问日期：2016年8月4日。

定为组织卖淫罪、强迫卖淫罪和引诱、容留、介绍卖淫罪，因此这些特定企业的人员刑事风险非常大。

企业等组织实施组织他人卖淫一般为实现利益的最大化，对分散卖淫活动进行集中化管理与精细化分工。殊不知，个体的卖淫至少不会触及犯罪，组织卖淫却是严重的犯罪行为。从曝光的案例情况来看，组织卖淫多是一些酒店、洗浴中心、休闲娱乐中心、会所打着休闲、美容、洗浴、保健按摩等幌子来隐蔽实施的。组织者为提高活动的隐蔽性，借用的企业名称也越来越隐蔽。如2005年南京市公安机关查获的重大组织卖淫案件，组织者刘某竟然以“南京市秘书事务所”为驻点组织卖淫活动。① 也因为组织的隐蔽性越来越高，公安机关破案的难度也越来越大，有些组织卖淫的活动持续好几年才被查处，但最后组织者获得的刑事责任也会因情节十分严重而增大。

相对组织卖淫罪，个人实施强迫卖淫的情况比较多见，但也不乏旅馆业、饮食服务业、文化娱乐业、出租汽车业等特定企业的人员实施强迫卖淫罪的案例。一些酒店酒吧、洗浴按摩中心、休闲娱乐中心常常在组织卖淫人手不够的情况下，就通过暴力、胁迫、非法拘禁等手段，迫使他人卖淫。特别是强迫女中学生、大学生、未成年人卖淫，甚至可能造成被强迫卖淫的人重伤、死亡，后果非常严重，行为人最后也免不了受到刑法的严惩，包括被判死刑及无期徒刑等严重刑罚。如近几年媒体炒得沸沸扬扬的唐某女儿被迫卖淫案，涉嫌实施了强迫卖淫行为的周某、秦某等面临无期徒刑的刑罚。②

引诱、容留、介绍卖淫罪也是一类相对高发的犯罪，旅馆业、饮食服务业、文化娱乐业、出租汽车业等企业确属该罪的高发地带，一旦这些企业存在涉黄犯罪，多数都表现为组织卖淫、容留卖淫和介绍卖淫的行为。这些特定的企业也常常成为窝藏、包庇卖淫嫖娼者的窝点，特别是如果企业本身有组织、容留卖淫的行为活动，在公安机关突击检查时，为逃避罪责，多又会为违法犯罪分子通风报信，从而导致又引发窝藏、包庇罪。所以此罪多是与组织卖淫罪、容

---

① 余韵、殷文静：《南京查获重大组织卖淫案件》，载人民网：http://www.people.com.cn/GB/paper447/15634/1383112.html，最后访问日期：2017年6月2日。

② 怀若谷：《唐慧女儿案两主犯二审重审改判无期　湖南高院认定死刑量刑不当认定秦星曾解救同监自杀者》，载京华网：http://epaper.jinghua.cn/html/2014-09/06/content_123796.htm，最后访问日期：2017年6月2日。

留卖淫罪等其他犯罪一同出现的。

（三）企业制作、贩卖、传播淫秽物品犯罪的风险防控情况

制作、贩卖、传播淫秽物品犯罪的行为人多为团伙，也不乏企业组织形式。企业制作、贩卖、传播淫秽物品犯罪案件也常因国家“扫黄打非”的运动而更多地被暴露。国家“扫黄打非”专项行动涉及的刑事案件主要为走私淫秽物品罪，制作、复制、出版、贩卖、传播淫秽物品牟利罪，为他人提供书号出版淫秽书刊罪，传播淫秽物品罪，组织传播淫秽音像制品罪，组织淫秽表演罪等罪名。根据最高人民法院2010年1月通报的数据，2009年1月至10月，全国法院共受理涉及走私淫秽物品罪、为他人提供书号出版淫秽书刊罪等“扫黄打非”类案件1414件1744人，审结1273件1580人。审结的典型案件如青岛胶州“1·07”贩卖淫秽光盘案，天津“6·03”销售盗版音像制品团伙网络案，江苏、徐州宣判的“3·03”非法报纸团伙网络案，涉及的罪名主要为贩卖淫秽物品牟利罪。①

传统的制作、复制、出版、贩卖、传播淫秽物品牟利罪多发生于设计公司、影片制作公司、印刷出版公司、出版物销售公司等。书刊、影片、录音带、录像带等是淫秽物品的物质载体，行为人还常常因不经著作权人许可就实施制作、复制、出版、贩卖、传播淫秽物品而同时触犯侵犯著作权罪。随着现代网络媒体的发达，制作、复制、出版、贩卖、传播淫秽物品牟利罪或者单纯的传播淫秽物品罪、组织播放淫秽音像制品罪、组织淫秽表演罪，都越来越多地表现为电子化、网络化、高科技化的行为方式。如利用互联网或者移动通信终端制作、复制、出版、贩卖、传播淫秽电子信息，通过声讯台传播淫秽语音信息，利用聊天室、论坛、即时通信软件、电子邮件等方式传播淫秽物品来牟利或者有其他目的。电子化、网络化、高科技化的行为方式是否更具有隐蔽性还难以定论，但企业触犯这些犯罪的刑事风险明显增加了。而且随着网络媒体规模的日益扩大，和人们对涉黄物品的性质认识不足，一些企业在没有违法犯罪认识性的情况下就触犯了刑法。

---

① 《最高人民法院召开新闻发布会通报人民法院“扫黄打非”工作图文》，载中华人民共和国最高人民法院网：http：//www. court. gov. cn/xwzx/xwfbh/twzb/201002/t20100223_1735. htm，最后访问日期：2016年7月3日。

三、其他特许经营的企业及其人员刑事风险防控中存在的问题与原因

（一）涉毒涉黄犯罪屡禁不止

物欲横流的时代必然也多黄、赌、毒。在人们生活富裕起来但文明素养尚未同步提高的时候，涉黄涉毒犯罪也日益严重。走私、制作、贩卖毒品日益猖獗，走私、贩卖制毒物品也风生水起。色情、暴力等强感官刺激的东西不仅在传统的地方侵蚀着人们的思想，而且迅速入驻现代传播媒介，如网络、电影电视、移动通信终端，都成为其阵地。越来越庞杂的网络也因充斥着黄色、暴力视频、图片、语音等而变得污浊。但人们还沉浸在纸醉金迷的奢靡里不能清醒，整个社会风气也会变得糟糕。这种扩散性社会病毒的厉害性也如贪腐类犯罪的社会扩散性，腐蚀性很强。

在社会道德风尚曾经一度滑坡的形势下，企业作为社会集体中的一员，要做到独善其身，难度就会加大。只有真正能够坚守道德和法律底线的企业才能够做到。当然，企业不仅受社会不良风气的影响而实施涉毒涉黄有关犯罪行为，而且企业反过来也对社会坏风气的形成以及继续恶化产生影响。企业作为有组织的集合体，就像团伙作案，对社会和人们造成的不良影响也是十分巨大而深远的。

（二）企业为谋取暴利而选择犯罪

再深入探究，企业本身并没有感官刺激，而仅以追求利益最大化为目的。虽然企业也应当承担一定的社会责任，但如果社会责任不被倡导，企业就只会采取一切手段来扩大利益，就会在利益面前丧失最后的公德心。犯罪并不是目的，制造、贩卖毒品及其原料，开设场所来组织卖淫、强迫卖淫、容留介绍卖淫、传播淫秽物品等行为不过是赚钱的手段。一些企业为追求暴利不择手段，完全不顾毒品犯罪、涉黄犯罪本身具有的刑事风险，哪种途径能够快速获利就选择哪种。还有一些企业虽然惧于犯罪的严重责任，但在将利益与犯罪后果的可能性与严重性进行对比权衡后，觉得涉毒涉黄犯罪能获得暴利，加上侥幸心理作怪，于是不惜铤而走险。还有一些企业及其人员在选择获利方式时因涉黄涉毒犯罪法律知识贫乏而出现偏差，虽然知道自己的行为会对社会产生不好的影响，但不知道后果有多严重，没有认识到行为其实已经涉嫌犯罪。例如，一些餐饮、娱乐业的企业管理者容留卖淫，甚至容留不满14周岁的幼女卖淫。

（三）国家和社会的监管缺乏长效机制

毒品犯罪、涉黄犯罪之所以愈发猖獗，恐怕也与国家有权机关监管不力有关。近年来国家一直在对涉及毒品的有关犯罪、涉及色情的有关犯罪严加打击，每年都会有几场大规模的运动。虽然国家三令五申严打严查涉毒涉黄犯罪，但总是一波过去一波又起。人们普遍认为，这种运动式打击犯罪的方式虽然在短期内能够立竿见影，可以起到一定的震慑作用，但从长远来看，效果并不明显，在当地运动过去后就会死灰复燃，甚至犯罪活动更加猖獗。如 2014 年年初从东莞开始掀起并随后席卷全国主要城市的“扫黄”运动，实际上这样的运动几年前就不断出现过，很多次运动规模都不亚于 2014 年的运动规模，但还是不能解决根本问题。毒品犯罪，组织、强迫、介绍、容留、介绍卖淫犯罪，制作、贩卖、传播淫秽物品犯罪，本身具有涉案和影响人数多、范围广、隐蔽性强等特点，且受社会整体风气的影响，在整个社会的道德风气彻底扭转之前，单凭几次运动式打击明显是不够的。只有建立起社会的长效监督管理机制，强化对所有涉毒涉黄犯罪的快速查处和震慑效果，打击犯罪行为于始发之际，然后逐渐改善社会风气，树立起人们对法律和道德的信心，才能希冀从根本上解决涉毒涉黄类犯罪。

（四）企业及其人员犯罪风险防范意识缺乏

刑事风险防范意识缺乏有两个表现，一是不懂法也不屑于懂法，因此难免会出现违法犯罪的行为；二是虽然具有一定的法律知识，但盲目自信，以为可以通过钻法律的空子来规避其所实施的行为的刑事风险。这种“玩火自焚”的做法其实也是风险防范意识缺乏的表现。如一些企业为了谋取利益，非法交易醋酸酐、乙醚、三氯甲烷、麻黄素或者其他可用于制造毒品的原料或者配剂，如硫酸、盐酸等易制毒化学物品，在不知所交易的是制毒物品的情况下就触犯了刑律。而有些餐饮、娱乐业的企业和人员明知贩卖淫秽光碟是法律所禁止的，仍大肆贩卖销售，最后被法律严惩。风险防范的法律意识在涉毒涉黄犯罪领域更加重要。实际上，行为人之所以会引发刑事风险，大部分都是因为风险防范意识缺乏。如果企业及其相关人员具备一定的风险防范意识，远离涉毒涉黄犯罪，则可以避免绝大部分的刑事风险。

（五）企业及其人员缺乏法律知识

从一些现实的案例来看，企业及其人员因不懂法、不知行为包含的刑事风险而触犯刑律的情况也不少见。究其原因，一方面是人们的文化素养不高，法律意识淡薄，法律知识储备不足；另一方面也由于普法活动太少，法律更新太快，而又没有进行深入群众的宣传。特别是毒品犯罪，毒品的品类、名称和制毒物品的种类在不断扩大，要求企业及其相关人员必须与时俱进，更新知识。例如，2009 年 9 月，国务院批准将邻氯苯基环戊酮（以下简称邻酮）列入《易制毒化学品管理条例》第一类易制毒化学品进行管制。虽然公安部、商务部、卫生部等联合发布了《关于管制邻氯苯基环戊酮的公告》，规定凡生产、经营邻酮的，须按照规定向省级安全生产监督管理部门申请生产、经营许可证；购买、运输邻酮的，须按照规定向省级公安机关、设区的市级公安机关申请购买许可证和运输许可证；进口、出口邻酮的，须按照规定向国家商务主管部门申请进口、出口许可证，取得许可证后方可进行进口、出口活动，海关验核进、出口许可证办理通关手续。但公告本身并没有达到实际所需的宣传效果，公告后仍然出现了不少因不知邻酮已列入易制毒化学品，经营需办许可而“非法”实施经营行为，在不知法的情况下引发刑事风险。

四、其他特许经营的企业及其人员刑事风险防控的具体举措

（一）其他特许经营的企业与人员刑事法律风险提示

1. 涉毒犯罪的主体与行为

非法买卖制毒物品罪的主体属于一般主体，单位和自然人都可以成为犯罪主体。只有非法提供麻醉药品、精神药品罪，刑法明确规定了只有依法从事生产、运输、管理、使用国家管制的麻醉药品、精神药品的单位和人员才能成为该罪的行为主体。

非法买卖制毒物品罪的行为可表现为：（1）未经许可或者备案，擅自购买、销售易制毒化学品；（2）超出许可证明或者备案证明的品种、数量范围购买、销售易制毒化学品；（3）使用他人的或者伪造、变造、失效的许可证明或者备案证明购买、销售易制毒化学品；（4）经营单位违反规定，向无购买许可证明、备案证明的单位、个人销售易制毒化学品的，或者明知购买者使用他人的或者伪造、变造、失效的许可证明或者备案证明，向其销售易制毒化学品。此外，如果为了非法买卖制毒物品而采用生产、加工、提炼等方法非法制造易制毒化学品，则属于非法买卖制毒物品罪的预备行为。

非法提供麻醉药品、精神药品罪的行为表现为依法从事生产、运输、管理、使用国家管制的麻醉药品、精神药品的单位和个人，明知他人是吸毒者，仍然向其提供国家管制的能够使人成瘾的麻醉药品、精神药品。该罪的行为人必须不具有牟利的目的，即必须是无偿提供，如果是有偿提供，则是贩卖毒品罪的行为表现。

2. 特定企业人员涉嫌组织卖淫等犯罪的主体与行为

依照《刑法》的规定，企业人员触犯组织卖淫罪，强迫卖淫罪，引诱、容留、介绍卖淫罪，窝藏、包庇罪的主要是旅馆业、饮食服务业、文化娱乐业、出租汽车业等企业的人员，实际上立法者的意图是想限定为对实施组织、强迫、引诱、容留、介绍卖淫行为具有便利条件的企业人员。因此该犯罪的四个行为主体也具有一定的特定性。

组织卖淫罪的行为特征主要是“组织性”，可罚性也体现在“组织”行为，所以该罪处罚的是组织者的组织行为。但该罪的“组织”具有广义性，包括组织、策划、指挥等一系列行为，并包括通过招募、雇佣、强迫、引诱、容留等手段。从行为的过程来看，可体现为谋划布置和计划，然后发起、建立卖淫集团或卖淫窝点，将分散的卖淫行为进行集中和控制，然后领导、指挥他人从事卖淫活动。

强迫卖淫罪的行为特征则体现为“强迫性”，需要有行为人通过暴力、胁迫、拘禁等手段，迫使他人卖淫。强迫的手段没有限制，如采用殴打、虐待、捆绑或以实施杀害、伤害、揭发隐私、断绝生活来源相威胁，或在他人走投无路的情况下采用挟持的方法，违背他人意志迫使他人卖淫。

引诱、容留、介绍卖淫罪包括三个行为：引诱、容留、介绍。引诱是行为人利用金钱、权利、地位等物质利益或非物质利益作诱饵，或者采取其他手段，拉拢、勾引、劝导、怂恿、诱惑、唆使他人从事卖淫活动。容留则是行为人为他人卖淫提供场所或者其他便利条件。介绍是在为卖淫者和嫖客牵线搭桥、沟通撮合，使他人卖淫活动得以实现。该罪是选择性罪名，引诱、容留、介绍三个行为只要具备其中之一即可定罪。

这里的窝藏、包庇罪是限定主体和行为的，即该罪的行为限定为在公安机关查处卖淫、嫖娼活动时，为违法犯罪分子通风报信，而不包括其他行为和情形。

3. 企业制作、贩卖、传播淫秽物品犯罪的主体与行为

制作、贩卖、传播淫秽物品罪各犯罪的主体既可以是单位，也可以是个人。企业，且无论何种性质的企业，都可能成为这些犯罪的行为主体。但是，为他人提供书号出版淫秽书刊罪，由于行为的特殊性，一般只有拥有能够为他人提供书号条件的单位和个人才能实施，因此一般是新闻出版部门或其管理人员可能成为该罪的行为主体。

制作、复制、出版、贩卖、传播淫秽物品牟利罪的行为表现为以牟利为目的，实施制作、复制、出版、贩卖、传播淫秽物品的行为之一种或几种。其中，"制作"可表现为生产、录制、摄制、编写、译著、绘画、印刷、刻印、洗印等；"复制"可表现为复印、拓印、翻印、复写、复录、抄写等；"出版"可表现为编辑、印刷等；"贩卖"可表现为发行、批发、零售、倒卖等；"传播"可表现为播放、放映、出租、出借、承运、邮寄等。该罪必须具有牟利的目的，如果非以牟利为目的，则传播淫秽物品的行为就是传播淫秽物品罪的行为表现。

为他人提供书号出版淫秽书刊罪的行为表现为违反国家关于书号管理的各种规定，向单位或个人提供书号。实际上是一种为淫秽书刊出版提供帮助的行为。

组织播放淫秽音像制品罪的行为表现为组织召集多人观看、收听并播放淫秽的电影、录像等音像制品。播放，就是以放映机、放录机、录音机等机器来进行传播。该罪的行为包含有组织和播放两个行为，但其实具有刑事可罚性的是"组织"，播放并不要求一定由组织者本人播放。

组织淫秽表演罪的行为表现为组织他人当众进行色情淫荡、挑动人们性欲的形体或动作表演。该罪处罚的也是组织者的组织行为，而不是表演者的淫秽表演行为。

（二）其他特许经营的企业与人员犯罪风险预警

1. 企业涉毒犯罪的行为后果与立案标准

非法买卖制毒物品罪属于行为犯，只要实施了在境内非法买卖制毒物品的行为就可能触犯该罪。但是，该罪的立案还是有数量上的要求，实际上有一定的结果要求。根据《追诉标准（三）》，该罪的立案标准适用走私制毒物品罪的立案标准第一款。此外，非法买卖两种以上制毒物品，每种制毒物品均没有达到立案标准规定的数量标准，但按立案追诉数量比例折算成一种制毒物品后累

计相加达到立案标准的数量标准的，则也应予立案追诉。而外，该罪还有一个重罪情节，即“数量大”。

刑法规定的非法提供麻醉药品、精神药品罪也属于行为犯，但根据《追诉标准（三）》第12条，该罪的立案是一个数量标准，该罪实践中也是一个结果犯。该罪的立案标准为：（1）非法提供鸦片20克以上、吗啡2克以上、度冷丁（杜冷丁）5克以上（针剂100mg/支规格的50支以上，50mg/支规格的100支以上；片剂25mg/片规格的200片以上，50mg/片规格的100片以上）、盐酸二氢埃托啡0.2毫克以上（针剂或者片剂20ug/支、片规格的10支、片以上）、氯胺酮、美沙酮20克以上、三唑仑、安眠酮1千克以上、咖啡因5千克以上、氯氮卓、艾司唑仑、地西泮、溴西泮10千克以上，以及其他麻醉药品和精神药品数量较大的；（2）虽未达到上述数量标准，但非法提供麻醉药品、精神药品2次以上，数量累计达到前项规定的数量标准80%以上的；（3）因非法提供麻醉药品、精神药品被行政处罚，又非法提供麻醉药品、精神药品的；（4）向吸食、注射毒品的未成年人提供麻醉药品、精神药品的；（5）造成严重后果或者其他情节严重的。此外，该罪还有一个重罪情节，即“情节严重”。

2. 企业触犯组织卖淫等犯罪的行为后果与立案标准

组织卖淫罪和强迫卖淫罪属于行为犯，只要相应的组织和强迫卖淫的行为一经实施就可定罪，该二罪的立案标准也体现了这一点。此外，该二罪都有两个重罪情节，即“情节严重”和“情节特别严重”。“情节严重”包括：（1）强迫不满14周岁的幼女卖淫；（2）强迫多人卖淫或者多次强迫他人卖淫；（3）强奸后迫使卖淫；（4）造成被强迫卖淫的人重伤、死亡或者其他严重后果。

刑法规定的引诱、容留、介绍卖淫罪也属于行为犯，但《追诉标准（一）》的规定实际上是将该罪作为结果犯。该罪的立案标准为：（1）引诱、容留、介绍2人次以上卖淫；（2）引诱、容留、介绍已满14周岁未满18周岁的未成年人卖淫；（3）被引诱、容留、介绍卖淫的人患有艾滋病或者患有梅毒、淋病等严重性病；（4）其他引诱、容留、介绍卖淫应予追究刑事责任的情形。此外，该罪也有一个重罪情节，即“情节严重”。

为卖淫嫖娼者通风报信的窝藏、包庇罪也是一个结果犯，只有在“情节严重”的时候才予以定罪。窝藏、包庇罪的立案标准尚没有相应的司法解释予以明确。

3. 企业触犯制作、贩卖、传播淫秽物品罪的行为后果与立案标准

制作、复制、出版、贩卖，传播淫秽物品牟利罪似乎也属于行为犯，其定罪对行为后果不作要求。但《追诉标准（一）》第82条明确该罪的立案追诉有数量上的要求，因此司法实践中该罪实际上是一个数量犯。该罪还有两个重罪情节，即“情节严重”和“情节特别严重”。传统的制作、复制、出版、贩卖、传播淫秽物品行为立案标准为：（1）制作、复制、出版淫秽影碟、软件、录像带50至100张（盒）以上，淫秽音碟、录音带100至200张（盒）以上，淫秽扑克、书刊、画册100至200副（册）以上，淫秽照片、画片500至1000张以上；（2）贩卖淫秽影碟、软件、录像带100至200张（盒）以上，淫秽音碟、录音带200至400张（盒）以上，淫秽扑克、书刊、画册200至400副（册）以上，淫秽照片、画片1000至2000张以上；（3）向他人传播淫秽物品达200至500人次以上，或者组织播放淫秽影、像达10至20场次以上；（4）制作、复制、出版、贩卖、传播淫秽物品，获利5000元至10,000元以上。

该罪中利用互联网、移动通信终端，或者利用聊天室、论坛、即时通信软件、电子邮件等方式制作、复制、出版、贩卖、传播淫秽电子信息的行为立案标准为：（1）制作、复制、出版、贩卖、传播淫秽电影、表演、动画等视频文件20个以上；（2）制作、复制、出版、贩卖、传播淫秽音频文件100个以上；（3）制作、复制、出版、贩卖、传播淫秽电子刊物、图片、文章、短信息等200件以上；（4）制作、复制、出版、贩卖、传播的淫秽电子信息，实际被点击数达到10,000次以上；（5）以会员制方式出版、贩卖、传播淫秽电子信息，注册会员达200人以上；（6）利用淫秽电子信息收取广告费、会员注册费或者其他费用，违法所得10,000元以上；（7）数量或者数额虽未达到第（1）项至第（6）项规定标准，但分别达到其中两项以上标准的50%以上；（8）造成严重后果。

该罪中通过声讯台传播淫秽语音信息的立案标准为：（1）向100人次以上传播；（2）违法所得10,000元以上；（3）造成严重后果。

为他人提供书号出版淫秽书刊罪也是行为犯，只要实施相应的行为就可定罪。该罪的立案标准也体现了这一点。

传播淫秽物品罪属于结果犯，行为必须具有“情节严重”的行为后果才能认定犯罪。传统的传播淫秽物品行为的立案标准为：（1）向他人传播300至600

人次以上；（2）造成恶劣社会影响。不以牟利为目的，利用互联网、移动通信终端传播淫秽电子信息行为的立案标准为：（1）数量达到制作、复制、出版、贩卖，传播淫秽物品牟利罪立案标准第2款第（1）项至第（5）项规定标准2倍以上；（2）数量分别达到制作、复制、出版、贩卖，传播淫秽物品牟利罪立案标准第2款第（1）项至第（5）项两项以上标准；（3）造成严重后果。

刑法规定的组织播放淫秽音像制品罪属于行为犯，但《追诉标准（一）》规定的立案标准有数量上的限制。该罪的立案标准为：（1）组织播放15至30场次以上；（2）造成恶劣社会影响。另外，该罪还有一个重罪情节，即"情节严重"。

刑法规定的组织淫秽表演罪也属于行为犯，但《追诉标准（一）》规定该罪的立案标准为：（1）组织表演者进行裸体表演；（2）组织表演者利用性器官进行诲淫性表演；（3）组织表演者半裸体或者变相裸体表演并通过语言、动作具体描绘性行为；（4）其他组织进行淫秽表演应予追究刑事责任的情形。另外，该罪还有一个重罪情节，即"情节严重"。

（三）其他特许经营企业及人员的刑事风险监管

1. 严密打击涉毒涉黄犯罪

当前世界他国和我国的涉毒涉黄犯罪形势均十分严峻。涉毒涉黄犯罪本身具有普遍多发、隐蔽性强、不易为外界发现、查处难度大的特点，传统的运动式查处方式虽然能够在一段时间取得一些成果。但从长远来看，并不能够从根本上解决问题。实际上，我们已经认识到，人类不可能从根本上消除犯罪，只能将其引导、控制在一定范围内。同时，司法行政机关要根据涉毒涉黄犯罪每个阶段的特点来进行查处，与时俱进、对症下药。

在毒品犯罪领域，虽然传统毒品市场已萎缩，大麻、可卡因、鸦片等传统毒品的消费市场增长停滞，但新型毒品的生产与消费却在增长，安非他明、冰毒、摇头丸等人工合成类毒品的消费明显在增长。因此，打击毒品犯罪也要根据这些市场规律来进行，立法层面要根据新型毒品和新型制毒物品的出现及时增加新的规定，严密法网。比如，易制毒化学品是一个动态的名词，其概念、品种和范围都具有扩张性，立法上也要使该名词具有扩张性，才能应对制毒物品不断更新的情况。执法层面，要加大对新型毒品及其制毒物品犯罪的打击力度，特别是要根据制毒物品和毒品的犯罪特性来有针对性地执法。比如，制毒物品和毒品的交易需要流通、运输，因此可从源头上抓起，堵住和毁坏制毒物品和毒品的运输渠道，切断其来源，就能有效遏制犯罪的猖獗态势。

涉黄犯罪也一直是让社会和国家头痛的问题，总是在公安机关的专项整治或扫黄打非运动中好转一阵，然后过一段时间又会猖獗起来。因此，打击整治涉黄犯罪不能只是一阵风似的，而应常态化，持续深入开展整治行动。严查问题酒店、会所、洗浴中心等涉黄场所窝点，坚持露头就打。公安机关要切实履行责任，积极会同有关部门加强源头治理，健全、完善场所管理机制和扫黄责任制。特别是，涉黄场所之所以胆大妄为，很多都是因为背后有保护伞，因此公安机关还要坚决查处和打击对娱乐服务场所等涉及卖淫嫖娼和色情表演、吸毒贩毒、黑恶势力的“保护伞”。

2. 加大涉毒涉黄犯罪的宣传教育力度

涉毒涉黄犯罪的宣传教育必要性，一是体现在不少犯罪行为人常常因为不懂法，不明白自己所实施的是违法犯罪行为，不知道自己行为的社会后果严重性，而稀里糊涂地犯了罪。二是社会大众也常常因为不懂法而不知道如何监督违法犯罪行为。因此，加大涉毒涉黄犯罪的宣传交易力度，一方面可以减少犯罪行为的发生，另一方面也能够提高人们参与监督违法犯罪的能力和积极性，有利于建立最广泛也是最有效的犯罪监督机制。比如，随着涉毒涉黄犯罪的不断增多，交易更加频繁，公共场所如棋牌室、娱乐室、商务会所、旅馆、酒店、KTV 歌房，私人场所如住宅、私家车都可能成为涉毒涉黄犯罪的场所，光靠力量有限的行政机关的查处和打击是远远不够的。只有调动全社会的力量，全民参与违法犯罪的发现、举报或检举揭发活动，才能有效地打击涉毒涉黄违法犯罪，给潜在的犯罪者以最有力的威慑。

此外，宣传教育也是净化社会风气的需要。当前整个社会的道德风尚虽有改观，但还不令人乐观。“珍爱生命、远离毒品、倡导正确的生活方式”，这些基本的教育还需要努力在人们脑海里形成共识。因此，国家和社会必须加大对涉毒涉黄犯罪的整治力度，加大宣传、教育力度，从源头上减少违法犯罪活动的发生，并逐步使社会风气恶化的趋势进一步改善，还人们一个干净、安全、道德高尚的社会。

3. 充分调动人们参与打击犯罪的积极性

涉毒涉黄犯罪本身是一类与社会广大人民群众联系紧密的行为和活动，最广大的群体所发现的犯罪远比司法行政机关发现的多。涉毒涉黄犯罪对社会道德风尚造成严重破坏，也给社会中的人们添加了不和谐、不安全、不稳定的因子，因此打击涉毒涉黄犯罪，也与社会各界的切身利益息息相关，遵纪守法的人们从内心里是痛恨犯罪的。国家要从根本上遏制这些犯罪的高发态势，就要从最广大的人民群众那里获取能量，调动他们参与打击违法犯罪活动的积极性，鼓励广大群众发现违法犯罪及时举报，并尽自己的能力与违法犯罪做斗争。

4. 提高企业及其人员刑事风险防范意识

无论是本身不懂法还是因为利益的诱使而实施违法犯罪行为，都是企业及相关人员刑事风险意识薄弱的表现。我国当前企业大多数都存在刑事风险防范意识缺乏、相关法律知识贫乏的问题，在经营理念不当、缺乏法律有效指引和监督的情况下更容易导致企业在经营管理活动中出现偏差。如果这些主体具有足够的刑事风险防范意识，相信可以避免绝大部分的犯罪发生。因此，企业及其人员必须提高刑事风险防范意识。一方面，企业可以采取宣传教育的方式，普及涉毒涉黄犯罪相关法律知识，倡导合法、诚信经营，增强企业及其人员自身的风险防范意识，使其能够自觉抵制涉毒涉黄的违法犯罪行为，选择正确的经营方式，创造真正对社会有用的财富与价值。另一方面，企业也可以通过聘请专业的法律顾问和法律事务管理者，让其为企业的经营管理活动合法性把关，在重要的经营决策之前咨询法律专业人士，避免决策失误。

（四）其他特许经营的企业及人员刑事风险控制

1. 法定刑

【非法生产、买卖、运输制毒物品、走私制毒物品罪】《刑法》第350条："违反国家规定，非法生产、买卖、运输醋酸酐、乙醚、三氯甲烷或者其他用于制造毒品的原料、配剂，或者携带上述物品进出境，情节较重的，处三年以下有期徒刑、拘役或者管制，并处罚金；情节严重的，处三年以上七年以下有期徒刑，并处罚金；情节特别严重的，处七年以上有期徒刑，并处罚金或者没收财产。明知他人制造毒品而为其生产、买卖、运输前款规定的物品的，以制造毒品罪的共犯论处。单位犯前两款罪的，对单位判处罚金，并对其直接负责的主管人员和其他直接责任人员，依照前两款的规定处罚。"

【非法提供麻醉药品、精神药品罪】依法从事生产、运输、管理、使用国家管制的麻醉药品、精神药品的人员，违反国家规定，向吸食、注射毒品的人提供国家规定管制的能够使人形成瘾癖的麻醉药品、精神药品的，处三年以下有期徒刑或者拘役，并处罚金；情节严重的，处三年以上七年以下有期徒刑，并处罚金。向走私、贩卖毒品的犯罪分子或者以牟利为目的，向吸食、注射毒品的人提供国家规定管制的能够使人形成瘾癖的麻醉药品、精神药品的，依照本法第三百四十七条的规定定罪处罚。单位犯前款罪的，对单位判处罚金，并对其直接负责的主管人员和其他直接责任人员，依照前款的规定处罚。

【组织卖淫罪；强迫卖淫罪；协助组织卖淫罪】《刑法》第358条："组织、强迫他人卖淫的，处五年以上十年以下有期徒刑，并处罚金；情节严重的，处十年以上有期徒刑或者无期徒刑，并处罚金或者没收财产。组织、强迫未成年人卖淫的，依照前款的规定从重处罚。犯前两款罪，并有杀害、伤害、强奸、绑架等犯罪行为的，依照数罪并罚的规定处罚。为组织卖淫的人招募、运送人员或者有其他协助组织他人卖淫行为的，处五年以下有期徒刑，并处罚金；情节严重的，处五年以上十年以下有期徒刑，并处罚金。"

【引诱、容留、介绍卖淫罪】《刑法》第359条："引诱、容留、介绍他人卖淫的，处五年以下有期徒刑、拘役或者管制，并处罚金；情节严重的，处五年以上有期徒刑，并处罚金。"

【特定单位的人员组织、强迫、引诱、容留、介绍卖淫的处理规定】《刑法》第361条："旅馆业、饮食服务业、文化娱乐业、出租汽车业等单位的人员，利用本单位的条件，组织、强迫、引诱、容留、介绍他人卖淫的，依照本法第三百五十八条、第三百五十九条的规定定罪处罚。"

【窝藏、包庇罪】《刑法》第310条："明知是犯罪的人而为其提供隐藏处所、财物，帮助其逃匿或者作假证明包庇的，处三年以下有期徒刑、拘役或者管制；情节严重的，处三年以上十年以下有期徒刑。"

【制作、复制、出版、贩卖、传播淫秽物品牟利罪；为他人提供书号出版淫秽书刊罪】《刑法》第363条："以牟利为目的，制作、复制、出版、贩卖、传播淫秽物品的，处三年以下有期徒刑、拘役或者管制，并处罚金；情节严重的，处三年以上十年以下有期徒刑，并处罚金；情节特别严重的，处十年以上有期徒刑或者无期徒刑，并处罚金或者没收财产。

为他人提供书号，出版淫秽书刊的，处三年以下有期徒刑、拘役或者管制，并处或者单处罚金；明知他人用于出版淫秽书刊而提供书号的，依照前款的规定处罚。”

【传播淫秽物品罪；组织播放淫秽音像制品罪】《刑法》第364条：“传播淫秽的书刊、影片、音像、图片或者其他淫秽物品，情节严重的，处二年以下有期徒刑、拘役或者管制。

组织播放淫秽的电影、录像等音像制品的，处三年以下有期徒刑、拘役或者管制，并处罚金；情节严重的，处三年以上十年以下有期徒刑，并处罚金。

制作、复制淫秽的电影、录像等音像制品组织播放的，依照第二款的规定从重处罚。

向不满十八周岁的未成年人传播淫秽物品的，从重处罚。”

【组织淫秽表演罪】《刑法》第365条：“组织进行淫秽表演的，处三年以下有期徒刑、拘役或者管制，并处罚金；情节严重的，处三年以上十年以下有期徒刑，并处罚金。”

【单位犯罪的处罚】《刑法》第366条：“单位犯第三百六十三条、第三百六十四条、第三百六十五条规定之罪的，对单位判处罚金，并对其直接负责的主管人员和其他直接责任人员，依照各该条的规定处罚。”

2. 各罪的风险具体控制

本章的犯罪除了为他人提供书号出版淫秽书刊罪为过失外，其他犯罪都要求行为人主观上为故意，也就是行为人明知自己的行为会发生危害社会的结果，仍然希望或放任危害结果发生。比如，行为人明知自己非法买卖制毒物品、组织卖淫、组织播放淫秽物品会对社会造成危害，也就可以认定为主观有故意，主观方面就具备了定罪的要件。但是，如果企业及相关人员并非故意，司法机关未能根据行为表现和社会一般人的认识来认定行为人具备主观故意，则当然不能定罪。因此，涉案单位可以从自己的主观故意方面进行实事求是的检讨，如果确实不具备犯罪的主观故意，那就不应当承担刑事责任。但是，对自己的过失造成社会危害的，还是应当承担民事责任。

另外，部分犯罪的认定还有特别的“明知”要求，如非法提供麻醉药品、精神药品罪，要求行为人明知被提供者是吸食、注射毒品的人。如果行为人并不知道其是吸食注射毒品的人，则也不能认定为触犯该罪。

需要注意的是，从很多司法案例来看，非法买卖制毒物品罪并不要求行为人必须认识到自己买卖的物品属于制毒物品。因此，如果以并不知道自己所交易的是制毒物品为理由来进行无罪辩护，一般不会被认可，但是在量刑上可能能够获得司法机关的酌情从轻考量。此外，对买卖易制毒化学品的行为有特别的司法解释：易制毒化学品生产、经营、使用单位或者个人未办理许可证明或者备案证明，购买、销售易制毒化学品，如果有证据证明确实用于合法生产、生活需要，依法能够办理只是未及时办理许可证明或者备案证明，且未造成严重社会危害的，可不以非法买卖制毒物品罪立案追诉。因此，企业及其人员在适当的时候可以利用这条解释来进行刑事风险控制。

我们本章所归纳的犯罪，除了组织卖淫罪和强迫卖淫罪之外，其他九个罪名要么刑法规定为结果犯，要么虽然刑法规定为行为犯，但司法解释实际上作为有数量限制的结果犯处理。涉案的数量多少决定了犯罪的认定与刑罚轻重，因此如何实事求是地认定涉案数量，避免因受到诱供、逼供而违心地增加数量上的“水分”，是控制刑事风险的重要环节。

此外，由于组织卖淫罪和强迫卖淫罪远比引诱、容留、介绍卖淫罪的刑罚重，但组织行为与容留、介绍行为具有相似性，非暴力的强迫行为与引诱行为具有相似性。因此在进行有罪辩护时应当实事求是，如果仅仅实施了引诱、容留、介绍卖淫的行为，而没有实施组织卖淫、强迫卖淫的行为，就可以依法据实作轻罪辩护，以避免被认定为组织卖淫罪和强迫卖淫罪。

第十七章
CHAPTER 17

企业刑事法律风险防范热点问题解析

一、国有企业刑事法律风险及其防控

（一）中粮储粮腐败案

1. 案情分析

2013年8月，媒体报道了从中储粮河南分公司系统挖出百余位违法乱纪的官员和员工，他们利用国家“托市粮”收购政策，空买空卖“转圈粮”28亿斤，直接骗取国家粮食资金7亿多元，产生了一系列贪污、受贿和挪用公款等犯罪的刑事案件，给国家造成了重大的影响，也揭开了中储粮河南分公司在监管过程中存在的巨大漏洞。

目前，中储粮河南分公司及下属直属库已经有多位负责人被双规调查，其中中储粮河南分公司原总经理李某轩受贿、巨额财产来源不明一案日前审结。河南省鹤壁市中级人民法院以受贿罪判处李某轩无期徒刑，以巨额财产来源不明罪判处其有期徒刑5年，数罪并罚，决定执行无期徒刑，并处没收个人全部财产。[①] 而其他涉案人员也在进一步调查和审判中。

---

① 《李长轩腐败案：权力大、缺少监督成腐败重要原因》，原载于《检察日报》，转载自民主于法制网：http：//www. mzyfz. com/cms/pufazhuanlan/pufazhongxin/pufayaowen/html/1172/2013－07－16/content－809324. html，最后访问日期：2015年7月16日。

综观这一系列案件，明显反映出中储粮系统在监督和管理过程中存在很多漏洞，甚至有人对此归纳了五个显著特征：一是犯罪行为人集中，81 人中，粮库主任和财务人员占九成；二是犯罪主要环节是在“托市粮”收储和储备粮轮换销售、建库收库、亏库涨库过程中贪污、挪用粮食资金；三是作案隐蔽、专业性强，粮库主任与财务人员直接操作，不通过专业化侦查手段很难查获；四是窝案串案居多，几乎全都是家族犯罪、关联犯罪的窝案串案；五是涉案金额巨大，5 人涉案金额超过 1000 万元，10 人超过 500 万元。①

从刑事法律角度出发，针对河南中储粮的具体案件情况，笔者认为，导致案件发生的原因有如下几点：

（1）内部监管无力，“一把手”权力过于集中。

中国储备粮管理总公司（简称中储粮总公司）是国资委直接管理的中央企业，是担特殊政策性任务、属于涉及国家安全和国民经济命脉的国有重要骨干企业。在中储粮系统“总公司—分公司—直属库”三级体系的架构中，总公司对直属库的人、财、物实行垂直管理，中储粮在全国有 338 个直属库。在河南，基本上每个地级市设一个直属库，只有个别产粮大市会多设。河南省每年几百亿的储备粮购粮款，都要通过这为数不多的直属库下发。

这次中储粮腐败案的爆出，很多粮库的高级领导纷纷落马，包括河南分公司的高管人员及下属各级粮库的直接负责人，其共同特点之一就是他们“拥权自重”，把各自管理的粮库变成了方便自己腐化堕落的“家天下”。该公司高管权力过于集中封闭，缺乏有力监管，是造成贪腐窝案的根本原因。比如，一位曾多次向李某轩行贿的某基层直属库负责人就直言道：“从人事提拔、人员进出、调动，到业务上收购粮食的资金划拨、仓库维修改造等费用划转等所有权力都在省公司，李某轩权力特别大。”②

在河南分公司管辖的各级地方粮库，基层“一把手”的权力也过于集中。据中储粮河南分公司原总经理李某轩自己供述，省公司也很少过问下属各粮库的情况，他担任分公司总经理的十多年间，除了例行的会议、活动和上报有关

---

① 《中储粮河南分公司 110 名“硕鼠” 骗 7 亿粮食资金》，载人民网：http：//js. people. com. cn/html/2013/08/17/249799. html，最后访问日期：2015 年 8 月 8 日。

② 《“国家粮仓”养肥“硕鼠”——中储粮一分公司受贿案曝出“官仓”黑洞》，载《四川日报》2013 年 7 月 17 日，第 5 版。

材料，中储粮总公司很少过问分公司人事、管理等方面的情况。有时也会派人下来检查，基本上都是领着去几个管理比较好的粮库看看就走了。据不完全统计，2010 年年底以来，河南中储粮系统已经有 11 个正处级及以上官员案发，其中包括中储粮河南分公司原董事长李某轩、副总经理杨某杰和 9 个直属库主任。① 河南省检察院检察长蔡宁指出，对中储粮河南分公司系统“一把手”缺乏监督，制度不健全，是导致领导层蜕化变质、形成窝案串案的重要原因。

（2）粮库运营自主权过大，人事制度不完善，方便了粮库内部人员与外部人员共同作案。

河南分公司作为中储粮总公司派出机构，不具有企业法人资格，下属粮库是独立核算的企业法人，所以分公司对下属粮库主要是人事管理。在业务上，只有粮库监管、大块资金的划拨和报表统计，因此各粮库在粮食购销等业务运营上仍有相当大的自主权。

由于拥有较大的运营自主权，再加上粮食的收购、销售和储备粮轮换等交易环节都由各级粮库组织参与，在河南中储粮腐败案中，粮库领导利用国家“托市粮”收购政策，空买空卖“转圈粮”28 亿斤，致使国家财产遭受重大损失；另外，通过调查，部分领导员工在建粮库过程中，偷工减料，虚报库容，甚至虚报根本不存在的粮库，骗取国家建库资金；有的粮库在粮食收购入库时缺斤短两、存储中被盗卖等导致的亏库非常普遍；更有甚者，通过往库存粮食中加土等杂质，制造涨库，从中谋利。

机构设置上的先天不足，给各粮库主任及财务人员勾结粮商“暗度陈仓”提供了可乘之机，省公司对此“睁一只眼，闭一只眼”监管松散。公司人事制度不完善，内部领导员工多年不交流调整，各粮库负责人便长期盘踞作案。有粮食系统人士表示，一些中储粮市县级的直属库中，甚至有官员连续七八年担任直属库主任，而 2011 年 11 月潜逃的乔某军就在周口直属库任职长达 11 年之久。

（3）外部监管缺失，当地政府主管部门没能有效地发挥监管职能。

中储粮总公司资产总额近 2000 亿元，人员近 2 万人，内部实行垂直管理，

---

① 《中储粮窝案迷局：11 个处级以上官员落马　小人物搅局》，原载于《凤凰财经》，转载自台海网：http：//www. taihainet. com/news/finance/gncj/2013 -07 -26/1107249. html，最后访问日期：2016 年 7 月 5 日。

而同为副部级的国家粮食局只是在业务上进行指导，地方政府对其也没有日常监管的权力。① 国家粮食局是国家发展和改革委员会管理的负责全国粮食流通宏观调控具体业务、行业指导和中央储备粮行政管理的行政机构。众所周知，国家粮食局属于国家行政机关，而中粮储总公司属于国有企业，两者互不隶属，因此，国家粮食局不能对中储粮各级机构进行有效的监管。即使中储粮系统暴露出了诸多腐败问题，国家粮食局也只能通过查清情况，再“提醒”中储粮总公司“清理门户”。比如，2013 年 7 月上旬，国家粮食局发布公告，通报了有关“中储粮对向农民打‘白条’”问题查处情况。通报称，经查，媒体报道的打“白条”问题属实。目前，所欠售粮款已全部结清，中储粮江苏分公司已对盐城直属库、建湖分库主要负责人给予免职处理，盐城直属库、建湖分库分别对相关责任人作出了处理。②

有媒体报道称，由于中储粮属国资委直管，其各个直属库基本免于纪检、工商、税务、卫生等部门的外部直接监管，整个中储粮系统来自外界的监管显得十分有限。③ 一个资金流如此庞大的重要央企，如果没有当地政府各个部门针对其各个环节进行有效的监管，那么出现影响巨大的腐败案也是意料之中。

综上所述，中储粮河南分公司一系列案件的发生，暴露出了该系统纵向监督无力、横向监督缺失的严重问题。这只是一家国有企业因为监管不善而反映出来的种种弊端，其实在社会领域各行各业中，由于监管问题而存在的不足何止这一处？比如在银行业领域，多次爆出某某领导利用职务之便或者某某员工利用岗位的便利条件而窃取、侵吞或骗取公共财产，使国家利益遭受重大损失。每次都是在遭受损失后，才痛定思痛、深刻反省，虽然对违法犯罪行为依法作出了判决处罚，但是同样的情况仍然还会发生，仍然有人愿意以身试法、铤而走险。

---

① 《教授发问中储粮 7 亿窝案：国资委在哪　检察院在哪》，载《生活日报》2013 年 8 月 21 日，第 24 版。

② 李源：《国家粮食局：中储粮对农民打“白条”问题属实　责任人被处理》，载中国共产党新闻网：http：//fanfu. people. com. cn/n/2013/0716/c64379 －22215570. html，最后访问日期：2016 年 9 月 23 日。

③ 《中储粮四硕鼠被判 10 年　被指缺乏外部监管》，原载于《扬子晚报》，转载自中国网：http：//legal. china. com. cn/2013 －08/09/content_29670256. htm，最后访问日期：2016 年 9 月 23 日。

2. 风险防控建议

为了尽可能防范类似违法犯罪行为的再度发生，减少公司企业人员内控风险，避免国家利益和公共财产遭受重大损失，笔者认为很有必要规范内部机制，加强外部监管力度。另外，从刑事犯罪学上制定一套相应的预防措施，既具备合理有效性，又具备可实践性。因此，笔者提出了以下几点建议：

（1）科学设置系统内部的组织结构，从体制上杜绝漏洞和弊端。

①建立和完善公司内部监督制约机制，针对“一把手”权力过于集中的现象，应该从根本上解决问题。

一方面，充分发挥企业职工代表大会的权利和职能，对于单位的重大问题决策，不能由一个人说了算，而应该由职工代表集体投票表决，保证决策程序与实体上的公开、公正和公平。对于公司的日常内部经营事务，各部门界限分明、各司其职，在行使被赋予的职能权力时，各部门相互协助并相互制约，禁止越俎代庖，各部门实施领导负责制，出了问题直接找部门领导人问责。

另一方面，在每一级基层组织机构，设置和完善一个专门的法律监察员岗位。在河南中储粮腐败案中，由于之前上级对下属粮库主要是人事上管理，因此各级粮库在业务运营上仍有非常大的自主权，如果对“一把手”缺乏监督，很容易造成粮库领导知法犯法、监守自盗。设置一个专门的监察员，它只对上一级领导负责，或者对地方同级监察委的主管部门负责，主要职责就是监督本级“一把手”的行政管理行为。监察员还有一个职能，就是为防止贪官卷款外逃，对于领导和员工的出入境管理，也应该进行实时监督。

②合理完善人事制度，实行轮岗换岗机制。

首先，引入轮岗换岗制度，在一个岗位规定相应的年限，实行流动岗位机制，有效减少长居一岗带来的作案风险。在河南中储粮腐败案中，部分领导和员工长年不流动不调整，也是导致刑事案件容易产生的原因之一。

其次，在公司企业招聘员工时，坚决禁止有近亲属关系的员工进入同一机构和部门，实行公开招聘、竞争上岗，防止家属员工之间相互勾结和共同犯罪，把所处的管理领域变成某些人的“家族企业”。在河南中储粮腐败案中，原总经理李某轩的妻子、亲属和情妇也参与了共同犯罪，他们利用李某轩的特殊地位，多次收受他人贿赂，因而受到了法律的制裁和处罚。

最后，加强与政法院校的联系，可以在公司企业内部开设法律实践基地，积极引进法律人才，提高员工整体法律素质，聘用法律专家担任企业法律顾问，维护公司企业自身的合法权益，参与企业经营与决策，防范、降低市场经营风险。

③设置严格的惩罚制度，对于违纪违法现象，坚决打击，对于构成犯罪的，依法追究其刑事责任。

一方面，在公司企业内部，可由人力资源部或者专门的法律监察部主管员工法制教育事务。比如加大刑事法律风险的宣传力度，贯彻民主法制监督制约的理念，多开展廉政建设知识竞赛和领导廉政作风培训等活动，提高员工法律意识，自觉抵制行贿受贿行为，预防贪污贿赂犯罪，避免国家利益和公共财产遭受重大损失。

另一方面，针对企业领导的身份地位，对其可能实施的滥用职权、失职和为亲友非法牟利等妨害公司管理秩序的行为，要遵循“违法必究，执法必严”的原则，制定严格的内部处分规定，追究违法者的法律责任，用触目惊心和深刻教训的相关案例在企业内部起警示教育作用，从心理上震慑和预防违法犯罪现象的发生。另外，在企业内部，可以通过定期发放行业内控案防资料，并与法律知识考试相结合，将领导和员工的绩效与考试成绩直接关联。

（2）引入外部监管，完善横向监督机制。

①加强当地政府各个部门的行政监管力度，并且让纪检监察机关充分发挥监督职能。

首先，可以由省部级的国家主管机关参与对行业的监管，对整个行业的政策方向进行指导性的调控。比如，针对中储粮总公司监管有待完善的情况，可以由国家粮食局和地方政府的农业主管机关共同参与中储粮总公司对各级粮库的整体规划和监管。具体而言，国家粮食局负责粮食流通的行业管理，研究提出粮食最低收购价原则的建议，指导协调最低收购价粮食等政策性粮食购销和粮食产销合作，负责对粮食收购、储存环节的粮食质量安全和原粮卫生进行监督管理；农业部研究拟定农业和农村经济发展战略、中长期发展规划，引导农业产业结构的合理调整、农业资源的合理配置和产品品质的改善，提出农业财政补贴的政策建议。这样，在业务指导和运营规划上，从内外两方面综合入手，充分发挥两个外部机构在共同监管中的职能作用，提升中储粮总公司整体的监管高度。

其次，针对国有企业高管人员的身份和地位，为了防止他们利用职务之便，实施贪污、受贿和滥用职权的行为，我们可以充分发挥当地同级纪检监察机关的监督职能。纪检监察机关不仅对公司企业自身在运营过程中的行为实施观察监督，而且对公司企业领导的个人生活作风进行依法监督。比如，可以加强公司企业与纪检监察机关的学习交流，制定定期接受检查监督制度，主动汇报公司企业自身的运营情况；公司企业的领导洁身自爱，遵纪守法，积极配合纪检监察机关了解自己的个人情况，避免从思想上产生腐化的苗头。

最后，将员工的思想教育与法律学习相结合，可以经常请纪检监察机关的职务犯罪预防部门和预防腐败部门的人员来讲课实践和利剑高悬，邀请大学刑法教授和犯罪学专家给领导和员工讲座授课，还可以制定一套一年一度的领导与员工学习教育的培训制度，灌输案件防范意识，尽量减少职务犯罪的发生。

②将公司企业运营中的各个环节交由不同的外部机构操作和监督。

一方面，经济是企业的重要发展基础，在建立现代企业制度的过程中，资金的管理和运作少不了电子银行的有效参与。因此，针对公司企业的专用账户和领导的个人账户，银行有实施特别监管报告的责任，比如在反洗钱和虚假交易等犯罪活动方面，一旦发现有资金异常出入，银行则应马上向监管部门报告。

另一方面，在企业的日常运营中，除了要有宏观上的调控指导，在微观上，针对各个运营环节和业务流程管理，都要加强与外部相应机构的联合执行和共同决策。比如，具体到中储粮总公司的业务运营上，在粮食收购方面，由国家发改委、粮食局负责制订中央储备计划，并直接向国务院上报备案；在粮食存储方面，由中储粮公司负责执行，粮库的新建和批准，设置严格规范的程序，由地方政府建设部门参与监管；在粮食销售方面，为防止中储粮机构与民营企业相互勾结，可以在选定有资质的民营企业时，对选定过程和企业情况进行公开，在储备粮轮换过程中，做好会计报表统计，以备查询存档，还可以请媒体过来摄像报道，向广大公众证实其真实性和合法性。

（3）广邀社会各界强化外部监督，借助媒体舆论力量，实施举报有奖制度，鼓励群众揭发公司企业运营中存在的贪污贿赂和领导作风腐化等违法违纪现象。

媒体监督具有速度快、范围广、影响大的特点，通过报纸、刊物、广播、电视等大众传媒对各种违法违纪、渎职腐败等行为所进行的揭露、报道、评论或抨击，是一种非常有效的监督方式。如今媒体网络的监督是一支不可忽视的力量，很多社会问题也是通过媒体网络得以曝光和依法解决。

防微杜渐，对违法乱纪现象及时发现，警钟长鸣，时刻警惕作案苗头的零星之火。那么即使案发，也不会给国家和人民的利益带来如此之大的坑害。公司企业为了完善自身美好的公众形象，尽可能避免因违法犯罪带来的不利影响，接受媒体监督变得势在必行、必不可少。比如，可以设置一个专门的公司企业公众微博账号，用于发布内部信息，接受外部监督；建立一个专门的网络举报投诉途径，可以开设网站或者公布电子邮箱，欢迎和鼓励广大群众为公司企业的发展建言献策，对于举报和投诉的违法问题认真核实，积极反馈，并设置奖励；还可以公开发行刊物，创办法律视角专栏，报道公司企业运营中遇到的法律相关事务及依法处理过程，把监督真正落实到各个细节。

（二）万福生科造假案涉及的刑事法律风险及其防范与补救

1. 案情回顾与刑事法律风险

（1）案情回顾

万福生科在上市前3年连续财务造假，其中，2008年至2010年累计虚增收入4.6亿元，虚增营业利润1.13亿元。

行政调查结果显示，2011年至2012年上半年，万福生科累计虚增收入4.67亿元，虚增营利1.06亿元。造假金额远超“绿大地”案，且各年度虚增收入和营业利润分别占当期披露数的50%左右和85%以上。

2012年8月23日，万福生科发布2012年半年报，报告期内，公司实现营收2.70亿元，同比增长16.18%；净利润2655.32万元，同比减少14.84%。

万福生科从9月19日起停牌。一个月之后，公司表示，经公司初步自查，2012年年中报存在虚假记载和重大遗漏。公告指出，万福生科2012年半年报中虚增营业收入1.88亿元、虚增利润4023.16万元。按其最新修改的中报，2012年上半年万福生科亏损了1367.84万元，同比下降143.87%。万福生科最新发布的三季报显示，公司业绩继续下降。前3个季度实现营业收入1.81亿元，同比减少54.23%；前三季亏损93.41万元，同比减少101.55%。万福生科还预计2012年度业绩至少比去年同期下滑75%以上，甚至有可能出现亏损。

2012年9月，湖南证监局在一次例行巡查中发现，上市不到一年的创业板公司万福生科存在财务问题，疑点主要集中在两个方面。

万福生科2012年半年报显示预付账款增加了2632万元，余额达到1亿多元。作为一家粮食精加工企业，万福生科采购的生产原材料是稻谷。通常来讲，这类企业与农户进行结算时采取现结方式，而财报中出现那么大数额的预付账款，便显得十分不符合常理。预付账款成为万福生科第一个很大的财务疑点。

另据湖南证监局在巡查中了解到的情况，万福生科在2012年上半年期间曾经停产。企业在停产的同时，还能产生高余额预付账款，引起稽查部门的关注。

除了预付账款外，另一个财务疑点是在建工程款余额。2012年上半年，万福生科在建工程科目的账面余额从8675万元增加至1.80亿元，这个过于巨大的数字，与万福生科往年的经营活动规模相比，越发令人不解。

万福生科造假案的稽查组负责人介绍，该案是集系统化、隐蔽性、独立性为一体的，采取了成本倒算制，使财务报表整体十分平衡，很难从形式上发现问题。

首先，造假系统性强。万福生科造假遍及进、存、产、销各个经营环节，参与造假的人员很多。在执行过程中，由覃某军总体策划、统一分配任务，过程就像流水线，每个参与人员只需完成各自的部分，然后移交给下个环节负责的人，等全部流水线结束后，整套假账也顺理成章地诞生了。

其次，造假隐蔽性强。稽查负责人感叹到，“调查中直接发现问题的难度很大”，因为账套的资金流水与银行的资金流水在日期、金额上逐笔一一对应，但问题却在于名称的造假，这个过程中能演变出许多不同的形式。例如，原本是由张某通过银行打回的款项，但对应的银行回单上的账户名称却被改成了万福生科的某客户名称。“如果只对流水是对不出问题的，这就需要深度追查这个资金究竟从哪里来的。形式上很逼真，但内容的确是假的。”

再次，造假的独立性很高。稽查组负责人说：“不能说万福生科的造假有多高明，但的确它把所有东西都做全了。”从购销合同到入库单、检验单、生产单、销售通知单以及采购销售发票等，这些单据凭证由专人开具。“由于万福生科对应的粮食收购方都为农户或粮食经纪人，不能开具发票，因此采购发票也由万福生科开具，这样就能把所有的单据凭证全部自己解决，而不依赖外部的力量，具有很高的造假独立性。”稽查负责人称。

最后，造假过程采取了成本倒算制。因为整个公司财务是按计划去造假，而非真实情况。所以财务人员会根据虚增后的各产品销售收入、毛利率以及生产消耗率直接倒算相关生产财务成本，达到了产销平衡。“既然是算出来的，整个资产负债表一定平衡的，不能直接简单地找到问题所在。”稽查负责人如是说。真假业务混淆交织在一起，“万福生科不像有些公司的造假，一些笔是真的，剩下的可能都是假的，它的一笔业务里既有真数也有假数，真假交织在一起，所以给核实工作带来了较大的难度。”（见图 1）

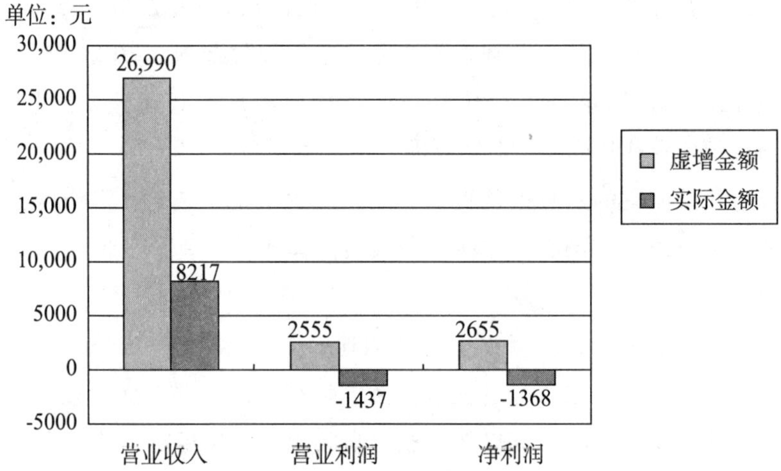

图 1　营收数据统计

（2）刑事法律风险

在 2013 年 5 月 10 日，证监会召开新闻发布会，通报了对万福生科欺诈上市案的行政处罚方案。

根据《证券法》相关规定，证监会拟责令万福生科改正违法行为，给予警告，并处以 30 万元罚款；对龚永福给予警告，并处以 30 万元罚款；同时对严平贵等其他 19 名高管给予警告，并处以 25 万元至 5 万元罚款。此外，拟对龚永福、覃学军采取终身证券市场禁入措施。并且，龚永福、覃学军的欺诈发行及虚假记载行为涉嫌犯罪，已移送公安机关追究刑事责任。

万福生科发布公告称，公司于 2013 年 8 月 21 日接到湖南省公安机关告知函，公司控股股东、董事长兼总经理龚永福因涉嫌欺诈发行股票、违规披露重要信息和伪造金融票证犯罪，于 2013 年 8 月 21 日依法对其刑事拘留。

2. 案中所涉罪名解析

（1）欺诈发行股票、债券罪

《刑法》第 160 条规定，在招股说明书、认股书、公司、企业债券募集办法中隐瞒重要事实或者编造重大虚假内容，发行股票或者公司、企业债券，数额巨大、后果严重或者有其他严重情节的，处5年以下有期徒刑或者拘役，并处或者单处非法募集资金金额1%以上5%以下罚金。单位犯前款罪的，对单位判处罚金，并对其直接负责的主管人员和其他直接责任人员，处5年以下有期徒刑或者拘役。

欺诈发行股票、债券罪，是指在招股说明书、认股书、公司、企业债券募集办法中隐瞒重要事实或者编造重大虚假内容，发行股票或者公司、企业债券，数额巨大、后果严重或者有其他严重情节的行为。

本罪在客观上必须具有在招股说明书、认股书、公司、企业债券募集办法中隐瞒重要事实或者编造重大虚假内容，发行股票或者公司、企业债券、数额巨大、后果严重或者有其他严重情节的行为。

①行为人必须实施在招股说明书、认股书、公司、企业债券募集办法中隐瞒重要事实或者编造重大虚假内容的行为。

②行为人必须实施了发行股票或公司、企业债券的行为。如果行为人仅是制作了虚假的招股说明书、认股书、公司、企业债券募集办法，而未实施发行股票或者公司、企业债券的行为，不构成本罪。必须是既制作了虚假的上述文件，且已发行了股票和公司、企业债券的才构成本罪。

③行为人制作虚假的招股说明书、认股书、公司债券募集办法发行股票或者公司、企业债券的行为，必须达到一定的严重程度，即达到“数额巨大、后果严重或者有其他严重情节的”，才构成犯罪。

具有下列情形之一的，应当追诉：

①发行数额在500万元以上的；

②伪造、变造国家公文、有效证明文件或相关凭证、单据的；

③利用募集的资金进行违法活动的；

④转移或者隐瞒所募集资金的；

⑤其他后果严重或有其他严重情节的情形。

（2）违规披露、不披露重要信息罪

《刑法》第161条规定，依法负有信息披露义务的公司、企业向股东和社会公众提供虚假的或者隐瞒重要事实的财务会计报告，或者对依法应当披露的其他重要信息不按照规定披露，严重损害股东或者其他人利益，或者有其他严重情节的，对其直接负责的主管人员和其他直接责任人员，处三年以下有期徒刑或者拘役，并处或者单处2万元以上20万元以下罚金。

违规披露、不披露重要信息罪，指依法负有信息披露义务的公司和企业，向股东和社会公众提供虚假的或者隐瞒重要事实的财务会计报告，公司向股东和社会公众提供虚假的或者隐瞒重要事实的财务会计报告，严重损害股东或者其他人利益，或者有其他严重情节的行为。

本罪客观方面包括以下两个要素：

①行为人向股东和社会公众提供虚假的或者隐瞒重要事实的财务会计报告，是指公司负债或经营亏损等情况的财务会计报告。所谓其他重要信息，是指财务会计报告以外的与公司、企业生产、经营有着重要关系的信息。

②行为必须严重损害了股东或者其他人利益，或者具有其他严重情节。

本罪的立案标准：

①造成股东、债权人或者其他人直接经济损失数额累计在50万元以上的；

②虚增或者虚减资产达到当期披露的资产总额30%以上的；

③虚增或者虚减利润达到当期披露的利润总额30%以上的；

④未按照规定披露的重大诉讼、仲裁、担保、关联交易或者其他重大事项所涉及的数额或者连续12个月的累计数额占净资产50%以上的；

⑤致使公司发行的股票、公司债券或者国务院依法认定的其他证券被终止上市交易或者多次被暂停上市交易的；

⑥致使不符合发行条件的公司、企业骗取发行核准并且上市交易的；

⑦在公司财务会计报告中将亏损披露为盈利，或者将盈利披露为亏损的；

⑧多次提供虚假的或者隐瞒重要事实的财务会计报告，或者多次对依法应当披露的其他重要信息不按照规定披露的；

⑨其他严重损害股东、债权人或者其他人利益，或者有其他严重情节的情形。

（3）伪造、变造金融票证罪

《刑法》第177条规定，有下列情形之一，伪造、变造金融票证的，处5年以下有期徒刑或者拘役，并处或者单处2万元以上20万元以下罚金；情节严重的，处5年以上10年以下有期徒刑，并处5万元以上50万元以下罚金；情节特别严重的，处10年以上有期徒刑或者无期徒刑，并处5万元以上50万元以下罚金或者没收财产：

（1）伪造、变造汇票、本票、支票的；

（2）伪造、变造委托收款凭证、汇款凭证、银行存单等其他银行结算凭证的；

（3）伪造、变造信用证或者附随的单据、文件的；

（4）伪造信用卡的。

单位犯前款罪的，对单位判处罚金，并对其直接负责的主管人员和其他直接责任人员，依照前款的规定处罚。

伪造、变造金融票证罪，是指行为人违反金融票据管理法规，仿照金融票据的式样、形状、色彩、文字等要素制作假的金融票据或者对真实的金融票据进行改制的行为。

本罪客观方面的表现形式：

（1）伪造、变造汇票、本票、支票等票据；

（2）伪造、变造委托收款凭证、汇款凭证、银行存单等其他银行结算凭证；

（3）伪造、变造信用证或者附随的单据、文件；

（4）伪造信用卡。至于“伪造”“变造”的理解问题，一般认为，“伪造”是指行为人仿照金融票证的票面、颜色、形状、质地，采用各种非法方法制作假票证，或者假冒他人的名义伪造票证的行为；“变造”是指没有变更权限的人，采用涂改、挖补、拼接等方法，对真票证进行加工改造，变更票证上除签名之外的记载内容的行为。

本罪的主观方面由故意构成，一般具有牟取非法利益的目的。

伪造、变造金融票证，涉嫌下列情形之一的，应予立案追诉：（1）伪造、变造汇票、本票、支票，或者伪造、变造委托收款凭证、汇款凭证、银行存单等其他银行结算凭证，或者伪造、变造信用证或者附随的单据、文件，总面额在1万元以上或者数量在10张以上的；（2）伪造信用卡1张以上，或者伪造空白信用卡10张以上的。

3. 刑事法律风险的防范

（1）欺诈发行股票、债券罪的刑事法律风险的防范

首先，掌握法律规定和流程，严格依照法定条件和程序发行股票和证券。

公司、企业的直接负责人要通过学习法律法规，了解并掌握股票、证券发行的法定条件和程序，树立依法发行的法律意识。

在制作上市招股说明书时，对其真实性实行主管人员负责制，对内要求层层把关，各领导层签字批准，对外联合审计、监察部门认真审核后方可实施。

其次，完善内部监督管理机制，确保股票债券的发行真实合法有效。

董事会应履行自己的经营决策职能，对于股票债券的发行应召开股东大会，依法定程序，让股东大会进行民主表决，对股东大会负责。

监事会应履行自己的监督管理职能，在发行股票债券过程中，负责监督董事、经理等管理人员有无违反法律、法规、公司章程及股东大会决议的行为。

再次，在选定合作的中介机构时，要选择具有相应资质并且认真负责的机构。

在选定保荐机构、会计师事务所和法律顾问等中介机构时，认真检查其相关资质和近年来的业务情况，应该选择信誉良好、诚实勤勉的中介机构，为公司企业的可持续发展尽职尽责。

严禁为了眼前的利益与中介机构勾结作案、同流合污，将各个中介机构的联络工作分与不同部门的负责人，尽量降低联合起来违法犯罪的风险。

最后，如果公司企业作为投资者，应该树立足够的防范意识，学会运用法律来维护自己的正当权益。

公司企业在购买证券时，要查看发行人有无发行资格，并到法定场所，依照法定程序进行购买。

如果发现自己购买了欺诈发行的股票证券，应该从法律上寻求救济，可以求助司法机关，维护本单位的合法权益。

（2）违规披露、不披露重要信息罪的刑事法律风险的防范

首先，公司的财务人员应如实记账，杜绝“账外账”，向股东和公众提供真实反映会计信息的会计报表。在信息披露过程中，应严格遵守真实性原则、准确性原则、完整性原则和及时性原则。公司财务人员之间应分工合作、相互监督和相互制约，防止内部勾结共同造假。公司企业应该主动邀请当地税务机关、

稽查机关和监察机关等政府部门来联合定期依法查账，还可以设置专门渠道，接受外部媒体舆论的反馈和信息，检验自身运营中存在的问题和不足。

其次，完善内部信息披露管理制度。明确应该披露的信息，确定披露的标准；规范信息传递、审核、披露的流程；明确信息披露事务管理部门及其负责人在信息披露中的职责；落实董事和董事会、监事和监事会、高级管理人员等的报告、审议和披露的职责；董事、监事、高级管理人员履行职责的记录和保管制度；采取未公开信息的保密措施，内幕知情人员的范围和保密责任；建立财务管理和会计核算的内部控制及监督机制；完善对外发布信息的申请、审核、发布流程；加强与投资者、证券服务机构、媒体等的信息沟通；改善信息披露相关文件、资料的档案管理；执行未按规定披露的责任追究机制，对违反规定人员的处理措施。

（3）伪造金融票证罪的刑事法律风险的防范

首先，增强人员的法律意识，坚持合法经营的理念。组织单位员工认真学习合法经营的相关法律知识，做到依法经营、遵纪合规。组织员工观看案例警示教育片，邀请监察机关工作人员和法律专家教授前来讲座授课，开展法制宣传教育。其次，对于票证的领购、开具、保管和作废等各个环节由不同的专员负责，分工明确，各尽其职。对于空白发票的领用，设置严格的审批程序，必须经主管部门领导批准，严禁私自携带和使用。对已开具的发票，要装订好存根联，并记录好使用登记簿，定期核查对数，并记录备查。对于银行回单和对账单等票证，由专门的部门去银行领取，票证的记账和保管又分给不同的财会人员实施，账本由稽查部门和监察部门审核。对于销售单的记载情况可以抽样落实，在完成每一笔销售后，可以在备注上记录当时交易对象的基本资料和联系方式，在定期核查时，可以让监督人员以打电话、发邮件的方式落实情况并填写反馈信息，确保交易的真实。最后，完善财务管理制度，严格审查运营过程中的相关票据，谨防假账和错账。在与银行打交道时，加强对运作过程中监控，特别对直接与银行接触的内部人员及公司企业的银行账户资金流动情况做每日监控，提防内部员工与银行职员内外勾结，进行违规违法操作。

4. 刑事法律风险发生后的补救

总体思路：尽快聘请有关专业律师、法律专家进行专题研究，找出补救措施与对策，尽可能地化解刑事法律风险或者将刑事法律风险降到最低。

二、民营企业及其高管的刑事法律风险防控

（一）基本概念

非公有制经济是相对于公有制经济而产生的一个名词。它是我国现阶段除了公有制经济形式以外的所有经济结构形式。它也是社会主义市场经济的重要组成部分。非公有制经济主要包括个体经济、私营经济、外资经济等。

个体经济，是由劳动者个人或家庭占有生产资料，从事个体劳动和经营的所有制形式。它是以劳动者自己劳动为基础，劳动成果直接归劳动者所有和支配。它是社会主义初级阶段一种重要的非公有制经济。

私营经济，是以生产资料私有和雇用劳动为基础，以取得利润为目的所有制形式。它也是社会主义初级阶段一种重要的非公有制经济。

外资经济，是我国发展对外经济关系，吸引外资建立起来的所有制形式。它包括中外合资经营企业、中外合作经营企业中的境外资本部分，以及外商独资企业。它也是社会主义初级阶段一种重要的非公有制经济。

改革开放以来形成了以公有制为主体、多种所有制经济共同发展的基本经济制度。非公有制经济是我国社会主义市场经济的重要组成部分，非公有制经济已成为我国国民经济中一支不可缺少的力量。

民营企业，是指利用民间资本经营的企业，简称民企，广义的民营企业是指所有的非公有制企业。即除“国有独资”“国有控股”企业外，其他类型的企业只要没有国有资本，均属民营企业；狭义的民营企业仅指个体经济企业和私营经济企业或者以私营企业为主体的联营企业。

（二）在刑事犯罪方面，民营企业的发展现状以及面临的主要问题

2014 年 1 月 3 日，法制日报社《法人》杂志与中国青年报舆情监测室联合推出《2013 中国企业家犯罪（媒体样本）研究报告》，该报告从中国法院网等大众网络媒体上公开报道的企业家犯罪信息中收集整理了 357 起案例，客观反映了 2013 年度中国企业家犯罪的基本现状。报告称，与 2011 年、2012 年度的媒体案例相比，民营企业家涉及的犯罪案件在绝对数和所占比例上，一直处于明显提升状态。民营企业家犯罪或涉嫌犯罪的案件为 270 件，占 357 例案件总数的 75.6%。在 270 例民企企业家犯罪案件中，提及案发领域的案件共有 252 例，其中融资、财务管理与合同纠纷是民企案发的主要领域。在 260 例有明确罪名的民

营企业家犯罪案件中，涉案的具体罪名主要为非法吸收公众存款罪、集资诈骗罪、非法经营和合同诈骗罪。报告还显示，2012 年、2013 年统计的民营企业涉嫌罪名中前十位基本上都是经济犯罪，非法吸收公众存款罪、集资诈骗罪、非法经营罪、合同诈骗罪、挪用资金罪等与企业经营相关的罪名，一直是民营企业家们屡屡触碰的禁区。

1. 宋某新等人生产销售不合格产品、隐匿会计凭证、虚开增值税发票案

问题明胶案是现今食品、药品安全问题的缩影。不同于以往个别企业生产问题食品药品，此案反映出整个制药产业链都出现了问题。

2. 曾某杰等集资诈骗、非法吸收公众存款、职务侵占案

本案引发广泛关注，一是因为死刑判决在经济犯罪量刑趋缓的当下稍显突兀；二是由于未对家属进行死刑执行告知而引起热议。

3. 应某成等人非法吸收公众存款案

万家购物网不过是披着高科技外衣的变相传销活动而已，众多会员的付出托起的是少数股东的高额返利。

4. 何某葵欺诈发行股票、伪造金融凭证案终审

欺诈上市、内幕交易、信披违规等违法违规成本低，缺乏震慑力，也逆向激励了“小股东上当受骗，大股东吸血吃饱”的怪现状。

5. 丁某心非法经营、行贿案

铁道部反腐大幕曝光了铁道部部长刘志军、铁道部运输局局长张曙光等一批吃铁路饭的蛀虫，也曝光了丁某心这些权力掮客们。

6. 肖某等人敲诈勒索案

肖某等人将官员视为牟利的工具，利用个别官员贪色弱点，动用美女公关，利用官员手中的权力为自己换取金钱利益。

7. 李某源等人挪用资金、职务侵占、伪造公司印章案

李某源过于相信自己的运作能力，试图将企业化经营变为个人化资本演化，最终还是不能逃脱被市场放弃的命运。

8. 博时基金马某利用未公开信息交易案。

相对于股市的低迷，2013 年基金业战果颇丰，股基大幅跑赢大盘，但盈利的背后，是频现的“老鼠仓”事件。

9. 真功夫原董事长蔡某标职务侵占、挪用资金、抽逃出资案

真功夫作为中国式家族企业治理的个案，既是成功的，又是失败的，它没有免除中国式公司治理的通病。

10. 葛兰素史克部分高管涉嫌严重经济犯罪被立案侦查

跨国领域的商业贿赂成为2013年打击的重点。葛兰素事件，敲响了公司治理环境净化的警钟。

发展过程中面临的主要问题：融资困难；税费负担大；市场准入限制；受所占有、支配的资源局限；政府的差别对待和政策歧视……

（三）民营企业及其高管的刑事法律风险

1. 民营企业外部的刑事法律风险

民营企业外部的刑事法律风险是指民营企业对外作为一个整体时，经企业股东大会或者主要负责人的错误决策，在生产经营过程中容易引发的刑事法律风险。

这类风险大部分都集中在破坏社会主义市场经济秩序类犯罪方面，具体罪名主要有：生产、销售伪劣产品罪，生产、销售不符合安全标准的产品罪，虚报注册资本罪，虚假出资、抽逃出资罪，欺诈发行股票、债券罪，骗取贷款、票据承兑、金融票证罪，非法吸收公众存款罪，洗钱罪，集资诈骗罪，诈骗罪，虚开增值税专用发票罪，合同诈骗罪，销售假冒注册商标的商品罪，非法经营罪，组织、领导传销活动罪，行贿罪，单位行贿罪等。

［**相关法律法规**］

生产、销售伪劣产品罪，是指生产者、销售者在产品中掺杂、掺假，以假充真，以次充好或者以不合格产品冒充合格产品，销售金额达5万元以上的行为。

《刑法》第140条规定，生产者、销售者在产品中掺杂、掺假，以假充真，以次充好或者以不合格产品冒充合格产品，销售金额5万元以上不满20万元的，处2年以下有期徒刑或者拘役，并处或者单处销售金额50%以上二倍以下罚金；销售金额20万元以上不满50万元的，处二年以上7年以下有期徒刑，并处销售金额50%以上二倍以下罚金；销售金额50万元以上不满200万元的，处7年以上有期徒刑，并处销售金额50%以上二倍以下罚金；销售金额200万元以上的，处15年有期徒刑或者无期徒刑，并处销售金额50%以上二倍以下罚金或者没收

财产。

生产、销售不符合安全标准的产品罪，是指生产不符合保障人身、财产安全的国家标准、行业标准的电器、压力容器、易燃易爆产品或者其他不符合保障人身、财产安全的国家标准、行业标准的产品，或者销售明知是以上不符合保障人身、财产安全的国家标准、行业标准的产品，造成严重后果的行为。

《刑法》第146条规定，生产不符合保障人身、财产安全的国家标准、依行业标准的电器、压力容器、易燃易爆产品或者其他不符合保障人身、财产安全的国家标准、行业标准的产品，或者销售明知是以上不符合保障人身、财产安全的国家标准、行业标准的产品，造成严重后果的，处5年以下有期徒刑，并处销售金额50%以上二倍以下罚金；后果特别严重的，处5年以上有期徒刑，并处销售金额50%以上二倍以下罚金。

虚报注册资本罪，是指申请公司登记的个人或者单位，使用虚假证明文件或者采取其他欺诈手段，虚报注册资本，欺骗公司登记主管部门，取得公司登记，虚报注册资本数额巨大、后果严重或者有其他严重情节的行为。虚报注册资本罪是一种经济犯罪，而经济犯罪是一种行为人严重违反国家相关经济法规的行为。

《刑法》第158条规定，申请公司登记使用虚假证明文件或者采取其他欺诈手段虚报注册资本，欺骗公司登记主管部门，取得公司登记，虚报注册资本数额巨大、后果严重或者有其他严重情节的，处3年以下有期徒刑或者拘役，并处或者单处虚报注册资本金额1%以上5%以下罚金。单位犯前款罪的，对单位判处罚金，并对其直接负责的主管人员和其他直接责任人员，处3年以下有期徒刑或者拘役。

虚假出资、抽逃出资罪，是指公司发起人、股东违反公司法的规定未交付货币、实物或者未转移财产权，或者在公司成立后又抽逃其出资，数额巨大、后果严重或者有其他严重情节的行为。

《刑法》第159条规定，公司发起人、股东违反公司法的规定未交付货币、实物或者未转移财产权，虚假出资，或者在公司成立后又抽逃其出资，数额巨大、后果严重或者有其他严重情节的。单位犯前款罪的，对单位判处罚金，并对其直接负责的主管人员和其他直接责任人员，处5年以下有期徒刑或者拘役。

欺诈发行股票、债券罪，是指在招股说明书、认股书、公司、企业债券募集办法中隐瞒重要事实或者编造重大虚假内容，发行股票或者公司、企业债券，数额巨大、后果严重或者有其他严重情节的行为。

《刑法》第160条规定，在招股说明书、认股书、公司、企业债券募集办法中隐瞒重要事实或者编造重大虚假内容，发行股票或者公司、企业债券，数额巨大、后果严重或者有其他严重情节的，处5年以下有期徒刑或者拘役，并处或者单处非法募集资金金额1%以上5%以下罚金。单位犯前款罪的，对单位判处罚金，并对其直接负责的主管人员和其他直接责任人员，处5年以下有期徒刑或者拘役。

骗取贷款、票据承兑、金融票证罪，是指以欺骗手段取得银行或者其他金融机构贷款、票据承兑、信用证、保函等，给银行或者其他金融机构造成重大损失或者有其他严重情节的行为。根据刑法规定，犯本罪的，处3年以下有期徒刑或者拘役，并处或者单处罚金；给银行或者其他金融机构造成重大损失或者由其他严重情节的，处3年以上7年以下有期徒刑，并处罚金。

以欺骗手段取得银行或者其他金融机构贷款、票据承兑、信用证、保函等，涉嫌下列情形之一的，应予立案追诉：

（1）以欺骗手段取得贷款、票据承兑、信用证、保函等，数额在100万元以上的；

（2）以欺骗手段取得贷款、票据承兑、信用证、保函等，给银行或者其他金融机构造成直接经济损失数额在20万元以上的；

（3）虽未达到上述数额标准，但多次以欺骗手段取得贷款、票据承兑、信用证、保函等的；

（4）其他给银行或者其他金融机构造成重大损失或者有其他严重情节的情形。

非法吸收公众存款罪，是指违反国家金融管理法规非法吸收公众存款或变相吸收公众存款，扰乱金融秩序的行为。

《刑法》第176条规定，非法吸收公众存款或者变相吸收公众存款，扰乱金融秩序的，处3年以下有期徒刑或者拘役，并处或者单处2万元以上20万元以下罚金；数额巨大或者有其他严重情节的，处3年以上10年以下有期徒刑，并处5万元以上50万元以下罚金。单位犯前款罪的，对单位判处罚金，并对其直接负责的主管人员和其他直接责任人员，依照前款的规定处罚。

洗钱罪，是指明知是毒品犯罪、黑社会性质的组织犯罪、贪污贿赂犯罪、恐怖活动犯罪、走私犯罪、破坏金融管理秩序犯罪、金融诈骗犯罪的违法所得及其收益，为掩饰、隐瞒其来源和性质，通过存入金融机构、投资或者上市流通等手段使非法所得收入合法化的行为。

《刑法》第191条规定，明知是毒品犯罪、黑社会性质的组织犯罪、恐怖活动犯罪、走私犯罪、贪污贿赂犯罪、破坏金融管理秩序犯罪、金融诈骗犯罪的所得及其产生的收益，为掩饰、隐瞒其来源和性质，有下列行为之一的，没收实施以上犯罪的所得及其产生的收益，处5年以下有期徒刑或者拘役，并处或者单处洗钱数额5%以上20%以下罚金；情节严重的，处5年以上10年以下有期徒刑，并处洗钱数额5%以上20%以下罚金：（1）提供资金账户的；（2）协助将财产转换为现金、金融票据有价证券的；（3）通过转账或者其他结算方式协助资金转移的；（4）协助将资金汇往境外的；（5）以其他方法掩饰、隐瞒犯罪的违法所得及其收益的性质和来源的。单位犯前款罪的，对单位判处罚金，并对其直接负责的主管人员和其他直接责任人员，处5年以下有期徒刑或者拘役；情节严重的，处5年以上有期徒刑。

集资诈骗罪是指以非法占有为目的，违反有关金融法律、法规的规定，使用诈骗方法进行非法集资，扰乱国家正常金融秩序，侵犯公私财产所有权，且数额较大的行为。

犯集资诈骗罪的，处5年以下有期徒刑或者拘役，并处2万元以上20万元以下罚金；情节严重的，处5年以上10年以下有期徒刑，并处5万元以上50万元以下罚金；犯集资诈骗罪，情节特别严重的，处10年以上有期徒刑、无期徒刑，并处5万元以上50万元以下罚金或者没收财产；犯集资诈骗罪，数额特别巨大并且给国家和人民利益造成特别重大损失的，处无期徒刑或者死刑，并处没收财产。

个人集资诈骗20万元以上，单位在50万元以上的，便可认定为数额巨大；个人诈骗在100万元以上，单位在250万元以上的，则可认定属于数额特别巨大。

根据《刑法》第200条规定，单位犯本节第一百九十二条、第一百九十四条、第一百九十五条规定之罪的，对单位判处罚金，并对其直接负责的主管人员和其他直接责任人员，处5年以下有期徒刑或者拘役，可以并处罚金；数额巨大或者有其他严重情节的，处5年以上10年以下有期徒刑，并处罚金；数额特别巨大或者有其他特别严重情节的，处10年以上有期徒刑或者无期徒刑，并处罚金。

诈骗罪是指以非法占有为目的，用虚构事实或者隐瞒真相的方法，骗取数额较大的公私财物的行为。诈骗罪侵犯的对象，仅限于国家、集体或个人的财物，而不是骗取其他非法利益。其对象，也应排除金融机构的贷款。

《刑法》第 266 条规定诈骗公私财物，数额较大的，处 3 年以下有期徒刑、拘役或者管制，并处或者单处罚金；数额巨大或者有其他严重情节的，处3 年以上 10 年以下有期徒刑，并处罚金；数额特别巨大或者有其他特别严重情节的，处 10 年以上有期徒刑或者无期徒刑，并处罚金或者没收财产。本法另有规定的，依照规定。

合同诈骗罪是指以非法占有为目的，在签订、履行合同过程中，采取虚构事实或者隐瞒真相等欺骗手段，骗取对方当事人的财物，数额较大的行为。

《刑法》第 224 条规定，有下列情形之一，以非法占有为目的，在签订、履行合同过程中，骗取对方当事人财物，数额较大的，处3 年以下有期徒刑或者拘役，并处或者单处罚金；数额巨大或者有其他严重情节的，处 3 年以上 10 年以下有期徒刑，并处罚金；数额特别巨大或者有其他特别严重情节的，处 10 年以上有期徒刑或者无期徒刑，并处罚金或者没收财产。

虚开增值税专用发票、用于骗取出口退税、抵扣税款发票罪，是指违反国家税收征管法律法规，故意虚开增值税专用发票或者虚开用于骗取出口退税、抵扣税款的其他发票的行为。

《刑法》第 205 条规定，虚开增值税专用发票或者虚开用于骗取出口退税、抵扣税款的其他发票的，处 3 年以下有期徒刑或者拘役，并处 2 万元以上 20 万元以下罚金；虚开的税款数额较大或者有其他严重情节的，处 3 年以上 10 年以下有期徒刑，并处 5 万元以上 50 万元以下罚金；虚开的税款数额巨大或者有其他特别严重情节的，处 10 年以上有期徒刑或者无期徒刑，并处 5 万元以上 50 万元以下罚金或者没收财产。

单位犯本罪的，对单位判处罚金，并对其直接负责的主管人员和其他直接责任人员，处 3 年以下有期徒刑或者拘役；虚开的税款数额较大或者有其他严重情节的，处 3 年以上 10 年以下有期徒刑；虚开的税款数额巨大或者有其他特别严重情节的，处 10 年以上有期徒刑或者无期徒刑。

根据《刑法》第 212 条的规定，犯本节第二百零一条至第二百零五条规定之罪，被判处罚金、没收财产的，在执行前，应当先由税务机关追缴税款和所骗取的出口退税款。

虚开的税款数额在 1 万元以上或者致使国家税款被骗数额在 5000 元以上的，

才应作为犯罪处理。

销售假冒注册商标的商品罪，是指违反商标管理法规，销售明知是假冒注册商标的商品，销售金额数额较大的行为。

《刑法》第214条规定，销售明知是假冒注册商标的商品，销售金额数额较大的，处3年以下有期徒刑或者拘役，并处或者单处罚金；销售金额数额巨大的，处3年以上7年以下有期徒刑，并处罚金。

《刑法》有关司法解释规定，销售明知是假冒注册商标的商品，销售金额在5万元以上的，属于《刑法》第214条规定的"数额较大"，应当以销售假冒注册商标的商品罪判处3年以下有期徒刑或者拘役，并处或者单处罚金。销售金额在25万元以上的，属于《刑法》第214条规定的"数额巨大"，应当以销售假冒注册商标的商品罪判处3年以上7年以下有期徒刑，并处罚金。

非法经营罪，是指未经许可经营专营、专卖物品或其他限制买卖的物品，买卖进出口许可证、进出口原产地证明以及其他法律、行政法规规定的经营许可证或者批准文件，以及从事其他非法经营活动，扰乱市场秩序，情节严重的行为。

《刑法》第225条规定，违反国家规定，有下列非法经营行为之一，扰乱市场秩序，情节严重的，处5年以下有期徒刑，情节特别严重的，处5年以上有期徒刑，并处违法所得一倍以上五倍以下罚金或者没收财产：（1）未经许可经营法律、行政法规规定的专营、专场物品或者其他限制买卖的物品的；（2）买卖进出口许可证、进出口原产地证明以及其他法律、行政法规规定的经营许可证或者批准文件的；（3）未经国家有关主管部门批准，非法经营证券、期货或者保险业务的；（4）其他严重扰乱市秩序的非法经营行为。

组织、领导传销活动罪，是指以推销商品、提供服务等经营活动为名，要求参加者以缴纳费用或者购买商品、服务等方式获得加入资格，并按照一定顺序组成层级，直接或者间接以发展人员的数量作为计酬或者返利依据，引诱、胁迫参加者继续发展他人参加，骗取财物，扰乱经济社会秩序的传销活动行为。

《刑法》第224条之一规定，组织、领导以推销商品、提供服务等经营活动为名，要求参加者以缴纳费用或者购买商品、服务等方式获得加入资格，并按照一定顺序组成层级，直接或者间接以发展人员的数量作为计酬或者返利依据，引诱、胁迫参加者继续发展他人参加，骗取财物，扰乱经济社会秩序的传销活动的，处5年以下有期徒刑或者拘役，并处罚金；情节严重的，处5年以上有期徒刑，并处罚金。

行贿罪，是指为谋取不正当利益，给国家工作人员以财物（含在经济往来中，违反国家规定，给予国家工作人员以财物，数额较大，或者违反国家规定，给予国家工作人员以各种名义的回扣费、手续费）的行为。

为谋取不正当利益，向国家工作人员行贿，数额在3万元以上的，应当依照刑法第三百九十条的规定以行贿罪追究刑事责任。

行贿数额在1万元以上不满3万元，具有下列情形之一的，应当依照刑法第三百九十条的规定以行贿罪追究刑事责任：

（一）向三人以上行贿的；

（二）将违法所得用于行贿的；

（三）通过行贿谋取职务提拔、调整的；

（四）向负有食品、药品、安全生产、环境保护等监督管理职责的国家工作人员行贿，实施非法活动的；

（五）向司法工作人员行贿，影响司法公正的；

（六）造成经济损失数额在50万元以上不满100万元的。

根据《刑法》第390条第1款的规定，对犯行贿罪的，处5年以下有期徒刑或者拘役，并处罚金；因行贿谋取不正当利益，情节严重的，或者使国家利益遭受重大损失的，处5年以上10年以下有期徒刑，并处罚金；情节特别严重的，或者使国家利益遭受特别重大损失的，处10年以上有期徒刑或者无期徒刑，并处罚金或者没收财产。

行贿人在被追诉前主动交待行贿行为的，可以从轻或者减轻处罚。其中，犯罪较轻的，对侦破重大案件起关键作用的，或者有重大立功表现的，可以减轻或者免除处罚。

单位行贿罪，是指单位为谋取不正当利益而行贿，或者违反国家规定，给予国家工作人员以回扣、手续费，情节严重的行为。

《刑法》第393条规定，单位为谋取不正当利益而行贿，或者违反国家规定，给予国家工作人员以回扣、手续费，情节严重的，对单位判处罚金，并对其直接负责的主管人员和其他直接责任人员，处5年以下有期徒刑或者拘役，并处罚金。因行贿取得的违法所得归个人所有的，依照本法第三百八十九条、第三百九十条的规定定罪处罚。

单位行贿罪，是指公司、企业、事业单位、机关、团体为谋取不正当利益而行贿，或者违反国家规定，给予国家工作人员以回扣、手续费，情节严重的行为。涉嫌下列情形之一的，应予立案：

（1）单位行贿数额在20万元以上的；

（2）单位为谋取不正当利益而行贿，数额在10万元以上不满20万元，但具有下列情形之一的：

①为谋取非法利益而行贿的；

②向3人以上行贿的；

③向党政领导、司法工作人员、行政执法人员行贿的；

④致使国家或者社会利益遭受重大损失的。

因行贿取得的违法所得归个人所有的，依照本规定关于个人行贿的规定立案，追究其刑事责任。

［**典型案例**］

2013年6月，长沙、上海、郑州三地公安机关联合侦办的葛某素史克（中国）投资有限公司成功揭开了医药行业的商业贿赂黑幕，引起社会普遍关注。葛氏公司为提高药品价格、扩大药品销量，通过采取现金直接行贿、旅行社套现行贿、赞助相关医药行业协会、学会和给予代理商推广服务费等方式实施“带金销售”。案件曝光后，葛氏公司多名高管被捕入狱，公司形象和业绩一落千丈。

2. 民营企业内部的刑事法律风险

民营企业内部的刑事法律风险，是指由企业内部员工在公司履行自身职责的过程中引发的刑事法律风险，内部员工包括高级管理人员和企业普通员工。这类风险大部分都集中在侵犯财产类犯罪方面，具体罪名主要有：非国家工作人员受贿罪，职务侵占罪，挪用资金罪，组织、领导、参加黑社会性质组织罪，侵犯商业秘密罪等。

非国家工作人员受贿罪，是指公司、企业或者其他单位的工作人员利用职务上的便利，索取他人财物或者非法收受他人财物，为他人谋取利益，数额较大的行为。

《刑法》第163条规定，公司、企业或者其他单位的工作人员利用职务上的便利，索取他人财物或者非法收受他人财物，为他人谋取利益，数额较大的，处5年以下有期徒刑或者拘役；数额巨大的，处5年以上有期徒刑，可以并处没收财产。

公司、企业或者其他单位的工作人员在经济往来中，利用职务上的便利，违反国家规定，收受各种名义的回扣、手续费，归个人所有的，依照前款的规定处罚。

根据《关于办理贪污贿赂刑事案件适用法律若干问题的解释》的相关规定，公司、企业或者其他单位的工作人员利用职务上的便利，索取他人财物或者非法收受他人财物，为他人谋取利益或者在经济往来中，违反国家规定，收受各种名义的回扣、手续费归个人所有，数额在60,000元以上的，一般应予追诉。

职务侵占罪，是指公司、企业或者其他单位的人员，利用职务上的便利，将本单位财物非法占为己有，数额较大的行为。

《刑法》第271条规定，公司、企业或者其他单位的人员，利用职务上的便利，将本单位财物非法占为己有，处5年以下有期徒刑或者拘役；数额巨大的，处5年以上的有期徒刑，可以并处没收财产。

公司、企业或者其他单位的人员，利用职务上的便利，将本单位财物非法占为己有，数额在5000元至1万元以上的应予追诉。这里的数额，应当累计计算。

挪用资金罪，是指公司、企业或者其他单位的工作人员利用职务上的便利，挪用本单位资金归个人使用或者借贷给他人，数额较大、超过3个月未还的，或者虽未超过3个月，但数额较大、进行营利活动的，或者进行非法活动的行为。

《刑法》第272条规定，公司、企业或者其他单位的工作人员，利用职务上的便利，挪用本单位资金归个人使用或者借贷给他人，数额较大、超过3个月未还的，或者虽未超过3个月，但数额较大、进行营利活动的，或者进行非法活动的，处3年以下有期徒刑或者拘役；挪用本单位资金数额巨大的，或者数额较大不退还的，处3年以上10年以下有期徒刑。

根据《关于办理贪污贿赂刑事案件适用法律若干问题的解释》有关规定，挪用本单位资金10万元，或者为进行非法活动挪用本单位资金6万元的，为数额较大，应予追究刑事责任。

组织、领导、参加黑社会性质组织罪，是指组织、领导或者参加以暴力、威胁或者其他手段，有组织地进行违法犯罪活动，称霸一方，为非作歹，欺压、残害群众，严重破坏经济、社会生活秩序的黑社会性质组织的行为。

《刑法》第294条第1款规定的“黑社会性质的组织”应当同时具备以下特征：

（1）形成较稳定的犯罪组织，人数较多，有明确的组织者、领导者，骨干成员基本固定；

（2）有组织地通过违法犯罪活动或者其他手段获取经济利益，具有一定的经济实力，以支持该组织的活动；

（3）以暴力、威胁或者其他手段，有组织地多次进行违法犯罪活动，为非作恶，欺压、残害群众；

（4）通过实施违法犯罪活动，或者利用国家工作人员的包庇或者纵容，称霸一方，在一定区域或者行业内，形成非法控制或者重大影响，严重破坏经济、社会生活秩序。

组织、领导黑社会性质的组织的，处7年以上有期徒刑，并处没收财产；积极参加的，处3年以上7年以下有期徒刑，可以并处罚金或者没收财产；其他参加的，处3年以下有期徒刑、拘役、管制或者剥夺政治权利，可以并处罚金。境外的黑社会组织的人员到中华人民共和国境内发展组织成员的，处3年以上10年以下有期徒刑。

侵犯商业秘密罪，是指以盗窃、利诱、胁迫或者其他不正当手段获取权利人的商业秘密，或者非法披露、使用或者允许他人使用其所掌握的或获取的商业秘密，给商业秘密的权利人造成重大损失的行为。

《刑法》第219条规定，有下列侵犯商业秘密行为之一，给商业秘密的权利人造成重大损失的，处3年以下有期徒刑或者拘役，并处或者单处罚金；造成特别严重后果的，处3年以上7年以下有限徒刑，并处罚金：

（1）以盗窃、利诱、胁迫或者其他不正当手段获取权利人们商业秘密的；

（2）披露、使用或者允许他人使用以前项手段获取的权利人的商业秘密的；

（3）违反约定或者违反权利人有关保守商业秘密的要求，披露、使用或者允许他人使用其所掌握的商业秘密的。

明知或者应知前款所列行为，获取、使用或者披露他人的商业秘密的，以侵犯商业秘密罪论处。

本条所称商业秘密，是指不为公众所悉，能为权利人带来经济利益，具有实用性并经权利人采取保密措施的技术信息和经营信息。

本条所称权利人，是指商业秘密的所有人和经商业秘密所有人许可的商业秘密使用人。

《刑法》第220条规定，单位犯本节第213条至第219条规定之罪的，对单位判处罚金，并对其直接负责的主管人员和其他直接责任人员，依照本节各该条的规定处罚。

侵犯商业秘密，涉嫌下列情形之一的，应予立案追诉：

（1）给商业秘密权利人造成损失数额在五十万元以上的；

（2）因侵犯商业秘密违法所得数额在五十万元以上的；

（3）致使商业秘密权利人破产的；

（4）其他给商业秘密权利人造成重大损失的情形。

［**典型案例**］

2012 年 6 月，山河智能旗下的安徽山河矿业装备股份有限公司（下称山河矿装）原总经理龚某，因侵犯商业秘密罪领刑 1 年 6 个月，成为业内首个因商业间谍案获刑的高管。事情源于北方交通重工集团煤机业务的 16 名科研骨干受到龚某的高薪利诱，带走原公司核心产品的生产图纸。

3. 公权力侵害的刑事法律风险

由于法律对非公有制经济的保障机制还不健全，地方党政机关利用公权力侵害非公有制公司、企业合法权益的事件屡屡发生。

首先，非公有制公司、企业（民营企业）遭受公权力直接侵害的刑事法律风险。

个别地方党政领导受扭曲的政绩观影响或出于个人目的，非法利用行政、司法手段干预非公有制经济的经营活动，甚至凭借手中权力对民营企业家罗织罪名，导致公司、企业发展举步维艰甚至破产倒闭。

［**典型案例** 1］

原郴州市纪委书记曾某春利用手中的权力，通过直接投资或者接受干股等形式插手办矿，攫取巨额利润。对不顺从自己的矿企老板，动辄违法利用双规等手段，使企业家身陷囹圄，企业也由此一蹶不振。

长沙市某县经开区某领导，为了实现个人的非法利益，在该区房屋征地拆迁补偿工程中，对于不服从明显不合理、不合法的补偿决定的民营企业家彭某进行威逼利诱，欲使彭某就范。彭某为了维护自身的合法权益，遂以实名举报的形式向有关部门反映该领导腐败犯罪行为。戴某得知后，对彭某进行打击报复，竟然多达 3 次要求公安机关对彭某以莫须有的罪名进行拘捕。彭某被关押期间，其公司被迫停止生产，债台高筑，接近破产边缘。

其次，非公有制公司、企业（民营企业）与不法公权力相互交织的刑事法律风险。

我国非公有制经济先天不足，后天畸形，在经营过程中，面对激烈的市场竞争，往往与公权力交织在一起，常常和官员腐败有牵连，通常是一个贪官倒下，一批企业破产，企业家也随之锒铛入狱。

［**典型案例 2**］

原郴州市委书记李某伦主政郴州期间，常德商人邢某新与其相互勾结，先后拿下了苏仙岭景区改造工程、鲁永公路路面硬化工程、郴电国际万国大厦装修工程等，企业不断发展壮大。然而，随着李某伦贪腐案发，邢某新锒铛入狱，风光一时的企业也随之烟消云散。

最后，非公有制公司、企业（民营企业）遭受不当刑事司法侵害的刑事法律风险；

一些地方党政机关基于地方保护或经济利益的需要，干扰司法机关办案，或指令其运用刑事司法权插手纠纷，使民事纠纷刑事化。

（四）民营企业及其高管的刑事法律风险形成的原因

1. 股东之间关系复杂，决策机制比较单一

企业的高级管理层或者决策机构大多由家庭或者家族、熟人、朋友等一些具有特殊关系的人群组成，导致夹杂复杂的感情关系，使领导者在处理利益关系时会处于更复杂，甚至是两难的境地。

这种家族式企业在提拔人才的时候也会带有任人唯亲的倾向，导致企业的股权越来越集中到几个家属手中，企业虽然依照形式设置了审计、监督和法务等企业内部权力制约机制，但迫于家族管理层的压力和轻视，这些机制没有发挥应有的作用，甚至被完全忽视。

高度集权的企业高层在为企业做出重大决定时，思维模式不仅一致没有创新，而且容易形成决策的独断性，再加上缺乏有效的权力制约机制，若决策重大失误，将有可能给民营企业带来灭顶之灾。

［**典型案例**］

轰动一时的郴州“蝴蝶夫人”传销案。犯罪嫌疑人何某兰通过“蝴蝶夫人公司”网站采取拉人头、交入门费等方式，在全国 29 个省市区发展各级代理商 500 余人和会员 6 万余人进行网络非法传销，涉案金额高达 3.35 亿元，成为 2009 年全国非法传销第一案。

2. 民营企业发展环境略显弱势，为追求非法利益铤而走险

相对于国有企业来说，民营企业享受不到国家对国有企业发展倾注的大量的优惠政策和资金扶持，很多民营企业家都是白手起家，依靠自身的努力和运气才发展壮大。

尤其体现在市场公平性问题上，不仅某些领域民营企业无权涉足，在某些

方面民营企业还经常面临被索、卡、拿、要的尴尬局面。

由于在资源占有、市场竞争等方面得不到平等的对待，而民营企业又为了自身的发展而极力寻求机遇和利润，最终被逼无奈铤而走险，通过打法律的擦边球求得生存。

民营经济在其发展过程中面临的主要困难在于融资难，既难以通过银行贷款方式获得间接融资，又难以通过资本市场获得直接融资。民营企业在缺乏正规、有效融资渠道的情况下，只好寻求民间借贷、集资、违规借贷等方式筹资，有的民营企业甚至靠拖欠贷款来获得正常经营所需资金，这就造成了一些潜在风险。

［**典型案例**］

湖南省某县人民检察院于2011年5月在侦查A公司（高科技民营企业）涉嫌单位行贿罪一案中查明：2008年至2010年，A公司在与某钢铁公司的业务往来中，为了谋取不正当利益，其法定代表人兼董事长周某和总经理段某商量，先后送给钢铁公司炼铁厂厂长助理王某等人人民币24.2万元。周某因此被逮捕，段某因此被取保候审。侦查机关认为，A公司因行贿获取了大额订单，谋取到了巨额非法利益，便决定收缴A公司200万元非法所得。但A公司成立时间不长，属于起步阶段，且钢铁公司的应付货款因受贿案已被纪委暂停支付。A公司账上几乎没有什么资金，虽经努力，仍只能筹措到100万元的资金交给办案单位。但检察院认为，收缴200万元是最低要求，一分钱也不能少。而A公司如果继续缴纳，就只有变卖公司财产了。加之，公司的灵魂人物已锒铛入狱，检察院亦打算以A公司、周某和段某涉嫌构成单位行贿罪提起公诉，一个很有发展前途的民营企业（正在与该行业技术处于世界领先水平的外商洽谈合作发展事宜）即将夭折。

3. 企业文化缺失，员工的法律意识和职业道德有待进一步提高

很多民营企业自始至终都不注意培养遵纪守法、合规经营的企业文化，认为企业只要营利就好了，没有那么多时间和精力来营造企业文化。

另外，民营企业在任命高级管理员工和对外招聘普通员工时，没有严格按规章制度办事，如认真审查员工的资质和学历，为了节省员工成本或者照顾请托帮忙，将明显不符合企业要求的人员也招聘进来，导致企业市场竞争力下降，企业员工整体素质下滑，使引发刑事法律风险的概率大大增加。

［**典型案例**］

蓝思科技曾发生过这样的案例：该公司职员，利用自身工作岗位形成的便利条件，将公司生产的手机屏幕藏在口袋，每天下班后，再把口袋里的手机屏

幕以低价对外售出。后来，公司领导在检查工作时发现了这个监守自盗的问题，公司一方面将这些员工移送公安机关追究其刑事责任；另一方面加强了这方面的防范力度（如必须着工装上班，且工装没有口袋；健全完善电子监控等）。

4. 企业自身的管理制度存在漏洞，风险防范意识不强

在财务制度上没有按照规章制度办事，对企业的账务收支没有做到每笔记录、有账可查，企业高级管理人员对于公章、私章没有认真保管，企业的票证、银行账户、现金管理人员没有勤勉职守，让犯罪分子有可乘之机，甚至企业内部人员利用职务上的便利，监守自盗。

监管机制缺失，没有形成一套完整、科学、合理的监督管理机制，将多个具有利害冲突关系的职权授予一人，如将企业产品销售权和审计监督权、产品发送权和货款回收权交由同一名管理人员，势必容易带来职务侵占、挪用资金的犯罪风险。

人事制度管理混乱，岗位用人不当，且缺乏人才引进和激励机制，在对员工实施奖惩方面念及私情、赏罚无度。

在参与社会协作机制时，缺乏防范意识，不仅没有很好地与外部监督机构沟通交流，甚至出现内外勾结的犯罪现象。

[**典型案例**]

湖南利德集团股份公司财务部经理兼利德电子浆料有限公司财务副总经理徐某，2009 年至 2011 年，先后 7 次利用主管财务便利，在无任何真实业务往来情况下，以私刻假章、安排下属盖公章等手段伪造、虚构《产品购销合同》22 份向兴业银行申请承兑汇票，骗取银行承兑汇票金额 1.345 亿元，并通过非法贴现的方式获得资金 1000 万元，后将这 1000 万元私自套出挪用在外周转，用于自己投资期货、股票及对外借贷获利，严重侵害了公司的合法利益。

（五）民营企业及其高管的刑事法律风险防范措施

1. 努力提高民营企业员工的职业道德和法律意识

首先，加强思想道德教育，培养依法合规的意识。

要注重从防范刑事法律风险的源头抓起，特别是从企业员工的思想道德和法律意识抓起。不仅包括所有的企业高级管理人员，而且还包括所有的企业基层普通工作人员。从思想上自觉抵制违规违法的经营行为，从意识上了解到依法经营的重要性。

其次，开展法制宣传活动，注重员工的职业培训。

在民营企业内部，针对部门员工的不同职责，要经常组织和开展部门内和部门间的法制宣传活动，一方面，利用一系列活生生的违法犯罪案例来警示和教育企业员工，使全员认识到一旦侥幸实施犯罪，面临的是后悔莫及的牢狱之灾；另一方面，还要通过邀请专家教授前来授课解惑，对企业发展面临的法律问题开展提问答疑活动，通过法律手段维护自身的正当权益。

同时，还要注重开展和加强员工的职业培训，通过让员工熟悉业务、学精业务，并定期开展业务竞赛，培养他们爱岗敬业、忠于职守的优秀品质，使他们认识到只有勤勤恳恳、扎扎实实地工作，才有利于实现个人价值，给企业创造更多的利润。

最后，营造一种健康向上、依法经营的企业文化。

现代企业制度离不开营造健康向上、依法经营的企业文化，企业领导要结合企业自身特点，将打造企业文化作为一项重要项目来建设，大力弘扬优秀的企业文化，引导创造正能量，使员工树立正确的世界观、人生观和价值观，诚实信用、遵纪守法，积极的企业文化是一种无形的软实力，在健康向上的企业文化中，企业员工想实施犯罪的念头也能得到有效的抑制，从而起到预防刑事法律风险的作用，促使企业不断发展壮大。

2. 完善企业内部各项管理制度

首先，完善企业人事管理制度。

在招聘员工时，依据企业自身的定位和现状，可以与高等院校签订人才培养计划，根据企业自身的空缺岗位选择所需人才，对于通过人才引进计划招来的员工，可以适当提高薪酬待遇，鼓励人才前来应聘。比如大型民营企业可以选择高学历、具备岗位资质的人才，并为其提供住宿和研发基金，而小型民营企业如不能提供相应的岗位和待遇，在选择人才时可以量力而行，但至少不选择品行恶劣、素质低下的社会人员。企业人事部门要秉着为整个企业的发展着想，要有拒绝走后门、招收关系户的决心，杜绝任人唯亲的不公平现象，以招收符合岗位要求、具备高素质高水平的人才为工作重点。建立企业内部员工考核制度，将员工的日常工作表现记录备案，定期进行综合考核，可以有效预防企业内部的职务犯罪行为。另外，在员工升迁和奖惩方面，制定一套行之有效的规范，并严格按照规章制度办事，珍惜和留住人才，为人才的发展提供健康、公正的平台；企业领导严格执行有赏有罚、赏罚分明的制度，对于应该嘉奖的员工及时奖励，对于应该处罚的员工有错必罚，不仅有利于培养员工钻研工作的态度，而且在一定程度上有利于防范企业的刑事法律风险。

针对企业自身各种可能的泄密途径，制定一整套有关商业秘密保护的制度，比如将企业重要商业秘密分解为几个部分交给不同的员工保管、禁止员工在企业涉密计算机上使用移动存储设备、完善企业内部摄像监控和网络监控系统、设置企业内部资料的传阅范围等，注重事先防范，加强留意签订了书面保密协议和竞业禁止协议的离职人员，写明保密条款和违约责任，使权利义务明确化，并保留相关凭证备查，如果发现他们在离职后有侵犯企业商业秘密的犯罪行为，及时向公安举报。

其次，完善企业财务管理制度。

为企业设立专门的财务机构和岗位，聘请有会计、财务资格的人员上岗任职，会计、出纳和企业负责人要明确职责划分，各司其职，对于企业的每一笔收支都认真记录和备注。要保证财务部门及员工的独立性，防止企业财务人员成为企业领导或者社会人员实施犯罪的工具。鼓励企业负责人学习基本财务知识和相关法律知识，熟悉财务工作流程，负责人可以不定期检查企业财务工作，发现财务工作中的问题和漏洞，预防财务人员实施相关犯罪。建立负责人签字审批制度，对于企业每笔款项的支出，都要有相关负责人签字审批，使每笔款项的来龙去脉都有据可查。财务人员要提高风险防范意识，认真保管企业的现金、公章、私章、印鉴和会计凭证等财务资料，预防被他人盗取用于犯罪，而且要实行多人共同保管制度，预防财务人员监守自盗或与外人共同作案。设置专门的财务人员与银行进行有效沟通，对于银行账户出现的可疑交易，要及时从银行得到反馈，并及时报告企业负责人，为预防犯罪行为争取更多的时间。

在涉及企业财务活动时，要特别注意企业自身和财务人员的职务行为，严格按照法律规定办事，避免在财务问题上给企业带来不必要的刑事法律风险。比如，向金融机构融资时，不能在手续上出问题，不能虚构事实或是提供假材料，必须在材料和手续上真实、完备、合法、有效；借款时的承诺利率不要高于同期银行的贷款利率，不能以高利率为诱饵融资；在借款涉及的人数较多时，可借助一些信托公司中介筹款，必要时支付一定的中间费用，以使企业避免直接面临集资诈骗的风险；如果企业已经承诺过高的回报率，又直接参与了集资，那么企业一定要稳定借款人的情绪，使他们能够保持冷静，避免造成社会不稳定的局面，使此类纠纷作为民事纠纷处理，防止演变成刑事案件。

最后，完善企业监督管理制度。

设置专门的内部监督部门和岗位，注重加强对企业财务和企业员工的检查监督，如法律监察部、审计部和稽核部。如果小型民营企业没有相应的设置条件，可以将监督部门简化为具体岗位，并任命具备相应资质的人员担任，授予其独立监督的权力。在具体设置监督部门、岗位的时候，注意不能将多个监督职务授予同一个人，以防止监督权力过于集中而流于形式，甚至加大了监督人员自身犯罪的法律风险。企业的内部监督人员，要依照监督制度，对企业的每个经营环节和每一笔款项进行认真监督，一旦发现问题，要及时对负责人报告。监督人员还要针对企业自身和企业员工制定一套有效的监督考察工作机制，不定期深入各部门和各岗位进行工作监督，对员工的工作记录和工作进度进行抽查，比如为员工制定无口袋工作服防范盗窃事件、对员工的办公设备和区域进行不定期检查、加强安检监控管理、开通企业内部匿名举报有奖制度等，用以发现企业员工潜在的违法犯罪问题，提高企业预防非国家工作人员受贿罪、职务侵占罪和挪用资金罪等各种经济犯罪的能力。

3. 优化企业股权配置，重视职务责任追究制度

一方面，引入权力制约概念，完善企业集体表决机制。考虑到民营企业股权配置的特殊性，在股权高度集中的家庭式或家族式企业的发展模式下，为了尽可能减少刑事法律风险，可以适当外聘法律、财会专家对企业提出改善建议或者通过征求企业部分普通员工的意见，在企业内部完善集体表决机制，通过共同论证表决在一定程度上实现决策的民主化和科学化。比如，对于企业签订重要合同、投资、薪资、知识产权、合并、破产等重大事项的决策，除了在经济和技术方面的论证之外，必须进行法律风险的分析和评估，推动企业重大经营决策活动的法律审核。在代表企业做出重大决策之前，通过集思广益、听取建议，能够帮助企业高层管理人员更加合理有效地作出正确的决策。同时，这也从侧面降低大股东在一意孤行或者罔顾法律的情况下，以企业名义实施欺诈发行股票、债券罪，非法吸收公众存款罪，洗钱罪，集资诈骗罪，非法经营罪，单位行贿罪等犯罪活动的法律风险。

另一方面，实行企业工作责任追究制度。对于企业的每一次交易活动和执

行职务，都要实行谁执行、谁负责的责任追究制度，并在事前就将相应负责人及相关情况记录存档。特别是企业有关人员对外代表企业签订合同或者履行职务过程中，要有专员对相应负责人的行为进行监督和制约，比如在签订合同时要求两个负责人签字盖章，面对交易过程中的事情变更应及时上报企业管理层等。在企业员工履行职务过程中，因员工故意或者严重不负责的过错，而容易触犯诈骗罪，生产、销售伪劣产品罪，骗取贷款、票据承兑、金融票证罪等犯罪行为。实行工作责任负责制不仅是一种救济途径，而且它可以在追究刑事责任时将企业的经营行为与责任人的犯罪行为做一定的区分，有助于准确打击犯罪。

4. 建立刑事法律风险防范制度，积极参与社会协作防控

首先，企业内部建立一套有效的刑事法律风险防范制度。

加大对刑事法律风险防范的投入，设置一个专门的研究刑事法律风险防范的机构或岗位，聘请刑事法律专家来担任该项职务。

这个岗位的责任人应对企业进行一个整体风险评估，定期组织和开展刑事法律风险防范的讲座和授课，并且有针对性地为企业高级管理人员制定犯罪预防整体方案，同时对企业日常活动和重大决策从刑事法律角度提出自己的意见和建议。还要建立一套有效的应急预案，比如面对突发犯罪或者紧急事件时，对内如何处理犯罪员工与安抚其他员工，对外如何应付政府、媒体和群众，都要预先制定出一个有效的方案。

这里，实际上对我们的律师提出了法律服务的新要求：我们不能仅仅满足于传统的法律顾问服务，对于现代企业而言，我们应将服务重点放在对公司法律风险的管控上，尤其是对刑事犯罪风险的管控上。

其次，充分发挥民营企业的娘家——工商联在预防和化解民营企业刑事法律风险中的独特优势。

工商联作为党和政府联系非公有制经济的桥梁和纽带、政府管理非公有制经济的助手，在发挥优势、履行好传统职能的基础上，注意为辖区内民营企业建立好一个比较完备的刑事法律风险防控专家库，在民营企业需要时能够及时为其提供高效优质的法律服务，为民营企业预防和减少刑事法律风险服务。

再次，可以尝试成立维护民营企业整体行业利益的机构或者民间组织，走联合发展之路。

针对与国企相比，民营企业在先天上优势不足的实际情况，可以由政府主导和组织，也可以由民营企业相互联合，成立维护民营企业整体行业利益的民间组织，以行业整体名义向政府请求政策扶持和资金投入，向政府要求给予合理的保护和引导，为民营企业的正常发展创造良好环境和优惠条件，特别是在民营企业涉及网络犯罪或者跨地域犯罪时，通过寻求政府和行业机构的帮助，来维护民营企业自身的合法权益就显得尤为重要。

比如，2009 年 4 月在天津成立的天津市民营企业危机管理服务联席会议，由市委政法委、市高级人民法院、市人民检察院、市公安局、市司法局和市工商联等单位组成。

主要是定期通报民营经济发展情况，研究解决民营经济发展中的安全防范、企业稳定和危机处理等问题，为民营经济发展提供良好法律服务和保障。这是全国率先建立的民营企业危机管理服务的工作机制。联席会议将强化预防、提高民营企业家法律意识、建立应对法律危机的“防火墙”作为工作重点，主要通报全市民营经济发展、民营企业法律风险防控情况，集中解决难点问题。

最后，借助外部监督力量，预防犯罪的发生。

民营企业在整个联合商会或者政府有关部门的引导下，积极主动联合外部监督力量，对自身的经营行为进行有效监督，实现及时预防犯罪的目的。

比如，可以联合公安、工商、税务和新闻媒体等有关机构，自觉接受它们的检查和监督，民营企业内部设置专门的对外沟通岗位，负责与这些外部监督机构进行交流，通过信息反馈，有效应对公众危机事件，形成有利于民营企业化解刑事法律风险的舆论导向，面对企业内部员工的违法犯罪行为，应及时与公安机关取得联系，积极配合公安机关打击违法犯罪的活动。而且，民营企业应尽量与会计师事务所和律师事务所达成合作关系，在会计师和律师的保驾护航之下，能起到很好的事先预防刑事法律风险的作用。

在政府主管部门的主持下，应该为民营企业的发展搭建一个良好的平台，不仅为民营企业提供诸多经营机会，而且通过平台促使民营企业与其他企业、民营企业与学者专家、普通民营企业家与明星民营企业家认识交流的机会，促进整个民营企业的整体发展。同时，政府主管部门还可以尝试建立民营企业“黑名单”制度，通过惩治违反犯罪和奖励合法经营的民营企业，达到民营企业行业自治和优化资源配置的目的。

具体来说，根据民营企业一定时期内的信用表现来评定相应的信用等级，然后将评定结果输入档案数据库，实施全国联网，使民营企业在经济活动中的违法犯罪行为有档可查，对此，将政府提供的投资、税收、购买等优惠政策优先让给信用等级好的民营企业，激励整个行业遵纪守法，诚信经营。

另外，加强民营企业与公检法机关的沟通与协调，聘请公检法机关的实务专家做专题讲座，是降低或消除企业家刑事法律风险不可忽视的方面。

（六）民营企业刑事犯罪风险的成功化解——以A公司涉嫌单位行贿案为例

1. 案情简介

某县人民检察院于2011年5月在侦查A公司（高科技民营企业）涉嫌单位行贿罪一案中查明：2008年至2010年，A公司在与某钢铁公司的业务往来中，为了谋取不正当利益，其法定代表人兼董事长周某和总经理段某商量，先后送给钢铁公司炼铁厂厂长助理王某等人人民币24.2万元。周某因此被逮捕，段某因此被取保候审。侦查机关认为，A公司因行贿获取了大额订单，谋取到了巨额非法利益，便决定收缴A公司200万元非法所得。但A公司成立时间不长，属于起步阶段，且钢铁公司的应付货款因受贿案已被纪委暂停支付。A公司账上几乎没有什么资金，虽经努力，仍只能筹措到100万元的资金交给办案单位。但检察院认为，收缴200万元是最低要求，一分钱也不能少。而A公司如果继续缴纳，就只有变卖公司财产了。加之，公司的灵魂人物已锒铛入狱，检察院亦打算以A公司、周某和段某涉嫌构成单位行贿罪提起公诉，一个很有发展前途的民营企业（正在与该行业技术处于世界领先水平的外商洽谈合作发展事宜）即将夭折。

A公司在这个危难时刻，聘请了律师。律师在初步了解案情和此案发生的背景后，依法采取了非常规措施为其维权并尝试化解其刑事犯罪风险：首先，充分利用省人民检察院刚刚印发的文件，即《关于依法维护和促进非公有制经济健康发展的实施意见》，向省人民检察院提交了《请求对A公司涉嫌单位行贿罪予以宽大处理的紧急报告》，请求依据法律及上述文件的精神对A公司予以宽大处理，以确保公司法定代表人能够早日归来（至少先取保候审），争取将外商与公司的合作项目落实到位，确保公司在吸取教训后实现超常规发展。检察长亲笔批复，请分管检察长过问此案，纠正县检察院的不当做法。市县检察院在省院分管检察长的过问下，非常重视，很快答复：A公司没有缴纳的钱不再缴纳，公司法定代表人马上可以办理取保候审手续。但县检察院的办案人员在将周某取保候审前私下里让周某写了一份保证书，保证其取保候审后2个月内分5次交齐余下的100万元。在周某取保候审后，办案人员一直在催缴余下的100万元，否则，不予宽大处理。在此情形下，律师认为办案人员的做法不当，于是向省人民检察院领导提交了第二份请求对A公司予以宽大处理的报告。报告称：检察院依法查办案件无可非议，但如同贵院的上述文件所要求的那样，检察院在查办案件时，既要注重办案本身的效果，又要注重办案的社会效果；要通过办案，依法规范和引导非公有制经济健康发展。现在，A公司的发展前景非常看好，如果对这样一个有发展前途而且涉嫌犯罪的数额刚超过立案标准的公司只注重办案本身的效果，那么，带给公司的影响是灾难性的；而如果同时注重社会效果，在公司的管理层充分吸取到本案的教训后，对公司依法予以宽大处理，让有能力的企业家充分施展自己的才华，为国家的经济建设作出更大的贡献，这何尝不是将坏事变好事，又何尝不是本案效果的最大化呢？这样的效果才应该是本案所追求的。因而请求省院领导，将这一案件作为落实省院文件的重点案件予以督办与跟踪。

经过多方的不懈努力，余下的100万元不再缴纳，检察机关并于2年后终于作出不起诉决定，以A公司、周某、段某犯罪情节轻微，有悔罪表现，依法不需要判处刑罚为由，决定对A公司、周某、段某不起诉。

而今，A公司因成功化解了刑事犯罪风险，抓住了良好的发展机遇，已取得飞速发展，公司拟打算在3～5年内申请在创业板上市。

2. 可吸收的教训与经验

本案中，A公司的刑事犯罪风险有如下几点：

（1）法律意识比较淡薄，违法犯罪的防范意识较差。

A公司之所以涉嫌单位行贿，是因为公司领导层本身的法律意识比较淡薄，对违法犯罪的防范意识较差，误以为这是开拓公司业务的潜规则，大家都是这样做的，所以也就抱着无所谓的态度去实施单位行贿行为。

（2）没有法律专家（法律顾问）为公司防范法律风险把关。

A公司领导层认为，公司在初创阶段尚不需要聘请律师为公司提供法律服务，能节省的开支尽量节省。但公司领导层没有想到的是，由于缺少必要的法律专业人士对法律风险的管控，导致自己创建的公司险些毁于自己的手中。

（3）公司没有相应的刑事犯罪风险应急方案，对于突发性事件缺乏应对机制。

周某和段某在被检察机关采取强制措施之后，A公司便如“砧板上的肥肉”，听从检察机关的“处置”，开始准备变卖家产，甚至破产清算来凑齐200万元上缴。由于没有相应的刑事犯罪风险的应急方案，对于突发性事件不能从容应对，导致一直处于被动听命的状态。后在律师等多方努力下，公司及领导层的刑事犯罪风险才最终得以化解。

对此，结合本案的具体实际，依照法律的有关规定，对于包括A公司在内的现代企业提出如下两点预防法律风险尤其是刑事犯罪风险的措施：

（1）加强法律法规的学习，提高公司领导层及员工的法律意识与违法犯罪风险的防范意识。

公司领导层要带头学习法律法规，尤其是要带头学习与企业生产经营、发展壮大紧密相关的法律法规，可以是自行组织学习，可以是邀请专家辅导或者采取其他有效的方式，以提高整个企业的法律意识和违法犯罪风险防范意识，依法明确法律允许做什么，禁止做什么；哪些属于法律禁区不得僭越，哪些行为属于违法犯罪行为不得触犯。

（2）聘请法律专家对公司法律风险尤其是刑事犯罪风险进行管控。

现代企业的发展壮大，对法律服务的要求不应只满足于传统的聘请律师担任法律顾问上，而应将服务重点放在对公司法律风险的管控上，尤其是对刑事犯罪风险的管控上。谁最先察觉到这一点并聘请到法律风险管控专家进行服务，谁就能在激烈的商战中立于不败之地。至于如何具体防范与化解法律风险尤其是刑事犯罪风险，则可以全权交由法律风险管控专家处理。

三、交通运输系统职务犯罪的情况分析

广义上的职务犯罪是指单位工作人员利用职权便利实施的犯罪行为。狭义上的职务犯罪是指国家机关、国有公司、企业事业单位、人民团体工作人员利用已有职权，贪污、贿赂、徇私舞弊、滥用职权、玩忽职守，侵犯公民人身权利、民主权利，破坏国家对公务活动的管理规范，依照刑法应当予以刑事处罚的犯罪，包括刑法规定的贪污贿赂犯罪、渎职犯罪和国家机关工作人员利用职权实施的侵犯公民人身权利、民主权利犯罪等。

（一）交通运输系统职务犯罪的现状

近年来，交通运输系统的腐败问题相对比较突出。中央巡视组于2015年6月底至8月底对交通运输部等26家单位进行了专项巡视，巡视组向交通运输部反馈专项巡视情况中指出：交通运输部门“靠交通吃交通”现象突出，个别领导干部以权谋私，涉嫌严重违纪违法。一些单位管党治党不严不实，部分党员干部纪律和规矩意识淡薄，对违纪违法问题大事化小、小事化了，执纪问责不到位，个别基层单位还发生群体性腐败。

此外，还指出违规使用交通专项资金，条子工程、关系项目多，资金监管制度建设滞后，行业重大违纪问题时有发生；一些单位政企不分、政事不分、事企不分，层层经商办实体，为小团体谋利，有的社团组织依托行政权力充当“红顶中介”，开展市场推广、评审或培训等工作，违规收取巨额费用，获取垄断收入，扰乱市场秩序，滋生腐败问题。

近年来，交通系统官员密集落马，交通领域已成为腐败高发区。20年来落马交通厅长超30人，河南省更是曾先后有曾某城、张某桐、石某亮、董某安四任厅长相继落马，山西也先后有王某林、段某国两任厅长落马，交通厅官的腐败可谓“前赴后继”。

据统计，仅2014年全国就有近20位交通厅长、副厅长被查。其中大约三分之一是因为自身存在腐败，第二类腐败与交通工程有关，第三类是担任别的职务存在腐败问题，工作转到交通厅后发现并查处的。

除了高层领导外，微型腐败问题同样突出。2016年4月，湖南省交通运输系统各级纪检监察机构曾对“雁过拔毛”式腐败问题进行专项整治，截至同年8月底，全省交通运输系统共立案205件，处理222人。

小官巨贪型腐败也时有发生。例如，原湖南省怀通高速公路建设开发有限公司经理佘某年接受某公司请托，为其承揽到了怀通公路第25标段工程，一笔就收受了对方好处费上千万元。原湖南省高速公路广告装饰有限公司经理彭某和副经理胡某龙，贪污、受贿金额达上亿元。由于贪得无厌，背地里被称为“彭鼠”“胡耗龙”。

（二）交通运输系统职务犯罪的特点

1. 职务犯罪主体呈群体性、职务级别不一定都很高但握有实权

［典型案例1］广西南宁运管处驾培科三任科长接连“翻车”

在推广驾考模拟等驾考软件系统中，收受补贴、回扣，2015年12月，南宁

市道路运输管理处3名科长分别被判处3年至10年有期徒刑。此外，法院审理认为运管处驾培科作为事业单位的内设部门，非法收受他人财物达170多万元，为他人谋取利益；运管处货运监管科作为事业单位的内设部门，非法收受他人财物达66万余元，为他人谋取利益，二被告单位之行为构成单位受贿罪。

三名被告人中，冯某艺曾任运管处货运监管科科长，郭某秋曾任运管处货运监管科科长、运管处驾培科科长，陈某远曾任驾培科副科长，级别均不高。公诉机关指控，2009年5月至2014年1月，运管处驾培科在冯某艺、郭某秋等相继担任科长期间，其科室利用主管南宁市机动车驾驶员培训工作的职务便利，分别帮助相关公司推广道路客货运从业资格考试软件、推广驾驶初学人员计时器系统及汽车驾驶培训模拟器系统，多次收受贿赂款170多万元，并将上述款项以加班费的名义发给科室工作人员。2011年9月至2013年12月，其科室利用主管南宁市货运监管工作的职务便利，帮助相关公司推广诚信考核系统和继续教育系统，多次收取该公司给予的贿赂款共计66万余元，并将上述款项以加班费名义发给科室工作人员。

公诉机关还指控，冯某艺利用其主管科室工作的职务便利，帮助相关公司推广驾驶初学人员计时器系统，两次收取该公司给予的好处费共计38.8万元。郭某秋在担任运管处货运科科长期间，收受相关公司所谓"分红"36万元。他后来担任驾培科科长期间，在推广驾考培训模拟器系统中，收受相关单位贿赂100多万元。陈某远在担任运管处驾培科副科长期间，利用其对南宁市驾培机构进行监管的职务便利，在南宁市推广驾驶模拟器系统为相关公司提供便利，收受该公司给予的好处费共计100多万元。

[典型案例2] 长沙市公安局交警支队天心区大队七中队干警刘某军受贿案

2013年下半年至2017年年底，被告人刘某军在长沙市公安局交警支队天心区大队七中队工作期间，接受车辆违章中介代办张某的请托，通过湖南省高速公路交通警察局下辖的多个支队、大队相关干警职务行为，多次帮助张某违规办理高速公路违章免记分业务和驾驶证代扣业务牟取非法利益。张某为感谢刘某军的帮助，通过转账方式送给刘某军共计人民币312.9万元。法院经审理认为被告人刘某军犯受贿罪，判处有期徒刑10年6个月，并处罚金人民币50万元。

2. 窝案、串案频发

往往查处一案就挖出一窝、带出一串。在近年来发生的交通运输系统腐败案件中，个别官员个人的腐败往往与家族腐败紧密联结在一起。这些贪腐案件，许多都有家庭成员共同腐败的情节，这些官员没能守住家庭的廉洁防线，有的是被家庭裹挟，有的是被亲情所累，最终不仅毁了自己，也断送了家庭和亲人的幸福。

湖南交通厅腐败案中，要想拿到工程，必须要有领导打招呼。这在湖南省高速公路建设中已经成为“显规则”。省交通厅的大小干部，都想方设法插手高速公路建设项目。由于陈某宪、冯某林、邹某平、李某希等人纷纷插手高速公路建设，常常出现同一个工程项目几个人都打招呼的情况，甚至闹出因分配不均领导之间互相告状的闹剧。

[典型案例] 原湖南省交通厅党组成员、省高速公路管理局局长冯某林受贿案

2011 年 8 月，湖南省交通厅原党组成员、省高速公路管理局原局长冯某林因涉嫌受贿被立案调查，经司法机关查实，受贿 4380 万元。经湖南省纪委调查，交通系统系列腐败案涉案人员 28 人，其中有 13 人涉及湖南高速公路管理局原局长冯某林案，包括冯的妻子、妹妹和弟弟冯某乔。2014 年 6 月，湖南省湘西土家族苗族自治州中级人民法院判处冯某林无期徒刑、剥夺政治权利终身。冯某林不服，上诉至湖南高院。2015 年 12 月，湖南高院二审以受贿罪判处其有期徒刑 15 年，剥夺政治权利 4 年，并处没收个人财产人民币 500 万元。

冯某林忏悔书（节录）：高速公路资金多，工程多，是“唐僧肉”，谁都想吃一口，各个方面打招呼的络绎不绝，正是在这种环境下，我多次产生了调走的想法，招架不住了。还想，自己也不要清高，搭搭顺风车吧。还有体制性的原因，我们高速公路管理局是两块牌子、一套人马，政企不分，权力太集中，让我感到有些麻木和膨胀。这些因素对我走向违法犯罪道路都产生了影响，在我的前任局长杨某达出事后我曾说，杨某达出事不是高速公路第一个人，也不是最后一个。我现在自己出事了，我也是这句话。我也希望能改变这种环境和体制。

此外，全国交通系统发生的典型腐败窝案：

2013 年山西交通系统塌方式腐败：在山西省纪委相关宣教材料中，省交通厅贪腐窝案被定性为“极具典型意义的一个系统性塌方式腐败案件”。全案共涉及党政机关事业单位干部 170 余人，涉及各类企业人员 60 余人，立案调查 13

人，移送司法机关10人。

2014年7月，六盘水市水城县交通运输局局长陈某学因涉嫌巨额受贿被移送司法机关处理。陈某学的落马仅是冰山一角，六盘水市纪委成立调查组，以陈某学受贿案为突破口最终揭开六盘水交通系统腐败窝案黑幕。

该案涉案金额达1200余万元，六盘水交通系统4名副处级干部，15名科级干部和国家工作人员被查。目无纪律，突破底线；信念垮塌，贪婪成性，在贪腐路上“刹不住车”，最终造成贵州省六盘水交通系统十多名干部的集体“翻车”。

3. 行受贿犯罪的发生频率高、时间跨度长

［典型案例1］原广西交通厅原党组书记、厅长黄某宽受贿案

2004年至2009年10月，黄某宽在担任广西交通厅党组书记、厅长，以及2009年11月至2011年9月，担任广西交通厅党组书记期间，利用职务上的便利，在承揽高速公路建设项目、高速公路配套服务区（含加油）建设项目、获取建设材料供应权、变更高速公路建设履约保证金提交方式、人员职务晋升等事项上，为广西心海投资发展有限公司等单位和个人提供帮助，先后收受他人给予的财物共计人民币376万元。2016年5月13日，广西壮族自治区玉林市中级人民法院认定黄某宽犯受贿罪，判处有期徒刑11年。

［典型案例2］原湖南省交通运输厅原党组成员、副厅长李某希受贿案

2002年12月至2011年7月，李某希利用其先后担任省交通厅副巡视员、党组成员、总经济师职务上的便利，接受奥深科技公司、长株高速公司法定代表人李某甲及长株高速公司总经理郑某某，泰邦投资公司和潭衡高速公司实际控制人黎某某、潭衡高速公司法定代表人夏某某，澳门凯旋公司投资合作人、深圳利联联合公司投资合作人张某，新华人寿保险股份有限公司湖南分公司长沙中心支公司保险业务员罗甲等人的请托，为上述单位及个人获取长株高速、潭衡高速、长潭西高速和安邵高速项目投资经营权，承揽永蓝高速公路、随岳高速公路、吉怀高速公路、长浏高速公路、长韶娄高速公路项目的相关保险业务，以及顺利实现高速公路项目经营权转让等方面提供帮助，直接或通过其妻及其子先后29次收受上述6人所送财物共计折合人民币268万元。

法院经审理认为，李某希身为国家工作人员，单独或伙同其妻等人利用其本人的职务便利，非法收受他人财物，为他人谋取利益，其行为已构成受贿罪，

判处有期徒刑10年6个月，并处没收个人财产人民币40万元。

4. 犯罪类型相对集中，犯罪手段类似

从查处的案件来看，涉案罪名主要是受贿罪，也有少数贪污、渎职罪名，单位犯罪情形较少，主要是个人犯罪。主要风险点包括招投标、基建工程、配套设施采购、道路稽查等。例如，在工程建设方面，又集中在招标投标、劳务分包和直接发包、与工程项目建设有关的重要设备和材料采购、工程项目建设的施工和监理、工程设计变更等方面。

2018年10月17日，常德市武陵区人民检察院以贪污罪对武陵区交通运输局原副局长张某军提起公诉，该案系武陵区监察委成立以来移送起诉的首起职务犯罪案件。被告人张某军系武陵区交通运输局原副局长，2015年5月张某军利用职务之便伙同他人在某棚户区改造项目中虚列并套取“工作经费”45,000元，并分赃，个人实得25,000元；2015年11月在另一棚户区改造项目中为非法占有一栋2层危房和一栋1层的公共厕所的拆迁补偿款，擅自代表交通局与常德市房管局签订金额为2,061,053元的《房屋征收补偿协议》，并以交通局的名义出具委托函，将其中1,861,053元分别打至其个人控制的9个亲友账户。

5. 雁过拔毛式的微型腐败仍然突出

当下，交通运输系统公共服务单位、行政审批单位、工程建设项目单位、基层执法单位存在的“雁过拔毛”式腐败问题仍然比较严重。例如，交通建设工程领域虚报冒领、截留私分项目资金；车船燃油补贴资金申报分配使用过程中以权谋私、盘剥克扣、强占掠夺；在办理交通运输行政许可事务中滥用职权、乱收乱罚、吃拿卡要；在交通工程建设项目临时指挥部违规兼职取酬、乱发滥补等。

[典型案例] 长沙市天心区交通运输局稽查一队队长蒋某华收受贿赂案

2014年10月至2015年10月，蒋某华在任长沙市天心区交通运输局稽查一队队长。天心区纪委监察局查实，在执法过程中，稽查队执法人员在查扣“黑车”后，在稽查队队长蒋某华幕后指使下，将一些有私了意愿的“黑车”车主的联系方式告知区交通运输管理局暂停查扣车辆停车场管理人员，由其与“黑车”司机电话约定交付“罚款”的地点及金额，通过这种方式先后收受车主现金15.87万元。

（三）交通运输系统职务犯罪高发的主要原因

在中国基础建设投资迅速增长的今天，交通运输系统内部出现这么多腐败案例，已无法用“偶然”来解释。

1. 权力高度集中，缺乏有效制约

业内有句话叫“金桥银路铜房子”。交通运输系统掌握权力过大，权力高度集中，但缺乏有效监督制约，成为爆发腐败窝案的重要诱因。交通运输系统官员，特别是掌管交通基础设施建设官员权力大，大到“任何人在那个位置上，都很危险”。而且许多情况下，即使有法律法规约束，也存在人治大于法治的情况，原有的反腐体制、机制和工作方法都存在与新形势不相适应的情形。

2. 体制机制不够健全、存在腐败机会

当下，交通运输行业在改革转型期，体制机制尚未完善，特别是权力运行制约和监督机制不健全，由于信息公开不够全面等导致社会监督乏力，纪检监察部门的监督力度也不大，导致权力黑洞。例如，交通部门管理的事项太多且高度集中，从项目申请、设计、立项、招投标、征地拆迁到施工管理、资金使用、竣工验收等环节太多，哪个环节监督不到位，都有可能出现人为因素。

3. 廉政意识薄弱、意志不够坚定，在诱惑面前丧失原则

廉政意识不强，就难以抵挡糖衣炮弹，稍不留神跨越红线；意志不够坚定，诱惑面前就容易陷落，面对各方压力容易妥协。

例如，原六盘水市交通运输局副局长吴某泽在悔过书中说：“因为没有坚持原则，跨越了‘红线’，没有向组织坦白认错，最终走向不归路，成为阶下囚。”原六盘水市水城县交通运输局局长陈某学也写下长达 24 页的悔过书，其指出：“我走到今天，是贪婪的结果，是贪欲的结果，是目无党纪国法的结果，是贪赃枉法的结果。”

又如，2018 年 7 月 11 日，湖北省仙桃市人民法院宣判原仙桃市交通运输局党组书记、局长张某非贪污受贿一案，对被告人张某非以贪污罪、受贿罪数罪并罚，判处有期徒刑 5 年，并处罚金人民币 30 万元。经审理查明，2012 年 8 月至 2017 年 1 月，被告人张某非利用担任仙桃市交通局局长的职务便利，采取虚列开支项目到单位财务冲账的手段，侵吞公款 10.814 万元。2007 年至 2017 年，被告人张某非在担任仙桃市计划生育委员会主任、科技局局长和交通局局长期间，利用职务上的便利，为他人在承接工程、申报创新基金等方面提供帮助、

谋取利益，并非法收受他人钱财 181 万余元。

"此时此刻我站在被告席上，后悔万分，羞愧不已，颜面无存。我愧对多年以来党组织对我的教育和培养，我愧对曾经的单位和同事，我愧对我的爱人、小孩和家人。前车之覆，后车之鉴。希望大家以我为戒，不要以身试法……"庭审现场，被告人张某非声泪俱下、痛彻心扉的最后陈述，让参与旁听的每位党员干部，感受到职务犯罪给社会、家庭和个人带来的巨大伤害，感受到法律的威严和违法的代价。庭审结束后，大家纷纷表示，将倍加珍惜工作岗位，时刻警醒自己，远离职务犯罪，时刻绷紧法纪这根弦，从内心筑牢拒腐防变思想防线。

（四）交通运输系统职务犯罪的预防策略

1. 准确认识刑法规定的"受贿"行为，防止稍不留神跨入雷区

交通运输系统涉及的犯罪行为类型主要是权钱交易类型，涉及的职务犯罪主要是受贿罪，如果行为人不具有国家工作人员身份，则可能构成非国家工作人员受贿罪。要防范和打击受贿犯罪，首先要正确认识到哪些行为属于刑法规定的"受贿"行为，防止稍不留神就脚踩红线，触犯了刑法却还不自知。

《刑法》第 385 条规定，国家工作人员利用职务上的便利，索取他人财物的，或者非法收受他人财物，为他人谋取利益的，是受贿罪。

国家工作人员在经济往来中，违反国家规定，收受各种名义的回扣、手续费，归个人所有的，以受贿论处。

典型的受贿行为：别人有求于你——送钱给你——你收钱——利用职务便利为其谋利（不管是正当利益还是不正当利益）。但是现在，受贿行为的方式已经不局限于传统上认为的"一手收钱、一手办事"，受贿方式多种多样，有的较有隐蔽性。而且长期以来，对于利用职务便利、财物的范围、为他人谋取利益等问题，审判实践中存在争议。2007 年 7 月施行的最高人民法院、最高人民检察院《关于办理受贿刑事案件适用法律若干问题的意见》对一些典型的受贿方式予以了明确，2016 年 4 月 18 日施行的最高人民法院、最高人民检察院《关于办理贪污贿赂刑事案件适用法律若干问题的解释》对若干问题进一步予以了明确。

（1）"感情投资"类型的受贿

根据《关于办理贪污贿赂刑事案件适用法律若干问题的解释》第 13 条第 2 款的规定：国家工作人员索取、收受具有上下级关系的下属或者具有行政管理

关系的被管理人员的财物价值3万元以上，可能影响职权行使的，视为承诺为他人谋取利益。

上述规定包括两种情况：一种是有隶属关系的上下级之间，另一种是行政管理关系即公职人员和被管理者之间。这种情况类似逢年过节、红白喜事借着礼尚往来的人情或者民俗的形式出现，有的也具有“感情投资”的味道。

所谓“感情投资”，就是现在没有具体请托事项，只是和有关官员搞好关系，以便将来或许能用上这层关系。以前法律和司法解释未对这种情况进行明确规定，现在司法解释将其明确规定，只要索取或收受存在这种上下级或者管理被管理关系的人员财物价值3万元以上，可能影响职务行使的，就认为具备为他人谋取利益，构成受贿罪。

［**典型案例**］**原广西壮族自治区高速公路管理局局长刘某宣受贿案**

广西壮族自治区玉林市人民检察院指控，2002年至2013年，被告人刘某宣利用其担任广西壮族自治区高速公路管理局南宁管理处副主任以及自治区高管局副局长、局长的职务便利，为他人谋取利益，非法收受孙某、姚某、黄某的钱财合计90万元。玉林市中级人民法院判被告人刘某宣犯受贿罪，判处有期徒刑3年10个月，并处罚金20万元。

刘某宣对公诉机关指控其收受孙某的50万元、姚某的10万元，构成受贿罪，没有异议，但辩称其收受黄某的30万元属朋友之间的赠与和借贷，其并没有利用职务的便利，不是受贿。刘某宣的辩护人对此点提出的辩护意见是：刘某宣收受黄某的30万元，黄某没有请托事项，刘某宣也没有利用职务便利为黄某谋取利益，该款是黄某出于友情赠与刘某宣的，不应该认定为受贿。

法院审理认为，刘某宣作为自治区高管局的局长，主管全面工作，在公路工程、公路养护施工方面有职务便利可利用。证人黄某的证言，证明其送30万元给刘某宣，是因为看中刘某宣是自治区高管局局长，手中有权，想以后有什么养护工程或者项目能够得到他的关照。刘某宣亦供述，其知道黄某送给其30万元，首先是看中其担任自治区高管局局长的位置，想以后工作上有什么项目可以关照他。根据《关于办理贪污贿赂刑事案件适用法律若干问题的解释》第13条规定，国家工作人员履职时未被请托，但基于履职事由等收受财物价值3万元以上，可能影响职权行使的，视为承诺为他人谋取利益。本案中，刘某宣基于其为自治区高管局局长，具有公路工程发包等履职事由，而收受要承揽公路工程的黄某的30万元，其行为有影响其职权行使的可能，依上述规定，对刘某宣收受30万元的行为应认定承诺为他人谋取利益。

（2）对受贿犯罪中“为他人谋取利益”要有正确理解

《关于办理贪污贿赂刑事案件适用法律若干问题的解释》第13条对“为他人谋取利益”的认定，列明了三种情形。即①实际或者承诺为他人谋取利益；②明知他人有具体请托事项的；③履职时未被请托，但事后基于该履职事由收受他人财物的。

据此，为他人谋取利益不要求实际上实施为他人谋取利益的行为，只要具备此意图即可。甚至，只要知道他人是因为有具体事情请托而送来财物，无论是否承诺实施谋取利益的行为均可认定，即只要受贿人在接受财物时知道这不属于一般的人情往来即可。此外，收受财物不要求必须在履职之前，也可在履职之后，即不要求先送礼、后办事。

但这里的“事后”不应包括离职后。按照2000年最高人民法院《关于国家工作人员利用职务上的便利为他人谋取利益离退休后收受财物行为如何处理问题的批复》的规定，国家工作人员利用职务上的便利为请托人谋取利益，并与请托人事先约定，在其离退休后收受请托人财物，构成犯罪的，以受贿罪定罪处罚。批复规定的是事先有约的情形，这里并不要求事先有约。

也就是说，帮他人办事时没有受贿故意，但是帮忙后他人基于这件事情而送来财物表示感谢，你收下了，同样成立受贿，不管有没有事先约定。

（3）对贪贿犯罪中的“财产性利益”予以明确

《关于办理贪污贿赂刑事案件适用法律若干问题的解释》第12条规定，贿赂犯罪中的“财物”，包括货币、物品和财产性利益。财产性利益包括可以折算为货币的物质利益如房屋装修、债务免除、公司股份等，以及需要支付货币的其他利益如会员服务、出国旅游等。应予注意的是，国家工作人员索取或者收受他人财物，并不要求国家工作人员最终对获取的财物真正地进行使用，只要对财物形成控制处分权即可。在国家工作人员获得对财物的控制处分权之后，如果由于自身处置的原因或者由于其自身不可控制的原因造成了国家工作人员对财物控制权的丧失或者是财物的损害灭失并不影响受贿罪的成立。

例如，国家工作人员索取或者收受财物之后直接将财物交予同一行贿人进行投资或者使用，因行贿人投资失败或者使用不当而造成财物损失的，并不影响受贿罪的成立。此外，国家工作人员在索取或者收受财物之后，如果对财物可以履行控制权和处分权，但是由于该国家工作人员的原因，导致财物在尚未真正交付到国家工作人员手中前，因自然灾害等不可抗力因素致使财物损毁或者灭失，也不影响受贿罪的成立。

这里要重点说明一下实践中常见的“收受干股型受贿”。2007 年颁布实施的最高人民法院、最高人民检察院《关于办理受贿刑事案件适用法律若干问题的意见》中规定：“干股是指未出资而获得的股份。国家工作人员利用职务上的便利为请托人谋取利益，收受请托人提供的干股的，以受贿论处。进行了股权转让登记，或者相关证据证明股份发生了实际转让的，受贿数额按转让行为时股份价值计算，所分红利按受贿孳息处理。股份未实际转让，以股份分红名义获取利益的，实际获利数额应当认定为受贿数额。”因此，收受方不投入股金、不参与经营、不承担责任，只享有利益，不承担义务。从某种程度上说，干股受贿的分红权获得的经济利益，是确定的可得的利益。公职人员与他人一起投资办企业，真实投资、风险共担是违法违纪行为，但是通过收受干股的方式来受贿则是犯罪行为。

（4）其他典型的受贿类型

1）以交易形式收受贿赂

国家工作人员利用职务上的便利为请托人谋取利益，以下列交易形式收受请托人财物的，以受贿论处：

①以明显低于市场的价格向请托人购买房屋、汽车等物品的；

②以明显高于市场的价格向请托人出售房屋、汽车等物品的；

③以其他交易形式非法收受请托人财物的。

受贿数额按照交易时当地市场价格与实际支付价格的差额计算。

2）以开办公司等合作投资名义收受贿赂

国家工作人员利用职务上的便利为请托人谋取利益，由请托人出资，“合作”开办公司或者进行其他“合作”投资的，以受贿论处。受贿数额为请托人给国家工作人员的出资额。

国家工作人员利用职务上的便利为请托人谋取利益，以合作开办公司或者其他合作投资的名义获取“利润”，没有实际出资和参与管理、经营的，以受贿论处。

3）以委托请托人投资证券、期货或者其他委托理财的名义收受贿赂

国家工作人员利用职务上的便利为请托人谋取利益，以委托请托人投资证券、期货或者其他委托理财的名义，未实际出资而获取“收益”，或者虽然实际出资，但获取“收益”明显高于出资应得收益的，以受贿论处。

4）以赌博形式收受贿赂

根据最高人民法院、最高人民检察院《关于办理赌博刑事案件具体应用法律若干问题的解释》第7条规定，国家工作人员利用职务上的便利为请托人谋取利益，通过赌博方式收受请托人财物的，构成受贿。

实践中应注意区分贿赂与赌博活动、娱乐活动的界限。具体认定时，主要应当结合以下因素进行判断：①赌博的背景、场合、时间、次数；②赌资来源；③其他赌博参与者有无事先通谋；④输赢钱物的具体情况和金额大小。

5）通过特定关系人收受贿赂

国家工作人员利用职务上的便利为请托人谋取利益，授意请托人将有关财物给予特定关系人的，以受贿论处。“特定关系人”是指与国家工作人员有近亲属、情妇（夫）以及其他共同利益关系的人。

特定关系人与国家工作人员通谋，共同实施受贿行为的，对特定关系人以受贿罪的共犯论处。特定关系人以外的其他人与国家工作人员通谋，由国家工作人员利用职务上的便利为请托人谋取利益，收受请托人财物后双方共同占有的，以受贿罪的共犯论处。

6）假借用之名收受贿赂

国家工作人员利用职务上的便利为请托人谋取利益，收受请托人房屋、汽车等物品，未变更权属登记或者借用他人名义办理权属变更登记的，不影响受贿的认定。认定以房屋、汽车等物品为对象的受贿，应注意与借用的区分。具体认定时，除双方交代或者书面协议之外，主要应当结合以下因素进行判断：①有无借用的合理事由；②是否实际使用；③借用时间的长短；④有无归还的条件；⑤有无归还的意思表示及行为。

7）通过斡旋方式间接收受贿赂

斡旋受贿又称间接受贿，是指国家工作人员利用本人职权或者地位形成的便利条件，通过其他国家工作人员职务上的行为，为请托人谋取不正当利益，索取请托人财物或者收受请托人财物的行为。

8）本人不出面但他人利用其影响力收受贿赂（告诫我们：管好身边人）

国家工作人员的近亲属或者其他与该国家工作人员关系密切的人，通过该国家工作人员职务上的行为，或者利用该国家工作人员职权或者地位形成的便利条件，通过其他国家工作人员职务上的行为，为请托人谋取不正当利益，索取请托人财物或者收受请托人财物，构成利用影响力受贿罪。

离职的国家工作人员或者其近亲属以及其他与其关系密切的人，利用该离职的国家工作人员原职权或者地位形成的便利条件实施受贿行为，也构成利用影响力受贿罪。

在这一过程中，如果本人知情或者默认他人的受贿行为而为之，就与受贿人成立共同犯罪。

2. 做好警示教育、提升廉洁意识，完善用人标准

构筑思想防线是预防职务犯罪和治理腐败的根本之策，采取多形式、全方位的宣传教育入手，不断增强全体干部职工的法治观念。广大党员干部要算好政治、经济、名誉、家庭、自由、亲情、健康七笔账。长敲警钟，长刮“耳边风”，认清违法犯罪的红线，认清国家反腐败的决心，不要心存侥幸，自觉抵制职务犯罪。

预防腐败的要害是解决好人的因素，重点是规范“一把手”的权力行使，领导干部要从自身做起，树立好榜样。领导受贿索贿，疯狂敛财，其他干部就会上行下效，利用职务之便吃拿卡要、争相贪腐。应坚持好干部标准，将政治表现和党性修养放在首位，严格执行干部选拔任用规定，防止“带病上岗”“带病提拔”，营造良好的选人用人环境。

3. 完善各项规章制度，强化制度管理

继续全面深化交通运输改革，不断化解矛盾、解决难题。进一步简政放权，建立科学的管理体制机制，强化事中事后监管，不断完善权力和责任清单。

按照“制度管人、制度管事、制度管财”的要求，以职务犯罪易发、多发环节为切入点，进行科学的制度设计和制度预防。在人事安排、财务管理、工程建设、招标投标和行政执法等重点岗位和关键环节，有针对性的建立健全各项规章制度。

4. 健全内、外部监督机制，完善相关制度、强化社会监督

不断强化内部和外部的监督机制建设，实施监督关口前移，逐步形成单

位、家庭和社会“三位一体”监督机制。在工程项目建设中，严格执行工程招投标制度；在原材料购进以及竣工验收等环节，可以邀请纪检委、检察、审计、财政局等部门全程参与。此外，可以聘请人大代表、政协委员为特邀监督员，加强行业管理和监督。为了预防执法过程中的腐败隐患，应把行政执法纳入规范化、透明化、公开化的轨道，使执法在监督下“阳光”运行。

进一步推动信息公开，接受外界监督。例如，一个交通项目从项目申请、设计、立项、招投标、征地拆迁到施工管理、资金使用、竣工验收，涉及环节非常多，而现在政府信息公开只限于公开项目的招投标信息等方面，公开的内容十分有限，事实上，应将涉及项目的所有资源、决策都予以公开，接受外界监督。

此外，还可以建立完善行贿犯罪档案查询制度，交通部门在工程项目招投标、物资采购等重要工作中，及时向所在地检察机关查询参与活动的相关单位或个人是否有行贿犯罪记录，对经查询有行贿犯罪记录的单位或个人，按有关规定取消其参加活动的资格。

5. 建立职务犯罪预警机制，及时遏制职务犯罪的发生

建立职务犯罪预警机制，成立专门组织，制定具体的预警方案。梳理权力事项，将工作职责划分为行政许可、行政执法、行政管理、工程管理、公共服务和内部管理等几大类，在此基础上结合工作职责和工作流程，从重点岗位和关键环节入手，递进式查找廉政风险点，掌握权力的运行风险，查找风险点并制定相对应防控措施。

系统纪委要更好地履行好职责，拓宽案件线索来源通道，从群众举报、专项检查、新闻报道中发现案件线索。也可以和检察机关联合预防职务犯罪，如双方可以适时组织培训班，进行预防职务犯罪方面的专业知识培训和警示教育。检察机关发现问题后，要及时向区交通局、公路局和交警部门发出检察建议，要求进行专项整改。

对职务犯罪采取“零容忍”政策，抓早抓小，不仅要注重预防小官巨贪，还要注重打击“雁过拔毛”式腐败。心莫贪，贪心必起祸；手莫伸，伸手必被捉。

“生财有道”，给前路布下致命“陷阱”，受贿得来巨额钱财不仅不会带来幸福生活，反而成为违法犯罪的铁证。

四、信贷发放与催收过程中的刑事法律风险防范

（一）信贷发放中的刑事法律风险

1. 违法发放贷款罪

《刑法》第186条规定，银行或者其他金融机构的工作人员违反国家规定发放贷款，数额巨大或者造成重大损失的，处5年以下有期徒刑或者拘役，并处1万元以上10万元以下罚金；数额特别巨大或者造成特别重大损失的，处5年以上有期徒刑，并处2万元以上20万元以下罚金。

银行或者其他金融机构的工作人员违反国家规定，向关系人发放贷款的，依照前款的规定从重处罚。

单位犯前两款罪的，对单位判处罚金，并对其直接负责的主管人员和其他直接责任人员，依照前两款的规定处罚。

（1）关系人的范围

依照《中华人民共和国商业银行法》和有关金融法规确定。

关系人的范围具体规定：

《商业银行法》第40条商业银行不得向关系人发放信用贷款；向关系人发放担保贷款的条件不得优于其他借款人同类贷款的条件。

前款所称关系人是指：

（一）商业银行的董事、监事、管理人员、信贷业务人员及其近亲属；

（二）前项所列人员投资或者担任高级管理职务的公司、企业和其他经济组织。

（2）违法发放贷款罪构成要件

①主体要件：本罪的主体是特殊主体，即银行或者其他金融机构及其工作人员，包括自然人和单位。

自然人主体是指前述单位主体中从事贷款业务活动的工作人员，具体包括行长（董事长、主任、总经理）、分管信贷工作的副行长（副董事长、副主任、副总经理）、主管信贷业务的部门经理、贷款调查评估人员、贷款审查人员等。

单位主体是指银行或者其他金融机构，具体包括各商业银行、政策性银行、农村合作银行、农村信用合作社、城市信用合作社、村镇银行、贷款公司等具有贷款业务资格的金融机构。

②主观要件：主观上只能是故意，即行为人对于自己发放贷款的行为具有“违法性”且“数额巨大”，可能造成危害后果是明知的。

③客观要件：具体包含以下三个要素：1）违反国家规定；2）发放贷款；3）数额巨大或者造成重大损失。

④客体要件：违法发放贷款罪侵犯的客体是国家的金融管理制度，具体是国家的贷款管理制度。发放贷款是我国商业银行和其他一些金融机构的一项重要金融业务活动，它为社会经济的发展提供了重要的资金保障，违反发放贷款罪对国家的金融管理制度危害十分严重。

（3）重点：对“国家规定”的理解

在司法实践中，对于“国家规定”的理解，存在以下三种不同的观点：

一是认为违反国家规定是指违反法律、行政法规有关贷款发放条件、程序等的规定；

二是认为国家规定包括法律、行政法规及规章，具体为《商业银行法》、《贷款通则》和银行业监管机构关于信贷管理的规定；

三是认为国家规定不仅包括法律、行政法规、规章，还包括商业银行的内部规定。

《刑法》第96条规定，本法所称违反国家规定，是指违反全国人民代表大会及其常务委员会制定的法律和决定，国务院制定的行政法规、规定的行政措施、发布的决定和命令。

这里所指的“国家规定”的制定主体是：全国人民代表大会及其常务委员会→法律、决定；国务院→行政法规、行政措施、决定、命令等。具体可以包括《商业银行法》《银行业监督管理法》《金融违法行为处罚办法》等法律法规中关于规范贷款行为的规定。不包括国务院部门规章、地方性法规以及行业规则。

主管机关部门规章层面上涉及银行发放贷款的规定主要包括：《个人贷款管理暂行办法》（银监会制定）、《流动资金贷款管理暂行办法》（银监会制定）、《贷款通则》（中国人民银行制定）等→不属于国家规定。

违反国家规定的具体表现：

①未对借款人的借款用途、偿还能力、还款方式等情况进行严格审查，或明知贷款用途不符合发放贷款的法律规定，仍违规发放贷款。或者采取将一个

集团公司拆分为多个单一公司的方式，超越授权给予授信造成贷款损失的。

②未谨慎核实借款人真实身份，在明知借款人和实际用款人不一致的情况下，发放冒名贷款；或者为完成上级下达的收贷收息任务，通过以新贷还旧贷、以贷收息的方式为逾期还不上贷款本息的客户办理贷款，由贷款人本人在贷款凭证上签字、按手印，所贷款项不发放给贷款人本人，就是走个形式，终使贷款无法收回。

③合同签订过程中，未严格按照规定监督借款人、保证人签字并审核贷款资料真伪，导致贷款被骗。

④未谨慎核实房产等抵押物真实情况，对于伪造、编造的财务报表、产权证明等授信资料缺乏基本的识别和核实，贷款发放后又未对借款人执行借款合同情况及借款人的经营情况、贷款资金流向进行跟踪调查。

⑤在保理业务中，未对卖方的生产经营情况、过往交易记录及买卖双方之间的贸易往来情况及相关资料进行真实性审核，对于明显为虚假的应收账款未尽到审核义务。

⑥采取化整为零的手段，违反大额贷款应当抵押担保和大额贷款审批权限的规定，将大额贷款分解成多个小额信誉贷款，由大额贷款客户收集小额信誉贷款客户信息，编造小额信誉贷款申请书、贷款调查报告，虚拟贷款资料，发放贷款。以农村信用社最为常见。

⑦受单位领导安排或要求，不作贷前调查，违规审批发放，贷后对其贷款用途也不作检查，致使贷款逾期未收回。

［**典型案例**］

2018 年 6 月，益阳市公安局成功破获某镇原农村信用社主任邓某良等人违法发放贷款系列案件，抓获犯罪嫌疑人 7 人。邓某良是沅江市某镇原信用社主任。自 2015 年 3 月至 2017 年 7 月，为了帮朋友卢某良等 7 名朋友办理贷款，其利用自己担任信用社主任的职务便利，安排工作人员王某、肖某等人借用、冒用易某生等 80 多人身份信息违法发放 80 余笔贷款，共计 1750 余万元，给夏某安等人使用，导致 1165.63 万元贷款本金无法偿还。2017 年 12 月 12 日，专案组民警将犯罪嫌疑人邓某良抓获。2018 年 1 月 18 日，犯罪嫌疑人邓某良被沅江市人民检察院依法逮捕。

同时，经沅江市公安局侦查查明：2015 年 3 月至 2017 年 6 月，犯罪嫌疑人樊某美利用担任沅江市某镇原信用社某分社主任的便利，借用、冒用他人身份信息，私自制作贷款资料，违规审批并发放贷款37笔共计326.5万元，其中314.5万元被樊某美本人予以挪用，用于偿还其之前挪用的相关贷款利息以及投资与他人合伙经营的砂石场、养鱼、种植蔬菜、树木等项目。2018年3月16日，犯罪嫌疑人樊某美已依法移送起诉。2015年2月至2017年6月，犯罪嫌疑人刘某波利用担任沅江市某镇原信用社某分社主任的便利，借用、冒用他人身份信息，私自制作贷款资料，违规审批发放并挪用贷款44笔共计671万元，其中617.7万元被刘某波本人予以挪用，用于投资与他人合伙养殖桂鱼、养殖螃蟹和养殖野鸭子等项目。2018年3月16日，犯罪嫌疑人刘某波已依法移送起诉。

2. 骗取贷款罪的共同犯罪

骗取贷款罪：根据《刑法》第175条之一的规定，以欺骗手段取得银行或者其他金融机构贷款，给银行或者其他金融机构造成重大损失或者有其他严重情节的，处3年以下有期徒刑或者拘役，并处或者单处罚金；给银行或者其他金融机构造成特别重大损失或者有其他特别严重情节的，处3年以上7年以下有期徒刑，并处罚金。

单位犯前款罪的，对单位判处罚金，并对其直接负责的主管人员和其他直接责任人员，依照前款的规定处罚。

[立案追诉标准：（1）骗取贷款100万元以上；（2）造成损失20万元以上；（3）未达到前述数额标准，但多次骗取贷款的。]

在外部人员与银行内部人员内外勾结骗取贷款时，银行内部人员就属于骗取贷款罪的共犯。

2015年10月，辛某与陈某再次商议一起投资，两人合谋冒用陈某朋友吴某的名义向银行申请贷款。由辛某采取与前次骗取银行贷款的类似手段，向银行申请抵押贷款。2015年10月26日，该银行向吴某的银行账户发放80万元贷款。辛某模仿吴某的笔迹，在借款凭证上签名并按捺指纹，领取了该笔贷款。辛某与陈某将该笔贷款再次用于在澳门赌博和消费。

法院经审理认为，被告人陈某伙同他人采取虚构资产状况的手段，骗取银行贷款170万元，其行为构成骗取贷款罪。被告人辛某身为银行客户经理，熟知银行贷款规则流程，在该二起犯罪中起了主要作用，系主犯，被告人陈某听信、听由辛某指挥安排，帮助伪造相关材料，贷款大部分被辛某赌博和挥霍，被告人陈某在本案中起次要、辅助作用，属从犯。

［**典型案例**］

2015 年 7 月，时任某银行客户经理的辛某与陈某商量一起合伙投资赚钱。两人合谋以陈某的名义向该银行申请抵押贷款。陈某负责提供其本人身份证、户口本、房产证等材料，辛某则帮助陈某提供虚假的工商营业执照、银行流水等贷款材料，指导陈某制作了虚假的房屋他项权证书，并以客户经理身份向银行出具了内容与陈某本人真实财产经营情况严重不相符的贷款调查报告。2015 年 7 月 23 日，辛某所在银行向陈某发放 90 万元个人创业贷款。但是辛某并没有将该款用于投资，而是与陈某将贷款用于在澳门赌博和消费。

3. 贷款诈骗罪的共同犯罪

贷款诈骗罪：根据《刑法》第 193 条，有下列情形之一，以非法占有为目的，诈骗银行或者其他金融机构的贷款，数额较大（立案追诉标准：20 万元）的，处 5 年以下有期徒刑或者拘役，并处 2 万元以上 20 万元以下罚金；数额巨大或者有其他严重情节的，处 5 年以上 10 年以下有期徒刑，并处 5 万元以上 50 万元以下罚金；数额特别巨大或者有其他特别严重情节的，处 10 年以上有期徒刑或者无期徒刑，并处 5 万元以上 50 万元以下罚金或者没收财产：（1）编造引进资金、项目等虚假理由的；（2）使用虚假的经济合同的；（3）使用虚假的证明文件的；（4）使用虚假的产权证明作担保或者超出抵押物价值重复担保的；（5）以其他方法诈骗贷款的。

（1）单位不构成本罪

对于单位实施的贷款诈骗行为，不能以贷款诈骗罪定罪处罚，也不能以贷款诈骗罪追究直接负责的主管人员和其他直接责任人员的刑事责任。但是，在司法实践中，对于单位十分明显地以非法占有为目的，利用签订、履行借款合同诈骗银行或其他金融机构贷款，符合《刑法》第 224 条规定的合同诈骗罪构成要件的，应当以合同诈骗罪定罪处罚。

（2）“非法占有目的”的认定

2001 年《全国法院审理金融犯罪案件工作座谈会纪要》：

金融诈骗犯罪都是以非法占有为目的的犯罪。在司法实践中，认定是否具有非法占有为目的，应当坚持主客观相一致的原则，既要避免单纯根据损失结果客观归罪，也不能仅凭被告人自己的供述，而应当根据案件具体情况具体分析。根据司法实践，对于行为人通过诈骗的方法非法获取资金，造成数额较大资金不能归还，并具有下列情形之一的，可以认定为具有非法占有的目的：明知没有归还能力而大量骗取资金的；非法获取资金后逃跑的；肆意挥霍骗取资金的；使用骗取的资金进行违法犯罪活动的；抽逃、转移资金、隐匿财产，以逃避返还资金的；隐匿、销毁账目，或者搞假破产、假倒闭，以逃避返还资金的；其他非法占有资金、拒不返还的行为。

但是，在处理具体案件的时候，对于有证据证明行为人不具有非法占有目的的，不能单纯以财产不能归还就按贷款诈骗罪处罚。

外部人员与银行内部人员内外勾结实施贷款诈骗行为时，银行内部人员就属于贷款诈骗罪的共犯。

（3）贷款诈骗罪与骗取贷款罪的区分

从犯罪构成上看，两罪较为接近，司法实践中应注意区别避免混淆：

①犯罪对象相同：都是银行或者其他金融机构的信贷资金。

②主体要件基本相同：凡达到刑事责任年龄，具有刑事责任能力的自然人均构成，银行或者其他金融机构的工作人员与该两罪的行为人内外勾结，提供帮助，亦可成为共犯。但贷款诈骗罪没有单位犯罪（可构成合同诈骗罪）。

③客观要件相同：两罪的行为表现均可能是编造引进资金、项目、经商办企业等虚假理由，使用虚假合同，使用虚假的证明文件，或者虚假的产权证明作担保，或者超出抵押物价值重复担保等虚构事实和隐瞒真相的方法。

④客体要件相近：两罪的客体均为复杂客体。骗取贷款罪侵犯的主要客体是金融管理秩序，首先是银行或者其他金融机构的财产权。贷款诈骗罪侵犯的主要客体是银行或者其他金融机构贷款的所有权，其次侵犯的是国家金融管理制度。

如何区分两罪的关键在于主观要件。骗取贷款罪不是以非法占有为目的，只因在不符合贷款条件的情况下为取得贷款而采用了非法手段，有归还的意愿。而贷款诈骗罪的主观意图就是通过非法手段骗取贷款并非法占有。

［**典型案例**］

被告人唐某明原系中国工商银行股份有限公司邵阳市新邵支行的业务营销部副经理，负责办理小微企业、公司贷款业务。2011 年 5 月至 2014 年 10 月，唐某明为颜某中独资的湖南鑫鑫煤炭有限公司办理保理融资业务，以该公司的增值税专用发票、应收账款为质押、抵押，发放保理融资19笔，累计金额1.65亿元，给该公司用来采购煤炭。鑫鑫公司自2013年开始不能按时归还到期的保理融资，在唐某明催促还款时，颜某中提出要唐某明帮其借钱还款的想法。唐某明担心不能收回融资，遂帮助颜某中在民间高息借贷，用于归还鑫鑫公司到期的保理融资。2014年，鑫鑫公司的经营状况持续下滑，资金周转不过来。

为了归还民间欠款及利息，唐某明知道鑫鑫公司不能按期偿还融资，仍然与颜某中一块指使鑫鑫公司的会计刘某，编造虚假的公司应收账款明细，再按照该应收账款虚开增值税专用发票，以便鑫鑫公司能从工商银行获得新的保理融资。同时，唐某明隐瞒了颜某中提供的鑫鑫公司应收账款、结算单等资料均是虚假编造的情况，先后发放三笔保理融资共2600万元给鑫鑫公司，用于二人归还从民间借来的2600万元借款。案发时，这三笔保理融资均已逾期，唐某明和颜某中无法归还。2014年11月25日，唐某明与颜某中从长沙出逃至云南、重庆、河南、山西等地。2014年12月21日，唐某明主动向新邵县公安局投案。2015年8月22日，湖南省新邵县检察院对唐某明以涉嫌贷款诈骗等犯罪（还有其他犯罪行为）提起公诉。

4. 可能构成的其他犯罪

（1）受贿犯罪

《刑法》第184条，银行或者其他金融机构的工作人员在金融业务活动中索取他人财物或者非法收受他人财物，为他人谋取利益的，或者违反国家规定，收受各种名义的回扣、手续费，归个人所有的，依照本法第一百六十三条的规定定罪处罚。

国有金融机构工作人员和国有金融机构委派到非国有金融机构从事公务的人员有前款行为的，依照本法第385条、第386条的规定定罪处罚。

（2）走私犯罪

《刑法》第156条，与走私罪犯通谋，为其提供贷款、资金、账号、发票、证明，或者为其提供运输、保管、邮寄或者其他方便的，以走私罪的共犯论处。

（3）吸收客户资金不入账罪

指违反金融法律、法规，不如实将收受的客户资金记入银行等金融机构的账目，账目上反映不出新增加的存款、保证金、委托资金业务，或者与出具给储户的存单、存折上、资金凭证上记载不相符合。至于其是否记入法定账目以外设立的账目，是否向客户开具了合法有效的存单或其他金融凭证以及客户是否知晓其资金不被入账，均不影响该罪成立。

《刑法》第187条，银行或者其他金融机构的工作人员吸收客户资金不入账，数额巨大（100万元）或者造成重大损失（20万元）的，处5年以下有期徒刑或者拘役，并处2万元以上20万元以下罚金；数额特别巨大或者造成特别重大损失的，处5年以上有期徒刑，并处5万元以上50万元以下罚金。

（4）违规出具金融票证罪

指银行或其他金融机构工作人员违反规定为他人出具信用证或其他保函、票据、资信证明，情节严重的行为。

《刑法》第188条，银行或者其他金融机构的工作人员违反规定，为他人出具信用证或者其他保函、票据、存单、资信证明，情节严重的，处5年以下有期徒刑或者拘役；情节特别严重的，处5年以上有期徒刑。

单位犯前款罪的，对单位判处罚金，并对其直接负责的主管人员和其他直接责任人员，依照前款的规定处罚。

按照《刑法》第188条规定，及最高人民检察院、公安部《关于公安机关管辖的刑事案件立案追诉标准的规定（二）》第44条规定，涉嫌下列情形之一的，应予立案追诉：（1）违反规定为他人出具信用证或者其他保函、票据、存单、资信证明，数额在100万元以上的；（2）违反规定为他人出具信用证或者其他保函、票据、存单、资信证明，造成直接经济损失数额在20万元以上的；（3）多次违规出具信用证或者其他保函、票据、存单、资信证明的；（4）接受贿赂违规出具信用证或者其他保函、票据、存单、资信证明的；（5）其他情节严重的情形。

（二）信贷催收中的刑事法律风险

2017年7月，中国人民银行发布的《2017年中国金融稳定报告》中指出，截至2016年年末，银行业金融机构不良贷款余额2.19万亿元，不良贷款率为1.91%。其中，商业银行不良贷款余额1.51万亿元。银行业金融机构关注类贷款余额5.28万亿元，银行业金融机构逾期贷款3.24万亿元。

另外根据媒体报道的数据，中国约有800万金融从业人员，其中催收行业从业人员20万~30万人。目前我国拥有4000多家业务涉及催收的公司，网络催收企业近400个，催收项目近百万个。

1. 面向个人信用借贷催收的三个发展阶段

1.0 时代是 2003 年到 2013 年，以银联的成立和信用卡的普及为标志，开始出现为之服务的催收公司；

2.0 时代是 2013 年到 2017 年，伴随金融科技的发展，P2P、消费金融、现金贷的火爆，催收公司接单量剧增；

3.0 时代是 2017 年之后，随着一系列针对催收监管文件的发布，监管、合规成为这一时期的主题。

银行催收手段有短信催收、电话催收、上门催收、外包催收和法院起诉等。通常银行会将某一地区或某个逾期时段的客户打包与外包公司签订协议，外包公司可提取追偿欠款的一定比例作为报酬。而外包催收人员也会存在一些违规操作的情况，此间有银行为了提高催收率，不断提高催收公司的比例分成到 50% 左右，这又进一步促使催收公司采取更激进的手段去收回欠款，而发卡行由于自身利益关系，只要不引发客户投诉，对于这些“擦边球”往往也是睁一只眼闭一只眼，“催收”一词开始越来越多地与“暴力”画上等号。

2018 年 5 月 4 日，中国银行保险监督管理委员会、中华人民共和国公安部、国家市场监督管理总局、中国人民银行四部门联合发布《关于规范民间借贷行为　维护经济金融秩序有关事项的通知》中指出，严厉打击以故意伤害、非法拘禁、侮辱、恐吓、威胁、骚扰等非法手段催收贷款。这里虽然针对的是民间借贷的催收行为，但是同样可以推而广之，视为是对一切非法催收行为的禁止。

2. 信贷催收过程中可能触及的刑事风险

(1) 侵害公民个人信息罪

(2015 年 11 月 1 日起施行的《刑法修正案（九)》对本罪名进行了修改)

《刑法》第 253 条之一，违反国家有关规定，向他人出售或者提供公民个人信息，情节严重的，处 3 年以下有期徒刑或者拘役，并处或者单处罚金；情节特别严重的，处 3 年以上 7 年以下有期徒刑，并处罚金。

违反国家有关规定，将在履行职责或者提供服务过程中获得的公民个人信息，出售或者提供给他人的，依照前款的规定从重处罚。

窃取或者以其他方法非法获取公民个人信息的，依照第一款的规定处罚。

单位犯前三款罪的，对单位判处罚金，并对其直接负责的主管人员和其他直接责任人员，依照各该款的规定处罚。

①“公民个人信息”的理解

2017年6月1日起施行的最高人民法院、最高人民检察院《关于办理侵犯公民个人信息刑事案件适用法律若干问题的解释》中规定：

公民个人信息，是指以电子或者其他方式记录的能够单独或者与其他信息结合识别特定自然人身份或者反映特定自然人活动情况的各种信息，包括姓名、身份证件号码、通信通讯联系方式、住址、账号密码、财产状况、行踪轨迹等。

②“情节严重”的认定

非法获取、出售或者提供公民个人信息，具有下列情形之一的，应当认定为《刑法》第253条之一规定的“情节严重”：出售或者提供行踪轨迹信息，被他人用于犯罪的；知道或者应当知道他人利用公民个人信息实施犯罪，向其出售或者提供的；非法获取、出售或者提供行踪轨迹信息、通信内容、征信信息、财产信息50条以上的；非法获取、出售或者提供住宿信息、通信记录、健康生理信息、交易信息等其他可能影响人身、财产安全的公民个人信息500条以上的；非法获取、出售或者提供第三项、第四项规定以外的公民个人信息5000条以上的；数量未达到第三项至第五项规定标准，但是按相应比例合计达到有关数量标准的；违法所得5000元以上的；将在履行职责或者提供服务过程中获得的公民个人信息出售或者提供给他人，数量或者数额达到第三项至第七项规定标准一半以上的；曾因侵犯公民个人信息受过刑事处罚或者2年内受过行政处罚，又非法获取、出售或者提供公民个人信息的；其他情节严重的情形。

[**典型案例**]

2018年5月24日，深圳警方在福田区园岭街道某大厦内，发现一家资产管理有限公司，其实际业务为贷款业务催收。该公司有十多名员工，通过独有的网络催收管理系统，通过向公民拨打电话、发送短信甚至邮寄文书等形式进行业务催收，形成了一条完整的催收链条。现场看到，该公司的催收系统还有“强大”的统计功能，包括每名员工每天拨打的催收电话数量，以及整个公司员工拨打的每天催收电话总量，还有月拨打电话统计功能，被催收的具体款项等信息一应俱全。该公司非法获取的公民个人信息，几乎涵盖公民个人信息所有范畴。

更为恐怖的是，任意点击某一被催收人，除其本人的房产、公司股权、住址、电话等几乎所有信息都有外，包括被催收人的亲属、亲属关系几乎也都覆盖，这些亲属的电话等信息也均在列。深圳警方通报，警方当场缴获非法获取的公民个人信息十万余条，此次行动共带回涉嫌虚假期货交易平台诈骗、侵犯公民个人信息、拨打骚扰电话的人员338人，经审讯，已刑事拘留59人、行政拘留22人、教育训诫38人、警告3人。此次行动为历次相关行动中单次抓获人数、缴获非法获取的公民信息数最多的一次。

（2）洗钱罪

指明知是毒品犯罪、黑社会性质的组织犯罪、恐怖活动犯罪、走私犯罪、贪污贿赂犯罪、破坏金融管理秩序犯罪、金融诈骗犯罪的违法所得及其收益，为掩饰、隐瞒其来源和性质，而提供资金账户的，或者协助将财产转换为现金、金融票据、有价证券的，或者通过转账或者其他结算方式协助资金转移的，或者协助将资金汇往境外的，或者以其他方法掩饰、隐瞒犯罪所得及其收益的来源和性质的行为。

洗钱罪的具体行为表现：提供资金账户：是指为犯罪人开设银行资金账户或者将现有的银行资金账户提供给犯罪人使用；协助将财产转为现金或者金融票据：既包括将实物转换为现金或金融票据，也包括将现金转换为金融票据或者将金融票据转换成现金，还包括将此种现金转换为彼种现金，将此种金融票据转换为彼种金融票据；通过转账或者其他结算方式协助资金转移；协助将资金汇往境外；以其他方式掩饰、隐瞒犯罪的违法所得及其收益来源和性：指其他掩饰、隐瞒犯罪的违法所得及其产生的收益的性质与来源的一切方法，如将犯罪所得投资于某种行业，用犯罪所得购买不动产等。

（3）非法拘禁罪

在催收过程中，有一些催收人员的做法是将客户扣留，限制甚至剥夺其自由。但是，这种剥夺自由的时间达到一定时间时，就可能存在非法拘禁的刑事风险。非法拘禁罪，指以拘押、禁闭或者其他强制方法，非法剥夺他人人身自由的犯罪行为。依照《刑法》第238条规定，犯非法拘禁罪的，处3年以下的有期徒刑、拘役、管制或者剥夺政治权利。具有殴打、侮辱情节的，从重处罚。

我国《刑法》第283条明确规定：为索取债务非法扣押、拘禁他人的，依照前两款的规定处罚。

最高人民法院《关于对为索取法律不予保护的债务，非法拘禁他人行为如何定罪问题的解释》："行为人为索取高利贷、赌债等不受法律保护的债务，非法扣押、拘禁他人的，依照刑法第二百三十八条（非法拘禁罪）的规定定罪处罚。"

（4）非法侵入住宅罪

指违背住宅内成员的意愿或无法律依据，进入公民住宅，或进入公民住宅后经要求退出而拒不退出的行为。按《刑法》第245条规定，非法侵入他人住宅的，处3年以下有期徒刑或者拘役。

一些催债人员借催债目的强行闯入债务人住宅，殊不知，该行为实际上存在非法侵入住宅罪的风险。

（5）非法搜查罪

指非法对他人的身体或住宅进行搜查的行为。触犯本罪的，处3年以下有期徒刑或者拘役。司法工作人员滥用职权，犯本罪的，从重处罚。无搜查权的机关、团体、单位的工作人员或其他个人，为了寻找失物、有关人或达到其他目的而对他人的身体或住宅进行搜查的，同样构成非法搜查罪。但是本罪搜查的对象仅限他人的身体和住宅，搜查其他场所不构成本罪。

一些催债人员在催债过程中，强行搜查他人身体或住宅的，可能存在本罪的风险。

（三）信贷发放与催收过程中的刑事法律风险的防范

金融领域犯罪案件的特点是案件高发，案值巨大，因此必须增强金融机构的风险防范意识。金融机构工作人员要认真学习我国金融领域内的法律法规，不断地总结系统内的经验教训，严格规范自身发放贷款行为。

1. 审慎进行贷前调查，核实关键财产信息

在贷款前应严格按照银行内部流程，审慎调查了解借款人、担保人实际情况、资金用途、还款方式等，尤其是对于借款人名下的土地、房产、股权等信息应查询核实，对于担保人的资质及其提供的各类抵质押物的真实性应逐一调查核实。

2. 按照流程严格审查，合法合规发放贷款

银行业金融机构要密切关注法律、法规的制定和修改状况，积极根据贷款业务的发展变化，制定较国家规定更为严格的行业内部规范，加强对发放贷款每一个环节的监控，做到按照审贷分离、分级审批的制度对借款人的借款用途、

偿还能力等情况进行严格审查。

实践中，司法机关认定银行工作人员构成违法发放贷款罪的主要理由之一为“对借款人的借款用途、偿还能力、还款方式等情况审查不严”，因此，在贷款审批环节对于借款用途、偿还能力、还款方式应高度重视，严格按照制度流程进行审查。

3. 执行贷后管理制度，持续跟踪及时催收

贷款发放后应对借款人执行借款合同情况、贷款资金流向、借款人的经营情况等进行追踪调查和检查，在贷款出现逾期后应及时合法催收，注意保存催收所形成的证据，并根据实际情况采取诉讼保全等法律措施。

4. 掌握各项规章制度，提高风险识别能力

实践中，银行工作人员被追究违法发放贷款罪多数是在犯罪分子骗取银行贷款过程中出现。由于银行工作人员对于贷款审查不严甚至严重违规，客观上配合了犯罪分子的骗贷行为并造成巨额损失，最终被追究刑事责任。因此，银行工作人员应熟练掌握贷款发放流程中的各项具体规定，通过学习提高识别风险的能力，并在实际工作中严格按照规章制度执行，坚决避免被犯罪分子利用或拉拢腐蚀后参与到刑事犯罪活动中。

此外，信贷人员也可能囿于领导权威，应单位领导安排或要求，不作详尽的贷前调查，违规审批发放，致使贷款逾期或造成银行损失，最终酿成大错。因此，作为信贷人员，应当拒绝上级领导的不合理、不合规的要求，严格按照银行内部贷款指引、操作办法等审查贷款材料。

5. 合法催收，避免游走在法律边缘

银行催收人员应避免与催收公司人员合谋，采取非法手段催收。不得违反国家规定，将履职过程中掌握到的公民信息对外泄露。

如果是有偿还能力想赖账的借款人，诉讼是很好的一个威慑方式。有时不用等到法院判决、强制执行程序就可以解决了。现实中很多时候可以“以诉促谈”或者“以诉促还”。例如，企业一般不希望被起诉，起诉对声誉不好；其次，一旦起诉，采取保全措施后，企业的账户、资产等就会被冻结。对于一个还在正常经营的企业来讲，账号被冻结就啥业务都做不了，它会积极地采取措施来偿还。

对于信用卡透支不还的，银行还可以利用“信用卡诈骗”等方式追究其刑

事责任。对公借款也一样，如果借款材料虚假，也可以用骗取贷款、贷款诈骗等方式追究刑责。一旦罪名成立，就会坐牢，这种方式追债往往比提起民事诉讼更有效（如雷某勋案就值得反思）。

对于手机换号、搬家或又联系不上的，好像人间“蒸发”的借款人，可以通过一些大数据的手段找到借款人新的联系方式或者住址。

五、监狱企业及其高管的刑事法律风险防范

（一）监狱企业的界定

我国的监狱企业是依据法律规定由国家出资设立的适应罪犯劳动改造的需要（为监狱改造罪犯提供劳动岗位和培养罪犯劳动技能）而产生的特殊企业。因其自身的特殊性质，而不同于普通的国有企业。

监狱企业的改革发展已经过去了十几个年头，取得了一定的成就，但是，由于我国监狱功能多元、包袱沉重，监狱体制改革政策性强、涉及面广，这决定了改革是一项复杂而艰辛的长期性工程。

（二）监狱企业目前面临的主要问题

缺少专门针对监狱企业规制的法律法规；监企分开改革还有待进一步确认和完善；国家投入资金存在缺口；企业财务管理存在混乱；企业产品比较单一化；企业管理人员素质水平参差不齐，学历背景较为低下；参加劳动的罪犯的薪酬问题和社会保险引人争议。

（三）监狱企业高管的刑事法律风险

1. 贪污贿赂类犯罪风险

主要涉及的罪名包括贪污罪；受贿罪；挪用公款罪；巨额财产来源不明罪；私分国有资产罪等。

监狱企业不仅改造罪犯，而且还在一定程度上追求利润，所以监狱企业具有一般企业创造经济效益的性质。由于受监企合一传统模式的影响，监狱企业曾经为监狱提供了强有力的经费保障，使监狱企业也会相应滋生一些贪腐类犯罪现象。比如监狱企业的高级管理人员掌握生产经营和分配安排的权力，面对利益的诱惑，不仅有可能会铤而走险利用职务便利达到非法占有公共财物的目的，而且还可能会产生一系列权钱交易的“寻租”犯罪现象。

监狱内部的贪污受贿形式逐渐丰富，既有通过“权钱交易”提供职务晋升

的，也有利用生产经营权利收受贿赂等多方位、多角度的受贿方式。当然，从受贿的角度看，收受服刑罪犯及其亲属、代理人的贿赂，为其谋取减刑、假释、暂予监外执行、计分考核、工种调配等方面的利益仍然是监狱警察受贿案件的重中之重。

此外，监狱企业的财务管理内控制度不够完善，风险意识不强。比如内部控制监督不力、监狱企业内部审计职能偏弱、内部审计很容易引起被监督者的反感，导致审计工作难以开展，内审人员提出的其他关于预防风险、业务开展的建议则更难得到采纳等。

这些都是诱发监狱企业高级管理人员实施贪污贿赂犯罪的因素。

近年来，有大量资料显示，监狱高级干部触犯贪污贿赂类犯罪的案例触目惊心、引人深思，而监狱和监狱企业实际上属于“两块牌子、一套人马”，所以监狱企业的高层管理人员也容易引发此类刑事法律风险。

贪污罪，是指国家工作人员和受国家机关、国有公司、企业、事业单位、人民团体委托管理、经营国有财产的人员，利用职务上的便利，侵吞、窃取、骗取或者以其他手段非法占有公共财物的行为。

受贿罪，是指国家工作人员，利用职务上的便利，索取他人财物，或者非法收受他人财物并为他人谋取利益的行为。

挪用公款罪，是指国家工作人员，利用职务上的便利，挪用公款归个人使用，进行非法活动的；或者挪用公款数额较大，进行营利活动的；或者挪用数额较大，超过3个月未还的行为。挪用公款归个人使用，进行非法活动，数额在3万元以上的，应当依照《刑法》第三百八十四条的规定以挪用公款罪追究刑事责任；挪用公款归个人使用，进行营利活动或者超过3个月未还，数额在5万元以上的，应当认定为《刑法》第三百八十四条第一款规定的“数额较大”。

巨额财产来源不明罪，是指国家工作人员的财产或者支出明显超过合法收入，差额巨大，本人不能说明其来源是合法的行为。涉嫌巨额财产来源不明，数额在30万元以上的，应予立案。

私分国有资产罪，是指国家机关、国有公司、企业、事业单位、人民团体，违反国家规定，以单位名义将国有资产集体私分给个人，数额较大的行为。根据1999年9月16日最高人民检察院发布施行的《关于人民检察院直接受理立案侦查案件立案标准的规定》（试行）的规定，涉嫌私分国有资产，累计数额在

10万元以上的，应予立案。

［**典型案例1**］**沈阳新入监犯监狱职务犯罪系列案件**

2010年，沈阳市人民检察院监所检察处接到群众举报，反映沈阳新入监犯监狱的监狱长贾某力有严重违法违纪行为。

2011年5月，一个偶然的机会，沈阳市检察院的检察官听到有人反映沈阳新入监犯监狱的接见室福利特别好，每月都有大笔奖金。办案人员认真分析了获取的线索。一致认为，如果这条线索查证属实，将是一个很好的突破口。经过调查，办案人员发现：沈阳新入监犯监狱为了鼓励各监区创收，给每个监区下达经济指标，要求各个监区每年向监狱上缴利润。如果超额完成任务，监狱还将按照一定比例给监区奖励，奖金由各监区长自行支配，从而导致各个监区都有数额不等的“小金库”。仅接见室一个“小金库”就有高达150多万元的钱款。

“一小碗米饭10元，一小盘炒土豆丝50元，一顿饭没个三五百根本下不来，可是没办法，谁让咱孩子违法犯罪了呢！”在监狱吃过会见餐的罪犯家属的话或许是最好的答案。监狱生财有道，聚敛钱财，罪犯家属忍气吞声，敢怒不敢言。办案人员决心以接见室“小金库”为突破口查个水落石出。据了解，接见室“小金库”的钱先后由杨某（接见室副主任）、纪某（副处级调研员）、王某、万某4人保管。办案人员同时把4个人找到检察院进行询问。通过谈话，办案人员了解到，接见室“小金库”不只包括监狱按超额部分返给的奖励，还有私自开票收取的会见餐费、不入电脑的小卖店收入等账外资金，而且这部分账目很混乱，根本没有明细。从2008年至2010年，“小金库”累计起来的数额非常大。这些钱除了给接见室干警发奖金，主要用于请客送礼、滥发钱物、吃喝玩乐、公款行贿。而这么做，都是受副监狱长董某（原接见室主任）指使。经过检察机关缜密侦查，董某、杨某、纪某三人不仅交代了他们利用主管或负责管理“小金库”的职务便利收受贿赂、贪污公款的犯罪事实，同时，也交代了向监狱长贾某力行贿的犯罪事实。

贾某力主要的犯罪手段：“吃、拿、卡、要”四字诀。

翻开贾某力受贿案的卷宗，不难发现，“吃、拿、卡、要”，是贾某力主要的犯罪手段。

吃，请客吃饭让监区长埋单。

拿，收下贿赂款为服刑犯人谋利。

卡，不给钱难拿工程款。

要，“卖官鬻爵”乱要钱。

“小金库”虽冠以“小”字，危害却不小，它是滋生腐败的温床。“小金库”聚之简单，用之方便，随意进出，收支混乱，掌权者可以任意支，无所顾忌。“小金库”主要为请客送礼、公款吃喝、单位福利提供资金来源，给违法乱纪者提供了方便，是诱发经济犯罪的源头。不仅如此，“小金库”腐蚀了干部队伍，损害了党和政府的形象。“小金库”握在少数干部手中，不受各种规章制度的约束，助长了钱权交易的歪风邪气，腐蚀了领导干部，也败坏了党风。贾某力的案例充分说明了这一点。贾某力毁了自己，也害了别人。在沈阳新入监犯监狱职务犯罪系列案件中，副监狱长董某因贪污被判处有期徒刑3年，缓期4年执行；接见室副主任杨某因贪污被判处有期徒刑2年，缓期2年执行；接见室副调研员纪某因受贿被判处有期徒刑3年，缓期3年执行。贾某力被判处有期徒刑7年。

贾某力曾有朝气蓬勃、意气风发的青年时代，也曾有积极进取、功成名就的中年时期，本可以安享儿孙绕膝、轻松舒适的晚年生活。可惜，年近六旬的他却不得不在高墙铁窗内痛悔自己所犯下的罪行。从位高权重、春风得意到身陷囹圄、身败名裂，贾某力等在人生道路上因金钱迷失了方向，最终走向犯罪深渊，自毁前程，教训深刻。

［**典型案例**2］

2011年12月13日，长沙市中级人民法院对湖南省司法厅原副厅长、湖南省监狱管理局原局长、党委书记刘某清涉嫌受贿案件进行一审宣判。刘某清犯受贿罪、巨额财产来源不明罪、徇私舞弊暂予监外执行罪，被数罪并罚判处无期徒刑，剥夺政治权利终身，并处没收个人全部财产，其受贿犯罪所得及其他违法所得财物折合人民币共计1700余万元，上缴国库。

法院审理查明：2000年1月至2009年3月，被告人刘某清利用其担任湖南省司法厅副厅长、党组成员、湖南省监狱管理局局长、党委书记、湖南万安达集团有限责任公司董事长等职务上的便利，为他人或省监狱管理局所属单位在建筑工程承揽、资金拨付、职务提拔任命、决定保外就医等方面谋取利益，单独或伙同他人非法收受他人所送财物共计折合人民币678.2万余元。此外，被告人刘某清徇私舞弊，对明知不符合暂予监外执行条件的罪犯，决定予以监外执行，其行为构成徇私舞弊暂予监外执行罪。被告人刘某清的家庭财产和支出明显超过合法收入，差额巨大，尚有折合人民币共计1232.9万元财产不能说明来源，其行为构成巨额财产来源不明罪。

［**典型案例**3］

某省监狱原党委书记、监狱长在任职期间先后4次收受监狱某监区长的贿赂共计200余万元。法院以受贿罪，判处该监狱长有期徒刑10年。在行贿过程中，行贿人为掩人耳目，绞尽脑汁，湮灭行迹。第一次采取要来监狱长岳母的身份证，以其岳母名义在银行开户的方式，存入贿款并将存折送上；第二次采取借用监狱长的车钥匙，将现金放在车内的方式，随后告知；第三次又以监狱长岳母的名义在银行开户，存钱送上；第四次则趁新年之际单独到监狱长家中送去贿款。

［**典型案例**4］

某省监狱管理局某主要领导利用职权，擅自决定将本单位上千万元的巨额资金借给其关系人的民营企业用于经营活动并谋取个人利益，还先后6次收受他人贿赂50余万元。法院以挪用公款罪、受贿罪，判处其有期徒刑17年，剥夺政治权利1年。

2. 渎职类犯罪风险

主要涉及的罪名包括滥用职权罪；玩忽职守罪；私放在押人员罪；失职致使在押人员逃脱罪；徇私舞弊减刑、假释、暂予监外执行罪等。

犯罪分子在监狱企业进行劳动改造，并接受狱警等监管人员的指导和监督，犯罪分子的劳动改造情况可以成为其减刑的一个法定参考依据，那么在监管人员对犯罪分子的劳动改造情况作评价时，如果存在私心或者利益诱惑等非法因素，就会带来监管人员利用其职务便利或者特殊身份来实施渎职类犯罪的刑事法律风险。另外，监管人员在履行监管职责的过程中，也可能存在因为严重不负责等过失原因而造成严重危害后果的情况，因而触犯犯罪的刑事法律风险。

滥用职权罪，是指国家机关工作人员故意逾越职权或者不履行职责，致使公共财产、国家和人民利益遭受重大损失的行为。

玩忽职守罪，是指国家机关工作人员严重不负责任，不履行或不正确地履行自己的工作职责，致使公共财产、国家和人民利益遭受重大损失的行为。

最高人民法院、最高人民检察院2012年《关于办理渎职刑事案件适用法律若干问题的解释（一）》规定，国家机关工作人员滥用职权或者玩忽职守，具有下列情形之一的，应当认定为刑法第三百九十七条规定的“致使公共财产、国家和人民利益遭受重大损失”：（1）造成死亡1人以上，或者重伤3人以上，或者轻伤9人以上，或者重伤2人、轻伤3人以上，或者重伤1人、轻伤6人以上的；（2）造成经济损失30万元以上的；（3）造成恶劣社会影响的；（4）其他致使公共财产、国家和人民利益遭受重大损失的情形。

具有下列情形之一的，应当认定为刑法第三百九十七条规定的“情节特别严重”：（1）造成伤亡达到前款第（一）项规定人数3倍以上的；（2）造成经济损失150万元以上的；（3）造成前款规定的损失后果，不报、迟报、谎报或者授意、指使、强令他人不报、迟报、谎报事故情况，致使损失后果持续、扩大或者抢救工作延误的；（4）造成特别恶劣社会影响的；（5）其他特别严重的情节。国家机关工作人员实施滥用职权或者玩忽职守犯罪行为，触犯刑法分则第九章第三百九十八条至第四百一十九条规定的，依照该规定定罪处罚。国家机关工作人员滥用职权或者玩忽职守，因不具备徇私舞弊等情形，不符合刑法分则第九章第三百九十八条至第四百一十九条的规定，但依法构成第三百九十七条规定的犯罪的，以滥用职权罪或者玩忽职守罪定罪处罚。国家机关工作人员实施渎职犯罪并收受贿赂，同时构成受贿罪的，除刑法另有规定外，以渎职犯罪和受贿罪数罪并罚。

私放在押人员罪，是指国家司法工作人员，利用职务上的便利私自将在押的犯罪嫌疑人、被告人或者罪犯非法释放的行为。

根据2006年7月26日最高人民检察院发布施行的最高人民检察院《关于渎职侵权犯罪案件立案标准的规定》的规定，涉嫌下列情形之一的，应予立案：（1）私自将在押的犯罪嫌疑人、被告人、罪犯放走，或者授意、指使、强迫他人将在押的犯罪嫌疑人、被告人、罪犯放走的；（2）伪造、变造有关法律文书、证明材料，以使在押的犯罪嫌疑人、被告人、罪犯逃跑或者被释放的；（3）为私放在押的犯罪嫌疑人、被告人、罪犯，故意向其通风报信、提供条件，致使该在押的犯罪嫌疑人、被告人、罪犯脱逃的；（4）其他私放在押的犯罪嫌疑人、被告人、罪犯应予追究刑事责任的情形。

失职致使在押人员脱逃罪，是指司法工作人员由于严重不负责任，致使在押的犯罪嫌疑人、被告人或者罪犯脱逃，造成严重果的行为。

根据1999年9月16日最高人民检察院发布施行的《关于人民检察院直接受理立案侦查案件立案标准的规定》（试行）的规定，嫌下列情形之一的，应予立案：

（1）致使依法可能判处或者已经判处10以上有期徒刑、无期徒刑、死刑的犯罪嫌疑人、被告人、罪犯脱逃的；

（2）3次以上致使犯罪嫌疑人、被告人、罪犯脱逃，或者一次致使3名以上犯罪嫌疑人、被告人、罪犯脱逃的；

（3）犯罪嫌疑人、被告人、罪犯脱逃以后，打击报复控告人、检举人、被害人、证人和司法工作人员等，或者继续犯罪，危害社会的；

（4）其他致使在押的犯罪嫌疑人、被告人、罪犯脱逃，造成严重后果的行为。

徇私舞弊减刑、假释、暂予监外执行罪是指司法工作人员徇私舞弊，对不符合减刑、假释、暂予监外执行条件的罪犯予以减刑、假释、暂予监外执行的行为。

根据《立案标准》的规定，具有下列情形之一的，应予立案：

（1）刑罚执行机关的工作人员对不符合减刑、假释、暂予监外执行条件的罪犯，捏造事实，伪造材料，违法报请减刑、假释、暂予监外执行的；

（2）人民法院和监狱机关以及公安机关的工作人员为徇私情、私利，对不符合假释、暂予监外执行条件的罪犯的减刑、假释、暂予监外执行申请，违法裁定、决定减刑、假释、暂予监外执行的；

（3）不具有报请、裁定或决定减刑、假释、暂予监外执行权的司法工作人员利用职务上的便利，徇私情、私利，伪造有关材料，导致不符合减刑、假释、暂予监外执行条件的罪犯被减刑、假释、暂予监外执行的；

（4）其他违法减刑、假释、暂予监外执行的行为。

［**典型案例**1］

2009年10月17日，N区某监狱4名重刑犯杀害一名狱警后暴力脱逃，案件一经披露震动全国。对越狱罪犯的追逃规模不断扩大，各方动员警力前所未见，国内主要媒体和网络均聚焦事件并跟踪报道，直至4名重犯最终被抓获服法，舆论热议才慢慢平静。案发后，该监狱原监狱长即被免职，后因涉嫌玩忽职守罪被检察机关逮捕并提起公诉。6名监狱领导班子成员中4人受到停职检查处理，接受进一步调查。

[**典型案例**2]

陕西省汉中市汉台区看守所4名民警利用职务之便，与外人勾结致使毒品流入看守所一案日前有了结果。2004年12月17日，汉台区法院分别以运输、贩卖毒品罪和滥用职权罪，一审判处4名看守所民警2年至5年有期徒刑，同案中多次向民警提供毒品的另一被告人被判有期徒刑7年。

原汉台区看守所民警张某，从今年4月初开始，提供手机给在押人员与外部人员李某芳取得联系，由李购买毒品送至看守所门外，再由张某接进看守所内，提供给在押人员吸食。李、张二人用相同的手段先后14次在看守所贩卖海洛因5.6克；另3名被告人分别为原看守所副所长陈某华，民警彭某秦、张某林，他们从2003年12月初起，分别多次帮助在押人员带出现金，交给李某芳购买毒品，并帮忙将藏在食品中的毒品带入看守所内，致使被关押人员多次在看守所内吸毒。

[**典型案例**3]

某省监狱主管改造工作的原副监狱长，利用职务便利，违法收受罪犯家属所送财物。在罪犯相关材料不属实，不具备减刑条件的情况下，徇私舞弊，以有重大立功表现为由，突破减刑期间限制，为罪犯报请减刑。法院以徇私舞弊减刑罪，判处其有期徒刑2年6个月。

[**典型案例**4]

2008年3月，某省监狱发生重刑犯驾吊车冲破监狱大门脱逃案。时值全国两会期间，消息传出，安保压力骤增，尽管6天后罪犯即被迅速抓回，但已经在一定范围内引起社会不安情绪。事后查明，事故当晚，脱逃罪犯所在监区监区长明知副监区长为值班领导，却叫其脱岗参加宴请，导致生产现场无领导带班，而监区3名警察未严格履行值班干警巡查、点名、监视等职责，罪犯偷偷离开劳动现场未能及时发现，致使其脱管失控，盗取并驾驶吊车撞坏监狱外管防暴门和两道狱门及办公区铁栅栏围墙，冲出监狱大门后脱逃。该监狱党委书记、监狱长对此案负有重要领导责任被免职，两名副监狱长负有主要领导责任分别受到行政警告处分。负有直接责任的警察被法院判决犯失职致使在押罪犯脱逃罪，免予刑事处罚，其后分别受到党纪政纪处分。

［**典型案例**5］

武某贵是原112医院医生，1989年至1997年为蝇头小利利用为罪犯进行X光拍片诊断的权力，先后为两名罪犯出具了假放射照片诊断报告，致使两名罪犯无病保外。2001年9月，其因犯徇私舞弊罪被判处有期徒刑2年缓刑3年。

［**典型案例**6］

2009年10月17日，呼和浩特第二监狱“10·17”暴动越狱案发生后，小黑河地区人民检察院立即组织干警赶赴案发现场，干警们在履行侦查机关法律监督职能的同时，对此次重大监管安全事故中可能存在的渎职犯罪行为和相关嫌疑人员展开调查。随后对原监狱长张某平等多名监管干警立案侦查。经过半年多的侦查，检察机关查证，张某平在工作中严重不负责任，不认真履行其监狱长职责，致使监狱存在诸多监管安全隐患和监管漏洞，存在重大失职行为，最终导致“10·17”暴动越狱案的发生，给国家和人民利益造成重大损失，社会影响极其恶劣，张某平已涉嫌玩忽职守罪，且情节特别严重。与张某平同时被追究刑事责任的还有对“10·17”暴动越狱案的发生负有直接或间接责任的其他4名监管人员，这4人分别涉嫌失职致使在押人员脱逃罪和玩忽职守罪。张某平被小黑河地区人民检察院以涉嫌玩忽职守罪批准逮捕并提起公诉。

［**典型案例**7］

湖南省邵东监狱二监区为方便犯人夫妻团圆，利用一间与监舍连为一体的房子，开设了收费的“特殊接见室”。1998年5月，“特殊接见室”由监区管教股承包。按有关规定，进入“特殊接见室”的人应持本人身份证、户口簿、结婚证接受检验，并办理登记手续。但因为某些人见利忘义，管理严重失控，凡进入该监区“特殊接见室”的妇女与犯人共宿，不需要任何证明，也不需要办理任何手续，只需按白天同宿一次交费50元，同宿一晚交费100元的收费标准付款，即可随便与罪犯在“特殊接见室”同宿。一些罪犯见有机可乘，便与情妇在“特殊接见室”同宿。一些罪犯或刑满释放人员还充当“皮条客”，介绍卖淫女到“特殊接见室”卖淫，一些有钱的罪犯公然在这里“嫖娼”，甚至一些监狱管理人员也充当了“皮条客”。事件经曝光以后，产生了严重的消极影响，该监区监管人员杨某寿等7人因介绍卖淫充当“皮条客”，分别被邵阳市中级人民法院一审判处有期徒刑3年至13年。

3. 破坏社会主义市场经济秩序类犯罪风险

主要涉及的罪名包括生产、销售伪劣产品罪；生产、销售不符合安全标准的食品罪；生产、销售不符合安全标准的产品罪等。

监狱企业通过生产比较单一的产品来达到营利目的，也参与到社会主义市场经济的竞争，但是因为管理人员的水平和犯罪分子的生产力不具备竞争优势，使监狱企业存在一定亏损的现象。再加上监狱企业主要以改造罪犯为目的，且缺乏有效的利益激励机制，既然监狱企业同样面向大众市场，那么同样也应该接受对其产品质量的严格把关。如果监狱企业在生产经营过程中，违反国家经济管理法规，在市场经济运行或经济管理活动中进行非法经济活动，实施了严重破坏社会主义市场经济秩序的行为，那么也可能引发此类刑事法律风险。

生产销售伪劣产品罪是指生产者，销售者故意在产品中掺杂，掺假，以次充好，以假充真或者以不合格产品冒充合格产品，销售金额5万元以上的行为。

犯本条（《刑法》第140条）所定之罪，依其销售金额定其刑事责任：

（1）销售金额5万元以上不满20万元的，处2年以下有期徒刑或者拘役，并处或者单处销售金额50%以上2倍以下罚金；

（2）销售金额20万元以上不满50万元的，处2年以上7年以下有期徒刑，并处销售金额50%以上2倍以下罚金；

（3）销售金额50万元以上不满200万元的，处7年以上有期徒刑，并处销售金额50%以上2倍以下罚金；

（4）销售金额200万元以上的，处15年有期徒刑或者无期徒刑，并处销售金额50%以上2倍以下罚金或者没收财产。

根据本法第150条之规定，单位犯本罪，对单位判处罚金，并对其直接负责的主管人员和其他直接责任人员，依本条规定处罚。

生产、销售不符合安全标准的食品罪是指违反国家食品卫生管理法规，生产、销售不符合卫生标准的食品，足以造成严重食物中毒事故或者其他严重食源性疾患，危害人体健康的行为。

"经省级以上卫生行政部门确定的机构鉴定，食品中含有可能导致严重食物中毒事故或者其他严重食源性疾患的超标准的有害细菌或者其他污染物的，应认定为刑法第一百四十三条规定的'足以造成严重食物中毒事故或者其他严重食源性疾患'。"

生产、销售不符合安全标准的产品罪，是指生产不符合保障人身、财产安全的国家标准、行业标准的电器、压力容器、易燃易爆产品或者其他不符合保障人身、财产安全的国家标准、行业标准的产品，或者销售明知是以上不符合保障人身、财产安全的国家标准、行业标准的产品，造成严重后果的行为。

犯本条（《刑法》第146条）所定之罪，依其情节承担如下处罚：

（1）生产不符合保障人身、财产安全的国家标准、行业标准的电器、压力容器、易燃易爆产品或者其他不符合保障人身、财产安全的国家标准、行业标准的产品，或者销售明知是以上不符合保障人身、财产安全的国家标准、行业标准的产品，造成严重后果的，处5年以下有期徒刑或者拘役、并处销售金额50%以上2倍以下罚金；

（2）后果特别严重的，处5年以上有期徒刑，并处销售金额50%以上2倍以下罚金。

4. 侵犯公民人身权利类犯罪风险

主要涉及的罪名包括故意伤害罪、虐待被监管人罪。

在监狱企业进行劳动改造的犯罪分子，依然具备一些法律规定其享有的基本权利，比如生命权不受侵害、健康权得到保障、劳动中享受休息权等。由于监企分开改革还处于试点推广的阶段，监狱企业创造的利润依然是监狱的主要经费来源之一。所以，企业监管人员为了创造更多利润，强迫犯罪分子延迟劳动时间，提高劳动强度。有学者指出许多省份将监狱企业的生产效益与监狱领导班子的考核、监狱经费的划拨、民警的奖金（福利）挂钩，这就逼迫监狱在组织服刑人员生产劳动时追求利益的最大化，严重背离了教育改造的初衷。

另外，若犯罪分子针对不合理的劳动要求提出抗议，监管人员可能对于“不听话”的犯罪分子进行虐待，从而触犯有关犯罪。

虐待被监管人罪是指监狱、拘留所、看守所等监管机构的监管人员，对被监管人进行殴打或者体罚虐待，情节严重的行为。

涉嫌下列情形之一的，应予立案：

（1）造成被监管人轻伤的；

（2）致使被监管人自杀、精神失常或其他严重后果的；

（3）对被监管人3人以上或3次以上实施殴打、体罚虐待的；

（4）手段残忍、影响恶劣的；

（5）指使被监管人殴打、体罚虐待其他被监管人，具有上述情形之一的。

［**典型案例**1］

2006年3月6日，长沙监狱收押中心警察王某、贺某在对三名偷拿劳务产品的罪犯进行教育时，违反规定，用警棍电击和殴打罪犯造成一名犯人重伤。两人均因故意伤害罪被法院判处有期徒刑3年，缓刑4年。

［**典型案例**2］

2009年5月11日16时许，被告人王某身为登封市看守所管教，以未成年监室被监管人员潘某某殴打郭某某违反监规为由，指使已决监室被监管人员曹某某在未成年监室门口使用硬塑料管殴打潘某某10下，并对其加戴械具7日。2009年6月13日17时许，被告人王某身为登封市看守所管教，以未成年监室被监管人员仝某某、刘某某打架违反监规为由，指使已决监室被监管人员曹某某在未成年监室门口使用硬塑料管殴打仝某某、刘某某各10下。后被告人王某又以郑某某、陈某某、仝某某、郭某某欺负赵某某违反监规为由，指使已决监室被监管人员曹某某、段某某、孙某某在管教办公室使用硬塑料管殴打郑某某、陈某某、仝某某各50下、郭某某30下。2009年6月下旬某日9时许，被告人王某身为登封市看守所管教，以未成年监室被监管人员田某某学习时睡觉违反监规为由，指使已决监室被监管人员曹某某使用硬塑料管殴打田某某5下。后又以陈某某、郭某某用刘某某的票购买东西违反监规为由，指使已决监室被监管人员曹某某在未成年监室门口使用硬塑料管殴打陈某某20下、郭某某12下。

法院认定被告人王某犯虐待被监管人罪名成立，考虑其犯罪情节轻微，平时工作表现较好，归案后能真诚悔过，免于刑事处罚。

（四）劳动改造犯罪分子带来的刑事法律风险

1. 侵犯公民人身权利类犯罪风险

主要涉及的罪名包括故意杀人罪；过失致人死亡罪；故意伤害罪；过失重伤罪等。

监狱企业对犯罪分子进行劳动改造，本来就是具有风险的。因为犯罪分子还存在一定的人身危险性，其反社会心理容易在劳动改造中又实施其他犯罪。比如，在监狱企业对他人实施故意伤害的行为。而且监狱企业面临一个困难，即监管人员在人力和水平上都不能完全满足现阶段的需求，在探求提高监管人员待遇、积极引进高水平人才等改善措施时，就是为了重点预防犯罪分子实施侵犯公民人身权利类犯罪行为。

［**典型案例**］

比如洪都监狱的黄某因看电视与袁某发生口角，进而引发打架斗殴造成袁某轻伤；洪城监狱的伍某与熊某因劳动时做工程序问题发生口角，将熊某打成重伤。

2. 侵犯财产类犯罪风险

主要涉及的罪名包括盗窃罪；故意毁坏财物罪；破坏生产经营罪等。

犯罪分子到监狱企业参加劳动改造，转身为“工人”身份，并直接接触生产资料来提供劳动力，由于监管制度的不完善以及部分“工人”由于压抑心理导致报复泄愤或者其他个人目的，便可能存在“工人”损坏监狱企业公共财物等生产资料的情节严重的行为，由此引发可以构罪的刑事法律风险。

［**典型案例**］

被告人陈某破坏生产经营罪案2006年7月在福建省永安监狱开庭审理，该案的三名证人及受害企业的法定代表人出庭作证，法庭当庭对陈某作出判决，与原判刑罚数罪并罚后，合并判处其有期徒刑6年零5个月，并处罚金人民币5万元。500余名服刑人员旁听此案，收到了较好的法制教育效果。

永安市检察院检察官介绍说，今后凡是发生在监狱内的在押人员犯罪案件，永安监狱或永安市检察院认为具有典型教育意义的，将建议把庭审地点设在监狱，并组织在押人员到庭旁听。在庭审举证中，公诉人不再宣读被害人陈述和证人证言笔录，而是要求被害人和证人出庭陈述，法庭对案件实行当庭宣判。同时，由公诉人、审判长和监狱负责人结合案例进行庭审法制教育，增强对旁听服刑人员的法制教育。

3. 妨害社会管理秩序类犯罪风险

主要涉及的罪名包括破坏监管秩序罪；脱逃罪；组织越狱罪；暴动越狱罪；传授犯罪方法罪等。

监管人员在组织和押解犯罪分子去监狱企业进行劳动改造的途中，要承担犯罪分子利用机会实施越狱的风险；另外，犯罪分子在监狱企业进行劳动改造，必然增加了相互接触和熟悉的机会，监管人员还得预防犯罪分子借着工作交流机会的名义，实施犯意联络和沟通的行为。更有甚者，犯罪分子有可能利用监管人员的明显失职，或者与监管人员相互串通，共同实施破坏监管秩序、情节严重的犯罪行为。

破坏监管秩序罪，是指依法被关押的罪犯，有法定破坏监管秩序行为之一的，情节严重的行为。

所谓情节严重，一般指多次殴打监管人员或者为抗拒改造而殴打监管人员或者殴打监管人员致伤的；多次组织其他被监管人破坏监管秩序或者组织的人数众多或者建立了较严密组织形式破坏监管秩序的；多次聚众闹事扰乱监管秩序或者聚众绝食影响恶劣或者聚众冲击办公场所毁坏财物的；多次殴打、体罚或者指使他人殴打体罚其他被监管人或者致人伤害的；兼有本条所述的多种破坏监管秩序的行为或者成为“牢狱霸”的。

脱逃罪，是指依法被关押的罪犯、被告人、犯罪嫌疑人，从羁押和改造场所逃走的行为。

羁押场所主要是指看守所。改造场所主要指监狱、劳动改造管教队、少年犯管教所等。另外，押解犯罪分子的路途中，也应视为监管场所范围。譬如，被逮捕的罪犯在被押送至人民法院应诉受审的途中脱身逃跑的，被判刑的罪犯在被押解至劳改机关关押的途中，跳车、越船脱逃的均是脱逃行为。行为人的逃跑方法有使用暴力脱逃与未使用暴力脱逃两种，未使用暴力脱逃，是指行为人寻找机会，创造条件，乘司法工作人员不备而逃跑。使用暴力脱逃，是指行为人通过对司法工作人员施以殴打、捆绑等暴力行为，或者威胁、恐吓等胁迫行为，而摆脱其监管控制。从人数上看，有单个人逃跑的，也有数人共同逃跑的。无论采取什么形式脱逃，都不影响本罪的成立。脱逃的形式属于量刑情节。但是，如果脱逃中犯有重伤害或者故意杀人的，应按处理牵连犯的原则，从一重罪处罚。对于多数人集体脱逃的，应按共同犯罪论处。

组织越狱罪，是指狱中的罪犯有组织、有计划地逃往狱外的行为。

本罪与脱逃罪在形式上都表现为在押的犯罪分子逃离监管、羁押场所。两者的区别是：

（1）行为方式不同。本罪在客观方面表现为有计划、有组织地进行，并且一般是使用暴力手段，公开与国家专政机关对抗；而脱逃罪在客观方面往往采取秘密逃跑的方式。

（2）本罪是多数在押犯勾结在一起，在首要分子的指挥、策划下，有组织、有计划地集体逃跑越狱的行为。而脱逃罪一般只是个别犯罪分子单独的逃跑行为。

暴动越狱罪，是指依法被关押的犯罪分子，以有组织或者聚众的形式集体使用暴力手段强行越狱的行为。

在认定这类案件性质时，需要注意以下两个问题：

（1）区分暴动越狱罪与组织越狱罪的界限。区别在于构成本罪必须采取共同的暴力行为；而组织越狱罪的构成要件中则排斥共同的暴力行为。

（2）关于罪数问题。在暴动越狱的过程中致人重伤、死亡的，仍只需以本罪一罪论处。

传授犯罪方法罪是指用语言、文字、动作、图像或者其他方法，故意向他人传授实施犯罪的具体经验和技能的行为。

本罪与教唆犯罪的区别：

（1）客体要件不同，教唆犯罪并无特定的和统一的直接客体，具体的教唆行为侵犯的客体，就是所教唆之具体犯罪侵犯的客体。而本罪作为独立的犯罪，有其特定的和统一的客体，即社会治安管理秩序。

（2）客观要件不同。教唆行为的本质是制造犯意，为引起他人的犯意，教唆犯往往使用劝诱、挑拨、威胁等手段。而传授犯罪方法行为的本质是将犯罪方法传给他人，为达到这目的，犯罪分子往往言传身教，从犯罪对象上来说，教唆犯的犯罪对象限于具有刑事责任能力、达到刑事责任年龄的人，而传授犯罪方法的对象则无此种限制，无论向何人传授犯罪方法都构成该罪。

（3）主体要件不同。对教唆犯罪而言，已满 14 周岁未满 16 周岁的人只有教唆他人实施本法第 7 条第 3 款规定的各种罪，才有可能构成教唆犯罪的主体；传授犯罪方法罪的主体只能是年满 16 周岁，且具有刑事责任能力的人。

（4）主观要件不同。教唆犯罪的故意是有意识地引起他人的犯意，并与教唆的人具有共同的犯罪故意，而传授犯罪方法罪的故意内容是有意识地向他人传授犯罪方法，传授者与被传授者不一定具有共同犯罪故意。

（5）在一罪与数罪问题上不同，教唆犯罪如果是向同一对象或不同对象教唆了不同的犯罪行为，教唆人就具备了不同罪的犯罪构成，如教唆了强奸、盗窃、抢劫等犯罪，应认定教唆人构成教唆强奸罪、教唆盗窃罪、教唆抢劫罪等数罪而予以并罚：而传授犯罪方法罪则可以同时包括数种犯罪方法的传授行为，传授人尽管传授了不同犯罪的方法，也只能认为一罪。

（6）犯罪停顿状态的不同。教唆犯罪的既遂和未遂随被教唆者的犯罪行为而定，而传授犯罪方法罪没有既遂未遂之分，只要实施了犯罪方法的传授，就是犯罪既遂。

（7）量刑原则的不同。教唆他人犯罪的，应当按照他在共同犯罪中所起的作用处罚，而传授犯罪方法罪有独立的法定刑。

[**典型案例**1]

2013年7月初，宜州市人民法院在宜州监狱狱内开庭审判被告人韦某破坏监管秩序罪一案，该案根据公诉机关建议并征得被告人韦某同意，依法适用简易程序，实行独任审判，公开审理了本案。法庭当庭对韦某作出判决，韦某因破坏监管秩序罪获刑2年，与原判刑罚数罪并罚后，合并判处有期徒刑12年零2个月，并处罚金人民币22,000元。200余名服刑人员旁听了此案，收到了较好的法制教育效果。

本案是被告人韦某服刑期间，因违反监规被分监区指导员唐某某批评教育而怀恨在心，利用劳动便利准备了一把长28厘米的扳拨杆（毛织机把手）和一把12.8厘米长的自制利刃作为作案凶器，伺机报复。2013年1月12日14时30分，被告人韦某在车间劳动时趁机袭击指导员唐某某，造成唐某某轻微伤。

此案虽然未造成严重后果，但影响恶劣。为了打击狱内又犯罪活动，强化服刑人员的改造意识和遵规守纪意识，宜州市人民法院法官和检察院检察官到宜州监狱狱内开庭审理和判决韦某狱内又犯罪案，目的是给服刑人员上一堂生动的法制教育课，同时依法打击狱内犯罪活动，有力地震慑罪犯，全力维护监管秩序的稳定。

据悉，韦某案判决后，庭审现场的服刑人反响良好，深受教育。监狱趁机组织旁听的服刑人员开展了以案说法教育活动，进一步提高他们的思想认识，并要求他们回到各个监区后，对以案说法接受的教育进行传播，促进全监狱服刑人员法制意识的全面提高。

[**典型案例**2]

2002年2月1日8时许，广州梅州监狱值班警察曾某华同志像以往一样在车间生产现场例行检查，当巡查至服刑人员王某工位时，只见王犯悄悄地向其扔了一张小纸片，曾某华捡起纸片到值班室打开一看，上面写着："有人找我一起逃跑，我还没有证据，他正在注意我，我想把他谈的话录下来。"曾警官意识到事关重大，立即向上级领导汇报，监狱主管领导得知这一情况后随即组织有关科室分析研究，并抽调有关警察组成专案组，将该案件定为“0201”案，在当天中午和晚上分别将王犯所举报的梁某、林某两名涉案服刑人员隔离审查。2月2日监区在服刑人员中召开了坦白、检举动员大会，次日在外围调查时，涉案人员徐某向警察主动坦白。经过一个半月艰苦的审讯调查，一桩服刑人员重大预谋脱逃案得以告破。

[**典型案例**3]

震惊全国的2009年呼和浩特第二监狱“10·17”暴动越狱案，6日上午9时30分在内蒙古自治区呼和浩特市中级人民法院一审公开宣判，一审法院以被告人乔某强、董某继、李某斌犯暴动越狱罪，依法判处3名罪犯死刑，剥夺政治权利终身。

一审法院经审理查明，被告人乔某强、董某继、李某斌和罪犯高某（越狱后被击毙）于2003年至2006年因分别犯抢劫罪、盗窃罪、故意伤害罪被判处死刑缓期2年执行和无期徒刑，并投入呼和浩特第二监狱服刑。在服刑改造期间，罪犯乔某强于2008年3月产生脱逃念头，遂与同监区服刑的罪犯董某继预谋绑架监狱民警夺取警服和出门卡后实施脱逃。2009年8月至10月，二人又串通了同在监狱服刑的罪犯李某斌和高某，4人预谋10月17日绑架民警，实施越狱，如遇反抗就使用暴力。

2009年10月17日上午，四罪犯在监区一库房内准备了刀具、电线、胶带等作案用具。当日13时许，罪犯董某继将安全员高某（系服刑人员）骗入库房，罪犯乔某强、李某斌、高某用电线、胶带将高某手脚绑住，用汗衫堵住其嘴。董某继又将监管民警徐某骗入库房，三名罪犯将徐某的警服强行脱下，搜出徐某身上的出门卡等物后将徐捆绑。董某继又以同样的方式将监管的民警兰某国骗入库房内，兰某国发现情况异常进行反抗时，李某斌抱住兰某国并捂住其嘴，乔某强与高某用尖刀在兰某国腹部、颈部等处捅刺数十刀，致兰某国当场死亡。罪犯乔某强从兰某国身上搜走出门卡、钱包及3700余元现金。

当日14时许，四名罪犯将徐某的警服和事先准备好的便服换上来到监狱大门口，当其受到值班人员盘问时，高某用手中的裁纸刀击打值班人员头部，四名罪犯冲出监狱大门，劫持了一辆出租汽车，将司机和一名女乘客拽下车，将另一名女乘客陈某堵在车内，由乔某强驾驶逃离。高某上车后将刀架在陈某的脖子上，抢劫了陈某的手机，李某斌将陈某钱包内的700元钱抢走。当车行至呼和浩特市南二环路段时熄火，四人弃车潜逃至呼和浩特市和林格尔县境内的山上。三天后，四罪犯发现有公安人员搜捕，便抢劫了一辆农用三轮车驾车逃跑。为了抵抗追捕，四罪犯将一名村民挟持到车上作为人质。车行至一转弯处发生侧翻，李某斌、乔某强、董某继先后被追捕的公安人员抓获，高某抗拒抓捕持刀捅刺追捕中的公安人员时被当场击毙。

（五）针对监狱企业管理人员带来的刑事法律风险的防范措施

监狱企业管理人员分为高级管理人员和企业普通职员，高级管理人员因为掌握一定实权，主要从杜绝权钱交易犯罪上采取防范措施；而企业普通职员直接和劳改犯罪分子接触，主要从缓和他们两者之间的对立冲突而引发新的犯罪。

1. 针对贪污贿赂类犯罪的防范措施

首先，加强对高级管理人员的思想教育。通过继续推广和不断实践监企分开的改革思路，将已经试点成功的监企分开案例加以学习和借鉴，充分认识到监企分开带来的好处，监企分开能够有效杜绝监狱个别领导一手遮天的潜在犯罪因素。同时，多在高级管理人员中开展思想教育活动，努力提高他们的政治素质和法律意识，通过案例警示教育，让他们认识到以身试法的严重后果和悲惨结局，起到预防犯罪的震慑作用。

其次，优化监狱企业内部权力监督制约机制。对于企业重大决策权要加入监督制约机制，加强对监狱企业干部的民主评议制度，通过加强民主集中制，采用分权制约和集体会议来共同决策，杜绝一人独大的不合理现象，特别是对于劳改罪犯衡量其劳改程度而考虑减刑时，要通过集体共同评价和决定，减少权钱交易的机会，减少权力“寻租”的刑事法律风险。

再次，加大对高级管理人员的监督力度。可以考虑对高级管理人员的日常工作、财产状况和经济活动等进行监督和适当公开，不仅要强化检察机关驻扎在企业的监督职能，而且还要引入外来舆论对企业改造和经营的阳光监督。现在网络监督越来越发达，比如可以为企业设置新闻发布人和网络公知账号，要求企业高级管理人员开通网络邮箱、公共微博账户等，自觉接受网络的监督和提问。另外，还可以在简化程序、确保安全的前提下，向社会公众和新闻媒体发出参观邀请，主动接受民主监督，增加自身透明度。同时，可以定期给劳改罪犯家属发出信息反馈要求，及时了解对方思想动态和自身漏洞不足。

最后，提高企业内部的财务审计能力。通过对企业的财务审计，加大对企业资金收支的管理和监督，确保每笔资金都能够经得住考验，每笔资金都有根有据。同时，要保证企业财务审计部门的相对独立性，使审计人员不受到企业领导的掣肘和约束，让审计部门配合检察机关发挥其最大的监督效应。严格职责划分和授权控制，使各部门、各小组各司其职，确保不相容的权力无交叉相隔离，将不同功能工作分由几个不同的部门和人员来完成，以防止权力集中下对企业财务的非法操纵。加强对财务数据的保护，建立一套切实可行的安全管理制度，防止对财务数据的非法存取、修改、复制等操作，比如有学者提出加强信息化建设，构建网络化管理平台。同时，还要理顺审计与组织、人事、纪检部门的关系，纪检监察部门要把运用审计结果与解决党风廉政建设中的热点问题结合起来，将审计结果归入干部廉政档案，作为对领导干部廉洁自律情况监督检查的重要依据，同时，被审计单位要将整改情况形成专报上报组织部门，整改结果作为干部考察档案的一部分。

2. 针对渎职类犯罪的防范措施

其一，提高监管员工风险防范意识。受监企合一发展历史的影响，企业的监管员工绝大部分都是由狱警转变而来，由监狱变成了劳动场所，狱警也就变成了监管人员，监管人员有义务有职责认真履行其监管作用，预防犯罪分子在劳改过程中找到机会实施新的犯罪。提高监管人员的风险防范意识，时常敲响警钟，有效铸造起监狱企业对刑事法律风险防范的第一道坚固防线。

其二，完善监管人员工作机制。通过采取特别的工作机制，既达到了监管的目的，又有效隔绝监管人员存在徇私舞弊的机会。比如，监管人员实行轮岗制度，每过一段时间就调至其他岗位或者监管另一区域的生产车间，使同一监管人员不经常在同一工作岗位和区域任职，甚至还可以通过升级企业监控设备，让监管人员多在监控室内统一监控，减少亲自接触犯罪分子的机会，也能够减少他们之间串通犯罪的概率。如果监管人员所处岗位需要经常直接接触犯罪分子，那么也可以通过预先化装、或者戴面罩等方式，截断监管人员与犯罪分子认识、熟悉最后到共同犯罪的渠道。

3. 针对破坏社会主义市场经济秩序类犯罪的防范措施

首先，注重提高企业市场考察能力。监狱企业加入市场竞争之中，由于在人员配置和劳动力构成上都没有优势，所以提高市场考察能力尤为重要。可以聘请社会上的相关专业人才，通过科学考察市场导向和需求来规范和计划监狱企业的生产经营思路，通俗一点来说，就是要多生产可以卖得出、能赚钱的产品。比如，有学者提出：监狱的产业结构应该将有一定的技术含量、体现当今经济社会产业前进方向的产业作为调整的首选，使之适应对罪犯技术教育的需求。

其次，优化企业内部人才引进机制。引进优秀人才，负责对企业产品的质量保证和优化升级进行科学规划，这样不仅可以保障产品质量、适应市场发展规律，而且还能够有效提高生产力、创造更多利润。通过一系列措施吸引社会上的人才投身监狱企业事业，比如建立健全人才薪酬制度、课题资助制度、成果奖励制度、为人才的脱颖而出和施展才华搭建平台、提供升职途径等，各项激励保障制度的落实，将激发监狱企业人才努力工作的积极性。有学者要求完善监狱企业绩效考核机制，通过行使一定的收益分配权，根据监狱企业经营的业绩、难度和风险等因素来合理确定监狱企业、监狱人民警察的报酬，鼓励监狱人民警察光明正大地取得法律允许的收入。其实这也是从侧面认为提高监狱企业管理人员薪酬对预防犯罪风险的重要性。

最后，自觉接受国家的质量监督行动。定期邀请质量监督人员来监狱企业对产品进行抽样监督，对产品质量问题坚决予以整改和惩处，对企业主管产品质量问题的领导实行个人负责制，将产品质量废品、次品率超过规定指标的程度与个人薪酬、奖金和晋升直接挂钩，一旦出现产品质量问题，必将依法严肃处理。

4. 针对侵犯公民人身权利类犯罪的防范措施

其一，提高监管人员的素质水平。通过加强思想教育，认真学习《刑法》《监狱法》《劳动法》等法律法规，从思想认识上抵制自身实施违法犯罪行为的想法。监管人员需要正确履行好监管职责，应该不偏不倚，既要履行到位，又要执行有度，不能超越法律规定的界限。有学者提出：必须重视对干警的培训，培训时间可以长短期相结合，培训方式可以采用“请进来”“走出去”的方式，如聘请一些专家来监狱讲学，也可派干警到司法类学院学习。该学者以河北省LQ监狱为例，提出可以通过投入大量物力、财力、人力积极鼓励干警参加心理咨询师培训，打造一支心理咨询师的专业化队伍，以达到对服刑人员进行心理矫正的改造目的。除此之外，还可以与高等院校建立合作培养人才机制，每年向合作院校吸收毕业人才，提高监管人员整体综合素质，适应监狱企业发展的时代要求。

其二，完善保障劳改罪犯基本人权的职能部门。可以借鉴社会上普通企业的组织机构设置，在监狱企业内部成立类似工会的职能部门，聘请公正的社会人员任职，以保障“工人”的基本权利。劳改罪犯虽然为罪犯，依法被剥夺了一定的人身权利，但是其生命健康权、休息权等最基本的权利还是应当得到法律的保护。有关职能部门应制定严厉的处罚制度，对于监管人员实施侵犯“工人”人身权利的犯罪行为坚决打击。比如推行劳动定额管理，实行劳动时间、劳动强度、劳动效率的公示，重点整治罪犯超时、超强度、超体力劳动问题，严格劳动考核，有效地提高罪犯的劳动积极性。还有学者提出引入罪犯劳动分级管理制度，即以罪犯劳动所生产的合格产品的产值为依据，通过划分几个劳动等级，对应不同的劳动定额标准，该制度可以使绝大部分罪犯均能在有效劳动时间内完成当天劳动任务，超时劳动的现象得到根本遏制。

（六）针对劳动改造犯罪分子带来的刑事法律风险的防范措施

到监狱企业“工作”的犯罪分子一方面通过劳动改造来逐步减轻其人身危险性，另一方面这也是法律要求有劳动能力的罪犯必须参加劳动改造的强制性规定。再加上这些特殊的“工人”都是有犯罪记录的人员，对于犯罪实施比较有经验，有的罪犯甚至是多次累犯人员或者刑期较长的严重暴力犯罪分子。因此，面对犯罪记录、人身危险性和所受处罚等各方面因素都不同的“工人”，他们一起到监狱企业进行劳动改造，难免会存在摩擦和矛盾，这也是我们必须采取有效措施来避免劳改罪犯再次犯罪的目的所在。

1. 针对侵犯公民人身权利类犯罪的防范措施

首先，对劳改罪犯进行合理安排和科学分工。比如，依据劳改罪犯所实施的犯罪进行适当分类，将暴力犯罪或刑期较长的人员分开劳动，尽量避免他们与周围的罪犯交叉感染。对人身危险性较大的人员多安排监管力度，对认真遵守监规、积极接受改造的人员可以树立榜样，特别是对于潜在的犯罪有举报立功者，应落实相应奖励制度。

其次，制定科学有效的应急方案。聘请有关学者专家通过对监狱企业的实地考察，来结合实际，制定专门的应急方案，以应对突发犯罪事件。同时，监狱企业内部的基础设施也要加大投入，将硬件科学技术应用于基础设施完善，对于警力配备、防暴器械、医疗救助、心理健康、应急路线、通信物资等相关因素综合考虑进来，还可以通过加强企业内部应急演练活动，提升整体应急能力。另外，有学者提出：建立用以堵截的信息化卡点网络，主要是针对逃脱、暴狱事件中，有在押犯逃出监狱的突发事件。各监狱要从当地的地理环境、交通状况出发，针对该类突发事件的规律和特点，及时布建该地的卡点网络。这些都是在应付突发事件时，值得借鉴和参考的建议。另外，对于突发事件引发而来的舆论，为了避免次生灾害，就需要加强对舆论的监督和引导，做好应对工作，化解矛盾和危机，最大程度降低涉监舆情带来的负面影响。

最后，加强对劳改罪犯的教育力度。以理论授课为基础，结合实际案例，注重对劳改罪犯的思想教育和心理纠正。鼓励劳改罪犯在认真劳动的同时，还应该鼓励他们主动学习、改过自新的精神，以劳动改造为主，辅以学习教育，可以有效地增强改造力度，帮助他们早日认识错误、回归社会。比如，借鉴和推广类似“5 +1 +1”的劳改教育模式，即监狱每周 5 天劳动教育、1 天课堂教育、1 天休息。这一模式的内涵相当丰富，至少包括以下五个方面的含义：一是开展好劳动教育；二是创新教育日；三是丰富休息日活动；四是综合协调运用各种改造手段；五是深层政治和法治含义。

2. 针对侵犯财产类犯罪的防范措施

其一，加强对劳改过程的监管力度。对于劳改罪犯进出劳改车间要实行一定的安保检验措施，防止劳改罪犯夹带或暗藏财物。带班监管人员必须恪尽职守，包括亲自带罪犯出收工、清点人数、搜身整队等。对于劳改的生产资料如生产器械，除安排监管人员实时监控，还可以设置专门负责安全生产的安全员岗位，不定期地对可能影响到安全生产和可能存在安全隐患的内容进行排查、整改，另外安排专人每天下班后对生产机械进行管理和检查，防止失窃或破坏。对于在劳动改造过程中，若发现因违章操作等人为原因损坏机器设备的，应该扣除薪酬、通报批评，情节严重的，还应该追究相关刑事责任。

其二，改革劳改罪犯的薪酬制度。对于劳改罪犯的辛勤劳动，可以采取适当支付报酬的形式来激励其积极劳动，比如直接支付现金。对此，有学者认为：将服刑人员劳动技能与经济奖励挂钩，除对取得技术等级证书并从事本岗位生产的服刑人员给予一定的技术津贴外，还应在生产效益奖的分配上得到相应体现。同时，通过改善工作环境、提高内部伙食、定期进行心理健康体检以及尝试将劳改罪犯有节制地纳入社会保障项目等配套措施来发现和缓解劳改罪犯的不满和抗议，避免他们通过破坏机器或者实施暴力等方式来损害企业财产。另外，还有学者提出：将服刑人员职业技能培训纳入考核奖励机制中，监狱可以规定通过职业技能培训，获得职业资格证书、结业证书、毕业证书的服刑人员可以获得一定形式的奖励，或者作为适用假释的条件之一。

3. 针对妨害社会管理秩序类犯罪的防范措施

首先，深化监管巡查和搜查机制。在劳改过程中，除了实时监控，还要不定期安排监管人员在工作车间区域进行巡查，发现可疑现象要及时报告。另外，在科学、正确执法的前提下，对于劳改罪犯的工作场所和关押区域要定期进行搜查，防止他们私藏违法物品，特别是武器和工具，避免越狱的潜在发生。还有学者提出：加强罪犯耳目建设，切实掌握顽危罪犯动向。其具体思路是改进罪犯耳目情报的考核评定办法，坚持定性、定量相结合的原则，重点考核其是否真正“为我所用”，情报是否真实、准确；广泛收集狱内情报，对狱内顽固、危险分子真正做到“敌思我知、敌动我制”，切实掌握狱犯情动态。

其次，对监狱组织进行分化、隔离和矫正。不可忽视监狱改造工作中长期存在的诸如帮派团伙、人际关系异化、性压抑和性变态、罪犯交叉感染等亚文化现象，要探究原因，在文化构建中通过增强主流文化的生命力对其加以引导和矫正。制定严格处罚制度，坚决严惩牢头狱霸和罪犯结成的组织，采取隔离关押和分开劳动的措施，避免他们有预谋、有组织地实施新的犯罪。做好劳改罪犯档案归类，对于在一起进行劳改的罪犯若存在诸如老乡、同学或者曾经上下级等有着特殊关系的人员要引起警觉。

最后，明确监管人员的监管职责。通过对监管人员加强培训、邀请专家来授课讲座等教育活动，提高监管人员的防范意识和专业素质，降低发生妨害社会管理秩序类犯罪的刑事法律风险。另外，以监管人员为对象，制定明确的企业内部奖惩制度，特别是由于监管人员的严重失职，导致劳改罪犯有机会实施破坏监管秩序、逃逸、越狱等犯罪行为的，对相关监管人员进行严厉追责。

六、企业员工职务犯罪预防与责任意识构建

（一）企业员工职务犯罪

企业员工职务犯罪是企业工作人员利用职务上的便利，进行非法活动或者

对工作严重不负责任，不履行或者不正确履行职责，破坏国家对职务的管理职能，依照刑法应当受到处罚的行为的总称。

1. 商业贿赂篇

华为作为中国电子企业的佼佼者，在新兴业务高速发展与企业规范管理过程中遇到了反腐的棘手问题。

据2013年华为年报显示，华为发展了300多家总经销商和增值经销商。经销商为及时拿货、争取更多折扣，主动向华为相关员工行贿，有员工视“好处费”为“潜规则”，甚至主动索贿。华为亦认识到“没有什么能阻挡公司前进，唯有内部的懒怠与腐败”。自2005年起，华为通过宣誓方式要求干部杜绝腐败，在2013年年初，华为召开董事会自律宣言宣誓大会，2014年9月初，华为首次召开经销商反腐大会。

企业作为商事主体，预防商业贿赂犯罪成为企业规范经营管理的必需面对的问题。

［**典型案例**］

某大型物流企业每日货物运输量非常大，进出物流企业大门的车辆时常排起长队等候。货物运输司机黄某，为节省排队等候时间，多跑几次运输增加收入，每次都向守门保安送一些辛苦费，请求守门保安优先引导其出入物流企业。守门保安与黄某形成“稳定合作”，引发其他货车司机向物流企业投诉守门保安。为肃清风气，公司遂将保安交由公安机关处理，后守门保安被法院判处犯非国家工作人员受贿罪。

“利用职务上的便利”的具体内容包括以下几种：

（1）利用经手、经营单位一定财务的便利；

（2）利用居于单位领导职务主管、分管单位事项的便利；

（3）利用职位所必须使用单位一定财务的便利；

（4）利用单位临时赋予的经手、管理、经营一定财务的便利。

“财务”：包括金钱和实物，也包括财产性利益，如提供房屋装修、含有金额的会员卡、代币券、旅游费用等。

2. 职务犯罪篇

蓝思科技是一家为国外某知名品牌手机研发、生产、销售显示屏玻璃面板的企业。该公司员工在进入厂房后，利用自身接触公司产品及对公司监管制度熟悉的便利条件，将公司生产的手机屏幕夹藏在口袋中，出厂后以低价对外售出。为遏制这种不正之风，公司毅然报案，检察院以职务侵占罪提起公诉。

《刑法》第271条规定，公司、企业或者其他单位的工作人员，利用职务上的便利，将本单位财务非法占为己有，数额较大的，处五年以下有期徒刑或拘役；数额巨大的，处五年以上有期投刑，可以并处没收财产。

王某大学毕业后到湖南省某公司做出纳工作，公司的现金支票和财务印章归他一人管理。王某填好支票盖上章，就可以到银行取钱。任职期间，王某做起买体育彩票中大奖的美梦，并且越买越大。起初，王某用工资买。时间久了王某手头没有那么多钱，便盯上了公司的钱。一开始王某每次只在公司取5000元钱，后来发展到一次取3万元。在购买彩票期间，王某累计中奖200万元。中奖之后，王某也想着把公司的账填平就不再买彩票了，但整个人却像走火入魔一样，一天不买彩票就吃不下饭。就这样，王某把中奖的钱又全部用于购买彩票，陷入了恶性循环中。这种情况一直持续了一年，王某挪用单位款项数额达到678.9万元，他的心理压力越来越大，最终王某主动到公安机关投案自首。法院一审以挪用资金罪，判处王某有期徒刑9年，涉案赃款依法追缴后返还给原单位。

3. 侵犯商业秘密篇

由于煤炭机械毛利率较高，主营小型挖掘机的山河智能欲进入煤炭机械行业。当时北方交通重工集团（以下简称北交重工）是业内翘楚，拥有煤炭掘进机核心技术。至2010年，山河智能在煤炭机械跌跌撞撞已有两年时间，但成果不理想。当时，山河智能旗下的安徽山河矿业装备股份有限公司原总经理龚某，为了在短时间内研发出掘进机图纸，指派同公司原人事主管李某，以高薪利诱等方式从北交重工挖人，并预谋窃取同行图纸。由于北交重工对生产图纸采取了一定的保护措施，原北交重工掘进机事业部的技术副部长、所长助理等被高薪利诱的员工通过卸下电脑硬盘，几经周折与合作，最终将图纸拷贝得手。2010年11月前后，北交重工在一个月时间内陆续有16名员工（几乎全部来自煤炭掘进机研究所）向公司提出辞呈，带着核心机密进入“新东家”。北交重工向警方报案后，龚某等人因侵犯商业秘密罪被判刑1年6个月。

侵犯商业秘密，涉嫌下列情形之一的，应予立案追诉：

（1）给商业秘密权利人造成损失数额在50万元以上的；

（2）因侵犯商业秘密违法所得数额在50万元以上；

（3）致使商业秘密权利人破产的；

（4）其他给商业秘密权利人造成重大损失的；给商业秘密权利人造成损失数额在250万元以上的，属于"造成特别严重后果"。

（二）法律对员工行为的规制

1. 刑法规制

（1）我国刑法罪名共有455个，员工在企业生产活动中触犯刑法主要分布在破坏社会主义市场经济秩序类罪（包含具体罪名109个），妨害社会管理秩序类罪（包含具体罪名126个），贪污贿赂类罪（包含具体罪名13个）。这三大经济类犯罪占到罪名总数的55%。

（2）刑法法条繁多，同时对其不能明确例举的行为，使用"其他"这一兜底条款，加大了刑法打击犯罪的宽广度。

2. 治安管理处罚法规制

治安管理处罚法对员工的12类行为，如扰乱单位，强迫交易，毁损公私财物，伪造公文、证件、印章，违法典当、收购行为等设置15日以下的行政拘留或一定数额的罚款。

（三）员工法律义务与法律责任

1. 员工义务来源

《公司法》第147条规定，董事、监事、高级管理人员应当遵守法律、行政法规和公司章程，对公司负有忠实义务和勤勉义务。董事、监事、高级管理人员不得利用职权收受贿赂或者其他非法收入，不得侵占公司的财产。

第148条规定，董事、高级管理人员不得有下列行为：（1）挪用公司资金；（2）将公司资金以其个人名义或者以其他个人名义开立账户存储；（3）违反公司章程的规定，未经股东会、股东大会或者董事会同意，将公司资金借贷给他人或者以公司财产为他人提供担保；（4）违反公司章程的规定或者未经股东会、股东大会同意，与本公司订立合同或者进行交易；（5）未经股东会或者股东大会同意，利用职务便利为自己或者他人谋取属于公司的商业机会，自营或者为他人经营与所任职公司同类的业务；（6）接受他人与公司交易的佣金归为己有；（7）擅自披露公司秘密；（8）违反对公司忠实义务的其他行为。

《劳动法》第56条　劳动者在劳动过程中必须严格遵守安全操作规程。

《劳动合同法》第23条　用人单位与劳动者可以在劳动合同中约定保守用人单位的商业秘密和与知识产权相关的保密事项。对负有保密义务的劳动者，用人单位可以在劳动合同或者保密协议中与劳动者约定竞业限制条款，并约定在解除或者终止劳动合同后，在竞业限制期限内按月给予劳动者经济补偿。

第24条　竞业限制的人员限于用人单位的高级管理人员、高级技术人员和其他负有保密义务的人员。竞业限制的范围、地域、期限由用人单位与劳动者约定，竞业限制的约定不得违反法律、法规的规定。

《反不正当竞争法》第9条规定，经营者不得采用下列手段侵犯商业秘密：

（1）以盗窃、贿赂、欺诈、胁迫、电子侵入或者其他不正当手段获取权利人的商业秘密；

（2）披露、使用或者允许他人使用以前项手段获取的权利人的商业秘密；

（3）违反保密义务或者违反权利人有关保守商业秘密的要求，披露、使用或者允许他人使用其所掌握的商业秘密；

（4）教唆、引诱、帮助他人违反保密义务或者违反权利人有关保守商业秘密的要求，获取、披露、使用或者允许他人使用权利人的商业秘密。

2. 法律责任

《公司法》第149条，董事、监事、高级管理人员执行公司职务时违反法律、行政法规或者公司章程的规定，给公司造成损失的，应当承担赔偿责任。

《劳动合同法》第90条，劳动者违反本法规定解除劳动合同，或者违反劳动合同中约定的保密义务或者竞业限制，给用人单位造成损失的，应当承担赔偿责任。

《公司法》第202条，公司在依法向有关主管部门提供的财务会计报告等材料上作虚假记载或者隐瞒重要事实的，由有关主管部门对直接负责的主管人员和其他直接责任人员处以3万元以上30万元以下的罚款。

《反不正当竞争法》第21条，经营者以及其他自然人、法人和非法人组织违反本法第9条规定侵犯商业秘密的，由监督检查部门责令停止违法行为，没收违法所得，处1万元以上20万元以下的罚款。

《治安管理处罚法》第52条，有下列行为之一的，处10日以上15日以下拘留，可以并处1000元以下罚款；情节较轻的，处5日以上10日以下拘留，可以并处500元以下罚款：

（一）伪造、变造或者买卖国家机关、人民团体、企业、事业单位或者其他组织的公文、证件、证明文件、印章的；

（二）买卖或者使用伪造、变造的国家机关、人民团体、企业、事业单位或者其他组织的公文、证件、证明文件的；

……

《刑法》第272条规定，公司、企业或者其他单位的工作人员，利用职务上的便利，挪用本单位资金归个人使用或者借贷给他人，数额较大、超过3个月未还的，或者虽未超过3个月，但数额较大、进行营利活动的，或者进行非法活动的，处3年以下有期徒刑或者拘役；挪用本单位资金数额巨大的，或者数额较大不退还的，处3年以上10年以下有期徒刑。

《刑法》第271条规定，公司、企业或者其他单位的人员，利用职务上的便利，将本单位财物非法占为己有，数额较大的，处5年以下有期徒刑或者拘役；数额巨大的，处5年以上有期徒刑，可以并处没收财产。

《刑法》第163条规定，公司、企业或者其他单位的工作人员利用职务上的便利，索取他人财物或者非法收受他人财物，为他人谋取利益，数额较大的，处5年以下有期徒刑或者拘役；数额巨大的，处5年以上有期徒刑，可以并处没收财产。

公司、企业或者其他单位的工作人员在经济往来中，利用职务上的便利，违反国家规定，收受各种名义的回扣、手续费，归个人所有的，依照前款的规定处罚。

《刑法》第134条规定，在生产、作业中违反有关安全管理的规定，因而发生重大伤亡事故或者造成其他严重后果的，处3年以下有期徒刑或者拘役；情节特别恶劣的，处3年以上7年以下有期徒刑。

强令他人违章冒险作业，因而发生重大伤亡事故或者造成其他严重后果的，处5年以下有期徒刑或者拘役；情节特别恶劣的，处5年以上有期徒刑。

《刑法》第219条规定，有下列侵犯商业秘密行为之一，给商业秘密的权利人造成重大损失的，处3年以下有期徒刑或者拘役，并处或者单处罚金；造成特别严重后果的，处3年以上7年以下有期徒刑，并处罚金：

（1）以盗窃、利诱、胁迫或者其他不正当手段获取权利人的商业秘密的；

（2）披露、使用或者允许他人使用以前项手段获取的权利人的商业秘密的；

（3）违反约定或者违反权利人有关保守商业秘密的要求，披露、使用或者允许他人使用其所掌握的商业秘密的。

明知或者应知前款所列行为，获取、使用或者披露他人的商业秘密的，以侵犯商业秘密论。

本条所称商业秘密，是指不为公众所知悉，能为权利人带来经济利益，具有实用性并经权利人采取保密措施的技术信息和经营信息。

本条所称权利人，是指商业秘密的所有人和经商业秘密所有人许可的商业秘密使用人。

《刑法》第169条之一　上市公司的董事、监事、高级管理人员违背对公司的忠实义务，利用职务便利，操纵上市公司从事下列行为之一，致使上市公司利益遭受重大损失的，处3年以下有期徒刑或者拘役，并处或者单处罚金；致使上市公司利益遭受特别重大损失的，处3年以上7年以下有期徒刑，并处罚金：

（1）无偿向其他单位或者个人提供资金、商品、服务或者其他资产的；

（2）以明显不公平的条件，提供或者接受资金、商品、服务或者其他资产的；

（3）向明显不具有清偿能力的单位或者个人提供资金、商品、服务或者其他资产的；

（4）为明显不具有清偿能力的单位或者个人提供担保，或者无正当理由为其他单位或者个人提供担保的；

（5）无正当理由放弃债权、承担债务的；

（6）采用其他方式损害上市公司利益的行为。

上市公司的控股股东或者实际控制人，指使上市公司董事、监事、高管人员实施前款行为的，依照前款的规定处罚。

（四）职务犯罪预防措施

1. 企业内部加强法制宣传，注重员工职业培训。

在企业内部，法务部门根据员工的不同岗位职责加强法制宣传；另外可以通过邀请专家、实务工作者以案说法，对员工进行法律知识讲座培训。

2. 企业自身要进一步健全内部监管制度。

健全的内部监管机制是预防经济犯罪的根本。企业财务领域是犯罪高发地带，完善财务审计、企业内部监察至关重要。

3. 加强企业运营中的过程控制，完善事后追责机制。

以合同为例，从交易的源头进行控制，在合同签订、履行的每一阶段责任落实到具体个人，方便日后责任追究。

4. 加强企业文化建设。

管人的最高境界是文化管理，通过企业文化建设使守法成为员工的习惯。

结语

法网恢恢，疏而不漏；廉洁从业，走稳每一步。

七、网络水军公司的刑事法律风险与防范

（一）网络水军公司潜在的刑事法律风险

最高人民法院、最高人民检察院《关于办理利用信息网络实施诽谤等刑事案件适用法律若干问题的解释》（以下简称《利用信息网络实施诽谤等刑事案件的解释》）已于2013年9月5日由最高人民法院审判委员会第1589次会议、2013年9月2日由最高人民检察院第12届检察委员会第9次会议通过，现予公布，自2013年9月10日起施行。[①]《利用信息网络实施诽谤等刑事案件的解释》重点针对行为人利用信息网络实施犯罪行为，其所涉及的罪名主要有诽谤罪、寻衅滋事罪、敲诈勒索罪和非法经营罪。

近年来发生的几起沸沸扬扬的“网络水军”犯罪案件，如秦火火案、湖南湘潭周某案等，这些案件无不给人以强烈震撼和深刻反省，给整个和谐社会的正常发展造成了一定程度的扰乱。“网络水军”即受雇于网络公关公司、为他人发帖回帖造势的网络人员，以注水发帖来获取报酬。“网络水军”通过雇用大批人手在互联网上集体炒作某个话题或人物，以达到宣传、推销或攻击某些人或产品的目的。这些受雇人员在“网络推手”的带领下，以各种手法和名目在各大互联网论坛上发帖。由于人数众多，被形象地称为“网络水军”。[②]

这些所谓的“网络公关公司”和“网络推手”以营利为目的，通过信息网

---

① 《网络诽谤刑事案件司法解释全文》，载法帮网：http：//www. fabang. com/a/20190319/1085129. html，最后访问日期：2017年8月4日。

② 《百度百科：网络水军》，载百度百科：http：//baike. baidu. com/link? url = bZT7rLaK - R6d8cZq - gu7 _ yLLs0TN8UP8z - kTftgLzOm0 - YO6s75OxwWo1jlf3B85ip96DxQ - yQ2rHVnQ9FSZkq，最后访问日期：2016年9月4日。

络有偿提供删除信息服务，或者明知是虚假信息而通过信息网络有偿提供发布信息服务，严重扰乱市场秩序，非法牟取经济利益，已经达到令人发指的程度。比如，秦火火故意编造、散布中国政府花2亿元天价赔偿外籍旅客的谣言，2个小时就被转发1.2万次，挑动民众对政府的不满情绪；编造雷锋生活奢侈情节，污称这一道德楷模的形象完全是由国家制造的；其利用“郭美美炫富事件”蓄意炒作，编造了一些地方公务员被要求必须向红十字会捐款的谣言，恶意攻击中国的慈善救援制度；捏造全国残联主席张海迪拥有日本国籍；并将著名军事专家、资深媒体记者、社会名人和一些普通群众作为攻击对象，无中生有编造故事，恶意造谣抹黑中伤……

如今，《利用信息网络实施诽谤等刑事案件适用法律若干问题的解释》的出台，正是针对网络公关公司利用网络进行炒作，使用诽谤、诬陷、抹黑等手段，攻击竞争对手、编造轰动事件、混淆公众视听等违法犯罪行为的打击和规制。其中，最高人民法院、最高人民检察院在答记者问时也明确回应：“《利用信息网络实施诽谤等刑事案件的解释》第7条明确了利用信息网络实施非法经营犯罪的定罪量刑标准。全国人民代表大会常务委员会《关于维护互联网安全的决定》、国务院《互联网信息服务管理办法》中，对通过互联网向上网用户提供信息服务活动作了明确规定。实践中，一些所谓的‘网络公关公司’‘营销公司’‘网络推手’等以营利为目的，未经许可，在信息网络上向他人有偿提供删除信息服务，或者明知是虚假信息，通过信息网络向他人有偿提供发布信息等服务，此类行为违反了国家规定，扰乱了市场秩序，具有较大的社会危害性，应当以非法经营罪定罪处罚。”①

当然，中国的网络环境正处于不断发展之中，其中不乏很多有名的具有标杆作用的优秀网络公司，但是在物欲横流的时代，各种利用信息网络营利的大小公司交织在一起，鱼龙混杂良莠不齐，使我国社会主义的和谐网络事业面临一定的曲折与考验。再加上《利用信息网络实施诽谤等刑事案件适用法律若干问题的解释》的出台，笔者认为当今中国的网络公司有可能面临如下几个刑事法律风险：

---

① 《“两高”就办理网络诽谤等刑案司法解释答记者问》，原载于《检察日报》，转载自中华人民共和国最高人民检察院网：http：//www.news365.com.cn/xwzx/gd/201309/t20130919_1568975.html，最后访问日期：2016年9月4日。

1. 诽谤罪的刑事法律风险。《利用信息网络实施诽谤等刑事案件的解释》的前面4条都是针对诽谤罪做出的相关规定。比如，2008年在陕西发生的鑫龙公司网络诽谤案，行为人韩某安排员工撰写编辑以虚构事实而产生的《汉中投诉无门，奔走西安讨公道，痛斥省人大代表恶行》《老板，别再闹了，我们穷的连块遮羞布都没有了》的帖子上传至互联网，这些帖子在数日内便有几万人次浏览以及上千篇跟帖，对被害人造成严重的负面影响及经济损失。①

首先，《利用信息网络实施诽谤等刑事案件的解释》第1条规定了诽谤罪中捏造事实诽谤他人的具体方式包括“捏造并散布”“篡改并散布”“明知虚假事实而散布”的三种行为。这就要求网络公司在发布网络信息时要遵守信息真实性的基本原则，换句话来说，如果散布明知是非真实的信息，那么将有构成诽谤罪的法律风险。

其次，《利用信息网络实施诽谤等刑事案件的解释》第2条规定了诽谤罪中几种情节严重的行为与后果。其中第1款明确规定：同一诽谤信息实际被点击、浏览次数达到5000次以上，或者被转发次数达到500次以上的。这就说明网络公司散发了明知是非真实的信息后，如果该信息的点击、浏览次数或者被转发次数达到一定数量，将有构成诽谤罪的法律风险，这一款是新的法律规定，需要特别引起重视。另外，结合《利用信息网络实施诽谤等刑事案件的解释》第4条的规定，非真实信息传播的范围和程度将触发相关刑事责任的追究问题。

最后，《利用信息网络实施诽谤等刑事案件的解释》第3条规定了诽谤罪中严重危害社会秩序和国家利益的几种情形。但凡是利用信息网络对他人进行诽谤，如果因此对社会秩序和公共环境造成严重危害与恶劣影响时，都有可能以诽谤罪入刑。这要求网络公司在散布非真实信息时三思后行，对行为的影响和后果自负其责。

2. 寻衅滋事罪的刑事法律风险。《利用信息网络实施诽谤等刑事案件的解释》第5条是针对寻衅滋事罪作出的相关规定。比如，2013年8月，被警方以涉嫌寻衅滋事罪为由而刑拘的犯罪嫌疑人谭某某和李某两人，因以虚拟公司的名义，为他人制定网络炒作方案，并雇佣网络“水军”造势，歪曲捏造事实，

① 《网络诽谤案例》，载华律网：http：//www.66law.cn/laws/33480.aspx，最后访问日期：2016年8月9日。

非法获利，严重扰乱了正常的社会秩序。[①]

利用信息网络辱骂、恐吓他人，情节恶劣，破坏社会秩序的；编造虚假信息，或者明知是编造的虚假信息，在信息网络上散布，或者组织、指使人员在信息网络上散布，起哄闹事，造成公共秩序严重混乱的，都将构成寻衅滋事罪。这要求网络公司在互联网上传播信息时，不能破坏社会秩序或者造成公共秩序严重混乱的法律后果，否则将有构成寻衅滋事罪的刑事法律风险。

3. 敲诈勒索罪的刑事法律风险。《利用信息网络实施诽谤等刑事案件的解释》第6条是针对敲诈勒索罪作出的新规定。比如，2012年3月，福建泉州公安成功破获了李某等人利用网络水军对红孩子互联科技有限公司以信息网络进行敲诈勒索的犯罪案件。[②]

网络公司如果以在信息网络上发布、删除等方式处理网络信息为由，威胁、要挟他人，索取公私财物，数额较大，或者多次实施上述行为的，将以敲诈勒索罪定罪处罚。这对网络公司因发布网络信息涉嫌犯罪时的主观方面和客观方面都有了进一步地规定，如果具备以上犯罪构成要件的，有构成敲诈勒索罪的刑事法律风险。

4. 非法经营罪的刑事法律风险。《利用信息网络实施诽谤等刑事案件的解释》第7条是针对网络公司涉嫌非法经营罪作出的相关规定。比如，北京警方于2013年8月一举打掉以“秦火火”“立二拆四”为首的网络推手公司——北京尔玛互动营销策划有限公司，秦、杨等人组成的网络推手团队，严重扰乱了网络秩序，其行为已涉嫌寻衅滋事罪、非法经营罪。[③]

由《利用信息网络实施诽谤等刑事案件的解释》第7条的规定可以得知，“有偿发帖”必须以网络公关公司明知所发布的信息是虚假信息为前提。如果行为人不明知所发布的信息为虚假信息，即使收取了一定的费用，也不应认定为

---

① 《广东版“秦火火”被拘　涉嫌寻衅滋事罪》，原载于大洋网，转载自凤凰网：http://news.dayoo.com/shenzhen/201308/29/73439_32254309.htm，最后访问日期：2016年8月10日。

② 《公安机关破获一批涉嫌非法网络公关案件》，载《中国青年报》2011年8月5日，第7版。

③ 任沁沁等：《警方称秦火火涉嫌寻衅滋事罪、非法经营罪》，原载于《新华网》，转载自凤凰网：http://news.ifeng.com/mainland/special/qinhuohuo/content-3/detail_2013_08/21/28880183_0.shtml，最后访问日期：2016年8月10日。

非法经营罪。但对于“有偿删帖”，则不要求行为人明知所删除的信息为虚假信息。当前一些非法“网络公关公司”的主要业务是“删帖”，所删除的信息相当一部分是人民群众发布的真实信息。国家依法保护信息网络用户正常的、合法的言论和信息交流活动。行为人以营利为目的有偿删除信息网络用户发布的真实信息的行为，既侵犯了广大网民的合法权益，也破坏了信息网络服务市场秩序，以非法经营罪定罪处罚，于法有据。

综上所述，面对新出台的司法解释，网络公司主要有涉嫌诽谤罪、寻衅滋事罪、敲诈勒索罪、非法经营罪的刑事法律风险，而且司法解释特别在具体行为和情节、后果等方面做出了更加精确的规定，比如加入了浏览点击次数、转发数量、非法经营数额等，网络公司如果不遵纪守法，依然我行我素，则触犯刑法的风险将大大提高。

（二）网络水军公司的刑事风险防范之路

意识到自身潜在的刑事风险后，网络水军公司要规制自己的行为，依照法律让公司持续健康稳定的发展，重中之重就是要懂得如何在法律规定的前提下采取措施，积极有效地防范相关的刑事法律风险。笔者认为，可以从以下几个方面着手。

1. 网络诽谤犯罪的法律风险防范

首先，从网络诽谤犯罪的立案上进行防范。由于诽谤罪属于自诉案件，而《利用信息网络实施诽谤等刑事案件的解释》的出台表明：除了“严重危害社会秩序和国家利益的”情形外，其他诽谤犯罪属于“告诉才处理”的案件。被害人如果没有自行向人民法院提起诉讼、要求追究行为人刑事责任的，人民法院不能对实施诽谤的行为人处以刑罚，但“严重危害社会秩序和国家利益的”除外。这就是说，“严重危害社会秩序和国家利益”的诽谤案件，应由公安机关立案侦查，人民检察院提起公诉。所以，当网络公司在发布和传播消息时，首先应该严格审查网络消息的内容，避免因此严重危害社会秩序和国家利益。

其次，公司对发布的消息可以设置一个跟踪反馈部门，时刻关注消息散布的动向。因为《利用信息网络实施诽谤等刑事案件的解释》第 2 条第 1 款对“被点击、浏览次数”要求是“实际”的数量，而现实中由于技术上的局限性，很难对实际的数量进行准确计算，比如当多个人用同一个 IP 地址来点击浏览时，有可能造成实际次数偏低，而当网络不通畅或者上网工具功能不全时，反复刷新网页则有可能让实际次数偏高。在这种情况下，虚假信息的实际传播范围与次数未达到入罪标准的，不应以犯罪论处。因此，学者莫洪宪对此提出建议：为了切实贯彻罪责刑相适应原则，准确认定利用信息网络实施诽谤行为的实际危害，应当以电子信息的实际被点击、浏览次数为准。如果查明确实存在人为设置的虚假计数、网站的自点击数、恶意点击数以及因为移动设备上网的特性等导致的对同一诽谤电子信息的重复计数，应将虚增点击数予以扣除。同理，对"被转发次数"也应当进行合理的限制，不应将那些同一人以不同账号、马甲大量转发的数量纳入计算范围。①

最后，加强公司内部的法律监督，从根本上避免入罪的风险。比如，针对网络公司2年内曾因诽谤受过行政处罚的情形以及1年内多次实施利用信息网络诽谤他人行为未经处理的情形，公司法律部门要高度引起注意，对相关领导和员工进行警告和提示。另外，对网络消息两个来源，即公司自身发布和转发外来消息，在实施发布或转发时，要请公司领导认真核查与审批，对于明知是虚假、捏造和篡改的信息，坚决不予散布。

2. 网络寻衅滋事犯罪的法律风险防范

其一，加强法律意识，提高公司员工道德素质，酿造和谐向上的公司氛围。利用信息网络实施寻衅滋事犯罪行为，要求对他人有辱骂、恐吓行为，对公共秩序起哄闹事、造成混乱。对于这种具有冲动性、攻击性和唯恐天下不乱人格的员工，公司要给予特别关注与关怀，不仅从人力资源管理上进行努力，而且可以多开展法制宣传讲座活动，以法律教育预防为主，通过对重点员工的谈话与沟通，避免因个别员工为发泄不满，以公司名义进行寻衅滋事。

其二，领导层自身也要加强法律学习严格守法自律，避免组织、指使下属员工利用信息网络寻衅滋事。近观社会上利用信息网络涉嫌寻衅滋事犯罪的案例，大部分案件都是因为网络公司的个别领导带头实施犯罪行为，包括组织、联络和指挥公司其他员工在网络上编造与散发虚假信息，导致严重扰乱社会公共秩序。因此，建议网络公司在招聘人才和选举领导时，考虑思想素质过硬或者积极吸纳法律专业毕业的高校人才，提高公司决策层的整体法律素养和风险

---

① 《专家析两高司法解释，打击犯罪与保护言论自由不冲突》，原载于《检察日报》，转载自中国新闻网：http：//www.chinanews.com/fz/2013/09－16/5287300.shtml，最后访问日期：2016年9月5日。

防范意识。

3. 网络敲诈勒索犯罪的法律风险防范

其一，从敲诈勒索罪的客观方面来防范。敲诈勒索犯罪，要求行为人必须实施威胁、要挟的行为强索财物，否则不能认定为敲诈勒索罪。具体到利用信息网络实施犯罪中，不管行为人发布的消息是否属实，只要行为人实施了威胁、要挟的行为强索财物，就构成敲诈勒索罪；如果行为人没有实施威胁、要挟行为，而是在被害人主动上门请求删帖的情况下，以“广告费”“赞助费”“服务费”等其他名义收取被害人费用的，不应认定为敲诈勒索罪。所以，网络公司应该端正发展态度，依法合规正常运营，避免通过对他人实施威胁、要挟的行为获取财物和交易利润，是防范敲诈勒索罪的根本思路。

其二，对于公司收取的费用项目与名称应认真做好财务记录。比如，针对“广告费”“赞助费”“服务费”“往来费”“定金”“预付款”等交易项目和费用名称，要认真做好备注，存根归档，以备政府部门监督和审查。对于违反法律规定收取的费用，坚决制止和严查，并且对相关人员依照公司规定进行处罚与警示。

4. 网络非法经营犯罪的法律风险防范

首先，依法取得网络经营许可资格。在网络公司成立时，应该严格依照法律的规定和程序进行注册登记，严禁非法成立网络公司并非法开展信息网络运营事业，严禁借成立信息网络公司之名实施违法犯罪活动之实。依法获得国家许可的网络经营资格，是防范公司犯罪的基础和前提。

其次，提高对虚假信息的敏感度，严禁提供“有偿删帖”的网络服务。对于虚假信息的发布与传播，公司内部应该设置一个专门的审查机构，对于虚假的信息坚决不发，对有待考证的信息也尽量不发，实行公司领导负责制，发布与传播网络信息需要征得相关领导的严格把关与签字批准。对于“有偿删帖”，禁止聘用所谓的“五毛党”等网络水军来危害造势，严禁通过非法网络技术来删除帖子，对于以公司名义发布、转发与删除帖子的行为，应该由主管领导签字批准，并且做好日志记录，对每一项记录都进行备注存档，并定期由公司法律监察部门来核查。如果发现存在违法乱纪的行为，应主动上报或报案。对于以营利为目的，通过收取报酬发布虚假信息以及“有偿删帖”的行为，应该依法严惩。

最后，对公司的大额收入严格依法审计。《利用信息网络实施诽谤等刑事案件的解释》第7条中规定了非法经营罪的犯罪金额：单位非法经营数额在15万元以上，或者违法所得数额在5万元以上的。因此，对于公司财务报表中超过5万元金额的交易都要认真核查，联合银行单位的账户资金监控手段，最好做到“每日一小查，三天一大查”，防止大额的非法收入通过化整为零的方式变相入账。对于公司的财务记录，如果在自查中有认为可疑之处，应该主动上报审计部门和公安机关，对违法犯罪的预防和调查予以积极配合。

八、企业电商、微商中的刑事法律风险防范——从江西三十八亿传销案说开去

（一）案例分析

1. 案情简介①

2008年12月18日，江西精彩生活投资发展有限公司（以下简称精彩生活公司）在董事长唐某南的管理下创办了“太平洋直购官方网”，网站直销的产品为美国“立新世纪”公司的保健品以及其他商品。该公司并任命童某、刘某华等人为华东、华北、华南地区营运总监，招募程某英、徐某春、董某为公司高管，负责市场推广和公司经营管理。唐某南等人依托太平洋直购官方网，推出了“BMC”② 电子商务模式，设计出以虚拟货币“PV”为计量单位的会员消费积分返利等制度，同时以高额利润为诱饵，通过招商会、高峰论坛、互联网等多种途径进行宣传。在高额利润的诱惑下，参加人员纷纷以交纳保证金的方式获得加入资格，又为获得保证金的返还和更大比例的返利，再继续发展新的人员加入。截至2012年4月案发，精彩生活公司共发展渠道商12.15万名、其他会员676.76万名、实际收取保证金37.98亿元。唐某南将收取的保证金部分挥霍，部分出借他人，刘某华、童某亦获得非法利益3000余万元。

2. 审判结果

原审法院江西省南昌市中级人民法院（以下简称南昌中院）认为，精彩生

---

① 案例原型采自江西新闻网，原标题：《江西太平洋直购网传销案宣判　第一被告人获刑10年罚4千万》，作者：陈尚平、修杰淼，本书已做整理。

② B代表企业经营者，M代表渠道商及沟通者，C代表消费者。

活公司法定代表人唐某南等6人以“太平洋直购官方网”为依托，以开展电子商务为名，要求参加者以购买商品或交纳保证金的方式获得加入资格，并按一定顺序组成层级，间接以发展人数作为返利依据，骗取巨额保证金，严重扰乱社会经济秩序，均已构成组织、领导传销活动罪，且情节严重。2013年8月30日，南昌中院作出一审判决，判处唐某南有期徒刑10年，罚金4000万元，分别判处刘某华、童某等5人有期徒刑8年至3年不等的刑罚，并处罚金，同时判处追缴各被告人违法所得及其孳息，予以没收。一审宣判后，唐某南等6人不服，均上诉至江西省高级人民法院（以下简称“江西高院”）。江西高院经审理后认为，原判认定事实清楚，证据确实、充分，定罪准确，量刑适当，审判程序合法，遂维持了南昌中院的一审定罪判决。

3. 可吸取的教训

本案因涉及680多万名会员和30多亿元资产而号称迄今为止案发的国内最大互联网传销案，曾经因案件性质的认定存在诸多争议点而在司法实务界和理论界引起不小轰动。然而，随着二审终审的宣判，本案结果显然已经定音。正如上文中审判结果给出的定性，不管是借助电子商务的优势，还是引入的“BMC模式”① 以及“PV”②，都掩盖不了本案存在的传销本质：要求参加者以购买商品或交纳保证金的方式获得加入资格，并按一定顺序组成层级，间接以发展人数作为返利依据。本案最终未将涉案的江西精彩公司纳入刑事制裁，仅对传销的领导者和组织者进行了刑罚处罚，不得不说亦是为社会影响的考虑，为保护全国各省676万名已经加入太平洋直购网的商户和10多万名加盟渠道商的权益，以及保护30多亿元资产而权衡的结果。然而，不管是对于公司、企业来说，还是对于社会投资者来说，都应该从中吸取深刻的教训。

精彩生活公司天价传销案最大的教训即是必须对传销和直销有深刻的认识，并能够很好地区分，才能避免陷入传销陷阱。案发之前很多人分不清直销和传销之间的差异，听信一些人的误导而认为这是一种直销，所以能够引诱六百多万人加入。直销一般是指厂家、直销企业直接销售商品和服务，其过程中绕过

---

① BMC是江西精彩生活公司提出的概念，是英文“Business-Medium-Customer”的缩写，意指连接企业与消费者。

② PV是唐某南等人设计出的计量单位，太平洋网设定1PV等于7元人民币的产品或服务售后利润。

传统批发商或零售通路，直接从顾客接收订单，避免或减少中间商赚取差价。实际上，随着国务院《直销管理条例》的出台，企业要从事直销，必须申请直销企业营业执照，否则就会存在传销的风险。这是最直观辨别直销和传销的方法。根据国务院第443号令《直销管理条例》第7条的规定，申请成为直销企业，应当具备下列条件：投资者具有良好的商业信誉，在提出申请前连续5年没有重大违法经营记录；外国投资者还应当有3年以上在中国境外从事直销活动的经验；实缴注册资本不低于人民币8000万元；依照本条例规定在指定银行足额缴纳了保证金；依照规定建立了信息报备和披露制度。对一般中小企业来说，这些条件是很难具备的。从查阅到的资料来看，精彩生活公司并未申请成为直销企业，因此不具备直销的资格。对于企业来说，资金是困扰企业发展的“瓶颈”，但是切不可走传销的途径去获取资金，不具备直销资格的企业从事直销是会被认定为非法的，一旦走上违法犯罪之路，企业定会付出更惨重的代价，得不偿失。

此外，“互联网销售”“电子商务”以及近年来兴起的“微商”，是时下的热词，亦是当下新兴的商业模式。本案精彩生活公司亦是利用了当时很多人不懂电商却喜欢随大流的心理。分析精彩生活公司的传销模式，发现其最大的特点即是利用当时互联网的新颖性，开设购物网站，设立多层级会员制度，发展会员，并收取保证金、入门费等获利。虽然直到目前，关于电商、微商的法律规制仍比较少，相关的法律规定仍存在诸多空白点，但企业和一些从事电商、微商的个体户切不可逾越法律和道德的底线。即使是电商、微商，也不能掩盖非法活动的本来面目，譬如三级以上的会员层级制度，通常被认为是不合法的。如果从事电商、微商的人采用超过三级以上的多层级会员制度来促进销售，是可能被认为涉嫌传销的。

（二）企业电商、微商中的刑事法律风险

除了上述传销犯罪，企业在电商、微商中还会涉及多种犯罪。本文旨在以上述38亿传销案为引子，展开来谈谈当前的热点问题：企业在电商和微商过程中会遇到的刑事风险，及其应当如何防控这类犯罪风险。随着“互联网+”概念的外围不断扩大，新兴的企业几乎无一不借助电商这一东风，而传统企业在寻求商机的过程中亦纷纷加入了电子商务行列。微商虽然兴起时日尚短，但大有赶超之势。企业在电商、微商过程中不断出现的新情况，确有必要警醒人们注意防范刑事风险。

1. 企业电商、微商的理解

电商，即电子商务的通俗简读，英文名称“E-Business Journal”，字面理解为利用电子工具进行商务活动。业内又有人认为更应当称为网商。由此可引申到电商的狭义理解，狭义上讲，电子商务就是指通过互联网等电子工具进行的商务贸易活动。其中电子工具包括电报、电话、广播、电视、传真、计算机、计算机网络、移动通信等。此外，又有广义上的理解，广义上的电商通常是指在商业贸易活动中，利用现代互联网技术和互联网精神，去中介化地进行各种商业贸易活动，实现消费者的网上购物、商户之间的网上交易和在线电子支付以及各种商务活动、交易活动、金融活动及其他综合服务活动的新型商业运营模式。近年来，随着电子商务行业的迅猛发展，电商日益呈现多元化发展趋势，电脑终端互联网（常用英文名称的缩写“PC 互联网”）正加速向移动互联网（手机终端互联网）迁移，应运而生的微商实际上也是移动电商的一种表现形式。只是微商作为后起的移动电商却发展迅速，人们习惯将二者并列提起。本文顺应人们的习惯一般亦将二者并列而谈。

微商是继移动电商之后目前最新兴起的一种网络商业模式。目前微商主要依靠手机等移动智能终端和技术（当然随着技术的革新，电脑亦可作为微商终端），通过微信、微博、微商城（或称微店、v 店），借助社交网络关系（SNS 关系）开展产品及服务。目前主要存在基于微信服务号的 B2C① 微商和朋友圈开店的 C2C② 微商两种。微商被与电商作为同级名词提出，但微商与电商实际上是种属关系。与电商一样，微商亦具有“连接一切”的能力，但其是去中心化的电商形态，拥有的社交关系属性，被认为能够扭转前期如淘宝、京东等电商客户资源不稳定的格局，实现更精准的商业模式，更有针对性地沉淀客户，进而有利于提高企业服务质量，因而被广泛地认为是未来电商的大势所趋。

企业电商，即企业电子商务，广义上不仅是指企业对外开展电子商贸活动，而且是指利用互联网技术和精神来开展企业内部经营管理活动，以与企业展开的电子商贸活动保持协调一致，也即企业内部的电子商务实现。在全民电商的

---

① 是“Business-to-Customer”的缩写，中文简称为“商对客”，也就是常说的直接面向消费者销售产品和服务商业零售模式。

② 即“Customer to Customer”的缩写，也就是个人与个人之间的电子商务。

时代，几乎所有的企业皆在言电商。因此，企业电商不仅包括电商企业的电商活动，而且包括其他企业的电商，比如一些传统型的企业亦在寻求通过电商突破发展“瓶颈”的路径。当然，本文对企业电商、微商活动中的刑事法律风险防控进行阐述，诸多方面的分析亦能够对除企业之外的从事电商、微商的主体适用，比如加入了微商大潮的个体经营户。因此本文对整个电商行业的从业者来说均具有借鉴意义。

2. 企业电商中的刑事法律风险

企业电商中的刑事法律风险可以是贯穿企业成立、生产、销售、企业管理等全部环节的庞大风险系，但从当前已发的案件来看，其风险主要体现在触犯销售伪劣产品罪、销售假冒注册商标的商品罪、盗窃罪、诈骗罪、虚假广告罪、非法经营罪、销售侵权复制品罪、传播淫秽物品牟利罪、走私普通货物物品罪等罪名的可能性上，这些犯罪是高发罪名。这些犯罪不仅对从事PC互联网和移动互联网的商务活动者适用，而且对于微商亦是具有普遍威胁的风险种类。

生产、销售伪劣产品行为经常在一些鱼龙混杂的购物网站上被发现，一些商家为在低价竞争中获得利润，以假充真，以次充好，以不合格产品冒充合格产品，以为可以鱼目混珠。殊不知，这种做法存在极大的风险，实际上，只要生产、销售的伪劣产品达5万元以上，就可能构成生产、销售伪劣产品罪。需要注意的是，伪劣产品如果是假药，则可能引发的是生产、销售假药罪。根据《关于办理危害药品安全刑事案件适用法律若干问题的解释》的有关规定，除“销售少量根据民间传统配方私自加工的药品，或者销售少量未经批准进口的国外、境外药品，没有造成他人伤害后果或者延误诊治，情节显著轻微危害不大的，不认为是犯罪”的情形以外，对生产、销售假药的行为都应该追究刑事责任。① 最高人民检察院在与最高人民法院联合发布上述解释的同时亦通报了4起生产、销售假药典型案例，其中之一：杨某强等人生产、销售假药案②，该案即是通过互联网络销售假药的典型。

---

① 最高人民检察院：《生产销售假药罪不设入罪门槛　都应追究刑责》，载中国新闻网：http：//www. chinanews. com/fz/2014/11 -18/6787479. shtml，最后访问日期：2015 年 12 月 18 日。

② 高鑫：《最高检通报 4 起生产销售假药典型案例》，载正义网：http：//news. jcrb. com/jxsw/201411/t20141118_1450646. html，最后访问日期：2015 年 12 月 18 日。

与销售伪劣产品罪有相似之处的是销售假冒注册商标的商品罪，只是前罪针对商品品质造假，后罪针对商品商标造假。销售假冒注册商标的商品，一般是品质相对合格的；如果同时为伪劣产品，则可能同时触犯销售伪劣产品罪。而与销售假冒注册商标的商品罪相关的还有假冒注册商标罪，后罪规制的是未经注册商标所有人许可，在同一种商品上使用与其注册商标相同的商标，情节严重的行为。一些购物网站、微商最擅长假冒他人的注册商标，或者“傍大牌”，擅自使用知名商品特有的名称、包装、装潢，或者使用与知名商品近似的名称、包装、装潢，造成和他人的知名商品相混淆，使购买者误认为是该知名商品；甚或擅自使用他人的企业名称或者姓名，引人误认为是他人的商品，这些都是他们擅用的手段。比如，福建莆田就有“全国假鞋之都”称谓，其造假绝对可以假乱真，材质、说明、包装甚至质检卡都和那些品牌真鞋一样。该城市最开始就是通过电商平台，将原为海外代工的产业转向国内。后随着电商平台渐趋规范，很多人开始转做中间商，给淘宝卖家供货。这里的厂家经常面临被查获制假、售假的结果。需要注意的是，依照我国刑法的规定，实施假冒注册商标犯罪，又销售该假冒注册商标的商品的犯罪行为仅以假冒注册商标罪定罪处罚。典型案例如最高人民法院 2017 年 3 月发布的“指导案例 87 号：郭某升、郭某锋、孙某标假冒注册商标案”中，郭某升等批发假冒三星手机裸机及配件进行组装，利用其在淘宝网上开设的“三星数码专柜”网店销售，最后以假冒注册商标罪追究刑事责任。

此外，电商、微商平台亦存在非常普遍的盗窃和诈骗行为，特别是随着移动电商的快速发展，各种盗窃和诈骗的方式、手段层出不穷。盗窃罪的手段是秘密窃取财物，诈骗罪的本质表现是虚构事实或隐瞒真相，以达到非法占有他人财物的目的。相对于盗窃来说，电商、微商平台似乎天然更具有诈骗的特长，利用互联网的虚拟性和不用谋面优势，虚构可供交易的商品或者服务，欺骗他人点击付款链接而骗取财物；或者隐瞒有关商品的重要情况，引诱受害人支付货款后行为人却消失不见或翻脸不认账，在网络交易中是常见的。而受害人在被骗后常常不知道如何救济。通过互联网实施的盗窃和诈骗行为有时难以区分，最高人民法院 2014 年发布的“指导案例 27 号：臧某泉等盗窃、诈骗案”具有参考意义，该案中臧某泉、郑某玲等人先是利用信息网络，诱骗他人点击虚假链接而实际通过预先植入的计算机程序窃取财物；后又虚构可供交易的商品或者服务，欺骗他人点击付款链接而骗取财物，法院对该案的处理意见为：对前行为以盗窃罪论处，对后行为以诈骗罪定罪处罚。

电商、微商经营者需要特别关注的是非法经营罪的触犯风险。非法经营罪作为兜底罪名，在电商、微商类犯罪中甚为常见。在全民电商的时代，非法经营行为的主要表现是为牟取利润而盲目销售需要国家特许经营的产品。如果电商、微商经营者未经国家许可，经营法律、行政法规规定的专营、专卖物品或者其他限制买卖的物品，就可能构成非法经营罪。这些物品包括烟草专卖品、外汇、金银及其制品、金银工艺品、珠宝及贵重药材等。有些电商、微商经营者并不知道自己销售的是特许经营物品，但是不懂法并不能免除其责任；还有些电商、微商经营者明知不可为而故意为之，以为可以通过互联网的遮掩逃避法律追究，在利益的诱惑下以身试法，终究逃脱不了被定以非法经营罪的风险。如网上曾报道一位90后的女孩在微信朋友圈售卖品牌卷烟，被定以非法经营罪，她的供货商亦被定以此罪。①

除非法经营罪外，对于电商、微商经营者还需特别提醒的是，走私犯罪的风险相对比较严重，比如触犯走私普通货物罪、走私贵重金属罪、走私珍贵动物、珍贵动物制品罪等。电商的兴起也带来了海外代购生意的繁荣，但是我国海关法律法规对此有规定，只对进境居民旅客携带在境外获取的个人自用进境物品，总值在5000元人民币以内的予以免税。根据《关于跨境贸易电子商务进出境货物、物品有关监管事宜的公告》（2014年第56号公告）的规定：不管是个人到国外购物，还是电商企业做跨境电商进出口业务，都必须接受海关监管，提交相应的货物清单，办理报关手续。因此，如果从事海外代购的电商、微商经营者在从境外进货时不提交相应的货物清单，办理报关手续，就不符合海关的相关规定，可能面临走私普通货物物品罪的风险。如网上曝光的一对夫妻在微商朋友圈售卖国内的假冒伪劣香烟，被抓获后警方顺藤摸瓜，查获十余名犯罪嫌疑人，其中就包括从国外携带香烟入境专卖的船员。②

---

① 《朋友圈里非法卖烟90后“微商”获刑》，载新浪司法：http：//finance. sina. com. cn/sf/news/2015 -08 -05/16471403. html，最后访问日期：2016年5月5日。

② 崔晋涛：《朝阳一对夫妻当微商卖假烟 牵出网络走私案》，原载于《辽沈晚报》，转载自东北新闻网：http：//liaoning. nen. com. cn/system/2016/11/11/019452818. shtml，最后访问日期：2017年1月16日。

最后需要提及的是电商、微商经营者可能存在传播淫秽物品的刑事犯罪风险，涉及的罪名包括传播淫秽物品罪、传播淫秽物品牟利罪、组织播放淫秽音像制品罪和组织淫秽表演罪。互联网络的即时传播性、最高效便捷的传播途径，导致一些不法分子利用互联网络，通过各种视频、聊天室、论坛、即时通信软件、电子邮件等方式传播淫秽电子信息，以从中牟取暴利。曾经最轰动全国的经典案例当属“快播案”。深圳快播科技有限公司及其法定代表人、总经理等以牟利为目的，在明知“QVOD”媒体服务器安装程序（英文简称QSI）及快播播放器被网络用户用于发布、搜索、下载、播放淫秽视频的情况下，未履行监管职责，放任淫秽视频在快播公司控制和管理的缓存服务器内存储并被下载，导致大量淫秽视频在网上传播，最终均被定以传播淫秽物品牟利罪。①

此外，电商和微商经营者还可能存在触犯销售侵权复制品罪、非法泄露公民个人信息罪、非法出售公民个人信息罪、非法制造、买卖枪支罪等诸多罪名的风险，这些犯罪对于电商和微商经营者来说，均是风险较高的。上述罪名在本书其他章节皆有阐述，在此不再赘述。

（三）电商、微商过程中的刑事法律风险防范

风险无处不在，但是风险对于企业来说同时也可能是商机，重要的是看企业如何防范和化解风险，赢得商机。“互联网+”对企业必定是未来发展所需，电商、微商在经营过程中的风险是客观存在的，但也是可防可控的。只要能够防控好，企业和其他经营者都可以在电商这条路上获得长远的发展。因电商、微商中各种刑事风险涉及的犯罪罪名在本书其他章节已有阐述，此处就不再针对这些犯罪的风险提示、风险预警、风险监管和风险控制具体展开，仅就风险监管和风险控制中的关键点作简要说明。

1. 当务之急：完善法律规范体系

无论是电商，还是微商，抑或是其他种类已经出现或即将出现的互联网经营品种，在经历最初的野蛮式生长后都会面临发展的“瓶颈”。在人们越来越怀疑的眼光中电商们对充斥的假冒伪劣产品、丧失底线的低价竞争、虚假广告、互挖墙角式争夺客户等行为越来越无力回应，微商们也很快意识到客户资源难以

---

① 《快播传播淫秽物品牟利案二审宣判 维持原判》，原载于《人民法院报》，转载自网中国法院网：https：//www. chinacourt. org/article/detail/2016/12/id/2395002. shtml，最后访问日期：2017年1月16日。

维护、朋友圈暴力刷屏、产品交流困难、品牌周期短等严重问题。互联网商务在滞后的法律尚未规范之前虽然发展迅猛，并造就了一批神话级富商，但现实要求必须规范化发展。法律的规制向来是把双刃剑，在限制一些行走在法律边缘的行为同时，亦能保护良善行为不被欺凌，引导新兴事物向更高层次发展。因此，对于企业电商和微商来说，应当呼吁规范电子商务的一整套法律体系尽快出台，促进电商和微商行业的规范化竞争。当然，对于广大网民来说，更需要法律来规制侵害自身权益的行为，促进社会诚信体制尽早建立。

目前，我国与电子商务有关联的规范性文件主要有《第三方支付管理办法》《非金融机构支付服务管理办法》《计算机信息系统安全保护条例》等，但还没有专门针对电子商务的立法。而对于微商这一新兴事物，法律的滞后性更加明显，对其合法性及规范性都尚未有明确规定，更遑论微信平台经营商对于软件社交功能外附属经营行为的管理制度。因而，当务之急是进一步有针对性地完善规范电商、微商的法律法规。电子商务的部分规定可散见于一些规范性文件中，但还需提高系统性，并就电商活动中的纠纷解决机制、证据保全和证明责任分配、诉讼管辖等问题进一步全面落实规定。而对于微商，应当明确将微商纳入电商的范畴，进而才能对微商的制假售假、虚假广告、无法退货等问题依法解决。针对微商违法成本过低而诱发一些不良商家诚信丧失的问题，应加大对微商违法犯罪活动的处罚力度，以及查处和打击力度。此外，微商亦存在一些不同于非社群电商的特征，比如因社群属性的存在，传播淫秽物品的隐秘性比较高，导致证据获取难度大。因此，应针对这一新兴领域进一步细化立法，明确微信平台对微商运行的监管职责，强化对微商运营的审查、监督机制。

2. 推动行业管理规范，加强企业自律

由于电商、微商等本身依赖于现代化的互联网技术，专业化和技术性高，诸多涉及技术性的问题经常需要业内人士才能给出正确指导意见，因此需要出台电商、微商有关专业人才和从业者管理办法，并加强行业自律性和自管性。明确在电商、微商经营过程中平台运营方、商品提供方及其代理人各自的法律责任，并通过制定不同的行业标准，细化各主体的责任。特别是对于以下几个重要的方面必须落实相关责任方的责任：第一，网络交易平台提供者对于消费者提供的个人信息，除牢记“合法、正当、必要”这一获取、使用消费者信息的原则外，更应从技术层面确保消费者信息的安全，制定完善的补救措施。第二，在针对网络交易经营者流动性大、涉案后取证难的问题，平台运营方应对所有商家实名认证，定期向国家机关提供商家交易情况。特别是微商，必须尽快实现所有微商的实名制，对尚未实名制或提供虚假信息的微商应禁止其经营资格。第三，对于商品提供方，为保证产品质量，对于互联网上销售的商品也应严格接受质量检验，只有检验合格的产品才能投放市场，自觉杜绝“三无”产品流入市场、污染市场。

此外，对微商的监管还应引入第三方监管措施，通过第三方机构提供安全认证和支付保障服务，利用交易记录和消费者反馈积累信用值，提高商户自律意识和自我约束力。① 总之，电商、微商虽然具有不同于传统企业的特性，但作为当代市场经济的重要部分，亦应遵循市场经济的发展规律和原则，且只有树立起行业基本的原则和准则，才能获得长久的生命力。诚实守信、童叟无欺，货真价实、假一赔三，这些承诺对于电商和微商亦都应该遵守。企业应尽量利用商法自治性规范，通过合同的约定，规避由于技术发展问题所带来的法律风险。

3. 主要犯罪风险的控制

电商、微商企业除了应自觉做到诚实守信、保证货真价实外，还应主动抵制外界不良风气的侵蚀，提高自身防控刑事犯罪的能力，并避免出现过失类犯罪，和保护自身免受来自外界的刑事犯罪的侵害。具体来讲，首先是组织、领导传销活动犯罪的风险。电商、微商经营者一定要注意，如果要采取直销模式，应当向主管部门申请直销企业牌照。且如果需要采用分级销售，层级不能超过三级。而拉人头式的经营模式，更加是发展大忌，是企业应当规避的。此外，由于该罪规制的是组织、领导传销活动的行为，针对的是传销组织中的组织者和领导者，实际是传销的组织策划者，多次介绍、诱骗、胁迫他人加入传销组织的积极参与者。对传销活动参加者一般多作行政处罚，因此最需要防控传销活动中的组织和领导行为。

其次是生产、销售伪劣产品犯罪的风险。由于目前对互联网络销售的产品质量检测要求不甚严格，实际上存在大量的商品并未通过质量检测即流入消费

① 于力、邹明仲：《惩治微商犯罪面临三大难题》，原载于《经济参考报》，转载自经济参考网：http：//dz. jjckb. cn/www/pages/webpage2009/html/2016 - 12/23/content_26869. htm，最后访问日期：2017 年 1 月 23 日。

者手中，因此生产者必须自觉、严格执行国家和国际有关产品质量标准从事生产；销售者在采购时应当审查待售商品是否经过质量检测，手续是否齐全，自觉抵制不合格、残次品进入市场流通。特别是电商、微商经营者，应更加注意执行质量检测标准，对为消费者所诟病的“三无”产品，应拒绝采购，不可因其价格上的诱惑就不顾风险。因为生产、销售伪劣产品犯罪均为故意犯罪，如果生产者、销售者并未故意实施生产、销售伪劣产品的行为，当然就可杜绝该类犯罪的风险。

再次是非法经营罪的风险。电商、微商非常容易触犯非法经营罪的主要原因在于一些经营者并不知道所销售的是需要国家特许经营的产品，因此电商、微商必须首先了解所经营的产品是否为国家特许经营项目，如果是，则应首先申请特许经营，避免盲目开展电商和微商活动。如果不能获得特许，则宁可不碰触这些产品。需要注意，买卖进出口许可证、进出口原产地证明，买卖外汇、经营出版物、电信业务均在特许经营范围之内。此外，擅自设立互联网上网服务营业场所或者擅自从事互联网上网服务经营活动，亦在非法经营范畴之内，电商、微商经营者必须高度重视该类行为的风险。

最后值得注意的是走私犯罪的风险。走私犯罪中又以走私贵重金属罪、走私淫秽物品罪、走私普通货物、物品罪三种具体罪名最为常见，因此电商、微商经营者应当特别注意这些犯罪的风险，特别是黄金、白银、铂、铱、锇等贵重金属属海关缉私重点查处物品，带有淫秽的影片、录像带、录音带、图片、书刊或者其他淫秽物品也在违禁物品之列。电商、微商经营者必须认识到，海外代购的利润虽然可观，但是切不可违反海关法规，逃避海关监管，运送违禁品进出口，偷逃应缴税款。而从事海外代购的电商和微商经营者，亦必须高度重视可能存在的走私普通货物的风险，因此在运送或者邮寄海外货物时应当接受海关监管，提交相应的货物清单，办理报关手续。

九、企业网络知识产权的刑法保护研究

随着现代互联网络的快速发展，企业网络知识产权异军突起，但因法律规范的滞后性而未能将其很好地规范与保护。特别是刑法，其稳定性和谦抑性要求对新兴事物保持一定时间段的观察态度，因而对于新兴的网络知识产权明显认识不足、保护不力。在网络环境中刑法如何对企业网络知识产权实施有效的

保护，成了一个亟待研究的课题。实际上，企业不仅是网络知识产权的主创者，亦已成为知识产权犯罪的最主要被害对象。例如，最高人民检察院发布的“2016 年度检察机关打击侵犯知识产权犯罪十大典型案例”，① 被害对象几乎全部为企业。本文旨在针对近几年企业新兴的几类网络知识产权刑法保护问题上的亟待完善之处展开论述，以期引起立法和司法的更多关注。

（一）企业网络知识产权概述

在讨论企业网络知识产权刑法保护问题之前，拟简要介绍一下企业网络知识产权，以为下文探讨做好铺垫。

1. 企业网络知识产权的相关概念

（1）企业

《现代汉语词典》② 将企业表述为“从事生产、运输、贸易等经济活动的部门，如工厂、矿山、铁路、公司等”。现代经济学理论认为，企业本质上是一种资源配置的机制，能够实现整个社会经济资源的优化配置，降低整个社会的交易成本。笔者认为，广义的企业可以理解为以营利为目的，运用土地、劳动力、资本、技术等生产要素运营生产、流通、服务等经济活动，向市场提供商品或服务，实行自主经营、自负盈亏、独立核算的、具有法人资格的经济组织。随着市场经济体制改革的深化，目前我国企业形成了三类基本的组织形式，即独资企业、合伙制企业和公司制企业。

（2）知识产权

知识产权一词本为舶来品，一般形容为权利人对其所创作的智力劳动成果所享有的专有权利。知识产权法中将知识产权作为商标权、专利权、著作权和商业秘密权、商号权和地理名称标志权等权利的总称。

（3）网络知识产权

网络知识产权是近年来新兴的名词，但在我国尚不是一个具有独立法律意义的名词。目前学界倾向于认为，网络知识产权只是传统知识产权借助于互联网络这一虚拟空间和环境而存在的新方式，或者说只是传统知识产权在互联网络这一新的信息载体上表现出来的新方式。因此有学者将其定义为权利人对自

① 徐日丹：《2016 年度检察机关打击侵犯知识产权犯罪十大典型案例》，转载正义网：http：//news. hexun. com/2017 -04 -25/188958955. html，最后访问日期：2017 年 4 月 25 日。

② 《现代汉语词典》（2002 年增补本），商务印书馆 2002 年版，第 998 页。

己享有的知识产权在互联网络环境下仍应享有的专有权，即使用、收益、处分其知识产权的权利。[①] 然而，此定义忽视了一些已经客观存在的网络知识产权，这些知识产权因互联网络的兴起而产生，并越来越具有自己独立的价值，导致传统的知识产权种类不能涵盖其所有特点。还有学者认为，网络知识产权是指在网络环境下，人们就其创造的具有创新性的数字信息成果依法享有专有的排他的支配权。[②] 此定义则没有将传统的知识产权通过互联网络表现出来的新方式纳入网络知识产权的范畴，亦有所欠缺。

有鉴于此，笔者认为，网络知识产权可以理解为权利人对自己所享有的，和随着互联网络的发展而产生的，通过互联网络这一载体表现出来的人类智力成果的专有权利。

2. 企业网络知识产权的种类

企业传统的知识产权包括商标、专利和著作权（又称版权）。随着现代科技的进步与衍化，企业知识产权还发展出商业秘密、集成电路布图设计、植物新品种、地理标志、商业方法、技术措施等，这些智力创造成果可运用于企业经营，为企业创造更多的精神和物质财富。上述知识产权在通过互联网络表现出来的时候也被认为具有互联网络属性而纳入网络知识产权的范围。而由互联网络的发展引起和产生的各种数字知识产权，比如计算机软件、数据库、多媒体、域名（包括外文域名、中文域名、通用网址、无线网址）等，则均被认为属于新兴的网络知识产权。这些新兴的网络知识产权的商业价值不可估量，甚至连相对简单的企业域名，有的价值竟高达数百万元，如网络透露“移动数据公司（Mobile Streams）因需回笼资金扩展业务以750, 000美元约合人民币512万元的价格出售词组域名‘Ringtones. com’，还有今日域名‘Adult. co. uk’挂牌出售等等”。[③] 另外，用于网络买卖交换的电子货币，网络零售商的助销技术，应用于设备与设备或人与设备之间，有沟通桥梁之称的界面设计，还有密码技术、信息处理技术、检索技术等，[④] 亦被认为属于网络知识产权。并且，随着信息

---

① 廖勇：《网络知识产权刑法保护的基本理念》，载《理论与改革》2013年2月。

② 卢山：《网络知识产权的特征及其保护》，载《钦州师范高等专科学校学报》2005年第20卷第2期。

③ 魏雯熙：《网络域名身价高达数亿已成企业有值资产》，载易名中国：http：//news. ename. cn/newgtld_20110127_26735_1. html，最后访问日期：2011年1月27日。

④ 卢山：《网络知识产权的特征及其保护》，载《钦州师范高等专科学校学报》2005年6月。

科技的不断进步和人类社会的不断进化，未来的网络知识产权尚具有无限可能。

在此简要介绍几类新兴的网络知识产权。计算机软件，是指计算机系统中的程序和文档，程序是对计算任务的处理对象和处理规则的描述，文档是为了便于了解程序所需的阐明性资料，包括系统软件和应用软件，均是人类智力创造的成果，因而纳入知识产权的范畴。根据国务院2001年公布、2011年修订的《计算机软件保护条例》（以下或简称《软件条例》）可知，企业对其所开发的软件，无论是否发表，均可享有著作权。因此，我国法律主要将计算机软件作为一类特殊的“著作”，规定软件开发者享有著作权，并可依照《中华人民共和国著作权法》（以下简称《著作权法》）及《软件条例》予以保护。软件著作权人可以向国务院著作权行政管理部门认定的软件登记机构办理登记。《软件条例》并依据《著作权法》规定了软件著作权人享有的发表权、署名权、修改权、复制权、发行权、出租权、信息网络传播权等多项权利。

数据库或称电子数据库，原意是按照数据结构来组织、存储和管理数据的仓库。20世纪90年代以后，数据库逐渐转变成用户所需要的各种数据管理的方式。我国学界最初认为数据库是指系统地排列和存储在计算机体系中的信息的集合。其后在经过不断引进和学习国外和国际组织有关数据库的概念后，认为“数据库”一词的含义包括文学、艺术、音乐或其他形式作品的汇集，或者是其他资料，诸如文本、录音资料、图像、数字和数据的汇集，包括经系统或有序地编排并能分别存取的独立的作品、数据或其他资料的汇集。[①] 我国目前基本将数据库纳入版权范畴，依据《著作权法》予以保护。进入大数据时代，对数据库的权利保护应当更加全面。

多媒体，是指在计算机程序驱动下，组合两种或多种媒体、能够实现人机交互式信息交流和传播的作品。使用的媒体涉及文字、图片、照片、声音、动画和影片，以及程式所提供的互动功能。当前多媒体作品主要通过光盘发行、网络发行。一般认为，多媒体本质上是一种电脑应用软件，对其保护适用计算机软件的版权保护的有关法律规定。

上述三类网络知识产权品种又被归入数字化作品的范围。数字化作品，是

---

① 王涛：《数据库的知识产权保护》，载中国法院网：http：//www. chinacourt. org/article/detail/2004/01/id/99199. shtml，最后访问日期：2004年1月7日。

指通过使用计算机工具创作的，或存储于计算机系统中，以数码形式记录和表现的人类智力成果。此外，数字化作品还包括虚拟技术作品、人工智能作品等。

此外还有域名。域名，又称网址，是用于在数据传输时标识计算机的电子方位，其实就是上网单位的网络名称，和上网单位在互联网络的地址。域名对于企业的重要性不亚于企业的名称，任何企业要在互联网络上建立自己的主页，必须先取得一个域名。当前企业申请域名需要向中国互联网络信息中心提出申请，未与该中心在库的域名存在重复、冲突的申请即可通过审查。当前域名的法律保护主要体现在，国内司法界认为域名可以归入一类特殊的商标。我国最高人民法院已经认可，外文域名、中文域名、通用网址、无线网址具有品牌商标标识功能，因而应当受到国家法律保护。不管是国内企业的域名还是国外企业的域名，均必须具有全球唯一性，因而已被国家知识产权局正式纳入国际知识产权体系。

3. 企业网络知识产权的特征

虽然上述网络知识产权品种多半可以归入传统的知识产权，而且我国目前基本依照《著作权法》《专利法》《商标法》等现有法律法规予以保护，但是这些新兴的知识产权又具有不同于传统知识产权的特征，以至于在适用现有法律规定时会出现无所适从的状况。

（1）公开性

一方面，互联网络的“连接一切”特性、跨国性、跨地域性、世界性，因而具有最广泛的公开性，要求存在于互联网络的知识产权亦能公开；另一方面，网络知识产权只有借助于互联网络的交互有无才能表现其不同于传统作品的特性，才会具有独立性。同时，网络知识产权的公开性和世界性突破了传统知识产权的地域限制，实现无国界化。然而，网络知识产权的公开性亦导致其被侵权的危险系数非常高，针对网络知识产权的犯罪可以在一瞬间实现，从而突破时间性。

（2）数字化

其一，网络知识产权的载体是数字电子技术加工处理后的声音、图像、文字、数据等，可见数字化特征正是源于计算机和网络。其二，网络知识产权的数字化才能实现信息化，因而网络知识产权的数字化又可称为信息化。正是因为互联网络和计算机技术的产生和发展孕育了网络知识产权，而互联网络的最大价值即体现在信息共享、交流便捷。存在于互联网络的知识产权亦被要求具有信息共享性，虽然网络知识产权同样要求对产权人予以法律保护，但同时要求产权信息化，能够在网络上高速传播。

（3）弱化传统知识产权的三特征

第一，网络知识产权的公开性使传统知识产权所要求的专有性变得弱化。数字化和信息化亦让产权所有人无法独占其智力成果，要求让渡其产权所蕴含的价值信息于社会公众，从而使该知识产权更多地具有了公有性。于是网络知识产权出现了强化公开性、公有性和弱化专有性的特征，而这一特征“一方面实现了知识产权所有人的经济利益保护，另一方面又对网络条件下的权利滥用予以制裁打击。但是最终的结果将是知识产权制度在多种权利归属与利益的冲突下实现自身的丰富与完善”①。

第二，网络知识产权弱化了传统知识产权的地域性。网络知识产权存在于互联网络，网络的世界性、跨国界性使网络知识产权亦能够跨越地域限制，实现最广泛的信息传播，因而网络知识产权弱化了传统知识产权的地域性。并且，网络知识产权亦要求给予国际性保护，要求使用的各国采取普适普惠的保护措施。

第三，网络知识产权弱化了传统知识产权的时间性。不管是国内的知识产权法，还是国外诸国的知识产权法律保护，传统的知识产权均规定了或长或短的保护期限。而随着社会信息化的速度加快，网络知识产权权利人对其知识成果的保护时间要求会变短，从而弱化传统知识产权的时间性。

（二）企业网络知识产权刑法保护之不足

虽然企业在民商事法律方面能够为自身的网络知识产权之保护寻求很多帮助，但是当面临严重侵害时，必须借助刑法才能给予企业应有的保护。由于目前我国刑法关于网络知识产权的保护规定尚少，企业可能会遭遇一些困境。当企业在对照我国刑法及其司法解释的有关规定时，或者在面对侵犯网络知识产权犯罪行为需要司法适用时，就会发现下面几个不能或者难以解决的问题。

---

① 史明艺：《网络背景下的知识产权特征变异与保护研究》，载《法制与社会》2016 年 10 月（中）。

1. 从犯罪客体来看

从我国刑法规定的知识产权犯罪所侵犯的客体来看，知识产权犯罪不仅侵犯了知识产权权利人的权利，还侵犯了市场经济秩序。客体所指向的具体对象包括著作权、专利和商标、商业秘密等。刑法对企业知识产权的保护主要规定在刑法分则第三章第七节“侵犯知识产权罪”中，包括侵犯假冒注册商标罪，销售假冒注册商标的商品罪，非法制造、销售非法制造的注册商标标识罪，假冒专利罪，侵犯著作权罪，销售侵权复制品罪，侵犯商业秘密罪等七个罪名。由于上述七个侵犯知识产权犯罪外延过窄，只能满足针对商标、专利、商业秘密等部分知识产权的保护，因此在司法实践中，当出现实在无法归罪于上述罪名的情况时，只能借助于其他非侵犯知识产权犯罪，如不正当竞争犯罪、非法经营罪等具有兜底性质的犯罪，或者借用计算机犯罪。然而，我国网络知识产权犯罪具有其特殊性，可能会出现不仅上述七个犯罪罪名不能适用，而且即使是兜底性质的犯罪，亦不能对新出现的一些侵犯网络知识产权的行为进行适用的情形。归根结底，我国刑法对知识产权保护的对象过窄，导致企业在网络知识产权受到侵害时不能得到很好的法律救济。譬如，企业经营管理中经常会用到的商业方法，其经济价值可观，但如果企业未采取保密措施就并不属于商业秘密，亦未纳入专利法的保护对象，当此项知识产权在互联网络被侵犯时就不能以侵犯商业秘密罪或假冒专利罪对侵犯人加以处罚。

2. 从犯罪客观方面来看

从现有刑法规定的知识产权犯罪客观方面来看，存在网络知识产权犯罪行为认定和危害后果认定两方面的困境。

第一，已经出现的一些侵犯企业网络知识产权的行为特征不符合刑法相关规定，因而不能纳入传统的知识产权犯罪范畴予以规制。传统知识产权犯罪中，由于行为人对于知识产权的侵害往往需要通过一定的物质载体，如实施制作、销售、传播书籍、光盘以及制作假冒商标、专利号的产品等行为，因而刑法针对知识产权的保护，规定的均是如复制发行、非法制造、生产、加工、销售等犯罪行为。而新兴的网络知识产权侵权行为，越来越多地表现为通过虚拟的网络实施，且就行为方式来说，网络知识产权犯罪主要表现为利用互联网的非法销售、假冒、非法传播以及非法获取、披露、使用等。有时行为人手指一动，即可完成对知识产权的侵犯。以《刑法》第 217 条侵犯著作权罪所规制的“复制发行”行为为例，传统典型的侵犯著作权行为必须有“复制发行”的实体动作才能完成该犯罪行为，而互联网络中要完成侵犯著作权的行为多半为“复制、粘贴”“上传”，其行为方式明显不同于原刑法规定的“复制发行”，因此在认定是否实施符合刑法规定的行为时导致无法归罪。

第二，侵犯企业网络知识产权的行为结果难以估计，或者危害后果非短时间内可以显现出来，以至于一些看似轻微实则后果严重的侵权行为不能依照刑法规定给予严厉处罚。现有刑法对传统的知识产权犯罪危害后果的认定，有违法所得、非法经营数额等可量化的标准来衡量。但从实践中出现的情况来看，一些针对企业网络知识产权所实施的侵害并没有违法所得、非法经营所得，或者所得难以计算，而从“网络点击率”“下载次数”“浏览人数”等网络计量标准却可以看出企业实际受到的伤害有多严重，社会危害性有多大。但是现有刑法尚未将这些网络计量标准纳入衡量社会危害性的标准之中。

3. 从犯罪主观方面来看

从我国刑法规定知识产权犯罪的主观方面来看，不管是侵犯著作权罪、销售假冒注册商标的商品罪，还是假冒专利罪、销售侵权复制品罪，均规定了主观方面必须是故意，而且大多规定了“以营利为目的”。但是，由于互联网络的特性，网络知识产权侵权行为越来越多地表现为“无意识”，甚至可能对自己行为的危害后果都没有认识。由于互联网络的特性，一些犯罪行为人并不以当前获利多少来衡量其行为的可行性，很多行为也不是以营利为目的，而是为提高自身的竞争力、市场占有率的动机使然。但这些行为对产权人造成的侵害和社会危害性却不可估量。典型的如，在网络上复制他人独创性文学作品上传在自己的网页上以博取浏览量，经过几重复制后的人可能连原作者姓名都不知道。后续复制行为客观上亦明显侵犯了他人著作权，但从主观上来评价，却不能以侵犯著作权罪来论断，因为行为人没有主观故意和营利目的。因此，从犯罪学的角度来看，传统的知识产权刑法规定不能满足现实中打击侵犯网络知识产权犯罪的需要。

4. 从犯罪主体来看

从刑法关于知识产权犯罪主体的规定来看，自然人和单位均可成为犯罪主体，这点对企业网络知识产权的保护有好处。但是，与犯罪主体相关的技术帮助（侵害）行为人的法律责任，现行刑法由于没有考虑到计算机技术和互联网络的特性而未涉及。实际上，网络知识产权犯罪必须借助于一定的网络和计算机技术帮助行为才能实现，一类是网络信息服务的提供行为，另一类是特殊侵害技术的提供行为。前一类行为非常普遍，比如搜索引擎服务、平台供应、信息存储服务、个人网络信息提供服务。后一类行为一般需要借助特殊的技术和专业支持，比如软件密码破解技术和措施、商业方法破解方案和措施。这些技术帮助行为的提供者如果明知或应知其所提供的服务或技术会被用以网络知识产权犯罪，却仍然为请求者提供帮助，则属于侵权帮助行为。在互联网时代，这种帮助行为的社会危害性可能难以预测，因为这种可复制性的技术能够在互联网络轻易地实现最高效、最广泛的传播。但是，这些帮助行为提供者大多并不与被帮助行为人存在共同的犯罪故意，因而通常并不成立共同犯罪。因此我国刑法未来应考虑将此类帮助行为提供者作为独立的犯罪主体来规定。

（三）企业网络知识产权刑法保护的完善

"人们对资产的权利不是永久不变的，它们是人们自己直接努力加以保护、他人企图夺取和政府予以保护程度的函数"。[①] 可见多方的权利保护对于产权实际存在的重要性。刑法作为保护企业网络知识产权免受侵犯的最后一道法网，其重要性不言而喻。同时，企业作为最重要的市场经济主体，鉴于目前刑法保护的不足给企业维权造成的不便，应当呼吁通过刑法立法完善来提高刑法的保护力度。

1. 树立刑法强保护的观念

在我国学界存在对知识产权应当实行"强保护"还是"弱保护"观念的争议。一些学者认为刑法对知识产权应当实行弱保护，更有利于发挥知识产权促进我国经济发展的作用。实际上，我国先前对知识产权刑法保护的必要性认识较晚，在我国20年前的立法并没有像今天这样把侵犯知识产权列为犯罪，即使是在今天不同国家的知识产权罪涵盖的范围也不相同，与自然犯不同，知识产权犯罪更具有行政犯的特点。[②] 因此，我国对于知识产权一直是"弱保护"的刑法观念。然而，随着我国知识产权犯罪现象日益严重，企业等市场经济主体越来越认识到知识产权对于企业市场竞争力和占有率的重要作用，同时学界开始

① 巴泽尔：《产权的经济分析》，上海三联书店1997年版，第2页。

② 刘守芬、牛广济：《我国知识产权刑事法保护的新思考——兼析"两高"关于侵犯知识产权刑事案件最新司法解释》，载《学术论坛》第15卷。

意识到刑法必须加强对知识产权的保护力度。而网络知识产权的普遍化，更加催化了刑法的强保护观念。未来我国企业要在国内市场经济中确立其创新地位，在国际贸易中打造更多“中国制造”品牌，对知识产权的保护力度需要更加强化。

2. 刑法“强保护”的具体举措

以“强保护”观念为指导，在具体的刑法保护措施中应当体现为：拓宽刑法对网络知识产权的保护法网，将一些已经出现的严重侵权行为纳入刑法规制体系。而这正是目前刑法所欠缺的。刑法基本原则要求只有刑法明文规定为犯罪的才能认定为犯罪，法无明文规定则不为罪，因此归罪必须有法可依。当网络知识产权主体普遍存在权利严重受侵害却得不到救济，企业因此遭受重创，不能得到持续的发展时，刑法应当考虑动用其保护功能。我国刑法对于网络知识产权的保护本就既失之严又失之厉，因此加大刑法保护的法网实有必要。

第一，刑法对于知识产权的保护对象应当随着新兴的网络知识产权品种日渐成熟而增加。我国知识产权民商法律体系下已经规定了电子数据库、企业网络名称权、数字作品等多种网络知识产权，因此刑法应逐步对上述已经纳入民商法体系但尚未纳入刑法保护范畴的网络知识产权给予同等保护，以完善知识产权刑法保护体系。如网络数字化多媒体作品、网络数据库和软件的著作权保护已经成为新的版权保护内容；计算机程序、电子商业方法的专利属性日益受到各国的关注与重视；域名成为新的商标权保护对象。① 同时，在考虑网络知识产权是否纳入刑法保护范畴时，还应考虑到我国已经加入的国际条约，如TRIPS协定、ACTA协议②等，并借鉴美国、德国等西方发达国家在网络知识产权刑法保护方面的有益经验和做法。

第二，在扩大网络知识产权的刑法保护对象的同时，还应考虑扩大保护该保护对象的具体权利内容。一是应对某项知识产权的所有分项权利给予全面保护。比如我国刑法规定了假冒专利罪，对假冒专利的犯罪行为予以规制，但对专利的具体权利内容保护不够完善，如2000年修订的《专利法》第11条规定

---

① 管瑞哲：《网络知识产权犯罪研究》，华东政法学院2007届硕士学位论文。

② TRIPS协定是指《关贸总协定知识产权协议》，ATCA协议是指《反假冒贸易协定》。

了专利的“许诺销售”① 权，该项权利能够防止侵权可能性，强化对专利权人的保护，但是我国刑法并没有规定专利的该项权利保护，未来刑法修订应当考虑纳入。二是应对某项知识产权的所有具体种类给予全面保护。以商标权的刑法保护为例，根据《刑法》第213条的规定及其司法解释，对注册商标给予保护，却未给予同等重要的服务商标刑法保护。因此，刑法应当进一步扩大保护对象的具体权利内容，修改完善目前为学界所诟病的一些不当规定，解决司法适用中的难题。

第三，针对企业网络知识产权犯罪客观方面规制的不足，需要从以下两方面来进行完善。一方面，应当进一步将一些具有网络特征的网络知识产权犯罪行为纳入刑法规制范围。这有两条路径，第一条是对于需要在刑法条文中增加、修改或删减的，应当尽快启动修法程序。比如，《刑法》第217条有关侵犯著作权罪的规定，可以将其第一款和第3款中“复制发行”修改为“复制发行、上传”。第二条是对于可以通过司法解释来完善的，应当尽快作出司法解释。对于一些网络行为的名词，如果可以赋予刑法意义就能纳入现行刑法保护体系的，当然是最有利和短期内能实现的。比如，对于知识产权犯罪规定中的“复制”“出版”“销售”“传播”等行为，通过司法解释将上述行为发生在互联网络的情形亦纳入刑法规范。毕竟，虚拟网络中的“复制”“出版”“销售”“传播”是不同于现实社会中这些行为的。另一方面，应当考虑网络知识产权犯罪行为后果的特殊性，将网络评价标准纳入刑法评判社会危害后果的体系。不仅要采用传统的知识产权犯罪危害后果以违法所得、非法经营数额为计量标准的方式，而且要将网络点击率、链接数量、浏览人数等常用的网络可量化标准作为新的网络知识产权犯罪危害性评价标准。在虚拟网络实施的侵犯知识产权行为，如果硬要计算其“违法所得”“非法经营数额”，也许会是难以做到的，特别是当没有违法所得或非法经营数额时，会难以对行为人实施刑法责难。而网络点击率、链接数量、浏览人数等计量标准却是可以量化的社会危害性评价标准，因此具有可行性。

第四，针对企业网络知识产权犯罪主观方面规制的不足，应当将一些过失

① 许诺销售，意指明确表示愿意出售某种产品，专利的许诺销售权，能够防止可能性侵权行为，防止未来侵权产品的传播，从而加强对专利权人的保护。

严重侵犯网络知识产权人权利的行为纳入，并删除部分犯罪认定“以营利为目的”的目的性要求。理由是，首先，一些网络知识产权犯罪在主观方面并不“明知”其行为的社会危害性，我们很难从主观上去认定其犯罪事实，但不能排除其“应知”的注意义务。而且在互联网络环境下，主观上的故意要求只会放纵很多犯罪行为，导致企业不能得到应有的权利救济。因此，刑法应当考虑对具有严重社会危害性的过失侵犯网络知识产权的行为予以规制。其次，刑法规定“以营利为目的”，亦会导致放纵一些具有严重社会危害性的网络侵权行为。再以刑法关于侵犯著作权罪为例，不少学者提出应当删除该罪的营利目的要求，认为网络时代背景下去除侵犯著作权罪的“以营利为目的”正在成为世界范围的知识产权刑法更新的趋势，我国在未来的刑法修正中应当予以考虑，顺应时代发展带来的著作权保护的新需求。① 笔者亦赞同删除该罪罪状中的“以营利为目的”的规定。

第五，刑法对网络知识产权的保护要加大力度，还需要考虑将网络知识产权犯罪的技术帮助侵害行为人纳入犯罪主体。如前所述，很多技术帮助侵害行为具有严重的社会危害性，有时这些技术帮助侵害行为的危害性甚至会超过原被帮助的行为，因而需要对这些行为进行刑法规制。但是，由于这些技术帮助侵害行为人不与被帮助行为人存在共同故意，也就不存在共同犯罪，所以需要将该类行为主体作为独立的犯罪主体来对待。当然，对于技术帮助侵害行为不能盲目动用刑法规制，除了评判其社会危害性外，还应当考虑入刑的可实现的犯罪预防效果、对被害人的补偿程度等方面。《刑法修正案（七）》中对提供用于侵入、非法控制计算机信息系统的程序、工具犯罪进行了尝试，可以说是很好的开始。未来刑法可以借鉴其施行效果，尝试进一步将一些具有严重社会危害性的网络知识产权犯罪中的侵害知识产权的技术帮助行为入罪。

总之，在当前刑法对网络知识产权的保护尚未采取更多行动的情况下，需要完善保护措施的地方还很多。现代企业要与时俱进，必然离不开互联网络和网络知识产权的助推。而企业应当如何利用互联网络有利的一面，如何利用网络知识产权来提高企业的产能和市场竞争力，刑法如何发挥自己的保护功能，保护企业免受互联网知识产权犯罪的伤害，还需要我们投入更多的关注和研究。

① 于志强：《我国网络知识产权犯罪制裁体系检视与未来建构》，载《中国法学》2014年第3期。

第十八章
CHAPTER 18

企业刑事法律风险及其防范现状调查报告

一、某大型通信企业关键岗位刑事法律风险防范调研报告

（一）某大型通信企业关键岗位刑事犯罪法律风险防控概述

1. 大型通信企业关键岗位含义解析

通信企业，通俗意义上讲就是指经营移动或固定通信业务和提供移动或固定通信服务及其设施服务、数据通信业务、电信增值等业务的运营企业。具体来讲，我国具规模的通信企业如中国移动通信集团公司、中国联合网络通信集团有限公司、东方通信股份有限公司等都是典型的通信企业。我们本次对国内某大型通信企业，特别是其关键岗位的刑事犯罪法律风险及其防范进行了全方位的调查、考察、研究。该通信企业的关键岗位是相对于非关键岗位而言的，是指在公司人、财、物、信息等资源管理以及工程建设、物资采购、业务合作等各项经济活动中，具有业务处置权的岗位。但是，该通信企业及其分公司的工作人员既有具有国家工作人员身份的，也有不具有国家工作人员身份的；同样，其关键岗位的人员，既有国家工作人员，也有非国家工作人员。

2. 某大型通信企业关键岗位易发的刑事犯罪种类

（1）贪污贿赂类

按照犯罪主体角度之不同，贪污贿赂类可分为：作为自然人的国

家工作人员实施的犯罪，具体包括贪污罪、受贿罪、利用影响力受贿罪、巨额财产来源不明罪、隐瞒境外存款罪；作为自然人的一般主体实施的犯罪，具体包括非国家工作人员受贿罪、[1] 对非国家工作人员行贿罪、行贿罪、对单位行贿罪和介绍贿赂罪。因而贪污贿赂犯罪类共包括十个具体罪名。根据我们的调研，该大型通信企业关键岗位比较常见的犯罪主要有贪污罪、受贿罪等。

（2）扰乱市场秩序类

此类犯罪包括十二个罪名，但是我们调研的对象某大型通信企业关键岗位比较可能导致的犯罪是：损害商业信誉、商品声誉罪，虚假广告罪，串通投标罪，合同诈骗罪，非法经营罪，组织、领导传销活动罪，强迫交易罪，非法转让、倒卖土地使用权罪和伪造、倒卖伪造的有价票证罪。该大型通信企业关键岗位比较容易触犯的是虚假广告罪、串通投标罪、非法经营罪。此三罪是该企业很多关键岗位容易引发的，特别是从事营销策划、招投标管理、产品管理等岗位人员，需要重点防范。

（3）妨害对公司、企业的管理秩序类

共包括十五个罪名，但调研的目标企业关键岗位可能触犯的罪名主要是：违规披露、不披露重要信息罪，隐匿、故意销毁会计凭证、会计账簿、财务会计报告罪，非法经营同类营业罪，为亲友非法牟利罪，签订、履行合同失职被骗罪，国有公司、企业、事业单位人员失职罪，国有公司、企业、事业单位人员滥用职权罪，徇私舞弊低价折股、出售国有资产罪。这八种犯罪是该通信企业的工作人员都有可能触犯的，并且非法经营同类营业罪只有企业的董事、经理才可能触犯。八种犯罪中又只有为亲友非法牟利罪，签订、履行合同失职被骗罪，国有公司、企业、事业单位人员失职罪是通信企业中具有国家工作人员身份的岗位人员容易涉及的。

（4）侵犯知识产权类

侵犯知识产权类犯罪的主观方面都要求是故意，并且多表现为行为人的积极作为。此类犯罪只包括侵犯专利权、商标权、著作权和商业秘密权四类权利的所有故意犯罪，具体包括假冒注册商标罪、销售假冒注册商标的商品罪、非

---

① 因本项目研究对象是该通信企业关键岗位的刑事犯罪法律风险防控，其风险实限定于职务犯罪风险。

法制造或者销售非法制造注册商标标识罪、侵犯著作权罪、销售侵权复制品罪、假冒专利罪、侵犯商业秘密罪等七种罪名。这七种犯罪都是该大型通信企业关键岗位可能触犯的，但其比较容易触犯的主要还是假冒专利罪、侵犯商业秘密罪。

（5）危害税收征管类

此类犯罪的主观方面都只能是故意，共包括十四种具体犯罪，但该大型通信企业及其关键岗位比较可能触犯的有：逃税罪，逃避追缴欠税罪，骗取出口退税罪，虚开增值税专用发票、用于骗取出口退税、抵扣税款发票罪，虚开发票罪，伪造、出售伪造的增值税专用发票罪，非法出售增值税专用发票罪，非法制造、出售非法制造的发票罪。八种犯罪又以逃税罪、虚开增值税专用发票、虚开发票罪三种犯罪为通信企业关键岗位比较容易触犯的。

（6）其他种类犯罪

除了以上归纳的犯罪类型外，某大型通信企业关键岗位还可能触犯侵犯财产类犯罪、危害公共安全类犯罪中的一些犯罪，以及生产、销售伪劣商品类犯罪中的生产、销售不符合安全标准的产品罪，侵犯公民人身、民主权利犯罪类中过失致人重伤罪、过失致人死亡罪，强迫劳动罪，雇用童工从事危重劳动罪，侮辱罪，侵犯信息类犯罪中的出售、非法提供公民个人信息罪，非法获取公民个人信息罪，非法侵入计算机信息系统罪，非法获取计算机信息系统数据、非法控制计算机信息系统罪，提供侵入、非法控制计算机信息系统程序、工具罪等，以及非法吸收公众存款罪，逃汇罪，洗钱罪等。

侵犯财产类犯罪囊括的罪名有十三个，[①] 但通信企业关键岗位可能触犯的当属盗窃罪，诈骗罪，侵占罪，职务侵占罪，挪用公款罪，挪用资金罪，故意毁坏财物罪等七种犯罪。其中关键岗位比较容易触犯的还是盗窃罪，挪用公款罪。危害公共安全类犯罪所包含的犯罪非常多，该大型通信企业关键岗位比较容易触犯的有：重大责任事故罪，重大劳动安全事故罪，工程重大安全事故罪，强令违章冒险作业罪，大型群众性活动重大安全事故罪，消防责任事故罪，不报、谎报安全事故罪等。

---

① 这十三种犯罪分别是：抢劫罪，盗窃罪，诈骗罪，抢夺罪，聚众哄抢罪，侵占罪，职务侵占罪，挪用公款罪，挪用资金罪，挪用特定款物罪，敲诈勒索罪，故意毁坏财物罪，破坏生产经营罪。

（二）某通信企业关键岗位刑事犯罪法律风险防控的成效、问题及原因

1. 某大型通信企业关键岗位刑事犯罪法律风险防控的成效

（1）规章制度相对完善

我们调研的大型通信企业对规章制度的制定和完善工作向来很重视。该通信企业的总公司及其分公司每年都会针对新出现的问题出台新的规章制度，相对于我国其他许多公司和企业来说，其规章制度可以说是相当完备了，这也是该企业管理工作的特色与亮点。

（2）已建立起风险防控体系

从其比较完备的规章制度我们可以发现，该大型通信企业的法律风险防范体系已经具备一定的规模，虽未臻完善，但确不是一般的企业可以相提并论的。应该说该企业自成立以来对管理方式的努力探索是卓有成效的，努力探索也换来了十多年企业相对较少的民、刑事问题，而这种相对的清净是与这套日益完善的法律风险防控体系的功劳分不开的。

（3）制度执行比较到位

该大型通信企业在制度的执行方面也是非常注重的，并一直追踪着执行的效果，不断在实践中改进执行的方式方法，以取得更大的进步。企业在不断完善法律风险防控体系的同时也一直注重保证执行力的提升，特别是在人事上，注意招聘、任用德才兼备的人加盟。

（4）集权式风险防控模式，利于防范下层犯罪

与管理模式一致，该大型通信企业的法律风险防控模式也是集权式的。集权式的管理有它的特征与优势，其优势之一即利于防范和控制权力较弱的下层违法犯罪。该企业这些年一直在往上集中权力，中下层的权力正变得越来越弱。集权式的管控方式不仅利于防范犯罪，而且一旦发现犯罪也是比较容易发现的。

2. 某大型通信企业关键岗位刑事犯罪法律风险防控存在的问题

（1）上层缺乏监督制约，易滋生腐败

该大型通信企业在不断向上层集中管理权力的过程中却缺乏对上层管理机构及其工作人员的有效监督制约。根据权力制衡理论，各层级的权力都应该形成有效的监督制约，才是最佳的权力控制办法。如果权力只是收回到上层却不注意对其进行监督与制约，则很容易滋生腐败，严重的上层犯罪可能难以避免。

（2）企业管理过严，影响企业效率

集权式的管理之另一弊病即是导致企业的管理过于严格和死板，在管理缺乏弹性与自主性的情况下很可能会导致企业缺乏活力与积极性，这种状态维持不了多久就会影响企业的效率与效益，进而影响企业的长久发展。如果因企业的管理方式而影响企业的效益，则应掂量与取舍一下，探索是否有更好的管理手段，最好以企业的效益与长远发展为重。

（3）企业的规章制度存在不完善之处

制度的完善需要一个很长的过程，该大型通信企业的规章制度仍然存在需要完善的方面。一方面，该企业的规章制度不可谓不多而杂，有时一个事项的规定体现在好几个文件当中。另一方面，该企业的规章制度更新速度快，反映市场环境的变幻难测，但也与企业的应对变化和风险的能力有关。

（4）法律风险防范体系存在不严密之处

根据我们的调研发现，该通信企业的法律风险防范体系虽有可赞之处，但还是存在尚待完善的地方。不严密的地方，如上所述的上层权力缺乏监督制约，即是其一。如果缺乏对上层管理者和领导者的有效监督与制约，则存在非常大的法律隐患。不严密之处还表现在，因对刑事法律风险的关注甚少或认为不存在风险而不必要防控，导致企业及其工作人员对法律风险防控的工作漠不关心，麻痹大意。防控意识和参与的积极性也是防控体系是否严密的重要指标。

3. 某大型通信企业关键岗位刑事犯罪风险防控存在问题的原因分析

（1）制度建设和制度执行未到位

该通信企业关键岗位的刑事法律风险防范存在诸多问题与相关的法律法规及企业的规章制度不完善有一定的关系。一方面，因该企业关键岗位的有关规章制度多只是民商事方面的规定，对刑事问题关注甚少。另一方面，现有的规章制度本身不完善，有规定不当或规定没有实用价值之处，都会导致我们在进行刑事法律风险防范工作时遇到麻烦。企业规章制度之不完善导致刑事法律风险防范存在问题既有客观的原因，也有主观的原因。

该大型通信企业关键岗位的刑事犯罪法律风险防范存在问题与企业关于刑事法律风险防范的各项工作未能执行到位亦有较大关系。现实中总是会因这样那样的问题而阻碍执行的脚步。通信企业关键岗位刑事法律风险防范不仅需要许多客观的条件，也需要主观的条件，如领导者的重视、管理者的投入、执行人的用心等。

（2）管理模式和方式存在缺陷

该通信企业的管理偏向于集权式的管理方式，但集权式有它固有的缺陷。集权式管理虽然有利于防控权力较弱的下层犯罪，却很不利于防控有权的上层犯罪。特别是如果对上层集权没有进行有效的制约平衡，则集权式管理的弊端更加突出。该通信企业集权式管理模式也成为刑事法律风险防范的阻碍和带来问题的节点，而且是我们要化解问题的难点所在。

通信企业关键岗位的刑事法律风险防控既需要硬性的、带有一定强制性的手段，也需要柔性的、人性化的手段。但该通信企业因集权式管理，实际上管理手段也变得刚性化。管理手段缺乏柔性，会引发许多不如意。在管理模式目前尚不能改善的情况下，工作人员也需要注意，不可因管理模式的框架束缚了不同管理手段的采用，否则要改善这些不利的状况将变得更难。

（3）法律意识较为淡薄和法律知识比较缺乏

虽然随着国家对法律治理的关注度提升，人们的法律意识皆普遍有所强化，但是，在法治建设上有待解决的问题还相当多，人们的法律意识特别是企业高管的法律意识还有待大力提高。

法律知识也是影响通信企业开展刑事法律风险防范工作成败的重要因素。通信企业关键岗位的刑事法律风险防范不能因工作人员的法律知识缺乏而出现问题，如果在浑浑噩噩中犯罪，在意识空白状态下触碰地雷，那是很可悲的；而如果看见违法犯罪的事情还浑然不知后果的严重性，没有意识到已经触犯了刑法规范，同样也是很可悲的。然而，通信企业几乎是将刑事法律置若罔闻，普及性的学习刑事法，用刑事法来检验工作人员行为的正当性与合法性，这种氛围几乎是没有的，至少可以说是不够浓厚的。只有全员动员起来，形成浓厚的学法用法氛围，防微杜渐，才是防范工作所期盼的情景。我们就应该进行“学法普法教育”，营造全员学习的氛围，真正将刑事法律风险防范体系建立起来。

（三）某大型通信企业关键岗位刑事法律风险的防控对策

1. 某大型通信企业关键岗位刑事犯罪法律风险防控的宏观策略

（1）建立健全刑事风险的内部控制矩阵

该大型通信企业基本已有内部控制矩阵，因而只需要在原有矩阵的基础上加入刑事风险方面的控制矩阵，就可囊括。必须强调，须对现有的内部控制矩阵进行改进和完善。对上、中、下各层都能形成全面而有效的监督制约，对各层的权力形成制衡，才可能建立起一张有效的防护网，真正实现风险的防控。

（2）落实执行程序，确保有效执行

对企业依据法律、政策和市场实际情况作出的经营性决策和对刑事法律风险的预防决策，企业必须层层落实，保障执行到位，并强调要通过加强对执行人员及其工程的监督，以期帮助、督促执行到位。企业可以模仿、参照国家关于执行程序的监督模式与方法。另外，在此还需强调完善执行程序。执行程序的完善一方面也是企业规章制度完善的任务。而未书面化的执行程序的完善只能通过负责任的执行者来达到。

（3）依法及时查处、惩治犯罪

依法及时查处、惩治犯罪也是该大型通信企业做好刑事法律风险防范工作需要采取的方法、对策之一。查处、惩治犯罪要能做到及时，首先通信企业内部的风险控制矩阵要能发挥应有的作用，在及时发现刑事案件上要能有所作为。同时，还要调动企业所有员工的参与积极性，鼓励他们留心。其次需要企业建立有效的举报机制，疏通犯罪举报渠道，保证检举、揭发犯罪的路径畅通。

（4）改善管理体制，加强内外部监督

对集权式模式的改进，其一方面就是要适当分权，以提高各层活力。强调要“适当”分权，寻找权力的最佳分配点，既利于企业的管理，又不会对下层束缚太紧，导致企业整个系统缺氧。而且，上层所承担的责任相对减轻，也会更有生气。而下层有一定的权力恢复其活力，则整个企业处于各层的权力均衡状态，生机勃勃自然发展和效益皆好。

改善集权模式就需要建立健全对权力层的监督制约机制，让支配人和物的权力也得到约束，让拥有支配权的人也接受监督。首先，平级间的权力监督制约权力，权力互相牵制，有益于实现平衡状态。其次，也应该可以通过下层权力对上层权力的监督来实现一定程度的权力制约。当然还有上层权力对下层权力的监督制约。

如果要适当分权于中、下层，则其权力增大后，就面临加大对其权力的监督制约力度的问题。一方面，上层同样拥有对中、下层的管理权，监督制约权是绝对的，关键是监督制约的手段和方法。另一方面，中、下层也要建立健全平级间的权力分工与制约机制。实际上，不管是对上层的监督制约，还是对中、下层的监督制约，“横纵关系有效制衡”的模式都会是行之有效的。

全面的监督制约机制，应该包括企业的外部监督，即企业外部力量，如国有资产监督管理委员会（以下简称“国资委”）的权力监督、新闻媒体和广大人民群众的权利监督。而该通信企业要主动接受媒体等的权利监督，首先就要摆正心态；其次，要通过行动表现出来；最后，对来自外界的投诉、举报要及时查清事实，及时做出回应，及时处理。对来自国资委的监督，企业及其关键岗位工作人员都要高度重视，努力合作共赢。

（5）经常进行警示教育与培训

经常进行警示教育与培训，是说通信企业要经常进行有关刑事法律知识与法律意识方面的教育与培训活动。有关刑事法律知识和法律意识的警示教育与培训可有多种方式，通过多种活动来实施。企业每年都要进行此类教育与培训，将其作为一项长期的任务来常抓不懈。

要结合国家推行的方针政策进行全民普法教育，努力增加企业全员的刑事法律知识，增强他们的法律意识。企业的所有工作人员、每一位员工，特别是企业的高级管理人员，都要对普法活动积极响应，踊跃参与。可以选择一些带常识性的、刑法和刑事诉讼法以及民法、经济法的基本法律知识，包括与该通信企业刑事法律风险防范工作密切相关的知识，请法律专家进行深入浅出的讲解，并组织适当的讨论与考试。

（6）构建和谐的企业文化和发展环境

该大型通信企业本身一直注重建设企业文化。在此文化理念的推动下，只要多致力于良好企业发展环境的营造，在正确的发展观指引下不断打造创新文化和人本文化，该企业的文化建设也会独树一帜。良好的企业发展环境既与企业内部本身的环境密切相联，也与企业的外部社会环境息息相关。因此该企业需要在制度环境、管理环境、风险防控环境、事务处理环境等方面下功夫。其一，制度环境是基础条件。其二，管理环境是关键。其三，风险防控环境是现代风险社会必备的条件。其四，事务处理环境是保障。

企业发展观是企业及其工作人员在发展过程中对企业的发展及发展之路的看法和观点。企业的发展观更应该体现为企业的具体行动，化为企业赢得发展市场的资本。企业应该回视自己的发展观是否正确。因此，树立以长远利益为衡量标准的发展观，是该大型通信企业要注重的工作。

企业创新文化对于企业的发展至关重要。企业要想继续今天的辉煌，并获得更大的发展空间，就需要继续走创新之路，并使创新成为一种企业文化，一种企业习惯。文化的形成并非一朝一夕的功夫，需要优良品质的沉淀、传承与发展。建立企业创新文化的主体应是企业全体员工，创新文化更包含了企业全体人员的自觉行为。人本文化作为企业和谐的一个重要方面，是企业长远发展、稳定局面的必要维护和促进要素。在企业，这个“人”，就是广大员工，这个“本”，就是广大员工的根本利益。建设企业人本文化，做到以人为本，最重要的是要妥善处理好员工的根本利益和具体利益、长远利益和眼前利益的关系。实际上，员工的利益也是企业的利益，员工长远利益的发展也是企业长远利益的发展。

2. 某大型通信企业关键岗位的刑事犯罪风险具体防范措施

（1）高级管理层

这里我们只讨论高级管理层的特有犯罪类型，以及贪污罪、贿赂罪、挪用公款罪等在高管层最常见的犯罪。该大型通信企业高管层的刑事犯罪法律风险主要表现在：

一是触犯非法经营同类营业罪的风险。防范此罪，首先是人事上，公司要与董事、经理签订竞业禁止协定，明确约定禁止期及赔偿金额等事项。其次是明确董事、经理除公司章程规定或者股东会同意外，禁止同任职公司、企业订立合同或者进行交易。再次是要形成有效的监督制约机制，要防止企业的董事、经理在进行合同决策时“一言堂”，并要接受审计和纪检监察部门的监督。特别是纪检部门要加强对董事、经理及其亲属注册的公司的营业范围的审查。而一经发现经理、董事违反协议，则必以诉讼方式追究其法律责任，严查不怠。

二是私分国有资产罪的触犯风险。防范此罪需要从完善企业的内外部监督机制和程序来达到，首先是要接受国资委的监督管理。其次要建立良好的内控监督制度，由财务、内审部定期或不定期对公司账户进行抽查，严防账外账、公司运营资金截留等现象。再次要充分发挥外部会计师事务所的作用，完善会计委派制度，充分发挥派驻会计对单位收入、支出的监督。最后是要疏通企业内部工作人员和外界人士的举报、检举、揭发企业及其工作人员违法犯罪的途径，才可能杜绝和减少私分国有资产。

三是徇私舞弊低价折股、出售国有资产罪的犯罪风险。权力控制办法是严格财产转让的审批程序，在企业改制、财产转让等过程中，由第三方进行财产评估，并实行相应的回避制度。公司财产的转让须经董事会审议通过，且转让需报请国资委审批同意。如发现明显低于市场价格的财产转让情况，追究直接责任人的相关责任。而为防范董事会的失职或其成员联合违法犯罪，还要加强公司职工代表大会和监事会的监督权，并引入独立董事制度，加强独立董事的监管作用，使之在监督制约董事会的职能上能发挥应有的作用。

四是违规披露、不披露重要信息罪的风险，防范这些行为风险，首先是要严格按照法律要求的时间和内容披露年度报告、中期报告、季度报告等，而对于关联交易和重大交易、股价敏感资料的开展和披露，应明确需由董事会决议通过，且公司应及时向股东及社会公众披露关联交易。并且公司应根据有关法规对某些可能给上市公司股票的市场价格产生较大影响的事件予以实时披露。董事、监事、高级管理人员知悉重大事件发生时，应当按照公司规定立即履行报告义务；董事长在接到报告后，应当立即向董事会报告，并敦促董事会秘书组织临时报告的披露工作。

五是隐匿、故意销毁会计凭证、会计账簿、财务会计报告罪的风险。“授意、指使、强令”会计机构、会计人员及其他人员隐匿、故意销毁依法应当保存的会计凭证、会计账簿、财务会计报告的多是企业高管。为防范高管触犯此罪，首先是要财务原始凭证电子化，严格管理权限。其次，明确其职责，对于高管不应该插手的事务，即使下层工作人员也可以不遵从。再次，被“授意、指使、强令”的人员要及时向上级乃至高管的上级或者高管的“内控方”反映情况。最后，必要时，企业的职工代表大会、监事会需要履行好监督职能，并在引入独立董事制度之后，独立董事也可以对这些违法犯罪行为人进行监督。

六是为境外非法提供国家秘密、情报罪的触犯风险，因为企业的高管也可能未经批准在对外交往与合作中提供国家秘密或国家秘密文件。防控高管触犯此罪，一为要做好监管，如加强董事会、监事会对高管的监督制约；又如建立保密工作档案，详细记录各级领导、涉密人员、保密工作责任人、专兼职保密干部履行的义务和职责。二为要提高保密水平，建立健全保密制度，技术上配备保密技术装备和保密检查技术。三为要加大违法违纪查处力度，发现嫌疑及时处理，一经确定犯罪，严惩不贷。

七是故意泄露国家秘密罪的风险。防控措施第一是公司内部要高度重视定密工作，要确定国家秘密事项及其密级。第二，拟定密级和保密期限后，按不同密级设定各级涉密人员，并拟制相应的保密管理措施。第三，与涉密人员签订专门的保密协议，明确其职责与法律后果。第四，加大监督与查处力度，对违法犯罪人员一律严惩。

八是过失泄露国家秘密罪的触犯风险。防范此罪，首先是思想上不能麻痹大意，在处理涉及国家秘密的工作时注意做好保密工作。其次，采取必要的防范手段，如设置涉密信息设备的电磁泄露发射防护措施，使用加密措施。最后，要严格遵守保密规定，如使用计算机处理国家秘密信息时涉密系统有关设备的电磁泄漏发射应当符合国家保密标准的屏蔽室内使用；在处理秘密级、机密级信息的系统中使用，应当安装经国家主管部门批准的干扰器。

九是贪污罪的风险。此罪的防范，首先要警钟长鸣，经常进行法纪教育，因贪污多是因贪欲失控所致，警示教育一定程度上可以预防失衡。其次，公司要对身居要害的高管实行定期和不定期的岗位轮换制，避免个别人员因长期居于某一重要职位，由于各方面因素造成的一时立场不坚定，而误入贪欲歧途。并且在轮岗前应接受轮岗审计。最后，公司要建立关键岗位述职制度，每年对其进行一次评议。

十是受贿罪的风险。防控此罪，首先也是要加强思想警示，时刻提醒高管勿越过犯罪的界。然后，要加强对高管的各种监督，通过权力制约和外部监督来实现防控，如要加强本公司职工和外界群众的监督。而对收受贿赂人员，无论身居何职，一经查实，必须一律严肃处理。

十一是挪用公款罪的刑事风险。要防范高管触犯此罪，第一，要明确规定，任何人的借用都需要严格按照公司规定的流程来办理，高管的任何名义的借用也需要“按部就班”。第二，要实行严格的岗位分工控制程序，设置授权批准控制制度。第三，要严格审查借款程序，防止任何“后门”行为。第四，要进行风险岗位和权力岗位定期和不定期的轮换，一定程度上可以避免高管利用裙带关系或实行权力压制。

（2）各部门主管及工作人员

第一，国有公司、企业、事业单位人员失职罪的刑事风险。防范此罪的法宝之一是要提高工作的积极性和保持警惕心，工作时不可懈怠、放任和疏忽。

首先是设备到货后，要在一定时间内对货物进行检验视同货物质量合格，在货物到货后由采购部组织相关部门对货物进行检验。对于合格货物办理入库手续，并由相关人员录入物资平台。发现货物质量与合同约定或封存样品不一致、货物数量与合同约定数量不符，由仓库拒收，并通知卖方拖回。由于未及时对货物进行检验造成公司损失的，则追究相应责任人责任。其次是针对合同的一些权利不行使风险，岗位人员要在签订合同时明确约定合同的违约责任、解除条件，在公平、充分协商基础上签订合同，如发生显失公平、欺诈胁迫、乘人之危的情形，则可及时撤销合同。如果公司在合同中负有先履行义务，有证据证明合同相对方有不能为对待给付的现实危险时，应当暂时中止履行直至解除合同。在发生不可抗力、拒绝履行主要债务、迟延履行主要债务、迟延履行等法定解除合同或合同约定解除情形时，要在合理期限内通知合同相对方解除合同；解除合同后，双方对已履行部分互负返还或支付对价义务。在合同相对方无正当理由但明确表示其在履行期到来后将不履行合同或违约时，相关部门应在知道违约之日起 2 年内提起给付之诉，行使求偿权。

第二，侵犯商业秘密罪的刑事风险。企业一是要建立并完善公司保密管理制度，按不同密级限定接触的人以及接触范围。二是企业在招聘时就需要与应聘人员签订保密协议，约定违约泄密的罚则。而一经查实有侵犯公司商业秘密的行为，则按照保密协议严肃处理。

第三，妨害公务罪的犯罪风险。工作人员需注意，对于符合条件的单位不得阻挠其正常行使权力，只需严格按照法律及公司相关流程为其查询用户信息与通信资料即可。当然，要求查询机关需提供法定身份证件、证明或服务密码，查询单位仅限于法定侦查机关（包括公安、国安、检察、监狱及军队侦查机关），还应提供 2 名及以上办案人员工作证及协查通知书或调取证据通知书。此外在查询后应对相关查询单据存档。

第四，出售、非法提供公民个人信息罪的犯罪风险。防范此罪，就要严格要求工作人员按照法律及公司相关流程为符合条件的单位与个人查询用户信息与通信资料，并且查询后应对相关查询单据存档。还有就是要实行公民个人信息管理切块，是监督各类信息安全的有效之举。

第五，因该大型通信企业很多部门的工作人员都会有参与和决定合同签订的机会和权利，或者会参与合同的履行，因此公司和企业的工作人员在签订、履行合同过程中，如果因严重不负责任被诈骗，致使国家利益遭受重大损失，则可能招致签订、履行合同失职被骗罪。要正确地履行好自己主管、分管合同签订、履行合同的义务，保持警惕，如在签订合同前考察该供应商资信情况。而合同应尽量使用公司固定模板，没有固定模板须经相关部门会签并经法务部门审查其是否存在风险。而在走完合同送审流程后，严禁对合同文本进行修改。这样做既是维护公司利益的需要，也是保护自身安全的需要。

第六，侵犯著作权罪的风险。工作人员需注意，只有在与作者、表演者、摄制者、录音录像者等权利人签署授权协议后，方能复制发行其文字作品、音乐、电影、电视、录像作品、计算机软件及其他作品，出版他人享有专有出版权的图书，复制发行其制作的录音录像，并要严格遵守授权协议约定的著作权使用用途及范围。

第七，损害商业信誉、商品声誉罪的刑事风险。该大型通信企业的工作人员都需要注意勿有诋毁他人商誉的行为出现，方案中有比较的内容时避免指明他人名称或产品名称。营销方案实施前需通过相关部门会审，避免内容不合法。

第八，串通投标罪的风险。防范此罪风险的措施之一是要求投标人投标前向公司财务部缴纳一定数量投标保证金，并说明如发现有串通投标情形，则保证金不予退还，同时将该投标人的失信情况加入供应商数据库，不再与其合作。二是纪检监察部门要全程参与招投标程序。三是标底由公司制定部门或制定人保存，需求部门在开标前不能接触标底。

第九，为亲友非法牟利罪的风险。如大型通信企业的工作人员，利用职务的便利将本单位的盈利业务交给自己的亲友经营的行为。防范此罪的措施，一是要求公司员工职务行为接受内外部监督。二是建立关键岗位述职制，每年进行一次评议。三是对于权力部门实行定期轮岗，轮岗前应接受轮岗审计。

第十，消防责任事故罪的触犯风险。防范措施，一是公司新建完工工程需经过消防部门备案或验收合格才能投入使用。二是定期开展消防培训和讲解消防知识。三是在消防监督机构通知采取改正措施后就应该积极改正，并提高警惕，防止严重后果出现。

第十一，单位行贿罪的触犯风险。因该大型通信企业的工作人员单独以自己的财物行贿不太可能，而更可能以企业的财物以企业的名义行贿，因此一般可能引发的是单位行贿罪而非行贿罪。但要以该通信公司的名义并代表整个公司的意志行贿也是不太可能的，反而是企业内部一些部门或机构可能行贿。防范此罪，首先是要合法合规地开展营销活动。发展营销渠道，也要以正规渠道给予相应营销激励。其次，对于内部机构的行贿，要完善稽核和内控制度，杜绝小金库的存在，使之没有行贿的物质基础。

第十二，对单位行贿罪的触犯风险。该通信企业的个人行贿不太可能，犯罪行为人实际上多是单位，特别是企业的内部机构或部门。防范措施同上。

第十三，受贿罪的风险。防范此罪，首先是要求工作人员收受各种名义的回扣、手续费均应入账。然后，要加强对关键岗位的各种监督，通过权力制约和外部监督来实现防控。还有，对收受贿赂人员，一经查实，则要一律查办。

第十四，贪污罪的风险。要避免此罪的风险，就需要经常加强警示教育和廉政教育，时刻提醒切勿让贪欲蒙蔽了双眼。另外，公司要建立关键岗位述职制度，每年对其进行一次评议。对于权力部门的岗位要实行定期轮岗，工作人员在轮岗前应接受轮岗审计。

第十五，挪用公款罪的刑事风险。公司要防范此风险，就要严格审查借款流程，控制借款金额以及借款频次。另外是要实行严格的岗位分工控制，设置授权批准控制。并且对于权力部门、风险岗位应实行定期轮岗，轮岗前应接受轮岗审计。

二、关于湖南省民营企业法律风险现状与法商风险管理情况的调研报告

随着社会主义市场经济体制的不断完善和法制建设的深入推进，民营企业法律风险防控能力和法商风险管理水平的高低，成为影响企业能否适应现代市场竞争的一个关键因素。为掌握湖南省民营企业法律风险防范和管控的总体情况，2014 年 6 ~ 9 月，省工商联联合省高院、省公安厅经侦总队、省律协刑专委、湖南湘通企业发展管理研究院等单位，在全省范围内开展了“民营企业法律风险防控与法商风险管理”专题调研。调研组深入长沙、常德、郴州、株洲、衡阳等地的 30 多家民营企业进行访问调研，发放和回收调查问卷 450 份，组织专家、学者、企业家召开座谈会和研讨会 20 余场，围绕湖南省民营企业法律风险的现状及问题进行了深入调研和分析，并就湖南省民营企业健康发展提出了相应的法商风险管理建议。

（一）湖南省民营企业法律风险总体情况

近年来，湖南省非公有制经济持续快速发展。到2014年上半年，全省非公有制经济实现增加值7216亿元，占全省总量的60.3%；非公有制经济实缴税金761亿元，占全省的51.9%；非公有制经济实际完成投资6246亿元，占全省的69.7%，非公有制经济已经成为湖南省经济社会发展的主力军。作为非公有制经济的主体，湖南省民营企业逐步发展壮大，到2013年年底，全省私营企业已经达30.51万户。凭借着决策机制灵活，市场适应能力强，投资效率高等优势，湖南省民营企业积极应对各种风险与挑战，在激烈市场竞争中取得了不俗业绩。但是由于企业自身特点，以及外部环境制约，湖南省民营企业在持续健康发展的同时，面临着大量的法律风险，必须引起政府、企业及社会足够重视。

1. 从种类上看，湖南省民营企业涉及的法律风险分布十分广泛。企业法律风险随着其生产经营的全过程，涉及融资、财务、合同、生产、产品质量、工程领域招投标、证券和物资采购等各个领域。从总体上看，湖南省民营企业面临潜在的法律风险较多，某些领域存在发生群体性违约、违法、犯罪事件的可能性。根据对全省450家工商联会员企业抽样调查问卷显示，目前企业较为常见的法律风险分别是：合同法律风险、安全事故风险、市场营销风险、知识产权风险、税收风险、劳动用工风险、刑事法律风险等。其中，大型民营企业经济活动频繁、范围广、总量大，面临的法律风险种类较多，但抗风险能力较强，风险发生概率和影响较小；而众多中小型民营企业由于内部管理不规范、自身经济实力有限、市场竞争激烈等多方面原因，面临的法律风险隐患较大，并且得到的法律服务和实际保护十分有限，抗风险能力较弱。受经济下行压力的影响，当前民营企业在融资、合同履约方面存在较高法律风险，应当引起各级政府和社会的足够重视。

2. 从形式上看，合同纠纷占民营企业法律纠纷的绝大多数。随着经济发展日趋活跃和法制建设的不断深入，湖南省民营企业法律纠纷也呈上升趋势。2013年，全省各级法院共新收合同和权属、侵权及其他民事案件17.41万件，比上年增长18.76%；执行结案案件46,810件，比上年增加14.43%，执结标的117.78亿元，比上年增加16.10%。从抽样调查数据上看，2013年有246家企业发生过法律纠纷案件，其中发生10件以下法律纠纷案件的企业占88%，10件法律纠纷以上的占12%。在各类民商事纠纷中，合同纠纷占很大比重。2013年全省各级法院共受理各类合同纠纷案件 11.96 万件，占全部民商事案件的 50.64%，占合同和权属、侵权类纠纷案件的 68.70%。其中，涉及民营企业的合同纠纷案件占到全部合同纠纷案件的 60% 左右。在各类合同纠纷中，民营企业涉诉案件呈现相对集中态势，其中以民间借贷合同纠纷为最多，占到全部合同纠纷案件总数的 20.32% 左右，其次为买卖合同，约占合同纠纷案件总数的 13.16%。除买卖合同纠纷、借款合同纠纷、承揽合同纠纷等传统类型之外，近年来又出现了服务合同纠纷、租赁合同纠纷、保险合同纠纷、股权纠纷、物业服务纠纷、撤销权纠纷、代位权纠纷、票据权利纠纷、商品房预售等新类型案件，这些案件由于法律规定尚待完善，处理起来难度较大。

3. 从来源上看，来自企业内部的法律风险逐渐增多。主要表现在：一是股权纠纷。在参与调研的企业中，有 189 家企业表示其企业股东之间曾出现过较大的法律纠纷，影响了企业经营效率，阻碍了企业发展。二是劳动纠纷。在参与调研的企业中，有 182 家企业由于在企业成立之初人力资源管理制度不完善，曾出现过劳动争议并遭受劳动部门的行政处罚，造成了员工流失、企业失去人才支撑等重大损失。从全省的情况来看，2013 年全省各级法院共新收各类劳动争议合同案件 8244 件，比上年增长了 39.56%。三是知识产权纠纷。民营企业人才流动性较大，一些企业的高级管理人员、技术人员和营销人员在掌握了公司的技术秘密或者其他商业秘密，然后跳槽或被高薪挖走。在参与调研的企业中，有 75 家企业遭遇过技术人员或业务人员跳槽时带走企业的技术秘密、客户信息甚至客户关系等情况。四是企业内部工作人员职务犯罪。根据省公安厅经侦总队统计，近年来，民营企业内部工作人员的职务类犯罪，占到侵害民营企业合法权益经济犯罪案件总数的 40% 以上。

4. 从后果上看，刑事法律风险对湖南省民营企业的影响最为严重。从法律风险影响程度及后果的角度来看，企业及企业家个人的刑事风险对企业的影响最为严重。其中，经济类犯罪是当前民营企业和企业家最容易触犯的禁区，且呈上升趋势。2010—2012 年，全省公安经侦部门每年办理涉及民营企业经济类犯罪案件 1100 余起，年均增长 20%。其中职务类犯罪 450 余起，主要涉及挪用资金罪、行贿罪、侵犯商业秘密罪；欺诈类犯罪 320 余起，主要涉及合同诈骗罪、信用卡诈骗罪、骗取贷款罪、贷款诈骗罪；非法集资类犯罪 100 余起，主要涉及非法吸收公众存款罪、集资诈骗罪；涉税类犯罪 90 余起，主要涉及虚开增值税专用发票罪、非法购买增值税专用发票罪、购买伪造的增值税专用发票罪；制假售假类犯罪80余起，主要涉及生产、销售伪劣产品罪；非法经营类犯罪90余起，主要涉及传销犯罪、非法经营罪、串通投标罪、虚假广告罪；出资类犯罪30余起，主要涉及抽逃出资罪、虚报注册资本罪。民营企业家一旦触犯刑法，遭受刑事调查，尤其是被采取刑事强制措施后，其企业往往处于群龙无首的状态，很容易引发股东之间或者企业家家人之间的权利争斗，使企业经营陷入困境，甚至破产倒闭。

（二）民营企业法律风险的主要成因

民营企业生产经营行为的多变性和自由性，带来了其法律风险来源的普遍性和复杂性。从当前湖南省民营企业发展以及国家法制建设进程的阶段性特征来看，应注重从民营企业内部因素，以及外部发展环境两个方面，来把握和判断形成民营企业法律风险主要影响因素。

1. 资本的逐利性，使民营企业容易在利益面前忽视法律风险。任何商业行为都具有天然的逐利性，民营资本进入市场的目的就是寻求资本价值的最大增值。为追逐高额利润，民营企业易放松对风险的警惕性。风险与收益是共生的关系，在追求高额利润的同时，企业往往忽视其经营风险，最终演变为法律风险。比如娄底某房地产企业在其商业楼盘开发中，为引进某外资卖场，带动其商业楼盘的销量，忽视了合同风险，在明知权利义务完全不对等的情况下，与外方签订条件苛刻的合作协议，并按合同约定对其商业楼盘进行了设计和包装。楼盘竣工后，外方因中国零售市场竞争激烈，有意撤出中国市场，并准备单方面终止协议。因合同条款对外方没有有效约束，导致该房地产企业遭受重大损失，并造成其对购置该楼盘其他商业地产的业主大面积违约。同时，在利益的驱使下，民营企业易踩踏法律界限。一些民营企业为了获得优先销售、抢占市场份额、获取丰厚利润等商业竞争优势，往往采取提供劳务费、宣传费、促销费等行贿达到商业目的。湖南某大型集团企业，因为其合同项目负责人未能抵制上游供货商企业商业贿赂的利益诱惑，签订了3个预付款达5000万元、无抵押担保、合同履行完毕才退还预付款的原料购销合同，后因上游供货商实力不足，未能履行合同，给集团造成直接经济损失近2个亿。

2. 民营企业发展现状，使其生产经营模式容易形成法律风险。民营企业是在改革开放进程中逐步发展壮大的，发展历程只有短短的三十多年，大量民营企业规模小、实力弱、管理水平低，缺乏市场议价和控制能力，企业生产经营始终伴随较高的商业风险，在市场经济体制下，随着法制建设不断深入，民营企业商业风险隐患将更容易演变为法律风险。从内部管理上看，民营企业大多采取“家庭式”管理模式，很多民营企业中层管理人员是企业主的亲朋好友，得到企业主的充分信任，并授予比较大的自由裁量权。由于受利益驱动，并且法律意识淡薄，导致这些人员私欲膨胀，在工程建设、物资采购、业务外包、财产管理等环节中收受贿赂，以次充好或降低产品质量的情况时有发生，给企业造成很大的损失和风险。另外，民营企业员工的高流动性，使其在劳动用工、知识产权保护等方面也面临着大量的风险因素。从投融资等经营条件上看，民营企业在市场准入、土地征用、税收减免、银行贷款、社会保障等方面，受到诸多限制和不公平待遇。比如在融资方面，国有企业比较容易从正规金融机构中获得资金，而民营企业由于资产抵押、资信评估等方面的政策性障碍，很难从正规渠道获得正规的融资贷款，大量民营企业只好寻求民间借贷、集资、违规吸储等方式筹资。一旦遇到资金周转困难、资金链断裂，企业便可能被逼债而面临骗取贷款罪、集资诈骗罪以及非法集资罪等刑事处罚。2012 年广为人知的“曾某杰案件”① 就是一个十分典型的案例。从救助途径上看，在合法权益受到侵害时，国有企业可以直接要求政府出面或出台优惠政策，享有更多便利和帮助，相对于民营企业来说拥有更多主动权。而民营企业在维护自身合法权益时，缺少有效的事前干预、救助手段，往往只能采取更为硬性的法律手段维护自身权益。近几年，湖南省各地逐渐依托工商联成立了非公有制组织纪律检查工作委员会，但是由于成立时间不长、职责不明确，发挥的作用还十分有限。

3. 立法进程滞后，使民营企业在改革创新中容易遭受不可预测的法律风险。在转型时期，面对社会生活中大量出现的新情况和新问题，立法滞后将是一种长期存在的客观现象。民营企业作为社会主义市场经济中最活跃的主体，大量经营行为往往处在法律保护的真空地带或法律制裁的边缘地带。比如自 1998 年以来，非法经营罪几乎每年都在“膨胀”，至今已有近 300 多种行为被纳入麾

① 2003 年，曾某杰通过招标获得湘西政府的旧城改造工程，因缺少银行贷款，当地政府鼓励民间融资。吸收当地大量百姓的融资来搞建设。但到 2008 年，曾某杰完成政府工程后，新的领导班子竟认定此融资行为为非法集资，将曾某杰及其他二十多位民营企业家逮捕入狱，并于 2012 年判处曾某杰死刑。

下，范围涉及外汇、证券、期货、保险、出版、电信、传销、医药、饲料等多个领域，越来越多在刑法中没有具体规定的经营行为只要被解释成扰乱市场经济秩序，就可能被纳入非法经营而入刑，使民营企业面临的法律风险难以把握。同时，由于部分地方不能准确理解和把握立法本意，不注意把握法律的精神实质，片面的、机械的理解和适用法律，也导致了在处理民营企业的案件时有失偏颇。如长沙某科技公司员工随身带走公司生产的高新技术产品，给公司造成了重大损失。该公司向当地公安部门报案，由于盗窃罪和职务侵占罪两种立案标准存在很大差异，使企业在维护自身合法权益时面临很大难度。另外，由于很多民营经济政策还没有立法，缺乏法律保障的依据，时松时紧，企业要想获得项目审批，就必须和行政权力搅在一起，从而滋生出大量权力寻租现象。一旦官员受贿案爆发，与之有牵连的企业家曾经的行贿行为曝光，即被卷入行贿犯罪的深渊。

4. 社会发展环境欠佳，使民营企业在争端纠纷中容易背负法律风险。近几年来，在省委、省政府的强力推进下，民营企业权益保护成效明显，但企业经营环境仍待改善，主要表现在，一是公权力行使不当。有的地方政府部门从自身利益出发，在行政执法过程中滥用行政自由裁量权，乱处罚、选择性处罚的情况时有发生；还有的地方政府在招商引资过程中，乱开空头支票，不注意兑现承诺，给企业后续生产经营带来很大法律风险隐患。二是社会歧视远未消除。民营企业社会贡献与社会地位严重不对等，社会公众对民营企业的评价不高，仇富心态较为普遍。一些地方职能部门在处理民营企业与当地群众的经济纠纷时，往往出于息事宁人的目的，让民营企业背负过多的社会责任和义务，特别是在安全事故纠纷中，民营企业胜诉的可能性微乎其微，或者即使胜诉，也要承担高昂的调解费用和经济损失。三是经济纠纷刑事化。由于市场竞争激烈，以及法律诉讼中民事案件审判、执行周期过长等多方面原因，企业间发生正常的商业经济纠纷时，往往动用各自关系，运用公权力特别是公安、检察等机关的权力维护自身权益，越来越多的民商事纠纷刑事化。还有一些地方党政机关基于地方保护或经济利益的需要，干扰司法机关办案，或指令其运用刑事司法权插手经济纠纷，使民事纠纷刑事化。一些民事纠纷案件中的企业家被以“参与黑社会”罗织罪名，旗下财产被公检法机关以各种借口剥夺、非法扣押没收，财富资源以司法权干预的方式被重新分配，使民营企业面临着极高风险。

（三）湖南省民营企业法律风险防控和法商风险管理面临的主要问题

法律风险管理的根本目的在于帮助企业在经济活动中通过主动的预防，规避各种不确定因素所带来的各种损失或不利后果，并避免法律风险后果所带来的危害。就湖南省的情况而言，民营企业法律风险防控尚处于起步阶段，多数企业法律风险防控的主要途径还是通过健全内部管理制度、聘请法律顾问审查合同和法律要件等初级手段来规避法律风险。采取嵌入式构建模式，将法律因素、规则意识全程嵌入企业管理框架之中的法商风险管理模式，目前在湖南省民营企业的管理实务中还未普遍运用起来。

1. 法律意识有所增强，但风险意识较为淡薄。不可否认，通过采取长期的普法教育，广大民营企业家，特别是在改革开放中成长起来的年轻企业家，其法律意识已普遍增强；但是在企业的生产经营管理中，民营企业家的法律意识仍往往停留在对法律知识的抽象概念上，很少把法律手段应用到企业生产经营管理的实践中。调研中我们还发现，很多民营企业家刑事法律风险意识非常淡薄，在谈论刑事法律风险防范时，很多企业家认为刑事犯罪只是人身伤害、杀人、盗窃等方面犯罪，与企业经营管理关联甚远；还有的企业公司治理结构不完善，没有建立独立的法人制度和财务制度，公司财产和个人财产混同的情况仍普遍存在，在现实中很容易导致挪用资金刑事犯罪，或者一旦出现债权纠纷或股东权益纠纷，极大可能导致突破企业的有限责任，执行企业家的个人资产。

2. 内部管理逐步规范，但风险防范未得到充分重视。调研中，我们发现很多企业内部法律工作机构并没有充分发挥其应有的作用，有些企业的法务部门甚至只是挂牌闲置的地方。在投资决策、运营管理等企业经营的各个领域和各个阶段缺少专业法律人员的参与；还有很多中小民营企业甚至根本就没有法律顾问，更谈不上事前防范法律风险。根据调查问卷数据显示，有85%的企业聘请了法律顾问，但在这些聘请了法律顾问的企业中，只有40%的企业一般会在日常经营决策中咨询法律顾问意见，32%的企业仅在重大决策上咨询法律顾问意见，从不咨询法律顾问意见的企业近30%。此外，法律风险管理投入少，也是民营企业法律风险高的一个重要原因，90%的企业法律风险管理投入不足实际支出的0.02%，而且其中以大型企业为主，广大中小企业法律风险防范的支出就少之更少，甚至没有。相比之下，国外企业对防范风险而支出的费用远高于我国，比如美国企业支出的平均法律风险防范费用占企业收入高达1%。

3. 维权手段日趋理性，但风险管控作用有限。越来越多的民营企业在合法权益遭受损害时，愿意拿起法律武器维护自身权益，维权手段也日趋理性。但是由于没有法律风险事先防控的意识，在日常经营过程中往往不重视资料和证据的保存，不注重风险管控，一旦有了诉讼案件，即使律师介入，也往往会由于无法提供证据而败诉。参与调研的企业在过去一年中都出现过法律纠纷，出现10件以上法律纠纷的企业达到54家，占到参与调研企业的12%。在企业涉及的法律纠纷事件中，有32%的企业由于未及时取得、保留证据而败诉，有23%的企业是由于对企业合同监管不到位而败诉，有21%的企业是由于合同履行违约而败诉，有16%的企业是由于对法律不了解而败诉。

4. 服务体系虽已建立，但风控服务尚未跟进。目前，湖南省执业律师达七千多人，律师事务所500多家；各级工商联、经信委、司法等部门，建立的法律服务平台和服务体系也已经逐步完善。但在实际工作中，湖南省法律服务机构开展的业务主要集中在诉讼类业务，能够开展企业法商风险管理咨询服务的机构少之又少。已经建立起来的公共法律服务平台，基本只能起到对接和联系作用，很少能够针对民营企业的共性法律问题与风控问题，组织开展专项法律服务活动。相当多的民营企业在知识产权保护、重大项目立项、企业兼并重组、对外投资合作等重大经营活动中，很难得到专业的法律咨询服务。

（四）提升湖南省民营企业法律风险防范和法商风险管理水平的几点建议

加强民营企业合法权益的保护，是贯彻落实党的十八届四中全会精神，推进依法治国的一项重要内容。建立现代企业制度，提升民营企业法律风险防范和法商风险管理水平，是摆在广大民营企业家以及各级政府、各有关部门面前的一个全新课题。要准确把握非公有制经济发展特征，不断完善法律规制，加大保护和惩罚力度，采取务实有效的措施，积极推动这项工作打开局面、形成影响、取得实效。

1. 加大宣传力度，努力提高民营企业家法律意识。提高民营企业家的法律意识，是促进非公有制经济和非公有制经济人士健康发展的有效途径。要把对民营企业的法律宣传教育工作和民营企业经济犯罪预防工作，以及民营企业法律风险防范的宣传教育，作为普法教育的重点。充分利用报纸、电视、网络等宣传平台，组织专家学者，对挪用资金、非法集资等一些民营企业容易涉及的犯罪类型案例进行分析和解读，增强法制宣传的针对性和实效性。重视发挥审判、检察、公安等部门在预防犯罪方面的作用，对在工作中发现的普遍性、共性问题，及时提出司法建议，帮助民营企业增强风险防范意识。重视法律顾问在推进企业规范化建设和防范各类法律风险中的作用，定期组织法律服务机构开展公益咨询服务和法律援助工作。

2. 完善立法，消除对非公有制经济不平等保护。在市场经济条件下，非公有制经济是一支不可或缺的重要力量，转变传统的以国有经济为中心的观念，强化对包括国有经济、民营经济和其他经济在内的各类市场主体公平对待、平等保护的意识，是推进依法治国的重要内容。要加快推进立法改革，消除法律法规和政策中对非公有制经济保护的死角。推行同罪同罚，相同的犯罪行为适用相同的追诉标准、相同的刑罚。将职务侵占罪、挪用资金罪、非国家工作人员受贿罪等职务型犯罪交由纪检监察机关管辖，适用贪污罪、挪用公款罪、受贿罪的追诉标准和刑罚。加强调查研究，收集、整理、分析非公有制经济合法权益保护中的疑点、难点、热点问题，研究解决方案，推动出台相关司法解释。

3. 发挥作用，保护非公有制经济合法权益。切实抓好《关于全省政法机关优化发展环境的若干规定》《湖南省人民检察院关于依法维护和促进非公有制经济健康发展的实施意见》的贯彻工作，慎用拘留、查封、冻结、扣押等强制性措施。对确有必要的，要尽可能不影响企业的正常生产经营活动。积极发挥审判工作对非公经济发展的指导和服务作用。严厉打击侵犯民营企业财产、生产经营及企业主人身的各类犯罪行为，依法保障市场经济秩序及民营企业和企业主的人身财产安全。

4. 制定政策，切实优化非公经济发展环境。加快出台湖南省促进非公有制经济发展的专门性文件，并尽快制定可操作性强的配套实施细则。认真清理和调整与党的十八届四中全会精神不符的政策规定，取消不利于民间投资的各项限制性条文。开展涉及非公经济发展专项政策的第三方评估工作，落实非公经济的国民待遇，给非公经济创造宽松、公平的竞争环境。进一步推动行政体制改革，减少行政审批事项，进一步量化和规范行政自由裁量权。对于政府在招商引资、土地出让等方面的公共行为，推行终身负责制，避免因政府换届和人员调整，造成承诺事项不能兑现的失信行为。

5. 搭建平台，继续健全社会化法律服务体系。发挥好省中小企业局、省工商联、省律协法律服务平台的作用，定期组织有关法律服务机构开展法商风险管理方面的培训，探索开展中小企业法商咨询团购服务的新模式。加快法商风险管理专门人才的培养，对开展法商风险管理研究和咨询的法律服务机构给予一定的工作支持和财政补贴。进一步发挥商协会沟通政府、企业和市场的桥梁纽带作用。推动商协会参政议政、建言献策，为民营企业争取更多的平等权益。大力发挥工商联在维护非公有制经济合法权益方面的积极作用，把工商联纳入司法部门法制宣传工作体系，依托各级工商联组织对广大民营企业开展法制宣传教育工作。支持工商联召集非公有制经济代表人士开展行风评议、部门评议活动，将评议结果纳入部门考核重要参考指标。

后　记

本书写作的缘起是湖南通程律师事务所委托湖南大学法学院（课题负责人：段启俊）研究的一个横向课题《企业刑事法律风险防控指南》，这也是该横向课题的最终研究成果。湖南湘通企业发展管理研究院院长潘志勇（同时也是通程律师事务所律师，曾任主任）认为该课题的研究很有现实意义，因而亲自参与研究并提供经费支持。

本书的出发点是为各类企业提供防控刑事法律风险的指南，但作为一本有深度的书籍，相关理论方面的研究是不可或缺的，故本书较为系统地提出了企业刑事法律风险防控的方略、机制构建，还对企业在运行过程中的各环节、各阶段的刑事风险防控具体措施进行了相对详细的解读，但本书更注重实务方面的研究。以期为不同类型的企业提供全方位的刑事法律风险防控指南。

如果本书能成为企业的“枕边书”，起到帮助企业化解刑事法律风险，或者起到为偏离法治轨道的企业提供纠偏的方法，抑或能为企业及企业家们保驾护航，那就说明本课题的研究确实有价值，这会让作者们感到无限的欣慰。

本书能够出版，首先得感谢湖南省刑法学研究会名誉会长、湖南师范大学原正校级督导员马长生教授对本书的不吝赐教。马教授不仅为本书欣然作序，还参与了本书成稿的审阅、修订与校稿工作，让本书增色不少。其次也要感谢通程律师事务所及湘通企业发展管理研究院在课题经费等方面的大力支持。同时还要感谢法律出版社领导对本课题成果的赏识，以及感谢资深责任编辑赵明霞女士等的辛苦付出。最后也要感谢研究团队成员（潘志勇院长、律师、我的研究生李奕洲律师、陈丽凤律师、留学英国的杨亚利律师）的通力合作，感谢曹敏律师以及我的学生吉宇涛等人提供的帮助，感谢爱女段徐风从读者的视角对本书进行的审校。

当然，本书成书与统稿的过程比较长，可能存在不尽如人意的地方，亦可能存在疏漏甚至错误之处，欢迎各位读者对本书提出指正意见。如本书得以重印或者再版，定会充分吸纳各位的宝贵意见和建议。

段启俊

2020 年 4 月于长沙

图书在版编目(CIP)数据

企业刑事法律风险防控指南/段启俊等著. --北京:法律出版社,2021
ISBN 978-7-5197-4945-3

Ⅰ.①企… Ⅱ.①段… Ⅲ.①企业法-中国-指南②刑事犯罪-风险管理-中国-指南 Ⅳ.①D922.291.91-62②D924.11-62

中国版本图书馆CIP数据核字(2020)第177034号

企业刑事法律风险防控指南
QIYE XINGSHI FALÜ FENGXIAN FANGKONG ZHINAN

段启俊 等 著

责任编辑 赵明霞 田 浩
装帧设计 汪奇峰

出版 法律出版社
总发行 中国法律图书有限公司
经销 新华书店
印刷 三河市龙大印装有限公司
责任校对 杨锦华
责任印制 胡晓雅

编辑统筹 法商出版分社
开本 710毫米×1000毫米 1/16
印张 29.5
字数 470千
版本 2021年2月第1版
印次 2021年2月第1次印刷

法律出版社/北京市丰台区莲花池西里7号(100073)
网址/www.lawpress.com.cn
投稿邮箱/info@lawpress.com.cn
举报维权邮箱/jbwq@lawpress.com.cn
销售热线/400-660-8393
编辑电话/010-83938130

中国法律图书有限公司/北京市丰台区莲花池西里7号(100073)
全国各地中法图分、子公司销售电话:
统一销售客服/400-660-8393/6393
第一法律书店/010-83938432/8433 西安分公司/029-85330678 重庆分公司/023-67453036
上海分公司/021-62071639/1636 深圳分公司/0755-83072995

书号:ISBN 978-7-5197-4945-3 **定价**:118.00元
(如有缺页或倒装,中国法律图书有限公司负责退换)